Heinz A. Richter

Hellas und Zypern in meinem Leben

Erinnerungen eines Zeithistorikers

PELEUS

STUDIEN ZUR

GESCHICHTE GRIECHENLANDS UND ZYPERNS

HERAUSGEGEBEN VON HEINZ A. RICHTER

BAND 76

HARRASSOWITZ VERLAG WIESBADEN

IN KOMMISSION

VORMALS VERLAG FRANZ PHILIPP RUTZEN

WWW.RUTZEN-VERLAG.DE

Heinz A. Richter

HELLAS UND ZYPERN IN MEINEM LEBEN

Erinnerungen eines Zeithistorikers

2017

HARRASSOWITZ VERLAG • WIESBADEN
IN KOMMISSION

Bis Band 74
Peleus
Studien zur Archäologie und Geschichte Griechenlands und Zyperns
Herausgegeben von Reinhard Stupperich und Heinz A. Richter

Umschlagvignetten:
Umschlagbild: Ausschnitt aus einer attisch-rotfigurigen Schale in Berlin: Die Göttinnen Aphrodite, Athena und Hera beim Paris-Urteil. Aphrodite ist die Göttin der Insel Zypern. Athena steht, wie keine andere, für das antike Hellas. Mit Hera hatte ich weniger zu tun.
Gegenüber Titelblatt: Innenbild einer Schale des Peithinosmalers, Berlin, Pergamonmuseum (CVA Berlin 2, Taf. 61).

Bibliografische Information der Deutschen Nationalbibliothek
Die Deutsche Nationalbibliothek verzeichnet diese Publikation in der Deutschen Nationalbibliografie; detaillierte bibliografische Daten sind im Internet über http://dnb.d-nb.de abrufbar.

Bibliographic information published by the Deutsche Nationalbibliothek
The Deutsche Nationalbibliothek lists this publication in the Deutsche Nationalbibliografie; detailed bibliographic data are available in the internet at http://dnb.d-nb.de

Printed in Germany on fade resistant and archival quality paper (PH 7 neutral).
Gesamtherstellung: Beltz Bad Langensalza GmbH, Bad Langensalza

www.harrassowitz-verlag.de

ISBN 978-3-447-10769-3
ISSN 1868-1476

INHALT

Dieses Buch widme ich meinem

lieben Freund und Bruder

Giorgos Giannaris

aus

Dafni Kalavryton

Giorgios Giannaris und ich

EINLEITUNG

Diese Erinnerungen sind keine Familiengeschichte, wenn ich auch die Hauptfakten erwähne. Sie sind auch keine persönliche Entwicklungsgeschichte, sondern die Nachzeichnung meines beruflichen Werdegangs als Historiker mit dem Forschungsgebiet der griechischen und zypriotischen Zeitgeschichte. Die Beschäftigung mit diesem Themengebiet hatte tiefgehende Auswirkungen zur Folge. Hätte ich mich mit der Zeitgeschichte eines westeuropäischen Staates beschäftigt, so hätte ich mein politisches Denken nur wenig ändern müssen, denn die politische Kultur der westeuropäischen Staaten unterscheidet sich nur in Nuancen von einander. Doch die politische Kultur Griechenlands unterscheidet sich grundsätzlich von allen westeuropäischen.

Nur wer in den Kategorien dieser unterschiedlichen politischen Kultur denken kann, wird die Geschichte dieses Landes richtig interpretieren. Man darf auf keinen Fall westeuropäische Vorstellungen auf Griechenland projizieren, wie dies bis heute in den Medien und der Politik geschieht, denn diese führen in die Irre. Um historische Entwicklungen in Griechenland richtig zu interpretieren und sie angemessen einzuordnen, ist es notwendig, dies im Kontext der politischen Kultur des Landes zu tun.

Griechenlands politische Kultur ist von einem Klientelismus geprägt, der sich von dem in Westeuropa üblichen grundsätzlich unterscheidet. In Westeuropa versteht man unter Klientelismus die Beziehung einer Partei zu einer bestimmten Gruppe, in Deutschland z.B. die der FDP zu den Hoteliers. In Griechenland wie auch in allen Balkanstaaten, die ehemals dem Osmanischen Reich angehört hatten, ist der Klientelismus ein Gesamtsystem, das die Politik und die Gesellschaft durchdringt. Der Klientelismus ist in diesen Staaten das osmanische Erbe.

Dort sind politische Parteien keine politische Organisationen, die gemeinsame Ziele verfolgen und innerparteiliche demokratische Strukturen haben. Griechische Parteien sind pyramidenförmige Klientelverbände, die durch Rousfetia zusammen gehalten werden. Nur die Parteien, die an die Macht kommen, können Rousfetia verteilen, indem sie staatliche Gelder oder Posten an ihre Mitglieder weiterreichen. Da kleine Parteien, wie z.B. die griechischen Grünen, nie Zugriff auf diese Verteilungsmöglichkeiten haben, bleiben sie politisch chancenlos. Kommen solche Parteien einmal an die Macht, mutieren sie sofort zur Klientelpartei, wie dies zuletzt bei der SYRIZA zu beobachten ist.

Der Klientelismus ist die Basis des politischen Lebens. Er ist so stark in der Gesellschaft verankert, dass er sogar die beiden Hauptideologien des 20. Jahrhunderts umwandelte. Es gab einen Klientelfaschismus (Metaxas-Diktatur) und einen Klientel-Kommunismus (Ceaucescu). Nur wenn man lernt in diesen Kategorien zu denken, ist man in der Lage die historischen Entwicklungen in diesen Staaten, also auch in Griechenland korrekt zu interpretieren.

Als ich bei meinem ersten Forschungsaufenthalt 1967 dies langsam erkannte und versuchte, es zu begreifen, bekam ich so etwas wie Gehirnkrämpfe. In meinem westeuropäisch geprägten und funktionierendes Gehirn sträubte sich alles, so zu denken. Als ich mit Emmy Kartali, die Frau von Komninos Pyromaglou, darüber sprach, lachte sie mich aus und sagte, dass ich es wohl nie lernen würde, griechisch zu denken. Ich fand dies provozierend und gab mir größte Mühe, es mir doch anzueignen und ich schaffte es, auch in klientelistischen Kategorien zu denken und die politischen und historischen Ereignisse korrekt zu interpretieren.

Damit ergab sich für mich als Historiker eine zusätzliche Aufgabe. Ich musste nicht nur die Ereignisse der Vergangenheit rekonstruieren und interpretieren, sondern sie zugleich in ihren griechischen Kontext einordnen und dies so formulieren, dass es auch für Westeuropäer verständlich wurde. Ich wurde gewissermaßen zum inter-politkulturellen Dolmetscher.

Kollegen spotteten gelegentlich, dass die Geschichte dieser Kleinstaaten wohl kaum so kompliziert sei, wie die der westeuropäischen Länder, mit denen sie sich befassten Tatsächlich ist das Gegenteil der Fall. Denn die Geschichte Griechenlands wurde immer von außen beeinflusst. Die Außenpolitik des Landes stand jahrzehntelang unter dem Motto Ti thelei o xenos paragontas (was will der ausländische Faktor). Auf Grund dieser Tatsache ist die Geschichte Griechenlands wesentlich komplizierter, als die der großen europäischen Staaten.

Nachdem ich es geschafft hatte, mich in die griechische Politik einzuarbeiten, kam der neue Lernprozess: Zypern. Anfangs hielt ich Zypern für einen zweiten griechischen Staat, wie dies in Westeuropa immer noch üblich ist. Doch rasch lernte ich, dass Zypern durch die 70 Jahre britische Kolonialherrschaft das osmanische Erbe hinter sich gelassen hatte. Zypern war ein westeuropäischer Staat geworden mit einer analogen politischen Kultur. Natürlich gibt es auch in Zypern Klientelismus, aber dies ist der Typ, den wir auch in Westeuropa kennen. Wie stark sich Zypern von Griechenland unterscheidet, wurde in der gegenwärtigen Finanzkrise deutlich. Zypern hat die Krise überwunden, Griechenland bleibt der kranke Mann an der Ägäis.

All dies prägte meinen wissenschaftlichen Werdegang. Es war ein konstanter Jahrzehnte währender Lernprozess, der genau genommen immer noch andauert. Andererseits sind meine Prognosen oft eingetroffen. So beschrieb ich 2014 in einem *Kathimerini*-Interview die SYRIZA als einen Klientelverband im Wartezustand. Inzwischen ist meine Prognose Realität geworden. Ich erinnere mich, dass ich, als die PASOK entstand, daran zweifelte, dass sie eine sozialdemokratische Partei sein würde, was man in SPD-Kreisen jedoch noch lange glaubte. Sie erwies sich als eine Klientel-Partei die aus dem bisherigen Klientelismus den Turbo-Klientelismus machte.

Diese Vorbemerkungen über die Hintergründe meiner wissenschaftlichen Arbeit mögen als Leitfaden bei der Lektüre meiner Erinnerungen dienen.

Ich möchte mich an dieser Stelle bei Caroline Fischer ganz herzlich bedanken, dass sie sich der Mühe unterzogen hat, das Manuskript auf Stichhaltigkeit und Konsistenz zu überprüfen.

DIE ERSTEN ZEHN JAHRE

Ich wurde am 18. März 1939 als Sohn des Volkschullehrers Gustav Richter und seiner Frau Berta, geb. Baur in Heilbronn geboren. Mein Vater stammte aus einer kinderreichen Pfarrersfamilie: Er hatte eine Schwester und vier Brüder, wovon zwei im Ersten Weltkrieg fielen. Meine Mutter stammte aus Roigheim im Oberamt Möckmühl im nördlichsten Zipfel Württembergs. Sie war die Tochter des begüterten Dorfschulzen. Sie heiratete Anfang der 1920er Jahren den damaligen Junglehrer und gebar 1924 meinen Bruder Emil. Wenig später zogen meine Eltern nach Heilbronn, wo sie am Stadtrand ein schönes Einfamilienhaus bauten.

Nach Hitlers Machtergreifung lief das Gerücht um, dass jeder Beamte, der nicht in die NSdAP eintrat, entlassen würde. Also trat mein Vater wie viele seiner Kollegen in die Partei ein, nahm aber nie aktiv am Parteileben teil. Er war ein guter Christ, und als die jüdischen Kinder aus den normalen Schulen entfernt wurden, übernahm er die Leitung der nun gebildeten einklassigen jüdischen Volksschule; er hielt es für seine Christenpflicht. Als nach Kriegsausbruch diese Schule geschlossen wurde und die jüdischen Familien nach Osten abtransportiert wurden, versetzte man ihn als Strafe in ein Dorf in der nordöstlichsten Ecke Hohenlohes.

Als meine Mutter 1943 an einer Blutvergiftung starb, die sie sich bei der Gartenarbeit zugezogen hatte, durfte er zurückkehren. Anfang 1944 heiratete er eine Kollegin namens Gertrud Schmelzle und ich bekam eine Stiefmutter wie aus den Grimmschen Märchen. Am 2. Dezember 1944 kam meine Stiefschwester Ursula auf die Welt.

Ich habe keinerlei Erinnerung an meine leibliche Mutter. Die einzigen Erinnerungen aus jener Zeit betreffen meinen Bruder, der von seiner Mutter so verwöhnt wurde, dass ich neidisch wurde. Die einzige konkrete Erinnerung an die Kriegszeit ist der 4. Dezember 1944, als meine Heimatstadt bombardiert wurde. Da wir am Rand der Stadt auf einem Hügel wohnten, hatten wir einen Blick auf die Stadt, als der Bombenangriff begann. Ich habe noch die sog. Christbäume vor Augen (Magnesiumfackeln an Fallschirmen), die am Himmel schwebten und das Zielgebiet, das Zentrum der Stadt, taghell erleuchteten und höre noch Großvater Schmelzle sagen "und nun Gute Nacht Heilbronn." Das nächste Bild ist das Schwanken der Glühbirne an der Decke des Kellers durch die Einschläge. Am nächsten Morgen entdeckte ich, dass der Turm, den ich mit den Bausteinen meines Anker-Steinbaukasten gebaut hatte, teilweise eingestürzt war.

Wohl wenige Stunden später begleitete ich meinen Vater in die Stadt, um nach meiner Stiefmutter zu suchen, die zwei Tage zuvor in der städtischen Geburtsklinik entbunden hatte. Wir fanden die Klinik zerstört vor, erfuhren aber, dass Personal und Wöchnerinnen rechtzeitig in ein Dorf außerhalb der Stadt evakuiert worden waren. Auf dem Weg in die Stadt mussten wir einmal die Straßenseite wechseln, weil aus einem Kellerfenster eines zerstörten Hauses eine meterlange Stichflamme herausschoss. Es dürfte sich um brennende Kohlen gehandelt haben. Auf der breiten Nord-Süd-Allee sah ich verkohlte kurze Baumstämme liegen. Später wurde mir erzählt, dass dies verkohlte Leichen gewesen waren. Als Zeuge für die historische Katastrophe meiner Heimatstadt war ich in diesem Alter nicht geeignet.

Die gesamte Innenstadt Heilbronns war durch einen Feuersturm vernichtet worden. Das Zentrum der ehemals freien Reichsstadt bestand aus wunderschönen Fachwerkhäusern, die natürlich durch die Brandbomben abgefackelt wurden. Viele der Häuser hatten tiefe Weinkeller; Heilbronn war eine Weinstadt. Diese waren während des Krieges durch unterirdische Stollen verbunden worden, so dass man sich bei einem Volltreffer immer noch durch den Keller des Nachbarhauses ins Freie retten konnte. Doch nun erwies sich dies als eine Falle: Als der Feuersturm die Altstadt erfasste, entzog er den Sauerstoff auch aus den sicheren Kellern.

Tausende erstickten in ihnen. Insgesamt gab es bei dem Angriff über 7.000 Tote, die in dem sog. Ehrenfriedhof am östlichen Stadtrand begraben wurden.

Als im Januar 1945 im Radio vor einem erneuten Bombenangriff auf Heilbronn gewarnt wurde, flohen viele Bürger der Stadt aus ihren Häusern in die Weinberge, die Heilbronn hufeisenförmig umgeben. In diesen Weinbergen gab es enge Zugangswege, die auf beiden Seiten durch Mauern gegen Erdrutsche gesichert waren. In einen dieser Wege flohen wir auch und glaubten, dort sicher zu sein. Doch eine Luftmine landete wohl durch einen Fehlwurf genau in dem Weinberg, in dessen Zugang wir Schutz gesucht hatten. Eine Lawine von tiefgefrorenen Erdbrocken stürzte auf uns und andere in der Nähe herab. Meine Eltern erlitten schwere Rippenbrüche und weitere Verletzungen und mussten ins Krankenhaus, wo sie bis Kriegsende blieben. Ich war unverletzt und wurde zum Bruder meiner Mutter, meinem Onkel Heinrich, Baur gebracht, der seit vielen Jahren den Talheimer Hof, den größten landwirtschaftlichen Betrieb der Gegend, gepachtet hatte.

Onkel Heinrich war ein überzeugter Nazi. Er war Kreisbauernführer und soll die ganze Zeit in brauner Uniform auf seinem Hof herumstolziert sein. Er hatte eine größere Zahl von Polen als Arbeitskräfte, die er durchaus anständig behandelte. Eine von ihnen kümmerte sich rührend um mich. Meine Tante Marie hatte keine Kinder und konnte mit einem kleinen Jungen nichts anfangen. Als die Amerikaner näher rückten, schlug eine Granate in das Wohnhaus des Hofes ausgerechnet dort ein, wo sich meine von mir geliebte Betreuerin befand und tötete sie. Ich weiss noch, dass ich hemmungslos heulte, als ich davon erfuhr.

Als von weitem ein amerikanischer Panzer zu sehen war, sah ich meinen Onkel mit Hosenträgern in der Hand in den nahen Wald laufen. Vorher hatte er verkündet, er werde sich aufhängen. Er tat dies nicht und landete wenig später im Internierungslager in der ehemaligen Festung auf dem Hohen Asperg bei Ludwigsburg, wo viele der ehemaligen Nazis eingesperrt waren. Alle auf dem Hof Anwesenden brachten sich ebenfalls im Wald in Sicherheit. Um mich kümmerte sich niemand.

Da erschien ein deutsches Sturmgeschütz. Der Kommandant sah mich und meinte, ich solle nicht allein auf dem Hof bleiben und forderte mich auf, in sein gepanzertes Fahrzeug zu steigen. Ich tat dies, und das Sturmgeschütz und die anderen Fahrzeuge setzten sich weiter nach Süden ab. Der Kommandant, privat ein Gymnasiallehrer aus Obertürkheim, fragte mich aus. Dann ließ er mich seine private Adresse auswendig lernen und sagte mir, dass ich mich nach Kriegsende bei ihm melden sollte, falls ich meine Eltern nicht mehr fände. Er hatte den Befehl bis zur letzten Granate oder Patrone zu kämpfen, aber als ihm und den anderen Fahrzeugen der Sprit ausging, ergab er sich und seine Leute den Amerikanern.

Er erklärte den Amerikanern, wer ich war, und diese übernahmen mich. Ich fuhr von nun an in einem Jeep den vorrückenden amerikanischen Truppen hinterher. Um mich in der Nacht warm zu halten, gaben sie mir ein Field-Jacket, in das ich mich nachts einwickelte. Ich weiss nicht mehr, wie weit und wie lange ich in dem Jeep mitfuhr. Ich erinnere mich aber, dass es mindestens eine Woche dauerte und am Ende sehr hohe Berge zu sehen waren. Der Fahrer, ein Schwarzer, war sehr nett und versorgte mich bestens. Die anderen Soldaten betrachteten mich als eine Art Maskottchen und verwöhnten mich. Wie dem auch sei, als der Krieg zu Ende war, erhielt der nette Schwarze den Auftrag, mich nach Hause zu bringen. Viele der Soldaten schenkten mir zum Abschied Lebensmittelrationen, Kaugummi und andere Dinge, die man zum Leben brauchte.

Mein Jeepfahrer brachte mich nach Heilbronn, dann erinnerte ich mich, wo unser Haus stand und ich dirigierte meinen freundlichen Fahrer dorthin. Als er vor unserem Haus hielt, kam mein Vater entsetzt herausgestürzt. Er glaubte, dass die Amerikaner auch sein Haus, wie das Nachbarhaus zuvor, beschlagnahmen würden. Als er sah, dass ich der Grund war, weshalb der Jeep angehalten hatte, war er überglücklich. Ich verabschiedete mich von meinem Fahrer, den ich sehr liebgewonnen hatte, sehr herzlich. Auch er zeigte mir seine Freundschaft. Meine Vorräte waren ein Segen für die Familie, die damals am Hungertuche nagte.

Das Einfamilienhaus war durch die Zwangseinweisung von Ausgebombten voll. Im Obergeschoss wohnte das Musikerehepaar Ebeling mit seinem Sohn, der später ein bekannter Cellist wurde. Daneben bewohnte eine alte Dame ein weiteres Zimmer. Im Parterre lebte ein junges Ehepaar. Die Küche im Parterre wurde von allen gemeinsam genutzt. Das Nachbarhaus, das einem Rechtsanwalt gehörte, war von den Amerikanern beschlagnahmt worden. In ihm wohnte ein amerikanischer Offizier mit seiner Familie mit drei Kindern. Es gab zwar ein offizielles Fraternisierungsverbot, um das wir Kinder uns aber nicht kümmerten. Die drei amerikanischen Kinder lernten beim Spielen von mir Deutsch und ich von ihnen Englisch, immerhin so gut, dass ich mich mit ihnen und ihren Eltern fließend unterhalten konnte.

Eigentlich hätte im Frühjahr 1945 meine Schulzeit beginnen sollen, aber es gab keine Schule, denn es gab keinen Staat mehr. Deutschland war besetzt und in vier Besatzungszonen aufgeteilt. Heilbronn lag in der amerikanischen Zone. Als es im Sommer immer noch keine Anzeichen gab, dass die Schulen irgendwann wieder ihren Betrieb aufnehmen würden, brachte mir mein Vater innerhalb von etwa vier Wochen all das bei, was in der ersten Klasse der Grundschule gelehrt wird. Als im Herbst der Schulbetrieb wieder aufgenommen wurde, wurde ich in die erste Klasse, die im obersten Stockwerk des ehemaligen Postamtes tagte, aufgenommen. Der Lehrer war ein ehemaliger Abiturient und späterer Soldat. Alle beamteten Lehrer die Parteimitglieder gewesen waren, waren pauschal aus dem Schuldienst entlassen worden. Dadurch gab es fast keine erfahrenen Lehrer in den Schulen. Mein Klassenlehrer stellte rasch fest, dass ich den Stoff der ersten Klasse schon beherrschte und sorgte dafür, dass ich sofort in die zweite Klasse kam.

Stofflich war das kein Problem, aber von nun an war ich immer der Jüngste und Kleinste der Klasse und der, der die meiste Klassenkeile bekam, wenn den Klassenkameraden etwas nicht passte. Dies ging durch bis zur 10. Klasse.

Da fast alle Schulen Heilbronns zerbombt waren, wurde das Trappensee-Café am östlichen Stadtrand zur Schule umfunktioniert. Die Räume des Cafés wurden durch improvisierte Zwischenwände in Klassenzimmer aufgeteilt. Die Lehrer waren entweder blutjunge Abiturienten oder reaktivierte Pensionäre. Morgens wurden die meisten von uns ohne Frühstück aus dem Haus geschickt mit der Begründung, dass wir ja gegen 10 Uhr Schulspeisung erhalten würden. Jeder von uns hatte irgendein Behältnis dabei, in das diese gegossen werden konnte. Es war zumeist eine Art von Milchbrei, den wir in der großen Pause löffelten. Der Weg zur Schule war etwa 2 km lang und verlief entlang eines Baches. Auf dem Rückweg war dieser sehr attraktiv, gab es doch Frösche, Molche und andere Wassertiere in ihm, die zu fangen großen Spaß machte. Was aber oft dazu führte, dass ich nicht pünktlich zum Mittagessen nach Hause kam und meine Stiefmutter mich bestrafte.

Am Kriegsende war mein Vater 56 Jahre alt. Da man ihn aus dem Schuldienst geworfen hatte, musste er unseren Lebensunterhalt als Schwerarbeiter bei der Trümmerbeseitigung verdienen. Es wurde rasch klar, dass er diesen Strapazen nicht gewachsen war. Sein Kapo (Vorarbeiter) war ein von den Nazis verfolgter Kommunist, den er aus der Kriegszeit kannte und der ihn schätzte. Er versetzte meinen Vater in eine Art Innendienst, womit er ihm das Leben rettete. Er beauftragte ihn, das Essen der Arbeiter warm zu machen, im Winter die Baracke zu heizen und bei der Frühstücks- und Mittagspause die Arbeiter mit Vorträgen zu unterhalten. Mein Vater kannte die Ilias und die Odyssee fast auswendig und erzählte sie in den Pausen. Ergänzend informierte er die Arbeitskameraden über deutsche Literatur, Sagen und Legenden sowie Geschichte. In einem gewissen Sinne war dies Arbeiterfortbildung, wie sie es vor dem Krieg gegeben hatte.

Obwohl mein Vater offiziell Schwerarbeiter war und bei der Lebensmittelkarte die Schwerarbeiterzulage erhielt, reichte die Zuteilung bei weitem nicht aus. Er und ich gingen in den Wald und sammelten Bucheckern, aus denen Öl gewonnen wurde. Pilze und Waldfrüchte waren begehrte Objekte, und da sich viele auf die Suche nach ihnen machten, waren sie entsprechend rar. Da der Winter mit seiner Kälte drohte, besorgten wir uns auf dem Forstamt einen sog. Leseschein, der es uns gestattete, auf dem Boden liegendes Holz zu sammeln. Wir fuhren mit einem Handleiterwagen in den Wald und lasen jedes brennbare Stück Holz vom Waldboden auf. Auf dem Rückweg in die Stadt wurde man vom Forstamt kontrolliert, ob man sich nicht doch einige Klafter Festholz angeeignet hatte. Dieses Holz war als Brennmaterial für die ehemals besetzten Länder im Westen vorgesehen.

Zusammen mit älteren Nachbarskindern entwickelten wir Methoden, doch an solches Holz zu kommen. Die eisenbereiften Räder des Leiterwagens wurden mit Lumpen umwickelt, so dass sie beim Rückweg durch die gepflasterten Weinbergwege kein Geräusch verursachten. Ein anderes Mal wurde ich als der Kleinste der Bande in einen Leiterwagen gesetzt, um die Deichsel mit den darum geschlungenen Beinen zu steuern. Dann wurde der Wagen mit Festholz beladen und ich steuerte den Wagen unter der vor dem Forstamt befindlichen Schranke durch. Da der Wagen erst viele Hundert Meter später zum Halten kam, konnten wir die Ladung ungehindert nach Hause bringen.

Eine weitere Methode um zu Heizmaterial zu kommen, war folgende: Immer wieder fuhren Kohlenzüge die ansteigende Strecke in Richtung auf das Tunnel. Da die Dampflokomotiven durch den Kriegseinsatz ziemlich abgenutzt und geradezu asthmatisch geworden waren, konnten sie die Steigung nur im Schrittempo bewältigen. Die Züge wurden von Besatzungssoldaten bewacht, aber es war bekannt, dass sie Kindern nichts taten. Daher kletterten wir Kinder am Anfang der Steigung auf die Kohlewaggons und warfen die Kohlebrocken herunter. Erwachsene sammelten sie in Säcke. Wenn der Zug die Ebene vor dem Tunnel erreicht hatte und beschleunigen konnte, sprangen wir Jungs ab. Die Erwachsenen anerkannten unsere Leistungen, indem sie unseren Anteil an den Kohlen zu uns nach Hause brachten.

Die Zuteilungen der Lebensmittelkarten bewahrten einen vor dem Verhungern, aber reichten bei weitem nicht aus, satt zu werden. Wer Geld hatte, konnte sich auf dem Schwarzen Markt mit allem zu horrenden Preisen eindecken. Ging eine Lebensmittelkarte verloren, geriet die Familie in tödliche Gefahr. Die einzige Bäckerei, die noch in unserem Teil der Stadt in Betrieb war, lag etwa 3km entfernt in der Innenstadt. Einmal die Woche wurde ich einen Rucksack tragend zum Brotholen dort hingeschickt. Da die Strecke für einen Jungen meines Alters doch etwas weit war, suchte ich Gelegenheit, auf einem der Schmalspurbähnchen, die die Trümmer aus der Stadt transportierten und leer wieder zurückfuhren, mit zu fahren. Dies ging einige Wochen gut, bis mir eines Tages ein Arbeiter meine Brotmarken abnahm. Eine Woche lang hatten wir kein Brot. Meine Stiefmutter nahm es persönlich und verabreichte mir eine Tracht Prügel.

Daneben gab es noch das Hamstern per Tauschhandel. Städter boten Bauern alle möglichen Güter im Tausch gegen Lebensmittel an. Spötter sagten, dass die Bauern ihre Kuhställe mit Orientteppichen auslegen könnten. Meine Eltern hatten nichts Vergleichbares. Das einzige Wertvolle, was mein Vater besaß, war seine Bibliothek. Im Verlauf der ersten Nachkriegsjahre tauschte er alle seine wertvolleren Bücher, also all seine Klassiker, gegen ein bißchen Mehl oder ein paar Eier. Ich begriff das damals noch nicht und wunderte mich später, als ich mit Lesen anfing, dass es in der Bibliothek meines Vaters keine wichtigen Bücher mehr gab.

Ich erinnere mich, dass wir eines Tages 12 km bis nach Sülzbach marschierten, wo mein Großvater Pfarrer gewesen war. Mein Vater suchte die Mühle auf, und die Besitzerin erkannten ihn als Sohn des ehemaligen Pfarrers und als Klassenkameraden. Er bettelte um etwas Mehl, und die Frau war großzügig, sie schenkte ihm ein kleines Säckchen mit ca. 2,5 kg Mehl. Wir kehrten überglücklich zurück.

In unserem gepflegten Blumengarten wurden Kartoffeln, Karotten, Erbsen, Bohnen und anderes Gemüse angepflanzt. Wir hatten sogar einen Kaninchenstall mit ca. 10 Tieren, die ständig nachgezüchtet wurden und die Familie mit Fleisch versorgten. Nachts lebte man in der Sorge, dass Diebe die Tiere stehlen könnten.

Die Währungsreform 1948 beendete schlagartig das Elend. Hatten die Metzgereien bis dahin nur Wurstattrappen aus Pappmasché in den Schaufenstern gezeigt, so hingen nun quasi über Nacht reale Würste dort. Die Metzgerin, die bis dahin, immer knappstens gewogen hatte, fragte nun freundlich, ob es ein bißchen mehr sein dürfe. Mein Vater wurde zur selben Zeit, nachdem er entnazifiziert worden war, wieder in den Schuldienst aufgenommen. Zuvor hatte ein ehemaliger Schüler seiner einklassigen Schule, dessen Familie Deutschland rechtzeitig verlassen hatte, und nun Entnazifizierungsoffizier war, keinen Finger für ihn gerührt, obwohl er seinen Lehrer durchaus erkannte. Mit meines Vaters Rückkehr in den Schuldienst begann das Leben wieder normal zu werden.

Kaum hatte ich lesen gelernt, als ich auch schon begann, Bücher geradezu zu verschlingen. Mein Bruder schenkte mir zum 7. Geburtstag ein gebrauchtes Exemplar von Mark Twains *Tom Sawyer*. Innerhalb kürzester Zeit war ich durch. Das nächste Buch, das ich las, waren Gustav Schwabs, *Sagen des klassischen Altertums*. Die im Wohnzimmer hängende Reproduktion des Gemäldes von Anselm Feuerbach *Iphigenie auf Tauris* veranschaulichte sie. Eine kleine Reproduktion des Dornenziehers in schwarzer Farbe ergänzte. Ich begann Interesse an der klassischen Antike zu entwickeln. Ihnen folgten deutschen Sagen und Märchen und schon recht bald die ersten Bände von Karl May. Bevor ich ins Gymnasium kam, waren Bücher ein Teil meines Lebens geworden.

DIE NÄCHSTEN JAHRE

1949-1958

Im Herbst 1949 wurde ich auf Empfehlung meines Grundschullehrers in das humanistische Theodor Heuss-Gymnasium in Heilbronn aufgenommen. Die Klasse zählte etwa 25 Schüler. Die Väter fast aller waren wohlhabende Ärzte, Apotheker, Rechtsanwälte oder Unternehmer. Ich war als Sohn eines Volksschullehrers, eines Nichtakademikers, der Ärmste der Klasse. Da es damals für einen Jungen in meinem Alter keine Möglichkeit gab, selbst etwas zu verdienen und das geringe Gehalt meines Vaters gerade zum Lebensunterhalt der Familie reichte, konnte ich mir keine Bücher kaufen und musste mit dem vorlieb nehmen, was aus der schlimmen Nachkriegszeit in der Bibliothek meines Vaters noch vorhanden war. Aber einer meiner Mitschüler, der Sohn eines Zahnarztes, besaß die Gesamtausgabe der Werke von Karl May und war freundlich genug, sie mir nach einander auszuleihen. Bücher bekam ich als Geschenke zu Weihnachten oder am Geburtstag.

1953 fuhr die Klasse ins sog. Landheim, d.h. man lebte zwei Wochen in einer für Jugendliche geeigneten Unterbringung und brachte die Zeit dort mit Wandern, Schwimmen, Besichtigungen und Geländespielen hinter sich. In unserem Fall waren wir im Naturfreundehaus Steinknickle bei Neuhütten in den Löwensteiner Bergen untergebracht. Wir wurden begleitet von unserem Klassenlehrer Schulz und seiner Frau, die aus Schlesien stammten. Sie bekochte uns, wenn wir nicht in einem Dorfgasthaus aßen. Der ganze Spaß kostete 30 DM, was damals enorm viel Geld war und von meinem Vater nicht aufgebracht werden konnte. Stillschweigend bezahlte der Vater des Klassenkameraden Weipert diese Summe. Er besaß eine Drehbankfabrik in Heilbronn.

Bei den Wanderungen in den Löwensteiner Bergen entdeckte ich, dass ich erheblich ausdauernder war als meine älteren Klassenkameraden. Der Grund: Ich war seit Jahren bei den christlichen Pfadfindern. Ich erinnere mich noch gut, dass ich im sog. Pfühlpark in Heilbronn noch vor Kriegsende eine Hitler-Jugend-Gruppe exerzieren sah und das synchrone Bewegen faszinierend fand. Ich hätte gerne daran teilgenommen, aber ich war damals nicht einmal alt genug, um bei den sog. Pimpfen teilzunehmen. Als in der Nachkriegszeit die Pfadfinder wieder aktiv wurden, landete ich recht früh bei den sog. Wölflingen. Das waren Jungs unter zehn Jahren. Man brachte uns alle möglichen Fähigkeiten bei, deren Beherrschung wir in Prüfungen nachweisen mussten, um Jungpfadfinder zu werden.

Man lernte so wieder die Lieder der Jugendbewegung, die bei den Nazis verboten worden waren. Man lehrte uns Pflanzen und Tiere zu erkennen und zu benennen. Kartenlesen und der Umgang mit dem Kompass waren wichtige Voraussetzungen für zielgerichtete Wanderungen. Wir lernten, uns im Freien bei Tag und Nacht zu orientieren. Es gab sogar Nachtwanderungen. Touren mit alten Fahrrädern gehörten ebenfalls dazu. Es gab Zeltlager mit abendlichem Lagerfeuer. Wir lernten sogar im Winter in Koten zu übernachten, wobei in der Mitte ein Feuer brannte, das einer eine gewisse Zeit überwachen musste, während die anderen schliefen.

Jeden Sommer gab es ein großes Lager der sog. Landesmark. Diese entsprach dem alten Württemberg. Ich nahm an einem dieser Lager im Schwarzwald auf den Kniebis teil. Ein anderes vierwöchiges Lager fand am Feuersee östlich von dem Städtchen Beilstein statt. Diese Lager wurden von der evangelischen Kirche finanziert und waren für uns Jugendliche damals die einzige Möglichkeit, eine Art Urlaub zu machen. Auf diesem Lager wurde uns dann auch wieder das Marschieren beigebracht. Ich erinnere mich noch, wie ich mich zunächst mit Händen und Füßen dagegen sträubte, wie vormals in der HJ in Reih und Glied zu marschieren, aber dann begriff ich, dass eine Gruppe von 50 oder 100 Jugendlichen unmöglich als ein wilder Haufen durch ein Dorf ziehen konnte. Es war eine Sache der Ordnung und nicht militaristisch angehaucht.

Auf dem Lager erfolgte eine weitere Ausbildung in den Fertigkeiten eines Pfadfinders wie Baden Powell gelehrt hatte. Darunter waren auch Mutproben: Wir mussten uns in etwa 6-8 Meter Höhe an einem Seil über eine Schlucht hangeln, deren Grund allerdings sumpfig war, so dass ein Sturz keine Folgen gehabt hätte. Ein weiterer Beweis für unseren Mut war es, in dem See unter einem 8 Meter langen Floß aus Baumstämmen durchzutauchen. All das war für uns Jungs eine Herausforderung und machte einen großen Spaß. Zugleich vermittelte es uns Werte, wie z. B. Kameradschaft und Durchhaltevermögen, die uns ein Leben lang begleitet haben.

Die Karriere eines Pfadfinders war immer wieder durch Prüfungen unterbrochen, die mit zunehmendem Alter des Kandidaten auch intellektuelle Anforderungen stellten. Das letztendliche Ziel war es, einen aktiven evangelischen Christen hervorzubringen. Bei manchen funktionierte das vorzüglich, bei mir jedoch weniger. Ich lernte Kameradschaft, die Liebe zur Natur und bewusstes Wandern in dieser, etwas, das ich heute noch genieße.

Dem Ziel, mich zu einem guten evangelischen Christen zu erziehen, wirkten meine Eltern ungewollt entgegen, als sie mich nicht nur zum sonntäglichen Kirchgang am Vormittag zwangen, sondern auch noch nachmittags zur Teilnahme an der sog. Stund der pietistischen Hahn'schen Gemeinde und dies zu einem Zeitpunkt, als ich begann, selbständig und kritisch denken. Ich erkannte, dass sich viele der Hahn'schen "Brüder" im Dritten Reich sehr systemkonform verhalten hatten und nun ziemlich heuchelten. Ein anderer war wochentags ein recht erfolgreicher knallharter Geschäftsmann, der während der "Stund" seine Stimme in fromme Falten legte. Ich ging innerlich auf Distanz zu dieser aufgesetzten Frömmelei.

In der 1. Klasse Gymnasium (heute 5. Klasse) begannen wir Latein zu lernen. In der 7. Klasse kam als zweite Fremdsprache Englisch dazu. In der 9. Klasse konnte man zwischen Altgriechisch und Französisch wählen. Ich entschied mich für letzteres. Seit der 7. Klasse hatten wir auch Geschichtsunterricht. Unser Geschichtslehrer hieß Rauchhaupt, den wir Schüler liebevoll Qualmschädel nannten. Er war ein ausgezeichneter Geschichtslehrer, der uns die Antike mit solcher Begeisterung für sein Fach nahebrachte, dass wir fasziniert waren. Er lehrte uns z.B. auch die Stadtpläne des antiken Athens und Roms. So dass ich, als ich 1958 zum ersten Mal nach Athen kam, keinen Stadtplan brauchte, weil ich ihn immer noch im Kopf hatte. In seinen Geschichtsstunden wurden Alexander d. Gr., Aristoteles und die anderen Philosophen aber auch die Politiker Athens und Spartas uns so nahe gebracht, dass sie uns als Bekante erschienen. Dasselbe galt für die römischen Geistesgrößen und Kaiser. In mein Herz pflanzte Rauchhaupt den Wunsch, einmal all das selbst vor Ort zu sehen.

Das Schuljahr, in dem die neunte Klasse stattfand, war auf 6 Monate verkürzt. Der Beginn des neuen Schuljahres wurde vom Herbst wieder auf das Frühjahr verlegt. Unter normalen Umständen hätte mir diese Verkürzung wahrscheinlich keine größeren Probleme bereitet, aber in diesem Schuljahr kam die neue Sprache dazu und ich geriet auf den Höhepunkt der Pubertät. Ich hatte plötzlich keine Lust auf Schule mehr und wurde stinkfaul. Die schulische Leistung sank ab, und es zeichnete sich eine Wiederholung der 9. Klasse am Horizont ab. Doch meine Stiefmutter verhinderte durch massiven Druck, dass ich sitzenblieb. Aber als ich in der 10. Klasse auch noch nicht wieder die volle Leistung brachte, schlug sie mir vor, ich solle doch mit der sog. Mittleren Reife die Schule verlassen und einen Beruf erlernen. Ich hatte damals von der Schule die Nase so voll, dass ich ihr zustimmte. Ich begriff nicht, welche Konsequenzen dies haben würde. Meine Stiefmutter dachte viel weiter. Sie wusste, dass vom schmalen Gehalt meines Vaters unmöglich zwei Kinder studieren könnten und war der Meinung, dass ihre Tochter und nicht ich studieren sollte.

Es war damals sehr schwer, eine Lehrstelle zu bekommen, aber meine Stiefmutter schaffte es, mich über familiäre Verbindungen ihrer Seite in der Heilbronner Firma Kupfer-Asbest-

Compagnie (KACO) als Werkzeugmacherlehrling unterzubringen. Die nächsten dreieinhalb Jahre waren übel. Der Meister, der die Lehrlingswerkstatt leitete, war ein brutaler Typ. Wenn er morgens die Runde machte, erteilte er jedem Lehrling zunächst einen kräftigen Schlag auf den Hinterkopf, ehe er ihn ansprach und Weisungen erteilte. Es kam auch vor, dass er einen Lehrling derart verdrosch, dass dieser unter die Werkbank kroch, um den Prügeln zu entgehen. Die Geschäftsleitung wusste davon, unternahm aber nichts. Als ich mich einmal beim Geschäftsführer beklagte, der ausgerechnet der Vater eines ehemaligen Klassenkameraden war, drohte er mir mit Rausschmiss aus der Firma.

Die täglichen Prügel und sonstigen Brutalitäten waren übel, aber noch schlimmer war, dass sich der Lehrmeister an den jungen Lehrlingen vergriff, die, frisch mit 14 oder 15 Jahren aus der Volksschule kommend, ihre Ausbildung begannen. Ich hatte das Glück, schon zu Beginn der Lehrzeit zwei Jahre älter zu sein und blieb daher von diesen "Aktivitäten" verschont. Als ich nach etwa zwei Jahren unserem Berufsschullehrer davon erzählte, gab dieser dies an die Staatsanwaltschaft weiter. Der Lehrmeister wurde verhaftet, vor Gericht gestellt und verurteilt. Irgendwie wurde in der Firma bekannt, dass ich mit dazu beigetragen hatte, und von da an war ich dort unten durch. Ich war froh, als ich 1958 die Facharbeiterprüfung ablegen und die Firma verlassen konnte.

Die Ausbildung in der Firma war gut. Es gab eine Lehrwerkstatt, in der die Grundfertigkeiten wie z. B. das Feilen beigebracht wurden. Aber dann ging es durch die unterschiedlichen Abteilungen der Firma. Der Betrieb stellte einerseits Dichtungen für Kraftfahrzeuge her und andererseits Elektrogeräte wie z.B. sog. Zerhacker, die auf mechanischem Weg aus Gleichspannung Wechselspannung machten und die in sog. Wechselrichter eingebaut wurden. Geräte, die mit der Erfindung des Halbleiters obsolet wurden. Man lernte, jede Metallbearbeitungsmaschine zu bedienen, von der Drehbank bis zum hochpräzisen Bohrwerk. Man erwarb Fähigkeiten, die einem ein ganzes Leben lang von Nutzen waren. Ich brauchte auch später kaum einen Handwerker im Haus. Der Beruf des Werkzeugmachers war neben dem des Feinmechanikers der anspruchsvollste und niveauvollste der Metallbranche.

Die Abteilung, die die Zerhacker und Gleichrichter produzierte, war für mich von großem Interesse, da sie mit meinem Hobby, dem Amateurfunk, korrelierte. Seit den frühen 1950er Jahren hatte ich mich für Radio- und Funkgeräte interessiert. Schon früh brachte ich alte Volksempfänger aus der Nazi-Zeit wieder zum Laufen und reparierte modernere sog. Superhet-Empfänger.

Etwa zu der Zeit als ich 1958 die Facharbeiterprüfung ablegte, bestand ich in der Oberpostdirektion in Stuttgart die Amateurfunk-Prüfung. Sie setzte sich im Wesentlichen aus zwei Teilen zusammen. Man musste das sog. Morsen sowohl beim Empfang als auch beim Senden in einer hohen Geschwindigkeit beherrschen. Zweitens musste man große Kenntnisse in der Hochfrequenztechnik nachweisen. Der Prüfer ließ mich an die Tafel kommen und forderte mich auf, den Schaltplan eines bestimmten Kurzwellensenders mit umschaltbarem Frequenzbereich zu entwerfen. Dabei musste man die Funktion jedes einzelnen Bauteils erklären. Genau genommen war es eine Art Ingenieurprüfung in Funktechnik.

Kaum hatte ich die Prüfung bestanden, begann ich auch schon, eine eigene Funkstation zu bauen. Als Empfänger diente ein reparierter und verbesserter amerikanischer Kurzwellenempfänger (BC 342), der im Zweiten Weltkrieg in einem Bombenflugzeug eingebaut gewesen war. Der umschaltbare Sender war Eigenbau. Die Bauteile stammten von einer Schrotthandlung, die Militärgeräte der Wehrmacht und der Amerikaner zerlegte. So konnte man billig elektronische Bauteile erwerben, die neu, zumindest für mich, damals unbezahlbar gewesen wären.

Als die Geräte funktionierten hatte ich Hunderte von Kontakten mit deutschen Stationen in der BRD, aber auch in der DDR. Man redete über Technik und Persönliches, aber vermied jede auch noch so geringste politische Äußerung. Das war internationaler Usus auch in der Zeit des Kalten Krieges. Später kamen Funkkontakte ins europäische Ausland hinzu und als ich bessere Antennen installiert hatte, folgten Übersee-Kontakte dazu. Ich besitze noch das Log-Buch, in dem jeder Kontakt genauestens pflichtgemäß protokolliert wurde. Es war ein spannendes Hobby, das zu vielen langjährigen Freundschaften führte, aber leider seit dem Aufbau des Internets die mit ihm verbundene Romantik verlor.

Bis zum Beginn meiner Lehrzeit war ich in meiner Klasse in Theodor Heuss-Gymnasium durchaus akzeptiert gewesen. Aber als ich Lehrling wurde, änderte sich das. Mit der Ausnahme meines Freundes Hans Hummel wurde ich von allen anderen gemieden. Man blickte auf mich als zukünftigen Arbeiter herab. Man könnte von jugendlicher Klassenarroganz reden. Sogar in der Familie wurde ich diskriminiert. Beim jährlichen Clanstreffen der Familie Richter in Marbach war ich plötzlich Luft. Für die Familie, die seit weit über 100 Jahren nur Lehrer und Pfarrer hervorgebracht hatte, war ich eine Schande. Ein eingeheirateter Cousin, der Jurist war, tröstete mich, es gehe ihm nicht viel anders. Die Großfamilie sei dünkelhaft.

Als ich ausgelernt hatte, war es für mich klar, dass ich nicht bis zur Verrentung Werkzeugmacher bleiben wollte. Während meiner Lehrzeit hatte ich Kontakte mit amerikanischen Soldaten, die in der ehemaligen Ludendorff-Kaserne in Heilbronn stationiert waren. Einige waren Amateurfunker und ermöglichten es mir, mit ihren mächtigen Geräten Überseekontakte herzustellen. Andere waren an pfadfinderischen Dingen interessiert. Alle waren hochgebildet und sprachen mehrere Sprachen. Später erfuhr ich, dass diese US-Einheit der NSA (National Security Agency) angehörte. Die NSA-Abteilung in Heilbronn wertete den abgehörten sowjetischen Funkverkehr aus.

Unter den Amerikanern, die ich damals näher kennen lernte, waren Dirk French, der später Professor für die Antike an einer Südstaaten-Universität und Rodney Freeborg, der Psychiater wurde. Mit beiden stehe ich heute noch in E-Mail-Kontakt. Dirk French beeinflusste mich maßgeblich, als er immer wieder folgenden Satz wiederholte: “The best life is an academic life.” Dieser Satz leuchtete mir ein, aber wie konnte ich als Industriearbeiter Akademiker werden? Um Klarheit in mein Denken zu bekommen, beschloss ich, eine Auszeit zu nehmen. Ich beschloss, nach Griechenland zu reisen.

MEINE ERSTE GRIECHENLANDREISE

1958

Der Grund, warum ich nach Griechenland wollte, war einfach und kompliziert zugleich. Einerseits wollte ich etwas Neues sehen. Ich hatte in den Jahren zuvor bei jeder sich bietenden Gelegenheiten mit dem Fahrrad Touren durch die Bundesrepublik gemacht. Nach dem Ende eines Lagers der Pfadfinder aus der ganzen BRD, dem sog. Bundeslager, in der Lüneburger Heide war ich mit dem Fahrrad durch Norddeutschland an den Rhein gefahren und diesem entlang bis Mannheim und dann durch das Neckartal wieder zurück nach Heilbronn. Unterwegs besichtigte ich alle auf dem Weg liegenden Städte und Burgen und sonstigen Sehenswürdigkeiten und erkundete auch die Museen.

1956 machte ich eine dreiwöchige Fahrradtour nach Marseille und von dort nach Genua und über den Gotthard-Pass zurück nach Deutschland. Ich erinnere mich, dass im Rhone-Tal ein äußerst kräftiger Mistral blies und ich so ohne große Anstrengung 220 km an einem Tag schaffte. Den Gotthard-Pass bewältigte ich, indem ich mich mit der linken Hand an der rückwärtigen Ladeklappe eines Lkws festhielt und mit der rechten den Fahrradlenker. Die Lkws waren damals alle untermotorisiert und krochen fast im Schritttempo die Passstraße hoch, und die Lkw-Fahrer waren es gewohnt, dass sich Radfahrer anhängten und fuhren etwas weiter links zur Straßen-Mitte hin. Zwar tat einem der Arm nach einigen Kilometern entsetzlich weh, aber weil die Alternative stundenlanges Schieben des Rads gewesen wäre, biss man die Zähne zusammen und hielt fest.

Im Jahr darauf kaufte ich mir ein Moped, das fahrradähnliche grasgrüne NSU-Quickly mit 50 ccm und etwa einem PS. Mit ihm machte ich Touren in Frankreich und besichtigte Paris. Im Jahr darauf folgte eine Tour durch Südfrankreich und Nordspanien. Als ich nun 1958 entschied, mir eine Auszeit zu nehmen, beschloss ich, dass ich mir einen Traum erfüllen und nach Griechenland fahren würde. Außerdem wollte ich mal etwas Abenteuerliches erleben.

Ich fuhr ohne Probleme durch Süddeutschland und Österreich, aber am Wurzen-Pass nach dem slowenischen Jugoslawien hinüber erlebte ich die erste Pleite. Die alte Passstraße war mit 19 Prozent Steigung extrem steil und das Moped streikte. Ich versuchte, das Quickly mit schleifender Kupplung und nebenher laufend die Straße hinaufzubringen, was nicht gelang, da ich die Geschwindigkeit mit der das Moped den Berg hinauf wollte, nur wenige Meter mithalten konnte, weil mir die Puste ausging. Es blieb mir also nicht anderes übrig, als das gut bepackte Gefährt den Pass hinauf zu schieben. Zum Glück traf ich ein deutsches Ehepaar, das mir beim Schieben half. Ohne diese Hilfe hätte ich wahrscheinlich kapituliert und wäre umgekehrt, um einen Pass mit geringerer Steigung zu suchen

Die anschließende Fahrt durch die Karawanken war wunderschön. In Lubljana (Laibach) musste ich meine Fahrt unterbrechen, da die Durchgangsstraße gesperrt war. Die Stadt erwartete hohen Besuch: Marschall Tito und den Kaiser von Äthiopien, Heile Selassi. Wenig später fuhren die beiden in einem offenen Wagen vorbei. Es gelang mir, ein Foto zu schießen. Als ich die Stadt besichtigt hatte, steuerte ich als nächstes Ziel die Grotten von Postojna (Adelsberg) an. Sie sind kilometerlang und hier sah ich zum ersten Mal die sog. Grottenolme, weiße Molche ohne Augen, die ihr Leben in völliger Dunkelheit zubringen. Bei Opatija auf der Halbinsel Istrien erreichte ich das Meer.

Dort endete auch die geteerte oder asphaltierte Straße. Von nun an fuhr ich auf sog. Naturstraßen mit Schlaglöchern und großen Steinen dem Meer entlang nach Süden. Mit dem Moped konnte man auf der Straße kaum schneller als 10 km/h fahren, weil man praktisch von Schlagloch zu Schlagloch holperte. Schließlich entdeckte ich, dass an den Rändern der Naturpiste eine schräge Ebene existierte, auf der man flotter fahren konnte, aber ständig das Risiko einging über den festen Rand hinaus und in lockere Steinchen zu geraten, was einen sicheren Sturz bedeutet hätte. Auf dem Weg nach Süden entlang der Adria-Küste besichtigte ich jede Küstenstadt. Als ich eine der wunderschönen Kirchen besichtigte, traf ich einen katholischen Priester, der sich mit mir unterhalten wollte. Er konnte jedoch weder deutsch, englisch oder französisch und ich kein Wort serbokroatisch. Da hatte ich eine Idee. Ich fragte ihn "habesne scientiam linguae Latinae?" Er antwortete: "Habeo," und es entwickelte sich eine angeregte wenn auch etwas holprige Unterhaltung in lateinischer Sprache. Es war das erste Mal, dass ich Latein sprach, aber meine ausgezeichnete Ausbildung am THG ermöglichte, dass wir uns verständigen konnten.

Ich fuhr weiter nach Süden bis zur Bucht von Kotor. Dort wandte ich mich nach Osten, um Albanien, das damals völlig unzugänglich war, zu umfahren. Bei Centinje geschah das, was ich die ganze Zeit befürchtet hatte: In einer Kurve geriet ich mit dem Vorderrad über die schräge Ebene hinaus in die lockeren Steinchen und stürzte. Da ich wegen der Hitze nur Shorts trug, war meine Haut von oben bis unten durch den Straßenstaub wie bepudert. Nach ein paar Minuten bildeten sich dunkle Stellen, die zeigten, wo ich durch den Sturz Verletzungen und Abschürfungen davon getragen hatte. Ich erkannte, dass es wohl sinnvoll war, einen Arzt aufzusuchen. Ich fuhr ins Krankenhaus von Cetinje. Dort spülte man mich mit einer Wasserbrause ab und bepinselte mich anschließend mit Jod, was höllisch brannte. Aber schon am nächsten Tag konnte ich nach Titograd weiterfahren.

Da es dort keinen Campingplatz gab und ich in der Stadt nicht wild campen konnte und wollte, ging ich in das damals frisch eröffnete Hotel. Es entpuppte sich als sehr preisgünstig. Beim abendlichen Spaziergang durch die Stadt entdeckte ich die Clubstation der Amateurfunker. Ich ging hinein und stellte mich vor, indem ich mein deutsches Rufzeichen nannte. Man empfing mich freundlichst. Als wir etwa eine halbe Stunde gefachsimpelt hatten, erschien plötzlich die Polizei und warf mich hinaus. Ich sei ein ausländischer Spion. Aber weiter geschah nichts und ich konnte meine Fahrt durch die Berge fortsetzen.

Ich hatte erfahren, dass der Plav-See in Montenegro ein landschaftliches Juwel war und machte einen Abstecher dorthin. Als ich dort eintraf, brach ein Gewitter herein und ich sah keine Chance, mit meinem primitiven Zelt trocken durch die Nacht zu kommen. Ich entdeckte ein hotelähnliches Gebäude und fragte, ob sie eine Schlafgelegenheit für mich hätten. Ich wurde freundlichst aufgenommen und zum Abendessen in den großen Speisesaal eingeladen. Bei der Unterhaltung mit den anderen Gästen erfuhr ich, dass das Gebäude ein Heim für ehemalige Partisanen war. Die Heimbewohner waren recht aufgeschlossen. Als sie entdeckten, dass ich eine Ahnung von Titos Partisanenkrieg hatte, erzählten sie mir vieles über ihre Zeit in den Bergen. Zugleich waren sie hochinteressiert, einen jungen Deutschen kennen zu lernen und ich musste ihnen erzählen, wie meine Generation die Vergangenheit und die Zukunft sah. Ich äußerte mich bewusst kritisch über die Vergangenheit und sprach über meine Träume einer gesamteuropäischen Zukunft. Da das Wetter auch am nächsten Tag sehr schlecht war, luden sie mich ein, noch einen Tag ihr Gast zu sein. Die Gespräche waren beeindruckend und erstaunlich unvoreingenommen, auch was die Vergangenheit betraf..

Die folgenden Tage fuhr ich durch die montenegrinischen Berge. Ich war stolz und hochzufrieden, dass mein Quickly die Berge ohne irgendwelche Probleme bewältigte. Die moslemische Bevölkerung war sehr gastfreundlich und langsam näherte ich mich über Peç und Prizren fahrend der Hauptstadt der jugoslawischen Teilrepublik Makedoniens, Skopje. Danach folgte ich dem pittoresken Vardar-Tal in Richtung auf Saloniki. Etwa acht Kilometer vor der griechischen Grenze bewegte sich plötzlich der Lenker meines Mopeds nach oben und ich berührte mit dem Sattel fast den Boden: Rahmenbruch.

Ich schob das lädierte Moped ins nächste Dorf. Dort erfuhr ich, dass es in diesem Landesteil noch keine Elektrizität gab. Es existierte zwar eine Werkstatt, aber diese hatte nur ein autogenes Schweißgerät. Mir wurde klar, dass ich damit den Rahmenbruch meines Quicklys nicht reparieren konnte. Mit einem Elektroschweißgerät hätte ich eine dauerhafte Reparatur vornehmen können, aber eine autogene Schweißnaht würde den weiteren Strapazen auf den Naturstraßen nicht gewachsen sein und erneut brechen. Ich suchte den Bahnhof des Ortes auf und schickte mein Moped per Bahn auf die Heimreise. Es kam zwar nach Monaten auf dem Bahnhof von Heilbronn an, aber alles was nicht festverbunden war, war auf der langen Reise abmontiert worden. Sogar die Reifen fehlten. Ich weigerte mich, für den Transport etwas zu bezahlen, was von den Bundesbahn auch akzeptiert wurde.

Einen großen Teil meines Gepäcks, das bislang in den Satteltaschen gesteckt hatte, verschenkte ich und behielt nur den Rucksack und das Minizelt zurück. Ich überquerte zunächst die Grenze nach Griechenland. Per Anhalter kam ich nach Saloniki. Autostop war damals recht schwierig, da die wenigen Pkws reichen Leuten gehörten, die kaum Anhalter mitnahmen. Lkw-Fahrer waren netter, fuhren zumeist aber nur kurze Strecken. Ich hätte zwar die Überlandbusse nehmen können, aber dafür fehlte mir das Geld. Das Ergebnis war ein langsames Vorankommen in kurzen Etappen.

Nachdem ich Saloniki besichtigt hatte, entschied ich, dass mein nächstes Ziel, Ioannina in Epirus sein sollte. Der Grund dafür war ein Kapitel in Alexandre Dumas' Buch über den Grafen von Monte Christo, das in Ioannina spielte. Da es damals nur eine einzige Ost-West-Verbindung über das Pindus-Gebirge, den Katara-Pass bei Kalambaka gab, beschloss ich, nach Ioannina durch die Berge zu wandern. Ich trampte also zunächst nach Edessa und marschierte von dort auf Maultierpfaden in südwestlicher Richtung durch die Berge. Ich durchquerte immer wieder Dörfer, in denen ich der erste Fremde war, der seit dem Krieg durchkam.

Die Kommunikation mit den Einheimischen geschah in einer Sprache, die ich später als katochika (Sprache der Besatzungszeit) bezeichnete. Wenn etwas gut war, hieß das *extraprima*. Die Kinder wurden *piccoli* genannt und mein Moped war *kaputt*. Es gab aber auch Einheimische, die in den USA gewesen waren und gut Englisch sprachen. Die Menschen waren extrem gastfreundlich und schenkten mir Brot, Käse und Oliven, wenn ich weiter zog. Ich erfuhr, dass es im Zweiten Weltkrieg in der Region zu Kämpfen zwischen den Partisanen und zunächst den Italienern als Besatzungsmacht und später mit der Wehrmacht gekommen war, aber ich verspürte nicht die geringste Feindschaft oder Ressentiments. Der Krieg war Krieg gewesen und der war vorbei. Ich war erstaunt über eine so vernünftige Haltung.

Die Menschen erzählten mir auch von dem großen Bürgerkrieg von 1946 bis 1949, von dem ich noch nie zuvor etwas gehört hatte. Dieser war in ihren Augen mindestens so schlimm gewesen wie die Besatzungszeit. Auf meiner wochenlangen Wanderung durch das nördliche Pindus-Gebirge sah ich Spuren von kriegerischen Auseinandersetzungen und Zerstörungen, die während der Besatzungszeit mal von den Italienern, mal von den Deutschen in ihren Kämpfen mit den Partisanen verursacht worden waren. Die Verwüstungen aus der Zeit des Bürgerkriegs stammten mal von der kommunistischen Demokratischen Armee (DSE) und mal von der Nationalen Armee. Ich war von den Erzählungen und Berichten fasziniert und verspürte den dringenden Wunsch, mehr darüber zu erfahren. Ich gab mir selbst damals das Versprechen, dass ich, falls die Gelegenheit käme, mich intensiver mit dieser Materie beschäftigen würde.

In diesen Erlebnissen liegt also die Ursache für meine spätere lebenslange Beschäftigung mit Griechenland. Bei den tagelangen einsamen Wanderungen durch diese wunderschöne Bergwelt geschah noch etwas zweites. Da es keine äußere Ablenkung und damit auch keine Ausweichmöglichkeit oder gar die Chance einer Flucht vor der Selbsterkenntnis gab, begann ich, über mich selbst nachzudenken. Mir wurde klar, dass ich in den letzten beiden Klassen, also in den 18 Monaten vor der Mittleren Reife, faul gewesen war und nur deshalb die Schule verlassen hatte. Mir wurde klar, dass ich nach meiner Rückkehr nach Deutschland irgend einen Weg finden musste, um aus dem Arbeiterdasein herauszukommen und einen Beruf erlernen musste, in dem ich meinen neuen Interessen nachgehen konnte. In den wochenlangen Märschen entwickelte sich also eine neue Lebensperspektive, die es nach der Rückkehr zu realisieren galt.

Als ich in Ioannina ankam, war ich von der Stadt fasziniert. Die Altstadt mit ihren engen Gassen, die Burg und das Kloster auf der Insel im See waren hinreißend. Ich war nach Ioannina gekommen, um den Ort des Geschehens von Dumas' Roman zu sehen und fand hochinteressante Spuren der osmanischen Vergangenheit, die in mir den Wunsch bestärkten, mehr daüber zu erfahren.

Von Ioannina trampte ich über Arta und Agrionion nach Antirion. Auf dem Weg besichtigte ich auch das Dorf Misolongi und erfuhr, welche Rolle es in den Befreiungskriegen der Griechen gegen die Osmanen gespielt hatte. Unterwegs sah ich immer wieder Spuren des Zweiten Weltkrieges. In Antirion angekommen, nahm ich die Fähre nach Rion auf der Peloponnes. Von nun an bewegte ich mich gewissermaßen auf bekanntem Gebiet. Die Stätten, die ich von da an besuchte und erkundete, kannte ich aus der Schulzeit. Die erste Station war Olympia. Ich habe seit dem den ersten Anblick auf den gewölbten Durchgang zum Stadion vor Augen und den Hain mit den Tempelresten. Die nächste Station war Korinth. Nachdem ich den Tempel mit seinen schönen Säulen und die Ausgrabung besichtigt hatte, zog es mich unwiderstehlich auf die Burg von Akrokorinth. Da mir der Fahrweg zur Burg zu weit erschien, kletterte ich den Felsen, auf dem die Burg liegt, direkt hinauf. Oben angekommen, war ich völlig dehydriert und war begeistert, als ich frisches kühles und sauberes Wasser in der Zisterne aus der Kreuzzugszeit fand. Der Blick von der Burg auf den Isthmus war atemberaubend.

Nach einem Abstecher per Autostop nach Mykene und Epidauros traf ich in Athen ein. In der Jugendherberge war kein Platz und wo konnte man in der Stadt ein Zelt aufstellen? Zu meinem Glück waren noch Schulferien und die Hausmeisterin einer Schule in der Nähe des Zentrums, die ich zufällig kennenlernte, gestattete mir, während meines Athenaufenthaltes in einem Klassenzimmer zu nächtigen. Dort konnte ich auch meine Habseligkeiten zurücklassen und mich unbeschwert der Besichtigung Athens hingeben.

Dank des exzellenten Geschichtsunterrichts von Rauchhaupt hatte ich den Stadtplan des antiken Athens im Kopf. Ich suchte eine antike Stätte nach der anderen auf. Der Aufstieg von der Agora zur Akropolis war beeindruckend. Die Akropolis selbst war hinreißend, aber der Effekt, der ihr von den Griechen zugeschrieben wird, dass, wenn ein Tourist sie besteige, komme er als Philhellene herunter, traf bei mir nicht zu. Mein Philhellenismus war schon in den Bergen des Pindus entstanden.

Natürlich ging ich in das Nationalmuseum, aber die Bauten des 19. Jahrhunderts im Zentrum und das Zappeion beeindruckten mich ebenso. Als ich vor Schliemans Haus stand, kamen Erinnerungen an Bücher hoch, die ich über ihn gelesen hatte. Einige Stunden in einem Café am Syntagma Platz sitzend, dem Verkehr und den Menschen zuschauend, war faszinierend. Das Alte Schloss war nun das Parlamentsgebäude. Der Schloss-Park daneben war eine idyllische Oase im Betondschungel Athens. Während der Syntagma-Platz einen geradezu westeuropäischen Eindruck machte, hatte der Omonia-Platz einen Hauch von Orient. Die Markthallen und das Viertel um Monastiraki ließen ahnen, wie Athen im 19. Jahrhundert ausgesehen hatte. Eine Fahrt zum Kap Sounion rundete die Reise ab.

Die Rückreise nach Deutschland erfolgte problemlos. Man hatte mir gezeigt, wo die Fernlaster starteten, die bis Österreich fuhren und Obst und Gemüse transportierten. Einer der Fahrer war so freundlich, mich mitzunehmen. Da er recht gut Deutsch sprach, hatten wir eine interessante unterhaltsame Fahrt. In Graz verließ ich ihn und besuchte zwei Amateurfunker, mit denen ich oft Kontakt gehabt hatte. Im Frühherbst war ich wieder zu Hause.

NSU-Quickly: Mit einem solchen Modell fuhr ich nach Griechenland

Abb. 1 1942: Meine Mutter und ich

Abb. 1a Mein Vater und ich

Abb. 2 Mit meiner Schwester Ursula und meinem Bruder Emil

Abb. 3 Auf dem Rutzen-Pass 1958

Abb. 4 1963

Abb. 5 Meine Frau Ursula 1963

Abb. 6 Meine Frau etwa 1970

Abb. 7 Meine Tochter Danae und ihr Partner Ralf

Abb. 8 Meine Tochter Eleni

Abb. 9 Elenis Partner Volker

Tafel IV

Abb. 10 Komninos Pyromaglou

Abb. 11 Emmy Kartali

Abb. 12 Elisabeth Logothetopoulou, geb. Hell

Abb. 13 Manolis Glezos
Diese Foto schenkte er mir mit einer freundschaftlichen Widmung auf der Rückseite

Abb. 14 Familie Nikos Arvanitis aus Taktikoupolis

Abb. 15 Ministerpräsident a. D. Panagiotis Kanellopoulos

Abb. 16 Marion Sarafis

Abb. 17 Brigadier E. C. W. Myers

Abb. 18 Marion Sarafis

Abb. 19 Diskussion im Goethe-Institut in Athen
Andreas Vardoulakis, Mitsos Partsalidis, Anastasios Peponis, Komninos Pyromaglou, Manolis Glezos, Parissis Stamos und ich

Abb. 20 Mit meiner Rechtsanwältin Evgenia Soula

Abb. 21 Exkursion mit Studenten aus Konstanz
Erste Reihe Präsident Vasiliou, rechts Renate Chatzicharalambos

Abb. 22 Konferenz in der Evangelischen Akademie Bad Boll

MEINE ZWEITE SCHULZEIT
1959-1963

Um meinen Eltern finanziell nicht zur Last zu fallen, suchte ich mir eine Arbeit als Werkzeugmacher und fand eine Stelle bei der kleinen Firma Gerock, die Druckguss-Formen herstellte. Als ich nach meiner Rückkehr meinen Eltern sagte, dass ich versuchen würde, das Abitur nachzuholen, war meine Stiefmutter so wütend, dass sie monatelang kein Wort mit mir redete. Sie sah das Studium ihrer Tochter in Gefahr.

Das Abitur nachzumachen, war damals ein riesiges Problem. Es ging nur über ein sog. Abendgymnasium, das man jeden Abend nach der täglichen Arbeit besuchte und das einem in drei oder vier Jahren zum Abitur führte. Damals gab es in ganz Baden-Württemberg nur ein einziges solches Gymnasium in Stuttgart. Da ein abendliches Pendeln von Heilbronn nach Stuttgart und zurück ausgeschlossen war, blieb nur die Möglichkeit, in Stuttgart eine Arbeit und ein möbliertes Zimmer oder eine Wohnung zu suchen. Ich hätte also einen eigenen Haushalt führen müssen, was ich mir damals nicht zutraute. Damit schied diese Option aus, aber angesichts der Haltung meiner Stiefmutter wollte ich von zu Hause weg.

Da ich damals eine führende Funktion bei der evangelischen Pfadfinderschaft in Heilbronn hatte, sprach ich mit einem der Pfarrer darüber. Dieser empfahl mir, mich in der evangelischen Heimoberschule bei Schwäbisch Hall zu bewerben, die nähme auch "überalterte" Schüler und außerdem hätte sie zwei Freiplätze. Diese Schule war quasi eine Kaderschmiede für den evangelischen Pfarrernachwuchs in Württemberg. Die meisten Schüler waren Söhne von Pfarrern. Ich bewarb mich um einen der beiden Freiplätze und erhielt eine freundliche Antwort. Allerdings müsste ich eine Aufnahmeprüfung in allen Fächern mit dem Wissensstand der 10. Klasse ablegen. Ich war bereit dazu.

Ich besorgte mir die neuesten Lehrpläne für die 10. Klasse und stellte zu meinem Entsetzen fest, dass im Fach Mathematik die Analysis dazu gekommen war, die in meiner ersten Schulzeit erst in der 11. Klasse gelehrt wurde. Ich kaufte mir das neue Lehrbuch und brachte mir die Analysis über Winter selbst bei. Es reichte dann zwar aus, um die Prüfung zu bestehen, aber bis zum Abitur musste ich konstant damit kämpfen, dass ich die Analysis nicht schulmäßig gelernt hatte und schließendlich traute ich mich nicht, ein Fach zu studieren, das solide mathematische Kenntnisse erforderte.

Während ich in der Firma Gerock am Schraubstock arbeitete und z.B. feilte, stand links unten eine Schublade offen, in der die aufgeschlagene lateinische Wortkunde von Habenstein lag. Während ich feilte, memorierte ich lateinische Worte. Kam der Meister vorbei, schob ich mit dem Knie die Schublade zu. Problematischer erwies sich die Vorbereitung auf die Prüfung in Musik, denn da wurde das Spielen eines Instrumentes verlangt. Ich hatte zwar in jungen Jahren das Klavierspielen erlernt, war aber nie besonders gut darin gewesen. Nun musste ich mit meinen Werkzeugmacherhänden es erneut lernen. Es war eine Qual, denn mein Finger waren durch die manuelle Arbeit für das Klavierspielen fast unbrauchbar geworden. Aber ich gab mir Mühe, die dann bei der Prüfung mit einem Augenzwinkern als bestanden belohnt wurde.

Mit der englischen Sprache hatte ich kein Problem, denn die sprach ich fließend. Latein war die zweite Sprache, und da waren die sechs Jahre humanistisches Gymnasium von großem Nutzen. Ich musste nur meinen Wortschatz wieder auffrischen. Die Prüfung sollte in den ersten Tagen der Großen Ferien im Sommer 1960 stattfinden.

Als die zwei Tage der Aufnahmeprüfung sich näherten, ließ ich mir Urlaub geben und fuhr mit dem Zug zu dem Ort, wo die Heimoberschule war. Es war ein heißer Sommertag. Das Internat befand sich auf einem Hügel oberhalb des Dorfes in einem alten Schloss. Ich nahm meine Reisetasche und marschierte zum Schloss hinauf. Dort war niemand da. Ich stellte meine

Reisetasche in eine Ecke und da ich durch die Hitze schrecklichen Durst hatte, ging ich ins Dorf hinab zur offenen Bahnhofswirtschaft und bestellte mir ein Bier. Der Wirt erwies sich als neugierig, und ich erzählte ihm völlig arglos, weshalb ich da war.

Wenig später erschien ein junger Mann, der Mitte zwanzig war und sich als Lehrer des Internats vorstellte und mir sagte, dass er mich abholen sollte. Ich begriff, dass der Wirt das Internat telefonisch informiert hatte. Da ich noch Durst hatte, schlug ich dem Lehrer vor, dass wir ein Bier trinken und dann uns auf den Weg nach oben machen sollten. Er war einverstanden, und ich lud ihn zu dem Bier ein. Als wir ausgetrunken hatten, begaben wir uns zum Schloss. Dort wies man mir ein Zimmer zur Übernachtung zu.

Die Prüfung begann am nächsten Morgen. Ich war in allen Fächern so gut, dass mir die Prüfer ohne Ausnahme versicherten, dass ich sicher sein könne, die Prüfung mit Auszeichnung zu bestehen und in das Internat aufgenommen zu werden. Ähnlich äußerte sich auch der Leiter der Anstalt. Überglücklich fuhr ich am folgenden Tag nach Heilbronn zurück: Endlich würde ich dem häuslichen Terror entweichen und das Abitur machen können.

Etwa eine Woche vor Schuljahrbeginn kam ein Brief vom Internat. Es wurde mir mitgeteilt, dass ich nicht aufgenommen werde. Die Begründung lautete sinngemäß, dass ich ein Alkoholproblem hätte und eine Lehrperson zum Alkohol verführt hätte. Für mich brach die Welt zusammen.

In meiner Verzweiflung suchte ich den Direktor des Justinus-Kerner-Gymnasiums Braun auf, der zugleich Laienmitglied im evangelischen Oberkirchenrat von Württemberg war. Ich erinnerte ihn, dass ich seit Jahren in führender Stellung in der evangelischen Jugendarbeit bei den christlichen Pfadfindern tätig sei. Dann bat ich ihn, mich als Schüler in die 11. Klasse seines naturwissenschaftlichen Gymnasiums aufzunehmen. Oberstudiendirektor Braun lehnte dies ohne zu zögern rundweg ab. Ich würde mit meinen 21 Jahren nur die heranwachsenden Jugendlichen verderben. Außerdem müsste ich eine Ausnahmegenehmigung des Ministeriums vorlegen, die ich nie erhalten würde.

Plötzlich fiel mir ein, dass mein Onkel Adolf, der Bruder meines Vaters, der Direktor des humanistischen Gymnasiums in Ludwigsburg war und ausgezeichnete Beziehungen ins Kultusministerium in Stuttgart hatte. Ich rief ihn an und informierte ihn über meine Lage. Er sagte, ich solle am nächsten Tag zu ihm nach Ludwigsburg kommen. Als ich zu ihm kam, unterzog er mich einem kurzen Examen quer durch seine Fächer, also Geschichte, Latein und Deutsch. Er war zufrieden und bat seine Tochter, uns nach Stuttgart ins Ministerium zu fahren. Dies geschah, und der Chef der Abteilung der Gymnasien Baden-Württemberg empfing uns. Mein Onkel trug ihm mein Anliegen vor, und sein Gesprächspartner unterzog mich einem Wissentest und fragte mich über meinen bisherigen Werdegang aus. Ich antwortete in aller Offenheit.

Er war zufrieden und fragte mich, in welchem Heilbronner Gymnasium ich das Abitur nachholen wollte. Ich antwortete spontan: im Justinus-Kerner-Gymnasium. Irgendwie hatte ich das Gefühl, dass ich Braun zeigen sollte, dass er falsch gehandelt hatte, als er mich ablehnte. Ich erhielt eine schriftliche Einweisung des Ministeriums in das von mir gewünschte Gymnasium. Ich bedankte mich. Der Chef der Gymnasien wünschte mir viel Erfolg, und ich fuhr mit Onkel Adolf nach Ludwigsburg zurück. Am Abend nahm ich den Zug nach Heilbronn.

Wenige Tage später begann das neue Schuljahr. Ich meldete mich bei Oberstudiendirektor Braun als neuer Schüler. Er kochte vor Wut und versicherte mir, dass ich die Probezeit nicht bestehen werde und Weihnachten wieder aus der Schule fliegen werde. Ich versicherte ihm, dass dies nicht eintreten werde und ich vielmehr am Ende des Schuljahrs eine Auszeichnung erhalten würde. Er warf mich wutschnaubend hochkant raus. Wenig später erfuhr ich vertraulich von einem Junglehrer, der mit mir sympathisierte, dass Braun in der Eröffnungskonferenz angeordnet hatte, mich notenmäßig zu drücken, soweit es nur irgend möglich wäre, damit ich die Probezeit nicht überstünde. Weihnachten müsse ich aus der Schule fliegen.

Ich begriff, dass es um meine Existenz ging. Ich hatte noch nie zuvor und habe danach nie wieder so hart gearbeitet, um notenmäßige Ergebnisse zu erzielen, die ihm einen Hinauswurf nicht gestatten würden. Ich merkte rasch, was es bedeutete, fünf Jahre nicht auf der Schulbank gesessen zu haben. Es gab Wissenslücken, und oft war der Lehrplan verändert worden. Ich gab mir größte Mühe, die Lücken zu schließen. Ich wollte zum Beispiel vom Deutschlehrer wissen, welche Lektüre als nächste dran war und kaufte mir die Knaur-Ausgaben des betreffenden Autors und las sie gründlich. Im Geschichtsunterricht, der mit einem zweiten Durchgang durch die Geschichte der Antike begann, wusste ich bezüglich der geographischen Gegebenheiten oft besser Bescheid als der Lehrer. Schließlich hatte ich Griechenland besucht.

Kurz vor Weihnachten ließ mich Direktor Braun kommen und sagte mir, dass ich den für das Bestehen der Probezeit notwendigen Notenschnitt nicht erreicht hätte und fliegen würde. Ich entgegnete, dass das nicht stimme, mein Notenschnitt sei zwar nicht so gut, wie ich es mir wünschte, aber im zweiten Halbjahr würde ich mein Ziel erreichen. Als Braun insistierte, dass ich die Schule verlassen müsste, drohte ich ihm mit der Intervention eines Rechtsanwaltes. Das hatte er noch nie erlebt; eine solche Aktion war damals völlig unbekannt. Er wich zurück und meinte, ich werde wohl die Versetzung in die nächst höhere Klasse nicht schaffen. Ich erinnerte ihn daran, dass ich für das Ende des Schuljahres eine Auszeichnung anstrebte. Wütend warf er mich abermals aus seinem Direktorenzimmer.

In der Klasse hatte ich kaum Freunde. Ich war einfach zu alt. Um den Unterschied klar zu machen, nannten meine Mitschüler mich Adam. Nur zwei von ihnen waren freundschaftlich mit mir verbunden: Volker Deiss und Guntram Weber. Durch ihr persönliches Schicksal geprägt, waren sie reifer als ihre Mitschüler. Deiss war ein mathematisches Genie, konnte aber in der Öffentlichkeit nicht reden. Er bestand das mündliche Abitur in Mathematik, indem er mit der Kreide in der Hand den Prüfern einen neuen Lösungsweg für ihre Aufgabe an die Tafel schrieb. Diese Sprachhemmung verhinderte später ein erfolgreiches Mathematikstudium. Er wurde Bibliothekar in der UB in Heidelberg und war dort der erste, der mit Computern umgehen konnte. Bedauerlicherweise habe ich ihn aus den Augen verloren.

Guntram Weber, der drei Jahre mein linker Nebensitzer war, entwickelte Interesse an der Pfadfinderei, und ich unternahm mit ihm einige ausgedehnte Wanderungen. Lange Jahre hatten wir keinen Kontakt, aber zu guter Letzt haben wir uns über das Internet wieder gefunden.

Ich hatte in der Schule nur ein Ziel, nämlich das Abitur zu machen, um studieren zu können. Ich nahm am freizeitlichen Leben der Klasse nicht teil. Ich beteiligte mich am Unterricht nur dann, wenn ich gefragt wurde. Ich wollte nicht als Streber gelten. Die meisten Lehrer betrachteten meine Zurückhaltung mit Wohlwollen. Nur der junge Klassenlehrer namens Übel, dessen erste Klasse als Assessor wir waren, meinte, er müsse mich erziehen. Ich nahm es eine zeitlang gelassen hin, aber irgendwann hatte ich genug und wies ihn nachdrücklich darauf hin, dass ich erwachsen sei und sogar wählen dürfe. Von da an ließ er mich in Ruhe.

Im Ende des Schuljahrs bekam ich meine Auszeichnung, was Braun natürlich nicht passte. Er hatte erfahren, dass ich eine Freundin hatte. Er ließ mich kommen und drohte mir, dass er mich wegen unmoralischen Verhaltens aus der Schule werfen werde, wenn er mich mit ihr erwische. Ich wollte wissen, ob es territoriale Einschränkungen für diese Drohung gäbe. Er antwortete, dass sich seine Aufsichtspflicht über ganz Europa erstrecke. Ich plante damals mit meiner Freundin, die ich später heiratete, eine Tramptour durch England und Schottland und lachte mir innerlich ins Fäustchen. In der Tat patrouillierte Braun fast jeden Abend die Neckarpromenade entlang und schaute nach, ob auf einer der Bänke unter den schönen Trauerweiden einer seiner Schüler saß.

Als ich das Abitur machte, war ich 23 Jahre alt. Eigentlich hätte ich schon viel früher meine Wehrpflicht erfüllen müssen, aber zunächst war ich noch in der Ausbildung gewesen, und während meiner zweiten Schulzeit ließ man mich in Ruhe. Als die Bundeswehr sich dann doch noch wieder meldete, war ich mitten im Studium und als ich mit dem Studium fertig war, wollte die Bundeswehr mich nicht mehr: Ich war nach ihren Begriffen zu alt.

Drei Tage nach dem Abitur verlobte ich mich mit meiner Freundin, Ursula Matthes, indem ich im Freundeskreis bekannt gab, dass ich nun die Reife erreicht habe, um mich verloben zu können. Ich sorgte dafür, dass dies Braun zu Ohren kam.

STUDIUM IN HEIDELBERG

1963-1967

Während sich viele meiner Klassenkameraden zum Studium nach Tübingen begaben, beschlossen Volker Deiss und ich, in Heidelberg zu studieren. Er studierte Mathematik und ich Geschichte, Politikwissenschaft und Anglistik/Amerikanistik. Im ersten Semester hausten wir gemeinsam in einem Zimmer im Dachgeschoss eines Hauses in Dossenheim.

Die Entscheidung, Geschichte zu studieren, hatte ich eigentlich schon während meiner zweiten Schulzeit getroffen, als ich begann, mich intensiver mit der jüngsten Vergangenheit Deutschlands zu beschäftigen. Dabei wurde ich von Onkel Adolf unterstützt, der von 1933 bis 1945 Verfolgter des Nazi-Regimes gewesen war. Er hatte über seinen Kollegen Gerhard Ritter Kontakt zum sog. Freiburger Kreis gehabt. Nach dem Krieg gehörte er zu den sog. Remstal-Liberalen. Er hatte die Nazi-Zeit in Zwangspension ohne Gehalt mit Nachhilfestunden in Latein und Altgriechisch überstanden. Ich erinnere mich noch gut an unsere Gespräche über den Widerstand gegen Hitler.

Für mich war klar, dass ich die Zeit meiner Werkzeugmacherausbildung aufholen musste, Entsprechend legte ich los. Im Gegensatz zu den meisten Kommilitonen bedeutete für mich das Studium vollen Einsatz. Ich schaffte es, im ersten Semester 7 Scheine zu machen. Darunter waren die Pro-Seminare in alter, mittelalterlicher und neuerer Geschichte. Student war für mich eine Berufsbezeichnung, die ich wörtlich nahm. Da es viele Hohlstunden gab, schaute ich mich auch bei anderen Fächern um. So besuchte ich die Vorlesungen des Theologen Käsemann, der ein Bultmann-Schüler war. Seine Vorlesungen vermittelten mir wissenschaftlich fundiertes Wissen über das Neue Testament und stellten meine Kenntnis über die christliche Religion auf ein völlig neues Fundament.

Nach Semesterende kehrte ich nach Heilbronn zurück und heiratete Ursula. Um die Hochzeitsreise nach Griechenland finanzieren zu können, jobbte ich bei der Firma Telefunken in Heilbronn als Elektroniker. Gleichzeitig nahm ich Fahrstunden, um in der Lage zu sein, die Fahrt nach Griechenland mit dem alten VW-Käfer mit Brezel-Fenster meiner Schwiegereltern zu schaffen, den sie uns zur Hochzeit geschenkt hatten. Sie kauften sich einen neuen. Ich schaffte die Führerscheinprüfung nach 8 Fahrstunden. Als ich genug Geld zusammen hatte, um auf die sechswöchige Reise zu gehen, kündigte meine Frau ihren Posten bei der Stadtverwaltung von Heilbronn. Nach unserer Rückkehr würde sie bei der Stadt Heidelberg einen analogen Verwaltungsjob antreten, den ich ihr vor Semesterende besorgt hatte. Zugleich hatte ich eine Zweizimmer-Wohnung in Dossenheim gemietet, in die wir nach unserer Rückkehr einziehen wollten.

Soweit war alles klar. Da ich von meinen Eltern nur das damals geringe Kindergeld in Höhe von etwas über 50 DM als Zuschuss zum Studium erhielt, begriff ich, dass ich wohl neben dem Studium arbeiten musste, denn das Gehalt meiner Frau hätte nicht gereicht, um uns ein vernünftiges Leben führen zu lassen. Ich hatte vor Semesterende vom studentischen Arbeitsamt eine Stelle als Hilfskraft im Max-Planck-Institut für Kernphysik zugewiesen bekommen. Es war also klar, dass nach unserer Rückkehr von der Hochzeitsreise unser gemeinsames Leben gesichert war.

Die Route der Hochzeitsreise war jener meiner ersten Griechenlandreise sehr ähnlich. Wir zogen von Campingplatz zu Campingplatz, was mit dem Auto kein Problem war. Die Naturstraßen waren mit einer Durchschnittsgeschwindigkeit von 50 km ohne größeres Gerüttel durchaus zu befahren, allerdings zog man eine lange Staubfahne hinterher. In Griechenland erfuhren wir dieselbe Gastfreundschaft wie ich zuvor. Vor Semesterbeginn im Oktober kehrten wir zurück.

Meine Frau begann zunächst als eine der Sekretärinnen eines der Heidelberger Bürgermeister zu arbeiten, wurde aber dann Chefsekretärin der städtischen Verkehrsabteilung. Da ihr Chef nicht allzu fähig war, machte sie die Hauptarbeit und traf oftmals die notwendigen Entscheidungen selbst. Ich stürzte mich wieder ins Studium und absolvierte die Pflichtübungen und die vorgeschriebenen Mittelseminare. Daneben begann ich im MPI für Kernphysik auf dem Bierhälder Hof als Elektroniker zu arbeiten. Ich fuhr täglich in aller Frühe meine Frau zu ihrer Arbeitsstelle in der Stadt und dann weiter zum MPI auf der halben Höhe des Königstuhls. Ich arbeitete bis ca. 11 Uhr und fuhr dann über eine Waldstraße zur alten Universität, oberhalb derer ich immer einen Parkplatz fand. Nach der Vorlesung, dem Besuch der Mensa und der Teilnahme an einer Übung oder Seminar fuhr ich wieder zum MPI und lötete dort weiter irgendwelche Schaltkreise zusammen. Ich beendete meine Arbeit so rechtzeitig, dass ich meine Frau abholen und nach Hause bringen konnte.

Im Sommer 1964 machten wir eine Rundreise durch die Türkei. Vor Griechenland kommend überquerten wir die Dardanellen und fuhren der ganze Westküste Kleinasiens entlang und besuchten eine antike Stätte nach der anderen. Später folgten wir der türkischen Südküste bis Adana und wandten uns nach Norden in Richtung Ankara. Von dort fuhren wir nach Istanbul, wo ich meinen ehemaligen Klassenlehrer Übel traf, der an der deutschen Schule dort unterrichtete. Da es auf der ganzen Strecke kaum geteerte Straßen gab, war ich froh, dass mein alter Käfer noch dickes Blech hatte.

Im dritten Semester besuchte ich das Oberseminar von K. F. Werner über Anfänge der europäischen Historiographie in den Nationalsprachen. Zur Aufnahme in dieses Seminar musste man eine Aufnahmeprüfung mit hohen Anforderungen ablegen, die ich bestand. Ich gab mir große Mühe mit meinem Pflichtreferat. In seiner Sprechstunde lobte mich K. F. Werner sehr dafür. Es sei erstaunlich, dass ich mit meinen drei Semestern ein solch gutes Referat geschrieben hätte. Die anderen Studenten waren alle im 10. oder höheren Semestern. Um zu verhindern, dass ich eingebildet würde, benotete K. F. Werner meine Arbeit nur mit einer 3. Ich war zutiefst enttäuscht. Jahre später traf ich K. F. Werner wieder in Mannheim als Kollegen. Als ich ihn an seine damalige Benotung erinnerte, lachte er und meinte, sie habe doch gewirkt. Ich stimmte ebenfalls lachend zu.

Etwa zur gleichen Zeit wurde ich in die Außenstelle des MPI beim Uni-Klinikum am Neckar zu Professor Papkow versetzt. Papkow war Russe und hatte sich schon vor dem Krieg mit der Kernphysik befasst. Im Krieg kam er nach Deutschland und schaffte es, danach nicht zwangsrepatriiert zu werden. Seine Frau betrieb ein Dolmetscher-Institut in Neuenheim. Er litt unter Angstzuständen, dass die Sowjets nach Westdeutschland vordringen könnten. Er war sich sicher, dass sie ihn dann sofort als Verräter hinrichten würden. Um dem zu entgehen, hing in seinem Kleiderschrank im Institut ein Rucksack mit Lebenmitteln. Sollten die Sowjets vorrücken, würde er den Rucksack über die Schultern werfen und sich wieder auf die Flucht weiter nach Westen begeben.

Papkow forschte damals an der Konstruktion von Ionenquellen, die in Teilchenschleudern eingebaut werden sollten. Seine Studenten arbeiteten an magnetischen Hochspannungsmodellen, die allerdings nicht so funktionierten, wie es erwartet wurde. Er fragte mich, ob ich eine Hochfrequenz-Ionen-Quelle bauen könnte. Ich hörte mir seine technischen Vorgaben an und baute auf der Grundlage meiner Amateurfunkkenntnisse einen starken Sender, der in einer großen wassergekühlten Spule endete. In ihr befand sich ein längliches gasgefülltes Glasgefäß. Die Hochfrequenz in der Spule sollte die Gas-Ionen in dem Glasgefäß in einen Plasma-Zustand versetzten. Zugleich kümmerte ich mich um die Versuchsanordnungen der Physikstudenten und half ihnen, die Experimente für ihre Diplomarbeiten erfolgreich durchzuführen. In einem Fall führte ich die notwendigen Experimente ganz allein durch. Papkow war von meiner Arbeit so beeindruckt, dass er mir vorschlug, ich solle doch auf Physik umsatteln. Er sei bereit, mir das Studium zu finanzieren. Als ich ihm erklärte, dass ich wohl an der Mathematik scheitern würde, entgegnete er, dass er selbst mir die notwendige Mathematik beibringen werde. Ich bedankte mich herzlich, blieb aber bei meinen Studienfächern.

In jenen Monaten begann die Höhenstrahlung aus dem All wissenschaftlich aktuell zu werden. Papkow ließ auf dem Dachboden des MPI eine Anordnung bauen, in der eine größere Zahl von Geiger-Zähler-Röhren hintereinander geschaltet und mit einer auf Kathodenstrahlröhren arbeitenden Zähleinrichtung verbunden war. Alles funktionierte recht gut, und nun wartete er auf den Einschlag der Teilchen der Höhenstrahlung. Nichts passierte. Seine Studenten und ich sahen, wie betrübt er war, und beschlossen ihm zu 'helfen'. Wir fingen eine größere Zahl von Schmeißfliegen, holten uns vom benachbarten MPI für Nuklearmedizin ein bißchen radioaktives Material, bepinselten die Fliegen damit, bestrichen die Röhre mit den Geigerzählern mit Honig und ließen die Fliegen frei. Das Ergebnis war frappierend: Die Zähleinrichtung druckte lange Papierstreifen mit den Daten der schauerweise einschlagenden Teilchen der Fliegen aus. Papkow war begeistert.

Er nahm die Papierstreifen mit nach Hause und wurde für ca. eine Woche im Institut nicht mehr gesehen. Dann kam er strahlend zurück und erklärte uns, er habe eine neue Theorie für die Höhenstrahlung entwickelt, die ihm vielleicht den Nobel-Preis einbringen könnte. Wir Studenten schauten uns betroffen an. Dann fragte ich ihn, ob es zu seiner Zeit als Professor in der Sowjet-Union auch Studentenulks und -streiche gegeben habe. Er bestätigte dies und erzählte von welchen, an denen er selbst als Student beteiligt gewesen war. Dann beichteten wir, was wir getan hatten. Papkow lachte schallend los, lobte uns, das sei der beste Studentenulk seines Lebens. Ich bewunderte ihn für seine innere Größe.

Wenig später erkrankte Papkow an einer Strahlenkrankheit, die er sich selbst beigebracht hatte, als er sich mehrfach durch den damals noch nicht gut fokussierten Teilchenstrahl bewegte. Er unterschätzte einfach die Wirkung der Strahlung. Kurz darauf starb er, und seine Abteilung wurde geschlossen.

Man versetzte mich innerhalb des Instituts in die Zyklotron-Abteilung. Dieses Zyklotron war eines der ersten Geräte dieser Art überhaupt. Es war 1943 von Bothe gebaut worden, und da Kupfer im Krieg Mangelware war, waren die meisten elektrischen Leitungen aus Aluminium. Die Steuerung der Anlage funktionierte halb elektro-mechanisch. Nun sollte die Anlage generalüberholt werden. Ein Arbeiter der Firma BBC (Brown Boverie & Co.) installierte den Hochspannungsteil neu, und ein gewisser von der Heide und ich rekonstruierten und erneuerten die Steuerungsgeräte. Als wir damit fertig waren, fand ein erster Probelauf statt, bei dem die Hochspannungsanlage in Flammen aufging. BBC reagierte rasch und sandte ein neues Team, das in wenigen Tagen den Schaden behob. Später holte man mich wieder ins Institut auf dem Königstuhl, wo ich an der Installation des Tandem-Teilchenbeschleunigers mitarbeitete.

Kurz bevor ich das Staatsexamen ablegte, übernahm ich die sog. Uni-Druckerei, um Zeit zu sparen. Sie bestand aus einer kleinen Offset-Druckmaschine und befand sich in einem Abstellraum unterhalb des Hörsaals 13, dem Auditorium Maximum. Ich ließ mich von einem Vertreter der Firma, die die Druckmaschine geliefert hatte, in ihre Verwendung einweisen und druckte von nun an alle Formulare etc. für die Verwaltung der Universität. Daneben druckte ich auch einmal eine medizinische Dissertation, die den schönen Titel "Medizinisches aus Tausend und einer Nacht" trug. Die Grundlage dieser Dissertation war zu meiner Verblüffung die Kinderausgabe dieses Buches, die die Autorin seit ihrer Kindheit aufbewahrt hatte.

Unter dem Hörsaal selbst entdeckte ich eine riesige Menge von Büchern des seit 1945 geschlossenen kriegswissenschaftlichen Instituts. Wann immer ich freie Zeit hatte las ich mich quer durch diese Bibliothek. Der Schwerpunkt lag natürlich im Ersten Weltkrieg. Ich konnte mir bei dieser Lektüre ein Wissen aneignen, das ich später bei meinen Studien über die Kriege, die Griechenland geführt hatte, sehr gut gebrauchen konnte.

Im Bereich der Anglistik lehrte damals Camilla Knopf Phonetik. Sie erklärte mir, dass ich mit meinem amerikanischen Akzent niemals das Examen in Heidelberg bestehen würde. Mit ihrer Hilfe lernte ich britisches Englisch zu sprechen. Ich war nebenher dabei, Griechisch zu lernen, und hatte Schwierigkeiten mit der korrekten Aussprache des Buchstabens gamma. Dr. Knopf war eine derart brillante Phonetikerin, dass sie in der Lage war, einen Laut in einer ihr unbekannten Sprache zu analysieren und mich die richtige Aussprache zu lehren. Ich revanchierte mich, indem ich ihre speziellen Tonbandgeräte reparierte.

Damals lehrte im anglistischen Seminar Dr. Adolf Lambrecht die Grammatik des Englischen. Von ihm lernte ich, was die Aspekte der englischen Verben sind und wie sie zu benützen sind, um verbale Nuancen in der englischen Sprache auszudrücken. Ein Engländer namens Ronald Hindmarsh lehrte damals Essay-Writing. Ihm verdanke ich, dass ich später in der Lage war, Bücher und Aufsätze in englischer Sprache in gutem Stil zu schreiben.

Vorlesungen in neuerer Geschichte hörte ich bei Werner Conze, der damals einen sehr liberalen Eindruck machte. Lange nachdem ich mein Studium beendet hatte, erfuhr ich 1998, dass er in der Vorkriegszeit den Nazis nahestand und NSdAP-Mitglied gewesen war. Dies warf einen Schatten auf den sonst sehr guten Historiker. Der zweite Neuhistoriker am Historischen Seminar war der Schweizer Rudolf von Albertini. Ich besuchte mehrere Oberseminare von ihm. Er war der einzige Historiker, der sich mit außereuropäischer Geschichte befasste. Er schrieb ein Standardwerk über die Zeit der Entkolonialisierung und beschäftigte sich auch mit der Geschichte der USA. Aus einem Oberseminar über die US-Geschichte ging dann das Thema meiner Staatsexamensarbeit hervor: Dic Darstellung der Amerikanischen Revolution in der amerikanischen Historiographie.

Ich begann mit der zeitgenössischen Literatur unmittelbar nach dem Ende der Revolution und war erstaunt, wie genau die Historiker die Ereignisse und ihre Hintergründe wiedergaben. Die Darstellungen der Gründe für die Revolution waren sehr differenziert. Monokausalitäten gab es nicht. Ich erkannte, dass die damaligen Zeithistoriker genau verstanden, was geschehen war. Dieser historiographischen Schule folgte im 19. Jahrhundert eine stark von der deutschen Historiographie und damit von Hegel und Kant geprägte Sichtweise. Als sich Ende des 19. Jahrhunderts die ersten sozialen Probleme in der nun beginnenden Industrialisierung zeigten, entstand eine breit gefächerte sozio-ökonomische Schule, die bis zum Marxismus reichte. Der erste Weltkrieg führte zu einer Wiederannäherung der Gegner in der Revolution und es entstand die imperial school. Für die Historiographen dieser Schule beruhte die Revolution auf Missverständnissen.

Nach dem Ersten Weltkrieg kam die Industrialisierung der USA auf Hochtouren und die sozialen Probleme nahmen noch mehr zu, was zu einer Rückprojektion der in dieser Zeit bestehenden Probleme auf die Amerikanische Revolution führte. Die Ereignisse der Weltwirtschaftskrise verstärkten den linken Ansatz der Revolutionshistoriker. Der Zweite Weltkrieg und der folgende Kalte Krieg hatten ähnliche Auswirkungen auf die Interpretation der Geschichte der Revolution. Die Zeit der Entspannung führte zu einer Art Entkrampfung der Historiographie. Die Darstellungen aus den 1960er Jahren ähnelten in ihrer Differenziertheit verblüffend jenen aus der Zeit kurz nach dem Ende der Revolution.

In den rund zweihundert Jahren nach der Revolution waren unterschiedlichste Interpretationen entstanden, die alle eine Teilwahrheit enthielten. Die Darstellungen drangen zwar tiefer in die Materie ein, aber ihre Erkenntnisse waren begrenzt. Erst am Ende dieses Zeitraums kam man wieder zu der Erkenntnistiefe und -breite der Zeitgeschichtsforschung im 18. Jahrhundert. Jede dieser Schulen hatte Teilwahrheiten ans Licht gebracht und das Wissen um die Vorgänge vertieft, aber erst die Summe aller dieser Erkenntnisse kam der historischen Wahrheit so nahe, wie sie die Historiker der Zeitgeschichte gekannt hatten.

Ich erkannte, dass die Zeitgeschichtsschreibung, wenn sie mit offenem Geist betrieben wird, durchaus stimmige Resultate erbringen kann. Für die Arbeit des Historikers ist nicht die große zeitliche Distanz für ein differenziertes Urteil notwendig, sondern ein wacher Geist, der die politische Entwicklung der unmittelbaren Vergangenheit wahrnimmt und interpretiert. Hinzu kam, dass ich die Arbeit an der Zeitgeschichte spannender fand, als in den staubigen Akten lang vergangener Perioden zu wühlen. Ich entschied mich für die Zeitgeschichtsschreibung in amerikanischen Stil.

Das für mich prägende Seminar Albertinis befasste sich mit dem Einfluss der Konferenzen von Yalta und Potsdam auf die Entwicklung der europäischen Staaten. Jeder Seminarteilnehmer musste sich für sein Referat einen europäischen Staat auswählen und die Auswirkungen dieser Kriegskonferenzen auf diesen untersuchen. Ich entschied mich für Griechenland und kam damit einem seit langem gehegten Wunsch endlich näher, mich tiefer mit der Zeitgeschichte dieses Landes zu befassen.

Das Referat, das ich dann ablieferte, war ein typisches Produkt des Kalten Krieges aus westlicher Sicht. Stalin war der Aggressor und wollte Griechenland besetzen und Churchill verteidigte mit seiner Intervention im Dezember 1944 die Freiheit Griechenlands. Als ich später dieses Referat nochmals in die Hand nahm, schüttelte ich nur den Kopf: ganz offensichtlich war ich der Sichtweise des Kalten Kriegs auf den Leim gegangen.

Im Frühjahr 1967 legte ich nach 8 Semestern das Staatsexamen in allen drei Fächern ab. Das hatte es in Heidelberg noch nie gegeben und man lobte mich sehr. Ich hatte, als wir heirateten, meiner Frau versprochen, dass ich mich bemühen würde, mein Studium mit 10 Semestern zu beenden anstatt in den damals üblichen 14 bis 16 Semestern. Als ich nun das Staatsexamen mit Prädikat abgeschlossen hatte, meinte ich zu ihr, dass ich eigentlich noch zwei Semester gut hätte und fragte sie, ob sie einverstanden wäre, wenn ich versuchte, eine Dissertation über Griechenland im Zweiten Weltkrieg zu schreiben und zu diesem Zweck probierte, ein Stipendium für Recherchen vor Ort in Griechenland zu erhalten. Sie stimmte zu.

Normalerweise entstanden damals Dissertationen aus dem Thema der Magisterarbeit oder der Staatsexamensarbeit, und man wurde dazu vom zukünftigen Doktorvater aufgefordert. Ich wählte einen anderen Weg. Ich begab mich in Albertinis Sprechstunde und unterbreitete ihm meinen Vorschlag: Ich würde gerne über die Geschichte Griechenlands im Zweiten Weltkrieg promovieren. Albertini hatte davon zwar nicht die geringste Ahnung, aber er wusste, dass ich selbstständig arbeiten konnte und stimmte zu. Als Ko-Referenten gewann ich den damaligen Privatdozenten und Historiker der Universität Heidelberg Dieter Groh.

Inzwischen hatte ich den von Dimitri Tsatsos angebotenen Neugriechisch-Kurs absolviert und immerhin das griechische Alphabet gelernt, viel mehr aber nicht. Ich bewarb mich im Winter 1966/67 beim DAAD um ein einjähriges Auslandsstipendium für Griechenland. Ich musste alle möglichen Papiere und Gutachten der DAAD-Stelle in Heidelberg vorlegen, darunter auch ein Zeugnis über meine Kenntnisse der griechischen Sprache. Themistoklis Tsatsos, der Vater meines Griechischlehrers, war damals Honorarprofessor im Bereich der juristischen Fakultät. Zuvor war er Botschafter Griechenlands in Bonn gewesen. Er bescheinigte mir exzellente Griechisch-Kenntnisse.

Inzwischen war es in Griechenland am 21. April 1967 zum Putsch der Obristen gekommen, die eine sog. Nationale Regierung errichteten. Die DAAD-Zentrale in Bonn übertrug mir eines der vier deutsch-griechischen Austausch-Stipendien, womit ich formal Stipendiat der Putsch-Regierung wurde. Nach einem DAAD-Seminar in Bonn, in dem man uns Stipendiaten bestimmte Verhaltensweisen im Ausland empfahl, war alles geregelt. Wir untervermieteten unsere Wohnung in Schriesheim, wo wir inzwischen schon einige Jahre wohnten, an ein amerikanisches Ehepaar, das ein deutsches Stipendium für Heidelberg erhalten hatte und machten uns im Juli oder August auf den Weg nach Griechenland.

Abb. 23 Mein Arbeitsplatz

Abb. 24 Griechische Kulturtage in Mannheim

Abb. 25 Mannheimer Delegation in Lingiadis: BM Lothar Mark und BM Kostas Pappas

Abb. 26 Mannheimer Delegation in Lingiadis
Links: Mit hellen Sakko und Brille, Jannis Benos, Mitte: BM Lothar Mark, Prof. Reinhard Stupperich, BM v. Lingiadis Kostas Pappas

Abb. 27 Diskussion über Zypern in Bayern Alpha am 5. Juni 2005 mit Gerd Ruge und Klaus Hillenbrand

Abb. 28 BM von Nikosia Michalis Zambelas

Abb. 29 Ordensverleihung im Stuttgarter Generalkonsulat
Sitzend Johannes Poethen

Abb. 30 Bei einem Vortrag

Abb. 31 Meine langjährige Freundin Rosemarie Beck

Abb. 32 & 33 Mein Freund und Verleger Franz Rutzen und seine charmante Frau Eva

Abb. 34 Mein Freund Kostas Sarropoulos und seine attraktive Frau

Abb. 35 Prof. Theodoros Kouloumbis

Abb. 36 Mit Leonidas Kyrkos in seiner Wohnung

ERSTER STUDIENAUFENTHALT IN ATHEN

1967-1968

Die Fahrt nach Griechenland dauerte drei Tage und ging auf dem sog. Autoput durch Jugoslawien. In Athen angekommen suchten wir die Mutter meines Heidelberger Studienfreundes, Evangelos Karoglas, auf, die in Kallithea wohnte. Er selbst absolvierte seinen Militärdienst in Korinth und konnte uns daher nicht helfen. In den folgenden Tagen suchten wir nach einer preisgünstigen Wohnung. Es gab zwar an vielen Häusern angeklebte Papierstreifen mit der Aufschrift Enoikiazetai (Zu vermieten), aber die angebotenen Wohnungen waren für uns viel zu teuer. Schließlich fanden wir in Pankrati ein Einzimmer-Apartment mit Küche und Bad im Untergeschoss, eine sog Gkarsoniera (Absteige). Zu unserem Glück war das Haus zur Nachbarstraße hin noch nicht gebaut, so dass wir sogar ein bißchen Aussicht auf einen der Parks von Pankrati hatten und vormittags die Sonne sahen.

Die Vermieterin verlangte, dass ich die letzte Miete des Vormieters bezahlen sollte. Ich protestierte und sagte ich würde nur die Zeit bezahlen, in der wir die Wohnung bewohnten und bat mir Bedenkzeit aus. Ich suchte die Touristenpolizei am Syntagma-Platz auf und holte mir Rat. Die Polizisten erklärten mir, dass das üblich sei, die offene Miete des Vormieters zu bezahlen. Ich sollte am Ende meines Aufenthaltes in Athen es genauso machen, ausziehen und die letzte Miete schuldig bleiben. Am Tag darauf suchte ich den Rechtsanwalt auf, der für die Vermieterin die Mieten einkassierte und bezahlte die Schulden des Vormieters. Von da an bezahlte ich jeden Monat die Miete an den Anwalt. Als wir 1968 nach Deutschland zurückkehrten, blieb ich auch die Miete des letzten Monats schuldig.

An einem dieser Tage begab ich mich ins Erziehungsministerium in der Mitropoleos-Straße, um mir mein Stipendium auszahlen zu lassen. Es dauerte geraume Zeit, bis ich den dafür zuständigen Beamten gefunden hatte. Nach einigen entsetzlich umständlichen bürokratischen Formalitäten überreichte er mir einen Scheck in Höhe von 7.500 Drachmen, den ich bei der Nationalbank einlösen müsste. Diese Summe entsprach der Rente einer armen Witwe. Wir hatten glücklicherweise einige wenige Tausend Mark gespart und konnten damit die Miete bezahlen. Das Stipendium hätte dazu niemals gereicht, aber auch so mussten wir äußerst sparsam leben.

Doch dieses ärmliche Leben hatte aber auch einen wichtigen anderen Aspekt. Ich lernte, wie ein armer Grieche überlebt. Ich ging z.B. auf den Bauernmarkt in Pankrati immer erst kurz vor 13 Uhr, wenn der Markt schloss. Dann purzelten die Preise nach unten. Bald wussten wir, wo die preisgünstigsten Geschäfte waren. Hätten wir nicht unsere kleinen Ersparnisse gehabt, hätten wir uns wirklich wie die ganz armen Griechen durchschlagen müssen. Diese Erfahrung behielt ich für dauernd im Kopf und weiss aus eigener Erfahrung, wie es den armen Leuten in Athen heute geht.

Nachdem wir eine Bleibe gefunden hatten, wollte ich mit meiner wissenschaftlichen Arbeit beginnen. Ich begab mich zur Universität und fragte nach der Adresse des Historischen Instituts. Dort angekommen bat ich, den Ordinarius für neue griechische Geschichte, Prof. Apostolos Daskalakis, sprechen zu dürfen, um ihm mein von der Universität Heidelberg ausgestelltes Empfehlungsschreiben zu überreichen. Darin bat die Universität Heidelberg ihn, mich bei meinen Studien zu unterstützen. Der Herr Professor hatte an diesem wie auch an den nächsten Tagen keine Zeit, und mir wurde ein Termin einige Tage später gegeben. Als ich an diesem kam, musste ich einige Stunden antichambrieren, bis der Herr Ordinarius Zeit hatte.

Ich überreichte ihm mein Schreiben. Er las es durch und sagte mir auf unglaublich arrogante Weise, dass er sich außerstande sehe, mich bei meinem unwissenschaftlichen Vorhaben zu unterstützen. Eine historische Disziplin Zeitgeschichte gebe es nicht. Alles, was zeitlich weniger als 50 Jahre zurückliege, sei nicht Geschichte, sondern Politik und es sei Sache der Politiker und Journalisten, diese zu interpretieren. Als ich einwandte, dass in Europa die Zeitgeschichte ein etabliertes Lehr- und Studienfach sei, entgegnete er, dass dann Europa einen Fehler mache. Zeitgeschichte als Gegenstand der Historie gäbe es nicht. In Europa irre man sich. Damit war mir klar, dass ich vom Ordinarius für neugriechische Geschichte und damit von der Universität Athen keinerlei Unterstützung erhalten würde. Später erfuhr ich, dass Daskalakis während der faschistischen Diktatur von Metaxas auf seinen Posten berufen worden war. Ich musste versuchen, mich allein zurechtzufinden.

In der Tat gibt es in Griechenland eine 50-Jahre Sperrklausel für alle staatlichen Archive, und was danach zugänglich ist, liegt in ziemlich ungeordneter Weise vor. Hätte ich versucht, griechische Archivalien einzuarbeiten, hätte ich für die Aufarbeitung des Zweiten Weltkrieges bis 1990 bzw. 1995 warten müssen. Eine Rekonstruktion der Ereignisse musste also aus ausländischen Archivalien erfolgen. Die gelegentlich zu hörende Kritik, dass ich keine griechischen Archive aufgesucht und dort gearbeitet hätte, ist daher grundlos und oft ein Zeichen von Uninformiertheit oder einfach böswillig.

Mein nächster Kontakt war Themistoklis Tsatsos, der sich vorübergehend in seinem Haus im Athener Vorort Kifissia aufhielt. Er versprach, mich mit Leuten in Verbindung zu bringen, die mir weiterhelfen würden, was er auch tat. Alle stammten aus den germanophilen Kreisen Athens und sprachen ziemlich gut deutsch. Sie waren hilfsbereit und brachten mich mit ehemaligen Protagonisten in Kontakt. Bald bemerkte ich, dass sie versuchten, mir ihre Sicht der Vergangenheit zu oktroyieren. Die Älteren unter ihnen waren Konstantinisten gewesen, also Anhänger König Konstantins. Die mittlere Generation hatte oft mit der deutschen Besatzungsmacht kollaboriert. Die Jüngeren waren oft Junta-Anhänger. Rasch erkannte ich, dass ich aus dieser Gruppe kaum objektive Informationen über die griechische Résistance im Zweiten Weltkrieg erhalten würde.

Ein typisches Beispiel war der Journalist Konstantinos Vovolinis von der rechtsorientierten Zeitung *Eleftheros Kosmos*. Während der Besatzungszeit war er einer der Herausgeber der rechtsextremen Zeitung *Ellinikon Aima* (Griechisches Blut) gewesen. Im April 1945 hatte er jenen Brief des damaligen Ministerpräsidenten Nikolaos Plastiras veröffentlicht, den dieser im Juli 1941 an den griechischen Gesandten in Vichy geschrieben hatte. Der Brief enthielt zwar nicht viel wirklich Kompromittierendes, und die Briten kannten ihn seit Jahren, aber er war so vage formuliert, dass man hineininterpretieren konnte, dass Plastiras mit den Deutschen kollaboriert habe. Die Briten wollten den republikanisch gesinnten Plastiras loswerden und spielten den Brief Vovolinis zu. Die Veröffentlichung führte zu Plastiras' Rücktritt.

Vovolinis schrieb damals, als ich ihn kennen lernte, in *Eleftheros Kosmos* eine Artikelserie mit 97 Folgen, die den Titel trug: *Pos fthasamem eis tin tragodian tou '44* (Wie gelangten wir in die Tragödie von 1944). Er "bewies" darin mit aus dem Zusammenhang gerissenen Zitaten und unter extrem einseitiger Interpretation und Manipulation der Quellen, dass die Ereignisse im Dezember 1944 (Dekemvriana) eine kommunistische Revolution gewesen waren. Diese Artikelserie mit ihrer massiven antikommunistischen Propaganda hatte nur den Zweck, sich bei der Junta einzuschmeicheln. Er war erfolgreich damit, denn wenig später wurde er Presseminister der Junta-Regierung.

Bei unseren Zusammentreffen bemühte er sich, mir seine Weltsicht zu oktroyieren. Er versorgte mich mit seinen einseitigen Quellen und gab sich große Mühe, mich auf seinem Pfad der politischen Tugend zu halten und eine Infektion meines Denkens mit linken Ideen mit allen Kräften zu verhindern. Als ich ihn nach dem ehemaligen Vizekommandeur (Yparchigos) der EDES-Partisanen, Komninos Pyromaglou fragte, dessen Namen ich aus der Literatur kannte, antwortete er, dass dieser *palianthropos kai kommounistis* (ein Schuft und ein Kommunist) sei. Da die Kommunisten damals entweder im Ausland, zumeist im Ostblock, lebten oder auf einer der Gefängnisinseln der Ägäis eingesperrt waren, hatte ich sofort Zweifel an seiner Aussage. Ich konnte mir einen in Freiheit lebenden Kommunisten im Griechenland der Junta nicht vorstellen und wurde neugierig, einen solchen kennenzulernen. Ich schaute im Telefonbuch nach, fand seine Nummer und rief ihn an.

Bei unserem ersten Treffen entpuppte er sich als ein aufrechter Demokrat und überzeugter Europäer mit linksliberalen oder sozialdemokratischen Neigungen. Er war der einzige, der damals nicht versuchte, mich zu indoktrinieren oder mir sein Weltbild zu oktroyieren. Man erkannte unschwer, dass er früher ein ausgezeichneter Lehrer gewesen war, denn er forderte mich nur auf, bei meinen Nachforschungen bestimmte Fragen zu klären, die ich mir in ein Heft notierte. Um seine Fragen zu beantworten, musste ich mich tiefer und tiefer in die griechische Politik und ihr kompliziertes Gewebe einarbeiten.

Pyromaglous Frau, Emmy Kartali, war die Schwester des wichtigen linksliberalen Politikers und ehemaligen Widerstandskämpfers (EKKA) Georgios Kartalis. Sie hatte Schauspielkunst in Berlin studiert und war in der Weimarer Zeit dort eine bekannte Schauspielerin gewesen. Sie nahm an den meisten Treffen ihres Mannes mit mir teil. Als ich im Oktober 1967 langsam begriff, wie kompliziert die Griechen politisch dachten, beklagte ich mich darüber, dass ich beim Denken in diesen Kategorien geradezu Gehirnkrämpfe bekäme. Sie lachte mich aus und sagte: "Χαϊντς (Heinz), Du wirst es wohl nie schaffen, uns Griechen zu verstehen." Von einer charmanten Frau so etwas zu hören, stachelte meinen Ehrgeiz an, es doch zu schaffen.

Durch seine Fragen lehrte mich Pyromaglou, langsam "griechisch" zu denken, d.h. ich begann, einerseits den dem griechischen politischen System unterliegenden Klientelismus zu durchschauen und andererseits die sich daraus ergebenden Interaktionen und Interdependenzen der verschiedenen politischen Ebenen zu begreifen. Ich erkannte, dass die politischen Parteien Griechenlands Klientelverbände und nicht Programmparteien waren, die letztlich nur durch *rousfetia* (Gefälligkeiten) zusammengehalten wurden. Dadurch unterschied sich die politische Kultur Griechenlands von der Westeuropas grundlegend. Bei der Interpretation historischer und politischer Vorgänge musste man sich daher hüten, westeuropäische Modelle und Vorstellungen auf Griechenland zu projizieren. Nur wenn man die historische Entwicklung Griechenlands aus den dort gültigen Regeln interpretierte, würde die Darstellung stimmig sein. Zugleich erkannte ich, dass es nicht nur einen Klientelismus in der Innenpolitik gab, sondern auch in der Außenpolitik. Griechenland war seit seiner Unabhängigkeit ein Klientelstaat zuerst der Briten, Franzosen und Russen, seit 1860 bis zur Wachablösung durch die Amerikaner im Rahmen der Truman-Doktrin 1947 ein britisches Protektorat und danach ein amerikanisches.

Wenn ich heute, perfekt griechisch denken kann, verdanke ich das Komninos Pyromaglou, mit dem mich im Lauf der Zeit eine immer enger werdende Freundschaft verband. Seine Frau Emmy trug ihren Teil dazu bei, indem sie mich herausforderte und nach einiger Zeit zufrieden feststellte, dass ich es geschafft hätte. Durch sie und viele andere freundliche Menschen lernte ich sogar, griechisch zu fühlen.

Eine weitere wichtige Rolle spielte der von der Junta gestürzte Ministerpräsident Panagiotis Kanellopoulos. Ich wusste, dass er in der griechischen Exilregierung eine wichtige Rolle gespielt hatte und wollte ihn gerne interviewen, aber er stand unter Hausarrest. Er wohnte eine Straße tiefer als Pyromaglou in Kolonaki. Pyromaglou erklärte mir genau die Lokalität. Vor dem Wohnblock, in dem Kanellopoulos wohnte, stand ein Auto mit Agenten der Asfalia (Sicherheitspolizei). Man musste also an diesen vorbei. Pyromaglou meinte, dass sie eigentlich nur überwachten, dass kein bekannter Politiker oder eine andere wichtige Person des öffentlichen Lebens ihn besuchten. Ein junger Mann wie ich werde bestimmt nicht verdächtigt werden, wenn ich in das Gebäude ging. Als Nordeuropäer sah ich in den Augen der Griechen viel jünger aus, als ich in Wirklichkeit war. Ich war bekannt als *afto to Germanaki* (der kleine Deutsche).

Eines Tages nahm ich meinen ganzen Mut zusammen und betrat das Haus, in dem Kanellopoulos wohnte, und stieg die Treppe hoch bis zu seiner Wohnung. Ich klingelte, und er selbst öffnete die Tür. Ich sagte: "Heidelberg lässt Sie schön grüßen." Ich wusste, dass er in Heidelberg studiert hatte. Er schaute etwas verblüfft drein, aber lächelte und bat mich herein. Ich erzählte ihm, wer ich war und was ich vorhatte. Er war sichtlich davon angetan und erklärte sich einverstanden, dass ich ihn einmal jede Woche besuchen sollte.

Lange Monate war ich der einzige Mensch, mit dem er Kontakt hatte. Anfangs hatten die mit ihm geführten Gespräche Interviewcharakter, um von ihm Informationen über seine Aktivitäten als Minister der Exilregierung in Nahost zu erhalten. Später entwickelte sich daraus ein Vertrauensverhältnis und eine Freundschaft, die bis zu seinem Tod andauerte. Da er meine Verschwiegenheit kannte, redete er völlig offen mit mir und verhalf mir dadurch zu intimen Einblicken in die griechische Politik. Als ich nach Deutschland zurückkehrte, gab er mir eine Kopie seines privaten Tagebuchs zur Auswertung mit. Er befürchtete, dass das Original in die Hände der Junta fallen könnte. Er sagte damals: "Sie sind Historiker und wissen, wie man mit so einem Dokument umgeht." Ich dankte für sein Vertrauen. In der Tat enthielt das Tagebuch viele sehr private Einträge, die ich selbstverständlich vertraulich behandelte. In dem Jahre später von ihm selbst veröffentlichten Tagebuch blieben diese Einträge natürlich außen vor.

Auch mit dem Ex-Ministerpräsidenten Georgios Papandreou hatte ich mehrmals Kontakt und konnte mit ihm über die Kriegszeit und die Dekemvriana reden, aber dann unterband die Asfalia alle weiteren Besuche, indem sie seinen Hausarrest verschärftc. Auch mit der bekannten Linken Maria Svolou führte ich mehrere Gespräche. Ihr Mann Alexandros Svolos war ein wichtiger linksliberaler Politiker der Résistance gewesen. Sie war ein typisches Kader-Mitglied der Kommunistischen Partei (KKE) und schwieg über die Zeit damals und die Fehler der Partei. Über Vovolinis kam ich in Kontakt mit Virginia Tsouderou, der Tochter des Exil-Ministerpräsidenten Immanouil Tsouderos. Sie half mir mit einigen Materialien und Publikationen ihres Vaters, die aber wissenschaftlich wenig ergiebig waren. Sie erlaubte mir, das Archiv ihres Vaters in der Gennadios-Bibliothek einzusehen.

Ich hatte gehört, dass der Oberkommandierende der EDES, Napoleon Zervas, ein Tagebuch geschrieben hatte und wollte an dieses herankommen. Durch Vermittlung mehrerer ehemaliger EDES-Mitglieder gelang es mir, die Witwe Zervas zu besuchen. Sie gab zu, dass sie das Tagebuch ihres Mannes hatte, gab mir aber zu verstehen, dass sie dafür einige Tausend Dollar wollte. Als ich dies Pyromaglou in Anwesenheit meiner Frau erzählte, meinte er, es gebe da noch einen anderen Weg. Ich müsse nur eine Affäre mit ihr beginnen. Meine Frau lachte los und erklärte, sie sei bereit, für die Wissenschaft jedes Opfer zu bringen. Später erfuhr ich, dass Madame Zervas die Blätter des Tagebuchs einzeln an jene verkaufte, die auf der betreffenden Seite belastet oder kompromittiert wurden.

Vovolinis empfahl mir, Kontakt mit seinem Kollegen Kostas Triantafillidis von der Zeitung *Akropolis* aufzunehmen. Triantafillidis hatte kurz zuvor eine Artikelserie von C. M. Woodhouse, dem Chief British Liaison Officer bei den griechischen Partisanen veröffentlicht. Er empfing mich sehr zuvorkommend und lud uns nach Hause ein. Ich lernte seine Frau kennen, die seit Sommer 1943 bei den EDES-Partisanen gewesen war. Die beiden hatten eine Tochter Eleni, die uns nach unserer Rückkehr nach Deutschland besuchte. Gelegentlich wurden wir zu den Ausflügen der Familie eingeladen. Kostas war ein netter Kerl und unterstützte meine wissenschaftliche Arbeit. Er gab mir z.B. den englischen Originaltext von Woodhouse, den ich auf Mikrofilm aufnahm.

Bei unseren Treffen erzählte er von seinen Aktivitäten als EDES-Partisan und schnitt dabei ziemlich auf. Bei einer Gelegenheit sprach er über seine Aktionen in den Bergen im Herbst 1943. Seine Frau intervenierte und sagte: "Kostas, gib nicht so an. Du bist doch erst im Sommer 1944 in die Berge gekommen. Ich war seit 1943 dort." Bei der Niederschrift meiner Dissertation entdeckte ich, dass Kostas am sog. Südostgeneralsprozess in Nürnberg als Zeuge teilgenommen hatte. Er war von Zervas, der damals während des griechischen Bürgerkrieges Sicherheitsminister war, nach Nürnberg geschickt worden. Er sollte den Verteidiger des Generals Lanz kontaktieren und ihn dazu bringen, nichts über das im Januar 1944 zwischen Zervas und Lanz abgeschlossene Stillhalteabkommen zu sagen. Wenn dies an die Öffentlichkeit gekommen wäre, wäre Zervas schwer kompromittiert worden.

Kostas erschien beim Verteidiger von Lanz und informierte ihn darüber. Er versicherte außerdem, dass Zervas verhindern werde, dass ein kommunistischer Zeuge gegen Lanz aus Griechenland anreise. Der Verteidiger wies den Vorschlag zurück. Daraufhin begab sich Kostas zum Ankläger und stellte sich als Zeuge der Anklage zur Verfügung. Unter Eid legte er als Augenzeuge Zeugnis ab über Ereignisse in den epirotischen Bergen im Jahr 1943. Später als ich mich mit dem Südostgeneralsprozess befasste, erinnerte ich mich an die Äußerung von Kostas' Frau. Er hatte also unter Eid falsch ausgesagt.

Irgendwann versuchte ich den Admiral Pangalos zu kontaktieren, um ihn über seinen Vater, den Diktator General Pangalos, zu befragen. Er lehnte es rundweg ab, mit einem Deutschen über seinen Vater zu sprechen. Ich bat einen Freund, mich in den Club d'Athènes mitzunehmen. An der Bar des Clubs schwadronierte ich munter drauf los, was ich alles über den General Theodoros Pangalos schreiben würde. Wenig später kam eine Einladung zu einem Gespräch vom Admiral.

Ein weiterer interessanter Kontakt war der mit Dimitrios Tsakonas. Dieser war bis 1967 Lektor für Neogräzistik in der Universität Bonn gewesen. Als die Junta die Macht übernahm, kehrte er nach Griechenland zurück und wurde 1968 Professor für Soziologie an der Panteios Universität. 1969 wurde er Staatssekretär im Amt des Junta-Premierministers (Papadopoulos), 1971 Staatssekretär im Außenministerium und 1973 Wissenschaftsminister. Mit anderen Worten: Tsakonas war von Anfang an ein Chountikos, ein Juntaanhänger. Die Treffen mit mir genoss er sehr, denn bei ihnen konnte er zeigen, welchen Einfluss er im Junta-Rat hatte. Aus reiner Angabe erzählte er mir die Interna der Junta. Was er nicht wusste, war, dass ich einen engen Kontakt zum Athener SPIEGEL-Vertreter Kostas Tsatsaronis hatte. Welche Interna Tsakonas mir auch verriet, sie landeten bei Tsatsaronis. Die Junta war immer wieder über die präzisen Informationen des SPIEGEL wütend, fand aber nie das Leck. Ich war stolz darauf, etwas gegen die Junta tun zu können.

Ich kann mich nicht mehr erinnern, wer mich mit Elisabeth Logothetopoulou, der Witwe des zweiten Ministerpräsidenten der Besatzungszeit, zusammen brachte. Aber dieser Kontakt war in vieler Hinsicht persönlich bereichernd und wissenschaftlich äußerst hilfreich. Frau Logothetopoulou war damals eine gut aussehende Achtzigjährige, die an meinem Forschungsprojekt hoch interessiert war und sich große Mühe gab, mich zu unterstützen.

Elisabeth Logothetopoulou, geborene Hell, stammte aus einer Hamburger Kaufmannsfamilie. Von 1906 an studierte sie in München Staatswissenschaft und promovierte 1911 mit einer Dissertation über die soziale Lage der Münchner "Nähterinnen" bei dem "Kathetersozialisten" Professor Lujo Brentano. Sie war die erste deutsche Frau, die einen Dr. rer. pol. erwarb. Bis zu ihrem Weggang aus Deutschland engagierte sie sich politisch in der nationalliberalen Partei von Friedrich Naumann.

1911 oder 1912 heiratete sie den Mediziner Konstantinos Logothetopoulos, und von 1912 an lebten sie in Athen. Sie wurde Hofdame von Königin Sofia. Zusammen mit der Königin gründete sie 1914 den Patriotischen Verein für Soziale Fürsorge und Hilfe (Patriotiko Idryma Koinoniko Pronaias kai Antilipsi). Frau Logothetopoulou engagierte sich auch weiterhin in diesem Verein und baute in Athen Suppenküchen für die Armen der Stadt auf, die bis in die Besatzungszeit im Zweiten Weltkrieg funktionierten und dann von der EAM (Ethniko Apeleftherotiko Metopo - Nationale Befreiungsfront) übernommen wurden.

Als ich sie mit der immer wieder zu lesenden Behauptung konfrontierte, dass sie mit Generalfeldmarschall Wilhelm List verwandt gewesen sei, lachte sie schallend los. Schließlich stammte List aus Bayern. Sie brachte mich mit vielen Personen der griechischen Zeitgeschichte zusammen. Darunter waren viele Persönlichkeiten, die seit Kriegsende gesellschaftlich quasi isoliert waren, weil sie als Kollaborateure mit den Nazis galten. Unter den nicht isolierten waren der Zentrumspolitiker Georgios Mavros, Parlamentspräsident Dimitrios Papaspyrou, General Panagiotis Dedes und eine Reihe weiterer ehemaliger Protagonisten, an die ich mich nur vage erinnere.

Elisabeth Logothetopolou war auch noch in einer anderen Hinsicht wichtig für uns. Sie lud uns regelmäßig zum Essen ein. Sie hatte eine sehr gute Köchin und deren Gerichte vorzüglich schmeckten. Frau Logothetopoulou hatte Jahre zuvor durch eine Krankheit ihren Geschmackssinn verloren und bat mich, beim Essen genau zu beschreiben, wie das Gericht schmeckte. Dies löste bei ihr Erinnerungen aus und sie konnte das Essen wieder genießen. Gelegentlich führte sie uns sogar zum Essen aus. Ich erinnere mich an ein exzellentes Lokal in Tatoi. Da sie wusste, dass wir mit extrem wenig Geld über die Runden kommen mussten, schickte sie gelegentlich ihren Chauffeur mit einem "Fresskorb" vorbei.

Ihr Haus stand in Faliron am Meer, direkt neben einem kleinen Hafen, in den am Erscheinungsfest der örtliche Priester das Kreuz warf. Es war von schönen alten Bäumen umgeben. Am Haus selbst war eine schattige Terrasse. Die Einrichtung stammte zu großen Teilen aus Hamburg. Sie hatte schöne alte Gemälde, aber auch sehr anziehende Ölgemälde ihrer Tochter Iris. Das Haus war wunderschön. Jahre später wurde es aufgrund eines verfehlten Gesetzes abgerissen. Ich habe noch Fotos davon.

Frau Logothetopoulou hatte zwei Töchter, Iris und Mucki. Erstere war eine begabte Malerin, deren in traditionellem Stil gemalte Blumenbilder ihren Weg auf die Speisekarte der Olympic Airways fanden. Sie war eine äußerst attraktive Frau mit einer enormen Ausstrahlung. Sie nahm ebenfalls regen Anteil an meiner Arbeit. Wenige Jahre später erkrankte sie an Brustkrebs. Sie verkraftete die damals übliche Amputation nicht und beging Selbstmord. Wir verloren eine liebe Freundin.

Aus solchen Kontakten entstanden Beziehungen und Freundschaften, die viele Jahre lebendig blieben und mir halfen, Informationen zu sammeln und Einblicke zu gewinnen, die für konventionelle Historiker unzugänglich waren.

Themistoklis Tsatsos, den ich in Heidelberg als Gesprächspartner sehr geschätzt und wegen seiner demokratischen Einstellung gegen die Junta hoch geachtet hatte, hatte jedoch zwei Gesichter. In Deutschland hatte er den Demokraten gegeben und in Athen war er ein Chauvinist und Chountikos. Bei einem Treffen sprachen wir über den Krieg in Kleinasien von 1919 bis 1922. Seine Äußerungen über die Türken waren von einem unglaublich primitiven Chauvinismus geprägt, dass man entsetzt war, so etwas von einem Wissenschaftler zu hören. Tsatsos hatte in der Vergangenheit an der Erarbeitung der Verfassung Zyperns mitgearbeitet und nahm nun an der Formulierung der Junta-Verfassung teil, die einen faschistisch-totalitären Charakter hatte. Ich war entsetzt, dass der von mir hoch geachtete Demokrat Tsatsos sich dazu hergab.

Außer diesen Kontakten mit den Personen der Zeitgeschichte versuchte ich auf konventionellem Weg, nämlich in den Bibliotheken, Material für mein Forschungsvorhaben zu finden. In der Nationalbibliothek entdeckte ich, dass die wenige Literatur, die es damals zur griechischen Résistance gab, nicht zugänglich oder verschwunden war. Man bedeutete mir, dass ich eine Sondergenehmigung benötige, die mir die Zensurbehörde ausstellen würde. Bei den Treffen mit dem Oberzensor Eftaxias erlebte ich hautnah, wie in der Diktatur die Presse zensiert wurde. Aber nicht nur die Presse wurde zensiert, sondern auch die Standfotos für Filme in den Kinos. Erotische Fotos waren verboten oder die erotischen Stellen mussten mit papiernen Sternchen überklebt werden. Da der Oberzensor schwul war, erkannte er nicht, was auf heterosexuelle Männer erotisierend wirkte. Es war echt amüsant.

Die Parlamentsbibliothek war noch nicht von "antinationalen" Büchern "gesäubert" (ekkaristei) worden. Der Direktor der Parlamentsbibliothek, Alkiviadis Provatas, erwies sich als äußerst hilfreich und gewährte mir freien Zutritt. Er erlaubte mir sogar die Mitnahme von "linken" Büchern, damit ich sie in meiner Wohnung auf Mikrofilm aufnehmen konnte. Er ging damit ein gewisses Risiko ein, denn ich musste normalerweise am Ausgang des Parlamentsgebäudes meine Tasche öffnen und dem kontrollierenden Gendarmerie-Beamten vorzeigen.

Diese Schwierigkeit konnte man auf "griechische" Art überwinden. Normalerweise wechselte montags die Wache. Ich begann jedesmal eine Unterhaltung mit den Kontrolleuren. Dienstags kannte ich ihre Familienverhältnisse und wusste, von welchem Dorf sie stammten. Mittwochs kam ich schon morgens ohne Kontrolle in das Gebäude und als ich es am Nachmittag verließ, hatte ich ein oder zwei Bücher in meiner Umhängetasche und wurde durchgewinkt. Freitags brachte ich die Bücher wieder zurück.

Dies ging einige Wochen so über die Bühne. Unter den Büchern, die ich damals abfotografierte, war jenes Buch von General Katheniotis über den Krieg 1940/41, das er während der Okkupation verfasst hatte. Es war nach dem Krieg gedruckt und sofort vom Generalstab verboten worden. Das einzige existierende Exemplar war das in der Parlamentsbibliothek. Als ich einige Jahre später danach suchte, war auch dieses Exemplar verschwunden. Jahre später reproduzierte ich das abgefilmte Buch auf Papier und stellte es der Forschung wieder zur Verfügung.

Um Provatas zu schützen, wenn ich bei einer möglichen Kontrolle doch erwischt worden wäre, hinterlegten wir bei einem Notar die folgende Vereinbarung: Ich versprach, dass ich sagen würde, ich wollte es stehlen. Das würde zu meiner Bestrafung und zu einer Ausweisung aus Griechenland führen, aber Provatas wäre geschützt gewesen. Damit ich nach dem Ende der Junta-Herrschaft wieder einreisen dürfte, würde Provatas den Behörden sagen, es sei eine Schutzbehauptung gewesen. Pyromaglou unterschrieb unsere Vereinbarung als Zeuge.

Nach dem fehlgeschlagenen Gegenputsch des Königs wechselten die Gendarmeriebeamten unregelmäßig und mir war klar, dass meine bisherige Methode, Bücher raus- und wieder reinzuschmuggeln, nicht länger funktionierte. In einem der Leseräume der Bibliothek, die alle im obersten Stockwerk des Parlamentsgebäudes lagen, entdeckte ich eine Treppe zum flachen Dach. Die Tür dorthin war offen und so photographierte ich weitere Bücher auf dem Dach des Parlamentsgebäudes. Bei den meisten Mikrofilmaufnahmen kann man am Rand den Kies des Dachbodens erkennen.

In der Gennadios-Bibliothek waren die Dinge einfacher. Sie war unter amerikanischer Kontrolle und ich hatte freien Zugang zu allen Büchern und Archivalien. Aber außer dem Tsouderos-Archiv hatte die Bibliothek leider nur sehr wenige Literatur zur griechischen Zeitgeschichte. Im Zeitungsarchiv im alten Palast an der Stadiou-Straße gab es keinerlei Probleme.

Als ich in Athen eintraf, wusste ich natürlich aus der Beschäftigung mit der deutschen Vergangenheit, was eine Diktatur war, aber dieses Wissen war eher theoretisch. In Athen lernte ich die Realität einer diktatorischen Herrschaft kennen. Ich erinnere mich, dass ich mit einem Freund in einem Kafeneion in Kolonaki saß und mich auf Deutsch mit ihm unterhielt. Wir sprachen über die politische Lage und waren überzeugt, dass wir dies in deutscher Sprache gefahrlos tun konnten. Nach einiger Zeit stand ein Mann auf und rempelte mich beim Weggehen an und sagte mit leiser Stimme auf Deutsch: Achtung! Die Zeitung! Ich blickte mich um und sah einen Mann, der angeblich Zeitung las, sie aber so hielt, dass er sie kaum lesen konnte. Es war ein Spitzel der Geheimpolizei. Wir machten, dass wir davon kamen. Von nun praktizierten wir das, was in Nazi-Deutschland der deutsche Blick genannt worden war. Wenn man sich irgendwo setzte, schaute man zunächst rundum, wer in der Nähe saß.

Man hörte unter der Hand Geschichten von Folterungen in der Bouboulinas-Straße. Man erfuhr von den KZ-Inseln und von den Zuständen in den Gefängnissen. Nach einigen Monaten vergaß ich, dass ich Deutscher war und fühlte mich wie ein unterdrückter griechischer Demokrat. Ich begriff existentiell, dass die Demokratie und die Freiheit unverzichtbare Werte sind. Seither bin ich ein bekennender und bewusster Demokrat.

Im Mai näherte sich meine wissenschaftliche Recherche langsam ihrem Ende. Da ich befürchtete, dass man mich bei der Ausfahrt aus Griechenland filzen könnte, bat ich einen jungen deutschen Diplomaten, meine wertvollen Funde per diplomatisches Gepäck nach Deutschland zu schicken. Obwohl dies eigentlich nicht zulässig war, war er dazu bereit und schickte meine wertvollsten Materialien, darunter die Filme und das Tagebuch von Kanellopoulos in die Heimat.

Nachdem ich so unsere Rückreise vorbereitet hatte, erfuhr ich auf vertraulichem Weg, dass sich die Asfalia für mich interessierte. Wir beschlossen, für einige Zeit aus Athen zu verschwinden und Urlaub zu machen. Über Korinth fuhren wir an der Ostküste der Peloponnes entlang und gelangten auf die Halbinsel Methana. Auf dem Isthmus, der die Halbinsel mit dem Festland verbindet, sahen wir ein einzeln stehendes Bauernhaus oberhalb einer wunderbaren Bucht. Wir fragten den Besitzer, einen gewissen Nikos Arvanitis, ob wir bei ihm zelten dürften. Er war einverstanden.

Wir stellten das Zelt in einem nahegelegenen Olivenhain auf und die nächsten Wochen waren traumhaft. Tagsüber gingen wir in der Bucht schwimmen und schnorcheln. An der Bucht stand ein Haus, in dem die Utensilien für die hier betriebene Fischerei untergebracht waren. In der Bucht war eine riesige Reuse aufgestellt. Das ganze gehörte einem Fischereiunternehmer namens Gioti. Er beschäftigte einen Kapetanios, einen Berufsfischer. Wir freundeten uns an. Nikos war Bauer und hatte Felder in der ganzen Gegend verstreut bis hin nach Troizen. Daneben betrieb er eine kleine Werft, in der er Fischerboote baute.

Abends waren wir oft zum Essen in Methana. Da wir die einzigen Ausländer waren, kannte uns bald jeder. Viele Abende verbrachten wir mit Giotis und seinen Freunden. Einen Abend werde ich nie vergessen. Wir saßen in einer Gasse, die vom Kai ins Ortsinnere führte, in einem Lokal. Über uns schien der Vollmond. Nach dem Essen holte einer der Freunde von Giotis seine Gitarre und sang wunderschöne Lieder, sog. Kantates von den ionischen Inseln. Es waren hinreißende unvergessliche Momente.

An einem dieser schönen Abende nahm auch der örtliche Polizist teil. Ich erzählte ihm, dass die Asfalia sich für mich interessierte. Er meinte, solange wir uns in Methana aufhielten, wären wir unsichtbar. Sollte er nach uns gefragt werden, werde er sagen, dass er uns nie gesehen habe. Ganz offensichtlich mochte man uns in Methana.

An einem Tag besuchten wir den Eingang zur Unterwelt auf dem vulkanischen Berg hinter Methana. Die bei Giotis arbeitenden Einheimischen luden uns in ihr Dorf Megalochori ein, das wenige Kilometer weiter westlich am Hang des Vulkans lag. Wir fuhren auf einem Karrenweg hin und noch weiter bis zu dem winzigen Hafen Vathi. An einem anderen Tag machten wir einen Ausflug nach Galatas und setzten mit einem Boot über auf die Insel Poros. Einmal begleitete ich Nikos auf sein Feld bei Troizen. In der Nähe, auf dem Kampos zeigte er mir den Stein, unter dem Herakles jenes Schwert hervorgezogen hatte.

Er tat dies in einer Weise, dass ich den Eindruck hatte, dies sei vor wenigen Jahren geschehen. Dies war einer jener Momente, an dem ich zum ersten Mal begriff, dass die Griechen ein völlig anderes Zeitgefühl haben als die Westeuropäer. Für die Griechen ist die Antike so weit entfernt wie für die Deutschen die Bismarck-Zeit. Der Zweite Weltkrieg war vor wenigen Monaten und der Bürgerkrieg war vorgestern, so die Sicht von damals.

Als wir nach vier Wochen Urlaub auf der Halbinsel Methana nach Athen zurückkehrten, sagten uns die beiden Studentinnen, die im Parterre wohnten, dass die Polizei mehrfach dagewesen sei und nach uns gefragt habe. Wir seien Spione und sie sollten vorsichtig sein, mit uns zu reden. Sie sollten, wenn wir auftauchten, die Asfalia anrufen. Nun wurde mir plötzlich klar, warum die Asfalia hinter uns her war.

Ich hatte die Mikrofilme in der kleinen Küche in einer Entwicklerdose immer selbst entwickelt und die Filme zum Trocknen auf eine Leine gehängt. Einmal klopfte es an die Tür, meine Frau machte auf. Es war der Thyroros, der Türhüter. In der Metaxas-Dikatur waren die Türhüter alle Spitzel gewesen und so war es auch während der Junta-Zeit. Er musste die Filme gesehen und die Asfalia informiert haben.

Es war klar, dass wir so rasch als möglich verschwinden mussten. Da das Camping-Gepäck noch im Käfer war, mussten wir relativ wenig packen. Als es dunkel wurde, beluden wir unseren Käfer und fuhren los in Richtung Norden. Ich nahm an, dass der Grenzübergang bei Evzoni besser bewacht war als jener bei Niki in Richtung auf Bitola. Wir fuhren bis der Morgen graute, verließen die Straße und verbrachten den Tag in einem Olivenhain weit weg von der Durchgangsstraße. Am nächsten Abend fuhren wir weiter und erreichten den Grenzübergang Niki in den frühen Morgenstunden des nächsten Tages. Der verschlafene Wachposten stempelte unsere Pässe und winkte uns weiter. Wir waren der Festnahme durch die Asfalia entkommen.

Nach meiner Rückkehr nach Deutschland bemühte ich mich um Interviews mit ehemaligen Protagonisten. Ich besorgte mir deren Adressen in Deutschland und England. Eines der ersten Interviews war das mit General a. D. Wilhelm Speidel in Nürtingen, der sehr offen über seine Tätigkeit in Griechenland sprach. Das Interview mit General a. D. Hubert Lanz war weniger erfolgreich, denn Lanz kam leicht angesäuselt von einer Beerdigung eines Kameraden und verstand teilweise die Fragen nicht ganz. General a. D. Hellmuth Felmy konnte ich leider nicht mehr aufsuchen; er war kurz zuvor gestorben, wie mir seine Witwe mitteilte.

Ich vereinbarte ein Treffen mit dem damaligen Parlamentsabgeordneten Christopher Montague Woodhouse in London. Er war im Krieg nach Brigadier Myers der Chef der BLOs (British Laison Officers) bei den griechischen Partisanen geworden. Er war von Anfang an dabei gewesen. Er hatte als SIS-Agent in Kreta gewirkt und war im Herbst 1942 im Rahmen der Operation Harling über Griechenland abgesprungen und hatte die ganze innergriechische Entwicklung aus der Nähe beobachtet. Als ich von ihm wissen wollte, ob er etwas über das Stillhalteabkommen zwischen Zervas und Lanz wusste, das vom Januar bis Juni 1944 Geltung gehabt hatte, wich er aus. Insgesamt war das Gespräch mit Woodhouse frustrierend. Ich merkte, dass er vieles wusste, aber einfach schwieg.

Als nächstes besuchte ich den ehemaligen Brigadier Charles Edmund Myers in seinem Dorf nahe der schottischen Grenze. Er empfing mich mit dem Satz: "Did Monty tell you anything?" Als ich ihm sagte, dass ich von Monty überhaupt nichts erfahren hatte, zeigte er sich nicht überrascht. Er gab mir dann zwei Papers, die er 1943 verfasst hatte. Das eine hatte den Titel "Notes" und das andere hieß "Inside Greece - A Review". Ich las beide Texte laut in mein Tonbandgerät und schrieb sie zu Hause nach meinem eigenen Diktat wieder nieder. Beides waren hochkarätige Quellen über Churchills Griechenland-Politik im Jahr 1943. Auf der Basis dieser beiden Quellen konnte ich in meiner Dissertation zeigen, dass es 1943 Möglichkeiten für eine friedliche Nachkriegszeit gegeben hätte. Der Besuch bei Myers war richtig produktiv.

Aus den USA ließ ich mir über meinen Freund Gordon R. Mork (Professor für Geschichte an der Purdue University) mehrere Mikrofilm-Rollen mit deutschen Militärakten schicken. Im Max-Planck-Institut für Völkerrecht in Heidelberg fand ich die Originalprotokolle des Südostgeneralsprozess von 1947 gegen Felmy, Lanz und Speidel. Ein Besuch im Bundesarchiv/Militärarchiv in Freiburg rundete die Quellensuche ab.

Abb. 37 Mein Studienfreund Evangelos Karoglas und seine Frau Thalia

Tafel XVIII

Abb. 38 Erika Simon
Archäologieprofessorin in Würzburg
und hochgeschätzte Autorin von THETIS

Abb. 39 Meine Verlegerin Marina Kolaros von der Estia

Abb. 40 Buchpräsentation im Spiti tis Kyprou

Abb. 41 Andreas Stergiou und Pangalos

Abb. 42 Mein Ex-Doktorand Andreas Stergiou

Abb. 45

Mein Freund und Bruder Georgios Giannaris im Verlauf der Jahre

Abb. 44

Abb. 46

Abb. 47 Giorgo und Danae

Abb. 48 Mit Giorgo in Kalavryta

Abb. 49 Mit Giorgo in Makronissos: Das Theater

Abb. 50 Wolfgang Breyer

Abb. 51 Hubert Faustmann

Abb. 52 Gerhard Weber

Abb. 52a Alexander Jossifidis

Abb. 53 Peggy Doukelli

Meine Mannheimer Doktoranden

Abb. 54 Andreas Stergiou

Abb. 55 Mein Münsteraner Doktorand Thorsten Kruse, sein Münsteraner Doktorvater Reinhard Meyers und seine Frau

Abb. 56 Zyperninstitut Münster
v.l. n. r. Claude Nicolet, Hubert Faustmann, Sabine Rogge, Alexander Roggenkamp

Abb. 57 Pyromaglou und Gendarmeriegeneral Konstantinos Antoniou

Abb. 58 Samos Vortrag: Dimitrios Thrasyvoulos

Abb. 59 Vortrag im Archiv in Samos (ehem. Gefängnishof)

REFERANDARIAT UND PROMOTION

1969-1972

Prof. Rudolf von Albertini hatte mir vor meiner Abreise nach Griechenland versprochen, dass ich nach meiner Rückkehr nach Heidelberg eine halbe Assistentenstelle erhalten würde. Doch als ich nach einer dreitägigen Fahrt durch den ganzen Balkan in Heidelberg ankam, erfuhr ich, dass er einen Ruf an seine Heimat-Universität Zürich erhalten und angenommen hatte. Er nahm nicht einmal seinen langjährigen Assistenten, Volker Wieland, mit. Damit war klar, dass mein Weg in den Universitätsbetrieb vorläufig verbaut war.

Das einzige, was funktionierte, war, dass ich einen Platz im Doktorandenzimmer bekam. Mir gegenüber saß Joschka Schmierer, der Chef des KBW Kommunistischer Bund Westdeutschland). Er spielte den Berufsrevolutionär, und seine Frau verdiente als Studienassessorin den Lebensunterhalt. Wenig später verließ er das Doktorandenzimmer und richtete sich ein Büro ein, mit einer großen Bücherwand, vor der er seine Genossen empfing. Zuvor hatte er die Studenten aufgefordert, mit ihm feierabends vor das Tor der Firma Graubremse zu ziehen, um die Arbeiter zu agitieren. Ich lachte innerlich darüber; wie wollten sie die Arbeiter mit ihrem Soziologenjargon beeindrucken?

Im Wintersemester 1968 kehrte auch Themistoklis Tsatsos wieder auf seine Stelle als Honorarprofessor zurück. Er distanzierte sich von den Obristen und spielte wieder den großen Demokraten. Ich war empört. Schließlich war er einer der Hauptautoren der Junta-Verfassung gewesen. Ich informierte den Asta, und wir organisierten go-ins und sit-ins, wie das damals genannt wurde. Tsatsos wurde aufgefordert, zu seiner Tätigkeit als Verfasser der Junta-Verfassung Stellung zu nehmen. Er zog es vor zu schweigen. Wenig später gab er seinen Posten auf.

Etwa zur gleichen Zeit engagierte ich mich beim Heidelberger Ableger der *Dimokratiki Amyna,* einer demokratischen Widerstandsbewegung gegen die Junta. Ihr Repräsentant in Heidelberg war Dimitrios Bardis, mit dem ich eng zusammenarbeite. Ich formulierte Flugblätter und hielt Vorträge über das Regime. Damals lernte ich auch Kostas Simitis kennen, der später Ministerpräsident wurde.

Eines Tages im Frühjahr 1971 sagte mir Bardis, dass man jemand suche, der eine Erklärung von Kanellopoulos aus Athen abholen würde. Dies sei ein riskantes Unternehmen, da Kanellopoulos von der Asfalia überwacht werde. Pyromaglou hatte mir versprochen, für meine Dissertation ein Vorwort zu schreiben und mir kurz zuvor mitgeteilt, dass der Text fertig sei. Da Briefe vom griechischen Geheimdienst geöffnet wurden, wäre sein Vorwort wohl nie bei mir angekommen, zumal er ganz offen darin die Junta angriff. Ich beschloss, das Vorwort in Athen selbst abzuholen. Ich wusste jedoch, dass die Asfalia auch auf mich ein Auge hatte. Als Bardis mir das mit der Erklärung von Kanellopoulos sagte, entwickelte ich eine Idee: Ich würde Pyromaglous Text und Kanellopoulos' Erklärung zusammen abholen. Ich hatte mir auch schon die Durchführung überlegt.

Da damals der Treibstoff noch extrem billig war, veranstaltete die Reisefirma Hetzel von Stuttgart aus Tagesausflüge nach Athen. Diese wurden von organisierten Gruppen, Skatclubs, Vereinen und usw. genutzt. Ich buchte einen Flug nach Athen. Auf dem Flughafen Stuttgart erschienen die meisten Teilnehmergruppen mit damaligen Six-Packs unter dem Arm. Bereits vor dem Abflug waren schon viele recht gut drauf und als das Flugzeug in Athen landete, waren etliche Passagiere schon ziemlich high. Der anschließende Gang durch die Passkontrolle war so wie ich es erhofft hatte. Als sich die besoffenen Germanoi der Passkontrolle näherten, nahmen die griechischen Kontrolleure Reißaus, und die ganze Meute strömte durch die Kontrolle durch. Ich hielt mich schön in der Mitte des Stroms. Vor dem Flughafen warteten Busse, die die Stuttgarter Touristen zum Syntagma-Platz transportierten.

Dort warteten Fremdenführer, um sie zu den Sehenswürdigkeiten zu bringen. Ich setzte mich diskret ab. Um ganz sicher zu sein, dass mir kein Fahrzeug der Asfalia folgte, nahm ich eine Einbahnstraße in Gegenrichtung. Gelegentlich überprüfte ich, ob mir jemand folgte, indem ich eine Schaufensterscheibe als Spiegel verwendete. Ich kam bis zur Einmündung der Loukianou-Straße, bog in diese ein und ging sie raschen Schrittes bergauf, blickte mich nochmals um und als ich niemand sah, der mir folgte, bog ich in die Xenokratous-Straße ein, wo Kanellopoulos in der Nr. 15 wohnte. Diesmal stand kein Fahrzeug der Asfalia vor dem Haus und ich stieg die Treppe zu seiner Wohnung hinauf und klingelte. Er selbst öffnete die Tür und schaute mich erstaunt an: "Was willst denn Du hier?" Ich erklärte ihm, dass ich seine Erklärung abholen sollte.

Ich sagte ihm, dass ich auch von Pyromaglou etwas abholen wollte und wir verabredeten uns, dass ich kurz nach 15 Uhr wiederkommen würde. Ich begab mich zu Pyromaglou, der mich ins Restaurant *Je Reviens* zum Essen einlud. Anschließend überreichte er mir sein in französischer Sprache abgefasstes Vorwort. Wir plauderten noch ein wenig und dann begab ich mich zu Kanellopoulos, der mir seine Erklärung überreichte. Danach unterhielten wir uns noch ein paar Minuten und dann begab ich mich wieder zum Syntagma-Platz, wo die Busse für die Stuttgarter Ausflügler warteten. Meine Reisegefährten kamen wenig später. Sie hatten in der Altstadt von Monastiraki in einem Restaurant gegessen und den Weinen gut zugesprochen. Mit anderen Worten: Die Stuttgarter Tagesausflügler waren stockbesoffen.

Im Flughafen geschah dasselbe wie am Vormittag. Die Meute wurde durch die Pass-Kontrolle durchgewinkt. Die Kontrolleure waren froh, nichts mit den besoffenen Deutschen zu tun zu haben. In Stuttgart rief ich die Telefonnummer eines Vertreters der Ethniki Amyna an, und wir vereinarten ein Treffen wenig später. Ich übergab ihm die Erklärung von Kanellopoulos und fuhr mit meinem Auto nach Schriesheim zurück. Über die Methode, wie ich die Erklärung aus Athen herausgeholt hatte, schwieg ich. Es konnte ja sein, dass ich sie nochmals anwenden müsste. Am Tag darauf wurde Kanellopoulos' Erklärung von der Deutschen Welle im griechischen Programm ausgestrahlt.

Meine Frau hatte ihren alten Job wieder zurückerhalten, und ich versuchte zunächst, wie ich das während des Studium gemacht hatte, als Elektroniker im MPI für Kernphysik zu arbeiten und parallel dazu, die Dissertation zu schreiben. Ich merkte rasch, dass dies nicht funktionieren würde, denn eine Dissertation zu schreiben, war ein Full-Time-Job. Weil der Verdienst meiner Frau zu gering war, um davon einigermaßen leben zu können, entschied ich, das Referendariat zu beginnen. Da ich als Studienreferendar nur 8 Wochenstunden unterrichten musste, hoffte ich nebenher die Doktorarbeit schreiben zu können. Die Referendarzeit dauerte 18 Monate. Ich bewarb mich beim Oberschulamt Karlsruhe als Studienreferendar und wurde akzeptiert.

Meine Ausbildung würde am Studienseminar in Heidelberg erfolgen, und meine Ausbildungsschule würde das Carl-Benz-Gymnasium in Ladenburg sein. Da beide Stätten leicht erreichbar waren, hoffte ich es zu schaffen, nebenher die Dissertation zu verfassen. Die Ernennung zum Studienassessor erfolgte am 9. Januar 1969. Die Zeit bis dahin nützte ich, um mit der Niederschrift der Dissertation zu beginnen.

Gleich zu Beginn wählten mich die Referendare des neuen Kurses zum Kurssprecher. Einige Tage später trafen sich die Kurssprecher der vier baden-württembergischen Studienseminare, um einen Landessprecher zu wählen. Ich erhielt die meisten Stimmen. Obwohl ich politisch eher links orientiert war, hielt ich von dem Chaotentum und von dem Fanatismus der radikalen 68er nichts. Ich hatte in Griechenland die Diktatur erlebt und konnte über ihre Anschuldigungen, dass die BRD faschistoide Züge habe, nur lachen. In den folgenden 18 Monaten versuchten die Radikalen immer wieder, Unruhe auch im Studienseminar zu stiften. Der Chef des Studienseminars, Dr. Egon Römisch, reagierte verständlicherweise aufgeregt und forderte einmal sogar die Polizei an. Es gelang mir, ihn davon abzubringen und zu beruhigen und Übergriffe von Seiten der Radikalen zu verhindern. Von da an suchte er immer meinen Rat, wenn es solche Probleme gab. Unter meinem Einfluss schlossen sich viele Ko-Referendare der GEW an. Ich trat 1969 ein.

An meine Zeit als Referendar am Carl-Benz-Gymnasium (CBG) habe ich nur positive Erinnerungen. Das Gymnasium war ursprünglich ein Pro-Gymnasium gewesen, das mit der Mittleren Reife endete. Kurze Zeit bevor ich Referendar wurde, wurde es in ein Voll-Gymnasium umgewandelt. Das Lehrerzimmer und einige der Klassenzimmer waren noch im alten Gebäude, aber es gab zwei "Außenstellen", eine im nahe gelegenen Kindergarten und eine in einem Schulgebäude in der Weststadt. Man musste also gelegentlich im Laufe eines Vormittags die Gebäude wechseln.

Mein einführender Lehrer in den Fächern Geschichte und Gemeinschaftskunde war Klaus Kolb, ein Historiker und Germanist. Er war ein großartiger Lehrer und Mensch. Später wurde er Direktor des CBG. Im Fach Englisch war der einführende Lehrer Gerhard Behnend, der kurz zuvor Assessor geworden war. Sehr rasch merkten beide, dass ich das "gewisse Etwas" besaß, das ein guter Lehrer haben muss. Ich habe es vermutlich von meinem Vater geerbt. Das selbe erkannten auch der Fachberater des Studienseminars im Fach Geschichte Herbert Krieger und die Fachberaterin für Gemeinschaftskunde Dr. Hedwig Prehl. Im Anschluss an ihre Besuche gab es immer sehr gute Gespräche. Sie, wie auch das Kollegium in Ladenburg, wussten, dass ich nebenher an meiner Dissertation schrieb und fanden das gut.

In der Tat schaffte ich es, beide Tätigkeiten so zu koordinieren, dass beide gute Ergebnisse hatten. Gegen Ende der Referendarzeit musste ich zusätzlich noch eine Arbeit für das zweite Staatsexamen verfassen, was aber kein Problem war, weil sie nur einen geringen Umfang haben musste und ich inzwischen routiniert schrieb. Nachdem ich die mündliche Prüfung abgelegt hatte, wurde ich am 1. April 1970 zum Studienassessor, also zum Beamten auf Probe ernannt. Am 25. Januar 1971 folgte die Ernennung zum Beamten auf Lebenszeit, also zum Studienrat. Nach der Ernennung zum Assessor wurde ich auf meinen eigenen Wunsch hin an das Wirtschaftsgymnasium in Heidelberg versetzt. Ich wusste, dass es dort viele Schüler gab, die ebenfalls das Abitur nachholen wollten. Dies war inzwischen zulässig, und ich wollte diesen Schülern helfen. Unter ihnen war auch eine Krankenschwester namens Maria Walla, die auf diesem Weg zum Medizinstudium kommen wollte. Sie schaffte es und ist heute Fachärztin in einer der Kliniken der Universität Heidelberg. Wir blieben in Kontakt, und heute tauschen wir immer wieder E-Mails aus.

Inzwischen hatte ich meine Dissertation fertiggestellt. Ich hatte sie von Hand geschrieben, da ich mit der Schreibmaschine nicht klarkam. Meine Frau, die die Schreibmaschine im 10-Finger-System beherrschte, schrieb sie ab. Sie umfasste 931 Schreibmaschinenseiten. Ich gab sie bei der Philosophischen Fakultät ab, und das Rigorosum wurde für den 15. März 1971 festgelegt. Seit meiner Rückkehr aus Griechenland hatte ich Albertini einmal für höchstens fünf Minuten gesehen und gesprochen. Er war für einige Stunden nach Heidelberg gekommen, um sich über die Fortschritte seiner Doktoranden zu informieren. Eine wissenschaftliche Betreuung konnte man das nicht nennen.

Im Gegensatz dazu war mein Ko-Referent, Prof. Dieter Groh, immer bereit, mit mir Probleme zu diskutieren. Ich erinnere mich noch lebhaft an ein Gespräch über den griechischen Faschismus während der Diktatur von Metaxas. Die damaligen Faschismus-Experten Ernst Nolte und Reinhard Kühnl waren der Auffassung, dass es weder in Griechenland noch in den anderen Balkanstaaten Faschismus gegeben habe. Die dortigen Diktaturen seien traditionelle

Königsdiktaturen gewesen, denn das entscheidende Element des Faschismus, eine faschistische Partei, habe es nicht gegeben. Dieser Meinung war auch einer der besten Kenner der griechischen Zeitgeschichte, C. M. Woodhouse, der im Zweiten Weltkrieg BLO (British Liaison Officer) bei den griechischen Partisanen gewesen war.

Ich hatte in meiner Dissertation ein ganzes Kapitel über alle Aspekte der Metaxas-Diktatur verfasst. Ich hatte entdeckt, dass alle Ingredienzen einer faschistischen Diktatur auch in Griechenland vorhanden gewesen waren, wie sie Nolte und Kühnl beschrieben. Nur die Partei fehlte. Da keiner der Experten des Neugriechischen mächtig war, konnten sie natürlich das Tagebuch von Metaxas nicht lesen. Dort fand ich eine Formulierung, die exakt der Theorie von Kühnl, dass der Faschismus eine Anti-Ideologie gewesen sei, entsprach. Metaxas schrieb, dass sein Regime anti-liberal, anti-plutokratisch, anti-parlamentarisch, anti-demokratisch usw. sei. Dennoch fehlte die Partei. Einige Seiten weiter schrieb Metaxas, dass man ihm vorgeworfen habe, dass er keine Partei gegründet habe. Er stellte fest, dass das ganze Volk Partei gewesen war. Ich erkannte, dass dies exakt in das griechische politische System des Klientelismus passte. Ich bezeichnete die griechische Spielart des Faschismus als Klientelfaschismus.

Ich hatte dies alles Groh vorgetragen und fragte ihn, was er von meiner neuen Interpretation hielte. Groh hatte aufmerksam zugehört und hier und da noch etwas nachgefragt und stellte nun fest, dass seiner Meinung nach meine Theorie völlig richtig sei. Später wurde mir klar, dass der Klientelismus das Erbe des Osmanischen Reiches ist und die politischen Kulturen aller Staaten prägt, die einstmals dem Osmanischen Reich angehörten.

Albertini und Groh benoteten meine Arbeit mit *magna cum laude*, also sehr gut. Ich bin sicher, dass Albertini sie nur oberflächlich gelesen hat. Der einzige Verbesserungsvorschlag, den er machte, betraf eine völlige Nebensächlichkeit. Groh hingegen hatte meine Arbeit ganz gelesen und billigte meine Thesen.

Beim Rigorosum wurden wie im Staatsexamen zuvor bestimmte Fächer geprüft. In meinem Fall waren dies die Alte, Mittlere und Neuere Geschichte, ein Thema aus der Anglistik und eines aus dem Bereich der Politikwissenschaft. An letzteres erinnere ich mich nicht mehr. Im Bereich der Anglistik hatte ich als Prüfungsthema die sozialkritischen Romane aus der viktorianischen Zeit vorgeschlagen. Der Prüfer befragte mich jedoch über den amerikanischen sozialkritischen Roman der Zwischenkriegszeit. Zu meinem Glück hatte ich dieses Thema im Staatsexamen vorgetragen und konnte darauf zurückgreifen.

In der Alten Geschichte musste man sowohl ein römisches wie auch ein griechisches Thema vorbereiten. Ich schlug dem Prüfer Prof. Habicht die Entwicklung des Begriffs der auctoritas und die Entwicklung der Athener Verfassung vor. Einen Tag vor der Prüfung suchte ich ihn nochmals auf und erinnerte ihn erneut daran, dass ich nur Neugriechisch könne. Er nahm es zur Kenntnis. Als am nächsten Tag die Prüfung begann, überreichte er mir einen Text aus Platons Politeia. Ich konnte den Text zwar lesen, aber der Unterschied zwischen dem Altgriechischen und der heutigen Sprache ist so gewaltig, dass ich nur einige wenige Worte verstand. Dann aber stieß ich auf einen bestimmten Begriff, den ich aus der Sekundärliteratur kannte und nun wusste ich, um welche Textpassage es sich handelte.

Auf der Basis des Wissens aus der Sekundärliteratur interpretierte ich den Text, wobei ich mir Mühe gab, den Begriff in klassischer Weise auszusprechen. Nach einigen Minuten war Habicht zufrieden und wandte sich der Diskussion der auctoritas zu. Er war sichtlich beeindruckt, als ich ihm vorführte, dass sich Augustus im Monumentum Ancyranum massiv an Ciceros de re publica anlehnte. Als die Prüfung vorüber war, ging ich in die Cafeteria der alten Uni. Wenige Minuten später kam Habicht völlig aufgelöst und entschuldigte sich, dass er mir den Platon-Text vorlegt hatte. Es sei der Text für den nächsten Kandidaten gewesen. Ich möge ihm verzeihen. Ich entgegnete, dass ich, wie er wisse, kein Wort Altgriechisch könne, aber ich hätte im Text den entscheidenden Schlüsselbegriff erkannt und dann auf der Basis der Sekundärliteratur interpretiert. Seine Reaktion war: dann haben Sie das magna cum sehr wohl verdient.

Um das Rigorosum abzulegen, musste ich mich einen Schulvormittag vom Dienst befreien lassen. Da der Schulleiter sich dazu nicht in der Lage sah, musste ich die Genehmigung des Oberschulamtes einholen. Sie wurde mir gewährt mit der Auflage, die verlorene Zeit nachzuholen. Ich habe dies bis heute offiziell nicht getan, aber im Lauf der Jahre so viele Überstunden abgeleistet, dass die Auflage wohl erfüllt wurde.

Normalerweise musste man 150 Exemplare einer Dissertation bei der Universitätsbibliothek abliefern, die sie dann deutschlandweit an die anderen UBs verteilte. Ich hatte Glück, denn meine Dissertation wurde von der Europäischen Verlagsanstalt (EVA) als Buch veröffentlicht. Ich hatte mir eingebildet, ich könnte schreiben, aber die Lektorin der EVA, Karin Monte, nahm meinen Text auseinander. Ein Jahr lang musste ich kürzen, besser formulieren und manche Passage total umschreiben. Es gab Zeiten, an denen ich Frau Monte hasste, aber noch heute bin ihr unendlich dankbar. Sie brachte mir das Schreiben erst richtig bei.

Sie akzeptierte meinen Schreibstil. Ich hatte mich bei der Niederschrift meiner Staatsexamensarbeit durch eine große Zahl amerikanischer Fachbücher gearbeitet und gesehen, dass man auch seriöse Fachliteratur unterhaltsam schreiben kann. Seither war es mein Ehrgeiz, so ähnlich zu schreiben. Ein Rezensent kritisierte dann auch. Ich würde wie ein Journalist schreiben. Ich empfand das als Auszeichnung. Ich bin der Meinung, dass man ein gutes historisches Buch am Abend mit den Füßen auf dem Couchtisch und einem Glas Wein in der Hand lesen können muss. Wissenschaft kann auch unterhaltsam sein.

Da ich mit dem Direktor des Wirtschaftsgymnasiums in Heidelberg in einen Konflikt geriet, ließ ich mich ans Wirtschaftsgymnasium in Schwetzingen versetzen. Der dortige Direktor war ein netter Mensch und ließ mich in Ruhe. Ich unterrichtete im Gymnasium und in der sog. Wirtschaftsschule, die eine Art Pro-Gymnasium war. In der ersten Klasse im Gymnasium war Helmut Krupp, ein hochintelligenter Schüler. Er war damals Maoist und sprach Englisch aus ideologischen Gründen mit einem Cockney-Akzent. Ich bin heute noch mit ihm in Kontakt. Eine Unterhaltung mit ihm war damals und ist heute ein Vergnügen und eine Bereicherung.

Ein Mädchen aus der Wirtschaftsschule namens Dorothea Zirk, deren Mutter geschieden war, adoptierte mich als Vater, und ich akzeptierte sie als eine Art Tochter. Wann immer sie damals und bis heute Probleme hat, ruft sie mich an. Und ich bin nach wie vor für sie als "de Vadde vun Schriese" da.

Die Politik von Willy Brandt faszinierte mich so, dass ich 1973 in die SPD eintrat. Ich gehö[1]re ihr heute noch an, wenn mir auch gewisse neue Entwicklungen nicht passen.

1973 erschien meine Dissertation unter dem Titel "Griechenland zwischen Revolution und Konterrevolution (1936-1946)" in der EVA in Stuttgart. Damit wurde öffentlich bekannt, dass ich über dieses Thema promoviert hatte. Es gab damals kein deutsches Verzeichnis der Doktorarbeiten, an denen aktuell gearbeitet wurde. Ich wusste nicht, dass es in Berlin einen Doktoranden gab namens Hagen Fleischer, der dasselbe Thema behandelte, und ihm ging es genauso mit mir. Als nun mein Buch erschien, musste er seine Dissertation massiv umarbeiten,

1 *Griechenland zwischen Revolution und Konterrevolution 1936 - 1946* (Frankfurt: Europäische Verlagsanstalt, 1973), 623 Seiten.

denn zwei Arbeiten zum selben Thema waren nicht zulässig. Er war maßlos empört, dass ich schneller gewesen war als er und verfolgte mich von da an mit seinem Hass.

In seiner Dissertation, die erst 1986 bei Peter Lang erschien, beschimpfte er mich auf das Übelste. Er behauptete, ich würde Quellen manipulieren und würde die deutsche Besatzungszeit schön schreiben. All das waren Behauptungen, die jeglicher Grundlage entbehrten. Ich reagierte nicht darauf, und als wir uns Anfang der 1990er Jahre auf einer Konferenz in Saloniki zum ersten Mal persönlich begegneten, schlug ich ihm vor, er solle doch das Kriegsbeil begraben. Dies geschah und bis in die jüngste Zeit war unser Umgang miteinander korrekt kollegial. Aber das war anscheinend von seiner Seite aus nur vordergründig. Er wartete ganz offensichtlich auf eine Gelegenheit zur Rache. Aber darauf komme ich noch zurück.

Die EVA war natürlich auch auf der Frankfurter Buchmesse und ich besuchte ihren Stand. Der Rundgang durch die Buchmesse war beeindruckend. Anschließend begab ich mich zu einem Treffen von griechischen Sozialisten. Sie hatten mich eingeladen und mir gesagt, dass Andreas Papandreou käme, um zu ihnen zu sprechen. Ich war neugierig und ging in das Gebäude, wo sie sich trafen. Andreas ließ auf sich warten. Irgendwann ging ich zur Toilette und wie ich herauskam, sah ich ihn. Er war dabei, seinen Sakko auszuziehen, die Krawatte abzulegen und die Hemdsärmel hochzukrempeln. Dann begab er sich in den Versammlungssaal, wo er stürmisch begrüßt wurde, und gab den Salon-Bolschewiken. Mir wurde klar, dass er kein Sozialist war und ich ahnte, dass die PASOK nie eine echte sozialdemokratische Partei werden würde. Auch sie würde eine griechische Klientelpartei werden, die von Rousfetia zusammen gehalten würde. Eine Ahnung, die sich leider bewahrheitete.

Weihnachten 1973 verbrachte ich mit Komninos Pyromaglou in Ioannina. Wir besuchten den Bischof und trafen uns mehrfach mit Gendarmerie-General Konstantinos Antoniou und Prof. Sotiris Dakaris. Unter den Themen unserer Unterhaltung war immer wieder eines: Wie kann man die Junta stürzen.

Als mit der Ernennung zum Assessor die Lebensplanung klar war, einigten meine Frau und ich uns, dass wir nun Kinder haben könnten. Am 28. Juni 1972 wurde unsere erste Tochter Eleni geboren. Am 17. Januar 1975 folgte ihr Danae.

VORTRÄGE AN DEN GOETHE-INSTITUTEN IN ATHEN UND SALONIKI

1975

Im Sommer 1974 stürzte die Junta über den von ihr organisierten Putsch in Zypern und die darauf folgende türkische Invasion. Im Frühjahr 1975 meldete sich die Zentrale des Goethe-Instituts bei mir und wollte wissen, ob ich bereit wäre, meine Forschungsergebnisse in Athen und Saloniki zu präsentieren. Ich sollte jeweils drei Vorträge halten. Im ersten sollten die allgemeinen Probleme der Zeitgeschichtsforschung dargelegt werden. In zwei weiteren Veranstaltungen sollte ich die Ergebnisse meiner Forschungen vortragen und dann werde es eine Round Table Diskussion mit ehemaligen Protagonisten geben. Die Veranstaltungen sollten im Herbst 1975 stattfinden.

Ich erklärte mich dazu bereit. Dann bat man mich, die Vortragstexte schriftlich auszuarbeiten und sie nach Athen zu schicken, damit sie dort schon vorher übersetzt werden könnten. Ich stimmte dem zu und in den Sommerferien in Dänemark verfasste ich die drei Vorträge. Nach der Rückkehr sandte ich sie ans Goethe-Institut in Athen. Man bestätigte den Erhalt. Etwa eine Woche, bevor die Vortragsreihe beginnen sollte, erhielt ich einen Anruf vom Athener Institut, ob es möglich wäre, dass ich etwas früher kommen könnte. Man müsse technische Probleme mit mir besprechen. Ich stimmte zu und flog, wenn ich mich richtig erinnere, am Samstag dem 22. November 1975 nach Athen.

Zwei Mitglieder des Goethe-Instituts holten mich am Flughafen ab. Schon während der Fahrt zum Goethe-Institut bemerkte ich, dass irgend etwas nicht stimmte. Die beiden reagierten nicht so locker, wie ich es erwartet hatte. Im Goethe-Institut empfingen mich der Direktor, sein Stellvertreter, der Programmdirektor und der Kultur-Attaché der deutschen Botschaft.

Ich hatte erwartet, dass man über technische Probleme reden wollte, also z. B. über die Synchronisierung meiner Vorträge mit der griechischen Übersetzung, die auf einem Tonbandgerät parallel laufen würde. Aber nichts dergleichen wurde angesprochen, sondern man sagte mir, dass ich bestimmte Begriffe nicht verwenden sollte. Ich antwortete, dass ich gerne bereit sei, anstelle des Wortes Repression Unterdrückung zu verwenden. Das sei nicht das Problem; vieles von dem, was ich im Vortrag sagen würde, würde die griechische Seele beleidigen. Als ich entgegnete, dass ich nicht das Gefühl hätte, die griechische Seele zu beleidigen, weil ich durch intensive berufliche und private Kontakte seit langem die Mentalität kannte. Da holte man meinen Studienfreund Evangelos Karoglas herbei. Dieser war inzwischen, nachdem er eine Zeit lang als Sekretär bei Frau Logothetopoulou gearbeitet hatte, Deutschlehrer am Goethe-Institut geworden. Er musste bestätigen, dass ich mit meinen Ausführungen die griechische Seele beleidigte. Ich verstand, dass er nur so antworten konnte; eine gegenteilige Antwort hätte ihn in Schwierigkeiten gebracht. Er tat mir leid.

Dann kamen die Herrn zum eigentlichen Thema. Meine Vorträge seien voll von historischen Fehlern. König Konstantin sei nicht neutralistisch, sondern pro-deutsch gewesen. Die Diktatur von Metaxas sei keinesfalls faschistisch gewesen. Ich könne nicht von Kollaboration reden, die habe es nicht gegeben. Der Widerstand sei ein rein kommunistisches Unternehmen gewesen. An Weihnachten 1944 habe Churchill intervenieren müssen, um eine kommunistische Machtergreifung zu verhindern. Alle meine Behauptungen seien Positionen der extremen Linken, der griechischen Kommunisten. Als ich widersprach, kamen sie zu der Schlussfolgerung, ich müsse auch ein radikaler Linker sein. Als ich mich nicht bereit erklärte, meine Forschungsresultate aufzugeben und ihre Kalte-Kriegs-Positionen zu übernehmen, drohten sie mir, dass sie mich beim Innenminister von Baden-Württemberg Schieß als gefährlichen Linken denunzieren würden, was damals aufgrund des sog. Schieß-Erlasses den Rausschmiss aus dem Öffentlichen Dienst und damit meine Existenzvernichtung bedeutet hätte. Ich bat um Bedenkzeit: Ich wollte über Nacht nachdenken. Dies wurde mir großzügig gestattet.

Vom Hotel aus rief ich P. Kanellopoulos auf seiner Privatleitung an und erklärte ihm, dass es bei mir brenne und ich ihn unbedingt sprechen müsse, Er forderte mich auf, am nächsten Morgen zu ihm zu kommen, was ich tat. Ich berichtete ihm meine Probleme und er konnte es kaum fassen, dass man so mit mir umging. Dann sagte er, ich hätte während der Diktatur so viel für Griechenland getan, dass Griechenland jetzt etwas für mich tun müsse. Er ging ans Telefon und rief Außenminister Dimitrios Bitsios an. Er informierte ihn knapp über den Sachverhalt. Bitsios reagierte empört: Wenn ich nicht frei sprechen könne, werde er den griechischen Botschafter ins Auswärtige Amt schicken. Dieser solle offiziellen Protest gegen die Einmischung in die inneren Angelegenheiten Griechenlands erheben und daran erinnern, dass seit dem Sturz der Junta Griechenland eine Demokratie sei und Meinungsfreiheit herrsche. Ich fragte, ob ich dies im Goethe-Institut mitteilen dürfe. Die Antwort war ja. Kanellopoulos gab mir noch einige Tipps, wie ich mich verhalte sollte. Ich bedankte mich herzlich für seine Hilfe und verließ ihn.

Dann kam mir die Idee, dass ich meinen Freund, den Herausgeber der Zeitschrift ANTI, Christos Papoutsakis, aufsuchen könnte. Einige Monate zuvor hatte ich in ANTI eine Artikelserie veröffentlicht, die ziemlich genau dem Inhalt meiner Vorträge entsprach.[1] Sie hatten ein sehr positives Echo in der griechischen Öffentlichkeit gefunden, was die Behauptung, ich beleidige das Griechentum, widerlegte. Als ich im Büro von ANTI ankam, war dort der BBC-Korrespondent David Tonge, den ich aus der Zeit der Junta kannte. Wir waren Freunde geworden.

Ich erzählte Christos und David, in welcher Lage ich mich befand. Beide fanden das Verhalten der deutschen Stellen inakzeptabel. David unterbreitete dann einen großartigen Vorschlag. Wenn ich nicht frei sprechen dürfte, würde er ein längeres Interview mit mir machen, das im deutschen Dienst von BBC übertragen würde. Christos meinte, dass, wenn ich nicht frei sprechen dürfe, die nächste Nummer von ANTI dem Verhalten der Deutschen gewidmet sein würde. Ich fragte die beiden, ob ich das bei meinem nächsten Treffen im Goethe-Institut bekannt geben dürfte. Beide stimmten sofort zu.

Am Morgen des 23. November begab ich mich zum nächsten Treffen ins Goethe-Institut. Als ich an der Loge des Thyroros (Türhüters) vorbeikam, hielt mich dieser an: "Syntrofe, syntrofe (Genosse), die haben Teile aus den Tonbändern deiner Vorträge herausgeschnitten." Ich bedankte mich herzlich für diese Information. Offensichtlich war er KKE-Mitglied und hielt er mich für einen Genossen.

Als ich in dem Direktionszimmer ankam, sah ich, dass diesmal sogar der Vizebotschafter da war. Wieder fielen sie alle massiv über mich her und verlangten, dass ich meine Vorträge entsprechend ihren Wünschen selbst zensiere. Ich ließ die Suada ruhig über mich ergehen. Abschließend erfolgte wieder die Drohung mit dem "Schieß-Erlass". Als sie fertig waren, sagte ich zu ihnen, dass sie nach dem Ende meiner jetzigen Ausführungen genau fünf Minuten Zeit hätten, um sich zu entscheiden. Ich informierte sie über die Antworten von Kanellopoulos, Papoutsakis und Tonge. Die Physiogmien wurden immer betroffener, während ich redete. Dann verließ ich den Raum.

1 "Μία προσπάθεια επιστημονικής θεώρησης της Εθνικής μας Αντίστασης" [Ein wissenschaftlicher Versuch der Deutung unseres Nationalen Widerstandes], in: *ANTI*, Nr. 18 - 22 (Athen, Mai-Juni 1975), pp. 17-23, 39-43, 26-28, 43-46, 21-24.

Es dauerte keine fünf Minuten, bis sie mich wieder hereinholten und mir wütend zu verstehen gaben, ich könne machen, was ich wolle. Ich ergriff erneut das Wort und gab folgende Erklärung ab: Heute Abend werde jemand im Publikum sitzen, der Griechisch und Deutsch beherrsche und eine Kopie meines Manuskripts habe. Sollte die griechische Übersetzung nicht präzise meinem deutschen Vortrag entsprechen, würde er mir ein Zeichen geben, und ich würde vor dem Publikum eine entsprechende Erklärung abgeben. Sie reagierten nicht darauf, aber der Türhüter erzählte mir später, sie hätten die Tonbänder repariert.

Ein Jahr später, am 25. Oktober 1976, traf ich den Vizebotschafter in der Botschaft. Er entschuldigte sich für sein Verhalten ein Jahr zuvor. Inzwischen habe er mein Buch gelesen und seine Ansichten revidiert.

Einer der Anwesenden, der mit leicht schwäbischen Akzent sprach, wollte wissen, ob ich mit dem Oberstudiendirektor Richter des Ludwigsburger humanistischen Gymnasium verwandt sei. Als ich bestätigte, dass dieser mein Onkel sei, entgegnete er, dass er sich nun nicht mehr über mein Verhalten wundere. A. Richter habe sich sogar mit den Nazis angelegt. Ich entgegnete, dass er deshalb immer ein Vorbild für mich gewesen sei.

Der erste Vortrag befasste sich mit den wissenschaftlichen Problemen der Zeitgeschichte. Ich erklärte dem Publikum die europäische Sichtweise und kontrastierte sie mit der griechischen, wie ich sie von Daskalakis gehört hatte. Nach dem Ende des Vortrags konnten Fragen gestellt werden. Aus den Fragen ging hervor, dass das Publikum meine Ausführungen verstanden hatte und davon sehr angetan war. Am nächsten Tag flog ich nach Saloniki und hielt dort denselben Vortrag. Als ich der Leitung des Goethe-Instituts in Saloniki von den Athener Aufgeregtheiten erzählte, schüttelte man nur den Kopf.

Der zweite Vortrag befasste sich mit der griechischen Zeitgeschichte. Sein Titel lautete: *Von der monarcho-faschistischen Diktatur zur demokratischen Renaissance aus der Resistance*. Es waren so viele Zuhörer gekommen, dass der große Hörsaal des Instituts sie nicht fassen konnte, daher wurde mein Vortrag über die Hausvideoanlage in andere Klassenräume übertragen. Die Zuhörer waren von dem, was ich ihnen erzählte, begeistert. Als Griechen kannten sie das meiste, aber bislang hatte noch nie jemand gewagt, dies öffentlich zu sagen. Der Beifall war enorm. Man erzählte mir, dass die Zuhörer in den Klassenräumen dem Fernseher zugeklatscht hatten.

An diesem Abend gab es in Athen keine anschließende Diskussion, Ich erinnere mich, dass ich ein sehr anregendes Gespräch mit einem Journalisten des KKE-Blattes Rizospastis führte, der in der DDR studiert hatte. Er war zwar nicht mit allem einverstanden, was ich sagte, aber er war sehr angetan, dass ich der erste war, der diese Dinge thematisierte. Am Donnerstag hielt ich den selben Vortrag in Saloniki.

Der Titel des Vortrages am Freitag lautete: *Von der einen Besatzung zur anderen*. In diesem Vortrag zeigte ich, dass nach dem Abzug der deutschen Besatzungsmacht eine britische folgte. Der Höhepunkt war die britische bewaffnete Intervention im Dezember 1944, die unter der Bezeichnung *Ta Dekemvriana* (die Dezemberereignisse) in die griechische Geschichte eingingen. Nach dem Ende meines Vortrages fand eine Podiumsdiskussion statt.

Diese Podiumsdiskussion war die erste ihrer Art seit dem Ende des Zweiten Weltkrieges in Griechenland. In dieser Runde diskutierten auf zivilisierte Weise Persönlichkeiten, die während des Kriegs und des Bürgerkrieges voller Hass einander gegenüber gestanden und sich bekämpft hatten. Die Teilnehmer waren: General Andreas Vardoulakis, der dem antikommunistischen Ieros Lochos (die Heilige Kompanie) angehört hatte. Neben ihm saß Mitsos Partsalidis, der im Krieg Sekretär der EAM und im Bürgerkrieg Regierungschef der Provisorischen Regierung gewesen war. Zur Zeit der Diskussion gehörte er der KKEsoterikou (Inlands-KP), den Eurokommunisten an. Anastasios Peponis hatte im Krieg dem studentischen Widerstand in Athen angehört. Nach einem Jurastudium wurde er Generaldirektor des Rundfunks. Während der Junta-Zeit saß er im Gefängnis und wurde gefoltert. Der nächste in der Runde war Komninos Pyromaglou, der während des Kriegs Vizechef der EDES gewesen war und später EDA-Abgeordneter wurde. Neben ihm war Manolis Glezos, der 1941 die Reichskriegsflagge von der Akropolis herunter geholt hatte. Später gehörte er der EAM an. Parissis Stamos war Mitarbeiter der Programmabteilung des Goethe-Instituts. Der letzte in der Reihe war ich.

Dass es gelang, diese heterogene Gruppe zur friedlichen Diskussion zusammen zu bringen und dies auf "deutschem" Boden, war eine tolle Leistung des Goethe-Instituts in Athen. Eine solch gut besuchte Veranstaltung dieser Art und Qualität gab es nie wieder. Sie war der größte Erfolg des Goethe-Instituts in Athen. In Saloniki gab es keine Podiumsdiskussion, aber viele Fragen. Unter den Fragenden war ein junger Wissenschaftler, Kostas Dimadis, der später Professor für Neogräzistik in Berlin wurde und mit dem ich bis heute befreundet bin.

Bevor ich nach Deutschland zurückkehrte, übergab ich den Text des ersten Vortrags meinem Freund Papoutsakis, der ihn prompt in ANTI veröffentlichte.[1] Für geraume Zeit bildete dieser Text die Grundlage für die Forderung der jüngeren griechischen Historiker, dass die Zeitgeschichte als historische Disziplin eingeführt werde. Was nach einiger Zeit auch geschah.

Angesichts der Niederlage der Leitung des Goethe-Instituts von Athen war es nicht verwunderlich, dass ich nie wieder eine Einladung dorthin erhielt. Ich war zur persona non grata geworden. Auch als ich später auf Umwegen anbot, bestimmte Bücher auch im Goethe-Institut zu präsentieren, kam keine Reaktion. Im Gegensatz dazu lud mich später das Goethe-Institut in Nicosia wiederholt ein.

Zwei Jahre später, 1978, erschien meine Dissertation auf Griechisch unter folgendem Titel: Δύο παναστάσ ις και αντ παναστάσ ις στην Ελλάδα 1936 - 1946. Das Buch war 20 Jahre auf dem Markt. Es erlebte zahlreiche Auflagen, obwohl der Verleger mir gegenüber nur zwei zugab, um Geld zu sparen, was mir ziemlich egal war. Mein Ziel war die Aufklärung der Griechen über ihre jüngste Vergangenheit, und dies gelang mir recht gut, wie folgende nette Erinnerung zeigt.

In einem unserer Urlaube in Griechenland fuhren wir fast täglich an einen Strand bei Marathon. Dort gingen damals fast nur Griechen zum Baden und Schwimmen hin. Man traf dort täglich dieselben Leute. Nach ein paar Tagen kam man ins Gespräch, auch über die jüngere Geschichte. Ich vertrat meine üblichen Thesen. Mein Gesprächspartner hörte aufmerksam zu und sagte dann: Entweder haben Sie das Buch von Richter sehr genau gelesen oder Sie sind Richter selbst. Ich gab lachend zu, dass Letzteres der Fall sei und wollte wissen, wer er sei. Er antwortete genauso lachend *O genikos eisangeleas* (der Generalstaatsanwalt). Von da an diskutierten wir täglich meine Thesen, und er stimmte mir voll zu.

Als mein Buch auf Deutsch erschien, gab es Universitäten, an denen die griechischen Studenten einige Tage nicht erschienen, sie waren mit der Lektüre meines Buches beschäftigt. Als es auf Griechisch erschien, hatte es eine noch größere Wirkung. Es öffnete der griechischen Zeitgeschichtsforschung das Tor. Die jüngere Generation stürzte sich geradezu auf das Thema, und es erschienen in den folgenden Jahren zahlreiche Monographien. Ich bin stolz darauf, dazu beigetragen zu haben, die griechische Zeitgeschichtsforschung über den Zweiten Weltkrieg zu etablieren.

1 "Προβλήματα της σύγχρονης ιστορίας" [Probleme der Zeitgeschichte], in: *ANTI*, Nr. 40-41 (März 1976), pp. 31-35, 40-43.

Abb. 60 Merhal Akurgal und Brigitte Schauenburg

Abb. 61 Reinhard Stupperich

Abb. 62 Karl Friedrich Mayer

Abb. 63 Mit Glafkos Kliridis

Abb. 64 Mit Georgios Iakovou

Abb. 65 Präsident Papadopoulos

Abb. 66 Mit Stamatia Dagakis und Präsident Dimitrios Christofias

Abb. 67 Mit Rauf Denktasch

Abb. 68 Mit Derviş Eroglu

Abb. 69 Mit Mehmet Ali Talat

Abb. 70 Mit Mustafa Akinçi 2016

Abb. 71 Mit Vasos Lyssaridis und Nitsa Neofytou vom PIO

Abb. 72 Mit Ex-UN-Diplomat Özdemir Özgür in der Buchhandlung von Remzi

Abb. 73 Mein Verleger Remzi und seine Frau in seiner Buchhandlung

Abb. 74 Meine kurze Geschichte Zyperns

Abb. 75 Ex-OB von Nikosia Lellos Dimitriadis und seine charmante Frau Olga

Abb. 76 Mit meinem Freund Chris Kikas in seiner Galerie

DREI JAHRE DFG-STIPENDIAT

1976-1979

Anfang 1976 fragte mich Dieter Groh, der inzwischen Professor an der Universität Konstanz war, ob ich mich bei ihm habilitieren wollte. Ich sagte begeistert zu und schlug als Thema erneut eines aus der griechischen Zeitgeschichte vor. Er war einverstanden, und mit seiner Unterstützung bewarb ich mich um ein Forschungsstipendium der Deutschen Forschungsgemeinschaft, das mir wenig später für drei Jahre genehmigt wurde. Ich beantragte beim Kultusministerium in Stuttgart eine Beurlaubung für diese Zeit. Diese wurde mir gewährt, aber mit der Maßgabe, dass diese drei Jahre nur zur Hälfte auf meine Pension angerechnet würden.

Da Griechenland bis zur Truman-Doktrin 1947 ein de facto britisches Protektorat gewesen war, war es klar, dass ich zunächst die britischen Akten studieren musste. Ich beantragte eine Arbeitserlaubnis im Public Record Office, die ich bald erhielt. Damals befand sich das PRO noch in der Chancery Lane in der Nähe einer U-Bahnstation. Da ich die Familie nicht für längere Zeit allein lassen wollte, nahm ich unseren Wohnwagen mit nach England. In der Nähe von Little Hampton fand ich einen verlassenen Bauernhof, dessen Besitzer einverstanden war, dass ich den Wohnwagen dort abstellten. Wir konnten sogar die sanitären Einrichtungen des Hofes benützen, und der Strand und das Meer waren nur wenige Hundert Meter entfernt. Ich fuhr jeden Morgen mit dem Auto zum Bahnhof von Little Hampton und nahm den Zug nach London. Die Verbindung war sehr gut, und mit der U-Bahn kam ich rasch zum Public Record Office.

Die nächsten beiden Monate arbeitete ich mich durch die Aktenberge der britischen Botschaft in Athen und ihrer Korrespondenz mit dem Foreign Office. Da mir die DFG einen Etat für Kopien genehmigt hatte, konnte ich die wichtigsten Akten fotokopieren lassen. Danach fuhren wir mit angehängtem Wohnwagen nach Griechenland. Dieses Mal musste ich mich nicht auf Wohnungssuche machen, denn wir hatten einen Wohnungstausch vereinbart. Mein Freund Evangelos Spyropoulos, der damals Dozent an der amerikanischen Maryland University in Heidelberg war, hatte eine Wohnung am Leoforos Ionias im Ortsteil Kato Patissia in der Nähe der U-Bahn-Station Attikis, die er uns überließ. Er übernahm unsere Wohnung in Schriesheim.

Als wir in Athen ankamen, wohnten wir zunächst auf dem Campingplatz in Rafina. Durch Vermittlung von Pyromaglou konnten wir einige Tage später unseren Wohnwagen auf ein Privatgrundstück in Porto Rafti direkt am Meer stellen. Der Eigentümer, Mitsos Theodoropoulos hatte in der Kriegszeit der Athener EDES angehört. Ein paar Meter entfernt war eine sehr gute Taverne. Inzwischen war auch Evangelos Spyropoulos eingetroffen und übergab uns seine Wohnung. Unser Wohnwagen diente uns später als Wochenendhaus.

Die nun folgenden Ausführungen basieren auf meinen Tagebüchern. Zur Zeit meines ersten Aufenthaltes in Athen hatte ich nur einen Terminkalender geführt, den ich noch besitze. Doch nun begriff ich, dass ich vieles, was ich hörte, schriftlich festhalten sollte, zumal ich oft so ziemlich der Einzige war, dem diese Dinge erzählt wurden.

Die Hauptaufgabe des Athenaufenthaltes war es, historische Materialien zu finden. Der übliche Weg über das Nationalarchiv war in Griechenland aus mehreren Gründen verschlossen. In Griechenland gab es eine 50-Jahre-Sperrklausel. Alle Archivalien, die jünger als 50 Jahre waren, waren gesperrt. Für die Zeit zuvor gab es keine Findbücher, nur eine handschriftliche Kartei, deren Einträge oft nicht einmal die Archivare lesen konnten. Ich musste also andere Wege suchen, wie ich die für meine Studie notwendigen Quellen und sonstigen Materialien finden konnte.

Schon vom Campingplatz in Rafina aus begann ich, erste Kontakte zu knüpfen. Pyromaglou brachte mich in Kontakt mit General Ioannis Palaiologos von der Historischen Abteilung des GES (Geniko Epiteleio Stratou - Generalstab). Am 22. Oktober traf ich mich mit ihm und seinem Nachfolger Ioannis Metaxakis. Das einzige Ergebnis des Treffens war, dass ich die von der Historischen Abteilung herausgegebenen Bücher zu einem Vorzugpreis kaufen konnte. Ein Zugang zum Archiv war ausgeschlossen.

Christos Papoutsakis brachte mich in Kontakt mit Denis Flambouras. Flambouras war eine sehr interessante Persönlichkeit. Er war 1917 geboren, wurde Berufsoffizier und kämpfte in Kreta gegen die Invasion der Fallschirmjäger. Nach seiner Rückkehr nach Athen diente er eine Zeit lang als Übersetzter der OT (Organisation Todt). Irgendwann schloss er sich der Reserve-ELAS in Athen an und nahm an den Kämpfen in den Dekemvriana teil. Nach dem Friedensvertrag von Varkiza landete er dort, wo die meisten Linken landeten, wenn sie sich nicht rechtzeitig in die Berge absetzten, auf der KZ-Insel Makronissos.

Bei unserem ersten Treffen bemerkte ich, dass er schreckliche Vorurteile gegen das heutige Deutschland hegte. Die BRD sei immer noch halbfaschistisch und ein Büttel der USA. Andererseits war er ein glühender griechischer Patriot, dessen Motto lautete "am griechischen Wesen soll die Welt genesen", wie ich in mein Tagebuch notierte.

Flambouras hatte eine beeindruckende Sammlung von Büchern, von denen viele in keiner öffentlichen Bibliothek mehr waren. Ich nahm die Titel auf und kopierte eine Anzahl auf dem Fotokopierer von ANTI. Nach einiger Zeit der Zusammenarbeit entkrampfte er sich und wir verstanden uns sehr gut. Er zeigte mir seine Sammlung von Originalen aus der Besatzungszeit, darunter befand sich sogar eine "Puffordnung" der Wehrmacht aus Kreta.

Inzwischen war am 3. November 1976 ein Brief vom *Instituto Affari Internazionali* eingetroffen. In ihm fragte Heinz Timmermann vom *Bundesinstitut für ostwissenschaftliche und internationale Studien* mich, ob ich bereit wäre, den Beitrag über die griechischen Kommunisten für einen Sammelband über die kommunistischen Parteien Europas zu schreiben. Ich sagte zu. Am 12. November suchte ich den Vorsitzenden der Inlands-KP (KKEesoterikou) Leonidas Kyrkos auf.

Kyrkos war 1924 in Irakleion geboren. Als Jugendlicher schloss er sich der kommunistischen Jugend an und 1941 wurde er EAM-Mitglied. Während des Bürgerkriegs wurde er wegen Mitgliedschaft in der KKE zum Tod verurteilt. Als das Urteil gegen ihn und andere Aktivisten internationalen Protest provozierte, wurde es in eine Gefängnisstrafe umgewandelt. 1953 kam er im Zuge einer Amnestie frei. Von da an arbeitete er als Journalist für die EDA-Zeitung *Avgi*; 1958 wurde er einer der Herausgeber. Von 1961 an war er Abgeordneter der linken EDA (Eniaia Dimokratiki Aristera). Am 21. April 1967 verhaftete die Junta ihn und er saß fünf Jahre im Gefängnis. Nach der Intervention des Warschauer Paktes in der Tschechoslowakei spaltete sich die KKE. Der Teil, der gegen die Intervention war, nannte sich von nun an KKEesoterikou (Inlands-KKE), Kyrkos schloss sich ihr an. Nach dem Sturz der Junta und der Wiederherstellung der Demokratie wurde er erneut zum Abgeordneten gewählt, diesmal als Vertreter der eurokommunistischen KKEesoterikou. Von 1981 bis 1985 war er Euro-Abgeordneter, danach bis 1993 wieder Abgeordneter im griechischen Parlament.

Im Lauf der Jahre wurden wir enge Freunde; wir waren politisch nicht sehr weit auseinander und menschlich war Leonidas großartig. Ich besuchte ihn regelmäßig, wenn ich in Athen war. Bei unserem letzten Treffen 2008 fragte er mich, ob ich wisse, dass meine Ideen das Parteiprogramm der KKEesoterikou beeinflusst hätten. Ich war verblüfft und freute mich. Ich hatte damals Ideen des linken Flügels der SPD vorgetragen.

Unser Gespräch hatte zwei Themen: Mein Forschungsprojekt und der Artikel über die griechischen Kommunisten. Er versprach mir, alle Publikationen der Inlands-KP kostenlos für mich zu besorgen. Sodann wollte er Kontakte zu den "alten Kämpfern" der Partei herstellen und versuchen, Material aus der Bürgerkriegszeit zu besorgen. Er hoffe auf eine gute Zusammenarbeit. Zum Artikel für Rom meinte er, ich solle bis Ende November einen Themenkatalog erarbeiten und mit ihm besprechen. Dann werde er ein Interview mit allen Mitgliedern des Politbüros organisieren.

Das Interview fand am 29. Dezember 1976 statt. Leonidas Kyrkos und Kostas Filinis sprachen sehr offen. Selbst auf harte Fragen antworteten sie, ohne zu zögern. So hatte ich mir das Interview vorgestellt und war hochzufrieden. Ich bedankte mich für das konstruktive Gespräch, und sie meinten, wir sollten es irgendwann fortsetzen. Kurz bevor ich ging, sagten sie mir, dass es in der orthodoxen KKE einen großen Konflikt gebe. Generalsekretär Florakis hatte von Moskau den Auftrag erhalten, eine Wiedervereinigung der KKE zu organisieren. Weil er dabei gescheitert war, wackle sein Stuhl und er müsse wahrscheinlich gehen.

Am 10. Dezember fand die Vorbesprechung des Interviews mit der KKE-Führung statt. Anwesend waren Roula Koukoulou, Dimitrios Sarlis und Leonidas Stringos. Ich trug meine Wünsche vor und sie erklärten sich zu einem Interview bereit. Am 3. Januar 1977 informierte mich das ZK der KKE, dass das Interview am 10. stattfinden werde. Um sicher zu gehen, dass das Interview tatsächlich stattfinden werde, suchte im am 8. Januar das Büro des ZK auf. Die Sekretärin bestätigte zunächst, dass es wie geplant laufen werde. Dann aber mischten sich zwei ZK-Mitglieder ein: Sie könnten sich unter meinem Themenkatalog nichts vorstellen. Ich erläuterte die Themen, sie erklärten mir, dass ich meine Fragen schriftlich einreichen solle. Ich antwortete, dass so etwas nicht üblich sei. Auch der Hinweis, dass ich ihr Verhalten in die methodologische Vorbemerkung aufnehmen werde, fruchtete nicht. Als ich darauf hinwies, dass ich das Interview mit der KKEesoteriko schon geführt hätte, interessierte sie das nicht. Wir verblieben so, dass sie mir am 11. Februar antworten würden. Ich gewann den Eindruck, dass die KKE-Führung Angst hatte. Ich erklärte, dass ich ihnen einen Brief schreiben werde.

Ich besprach die Angelegenheit mit Pyromaglou, der am 10. Januar den KKE-Abgeordneten Grigoris Farakos anrief, welcher jedoch auswich. Als ich kurz darauf anrief, ließ er sich verleugnen und mir versprechen, er werde zurückrufen, was er zunächst nicht tat. Abends meldete er sich und ich sagte, dass ich keine Fragen einreichen würde. Als ich am Abend des 12. Januar dies Kanellopoulos erzählte, meinte dieser, dass nur Generalsekretär Charilaos Florakis reden dürfe und selbst der brauche eine Autorisierung durch Moskau. Am 26. Januar meldete die Zeitung *Akropolis*, dass Florakis abgelöst werden solle. Dies war eine Zeitungsente. Florakis trat erst 1989 zurück.

Am 28. Januar meldete sich Stringos in meiner Abwesenheit. Offensichtlich kam Bewegung in die Sache. Am nächsten Morgen rief ich zurück und erfuhr, dass das Interview 10.30 Uhr stattfinde. Ich traf Stringos, der sich für das Verhalten der beiden ZK-Mitglieder entschuldigte. Wenig später entschuldigte sich Roula Koukoula offiziell im Namen der KKE. Die beiden Genossen würden gemaßregelt. Die KKE stehe zu ihrem Wort und werde mit mir zusammenarbeiten. Ich reagierte zurückhaltend: Ich sei für korrekte Zusammenarbeit, lehne aber krumme Touren ab. Roula stimmte zu.

Das Interview fand schließlich am 8. Februar abends statt. Anwesend waren Stringos, Vasilis Venetsanopoulos und Petros Rousos. Rousos entschuldigte sich, dass er an der Diskussion im Goethe-Institut ein Jahr zuvor nicht teilgenommen hatte. Das Interview selbst blieb vage und formelhaft. Als ich nach ihrer Meinung über das Prozent-Abkommen zwischen Churchill und Stalin fragte, kam die Antwort, die ich erwartet hatte: Das sei eine Propaganda-Lüge der Briten. Es war insgesamt ein nettes Gespräch, in dem viel gesprochen und nichts gesagt wurde. Dann überreichten sie mir Bücher und stellten mir einige Ausgaben von Neos Kosmos zur Verfügung, darunter eine englische Übersetzung des ZK-Bandes über den 9. Parteikongress.

Als wir nach dem Ende des Gesprächs noch etwas plauderten und ich sie fragte, ob sie wirklich an die Propagandathese vom Prozentabkommen glaubten, sagte Venetsanopoulos, dass er doch daran glaube, und Rousos brummte, es gehe um die Einhaltung der Linie. Ich notierte als Gesamteindruck in mein Tagebuch: "Traurig, an und für sich sympathische Typen, aber schizophren."

Ich hatte die ganze Zeit an dem Artikel über die griechischen Kommunisten gearbeitet und konnte ihn nun fertigstellen. Er erschien 1979 im Sammelband "Die kommunistischen Parteien Südeuropas" im Nomos-Verlag in Baden-Baden.[1] Zur gleichen Zeit verfasste ich zwei Artikel, die in ANTI veröffentlicht wurden Die Titel lauteten in deutscher Sprache: *Die Rolle von G. Papandreou während der Befreiung* und *Die Protokolle der großen Konferenz in Athen am 26. und 27. Dezember 1944*. Sie erschienen zwischen Dezember 1976 und Januar 1977.[2] Inzwischen betrachtete man mich als Mitarbeiter von ANTI.

Ich traf Roula Koukoulou noch öfter und wir freundeten uns an. Einmal fragte ich sie ob folgende Geschichte stimme: Während des Bürgerkrieges war sie mit Zachariadis verheiratet und sehr aktiv in der Führung des Dimokratikos Stratos. Nach dem Ende des Bürgerkrieges gingen sie ins Exil nach Bukarest. Da sie nicht mehr im Gebirge unterwegs war, nahm sie langsam an Gewicht zu. Ihrem Mann missfiel dies, zumal er ständig junge attraktive Genossinnen sah. Aber aufgrund der kleinbürgerlichen Moral der KKE-Führungselite durfte er nicht fremdgehen. Da aus den selben Gründen eine Scheidung nicht in Frage kam, suchte er nach einem anderen Weg, um Roula loszuwerden.

Er schickte sie auf eine geheime Mission nach Athen und hoffte, dass sie dort von der Sicherheitspolizei (Asfalia) gefasst würde. War sie in Haft, musste er ihr nicht länger die Treue halten. Roula begab sich nach Athen und tauchte so geschickt unter, dass die Asfalia sie nicht entdeckte. Nikos hörte die Athener Radionachrichten und als er einige Wochen vergeblich auf die Nachricht von ihrer Verhaftung gewartet hatte, ließ er die *Foni tis Alitheias* aus Bukarest die Meldung senden, dass sie von der Asfalia gefasst worden sei. In Athen hörte die Asfalia diese Rundfunkstation ständig ab und war nun elektrisiert: Roula in Athen! Sie führte einige Razzien durch und nach einer Woche fanden sie Roula und nahmen sie in Haft. Als die Nachricht über diese Verhaftung über Radio Athen gesendet wurde, hatte Nikos freie Hand. Als ich Roula darauf ansprach, sagte sie mir, dass alles stimmte, aber dass es noch viel schlimmer gewesen sei, nannte aber keine Details.

Die Antwort von General Palaiologos, dass ein Zugang zum Archiv des Generalstabes ausgeschlossen sei, hielt ich für eine Ausrede, denn ich wusste, dass es Autoren gab, die Zugang erhalten hatten. Ich versuchte zunächst den offiziellen Weg, um Verteidigungsminister Evangelos Averof zu erreichen. Ich wandte mich an den damaligen Militärattaché der deutschen Botschaft in Athen. Er lehnte es rundweg ab, für einen "Linken" den Zugang zu Averof zu ermöglichen. Als ich ihm sagte, dass ich es über informelle Wege schaffen werde, lachte er mich aus. Der zweite Mann in der Botschaft, Botschaftsrat Georg Schlingensiepen, war verständiger, aber ich gewann den Eindruck, dass auch er zögerte, sich für einen als

1 "Griechenlands Kommunisten", in: Heinz Timmermann, (ed.), *Die Kommunistischen Parteien Südeuropas. Länderstudien und Queranalysen* (Baden Baden: Nomos, 1979) pp. 257-300.

2 "Ο ρόλος του Γ. Παπανδρέου κατά την απελευθέρωση" [Die Rolle von G. Papandreou während der Befreiung], in: *ANTI*, Nr. 58-62 (November-Dezember 1976), pp. 20-25, 24-28, 28-35, 34-37. "Τα πρακτικά της Μεγάλης Σύσκεψης Αθήνα 26 -27 Δεκέμβρη 1944" [Die Protokolle der großen Konferenz in Athen am 26. und 27. Dezember 1944], in: *ANTI*, Nr. 61-62 (Dezember 1976-Januar 1977), pp. 18-21, 21-33.

"links" bekannten Autor einzusetzen. Seit dem "Goethe-Eklat" vor einem Jahr war ich persona non grata in der Botschaft. Der einzige, der immer bereit war, zu helfen, war Georgios Theofyllidis. Mit ihm und seiner Frau verbindet mich noch heute eine herzliche Freundschaft.

Am 12. Januar kam ich mit Kanellopoulos zusammen und bat ihn, mir den Weg zu Averof zu ebnen, was er versprach. Am 22. Januar informierte mich sein Büro, dass Averof im Augenblick nicht da sei, aber ich würde Bescheid erhalten. Der Anruf kam: Ich sollte am 5. Februar um 10.30 Uhr ins Pentagon (Verteidigungsministerium) kommen. Ich erschien pünktlich im Vorzimmer und meldete mich bei den jungen Leutnants. Es waren ausgesuchte schöne Jungs; Averof war auch in dieser Frage ein Ästhet.

An der Wand des Vorzimmers hing ein Gemälde, auf dem ein griechisches Jagdflugzeug einen italienischen Bomber rammt: patriotischer Kitsch. Die Leutnants meldeten mich nicht bei Averof, sondern ließen mich warten. Ein Marineleutnant wollte mich abwimmeln, aber ich wartete stur weiter. Da Averof seine Zeit nicht selbst kontrollierte, überzog er seine Termine. Zuletzt wollte er gehen und begriff, dass ich auf ihn wartete. Er war extrem höflich und fragte mich, in welcher Sprache wir uns unterhalten sollten. Ich überreichte ihm mein Empfehlungsschreiben von der DFG. Er war sofort sehr hilfsbereit. Als ich ihm sagte, dass ich ein berufsmäßiger Historiker sei, entgegnete er, er sei nur Amateur. Sein Buch *La Feu et la Hache* sei keine historische Darstellung, sondern ein Essay. Er sei dafür gut bezahlt worden und habe es aus Langeweile während der Juntazeit geschrieben. Als ich ihm sagte, dass ich gerne mit ihm als Minister und als Historiker sprechen würde, entgegnete er, dass wir dafür Zeit bräuchten. Er pfiff sein Vorzimmerpersonal herbei und das nächste Rendezvous wurde für Montag, den 7. Februar für die Zeit zwischen 9.30 und 11 Uhr festgelegt.

Als wir uns trafen, bat ich ihn um die Genehmigung, die Bibliothek benützen zu dürfen. Er rief sofort den für die Bibliothek zuständigen Commander an und befahl ihm, mir die Wege zu ebnen. Als nächstes bat ich, das Archiv benutzen zu dürfen, mich interessiere besonders der Fakelos Dimokratikos Stratos, das Archivmaterial über die Demokratische Armee. Averof rief den zuständigen Offizier Ioannis Metaxakis an und wies ihn an, mir die Akten vorzulegen. Ich fragte sodann, ob ich in Begleitung eines Offiziers die Schauplätze der Kämpfe im Bürgerkrieg im Vitsi- und Grammos-Gebiet besuchen könne. Er antwortete, dass ich einen entsprechenden Antrag stellen solle. Dann kamen wir auf sein Buch zu sprechen. Ich nannte gewisse Stellen und fragte ihn nach seinen Quellen. Er antwortete, dass er sich aus den Stegreif nicht daran erinnern könnte, aber er werde nachschauen und machte sich Notizen. Er werde sich melden, was er natürlich nicht tat.

Am Ende unseres Gesprächs fragte er mich, warum ich über Kanellopoulos zu ihm gekommen sei. Ich erzählte ihm, dass ich in der deutschen Botschaft wenig beliebt sei. Er fragte, ob er den deutschen Militärattaché zur Brust nehmen solle. Ich stimmte zu, und Averof tat es einige Tage später. Theofyllidis erfuhr, dass der Attaché ziemlich geknickt vom Pentagon zurückgekehrt sei. Ich war's zufrieden.

Einige Tage später erzählte mir Kanellopoulos, dass Averof ihn angerufen habe und sich über mich beklagt hätte: Ich hätte alle jene Stellen von *La Feu et la Hache* gefunden, wo die Darstellung nicht stimmte. Kanellopoulos lachte darüber, und ich nahm es ebenfalls lachend zur Kenntnis.

Als ich Averof verließ, begab ich mich ins Archiv. Metaxakis empfing mich sehr freundlich.. Er zeigte mir den Lesesaal, wo schon ein Arbeitsplatz für mich reserviert worden war. Dann sagte er mir, ich solle ihm sagen, welche Akten ich einsehen wollte. Ich antwortete, dass ich nicht wüsste, welche Akten es gäbe, da es kein Findbuch gebe. Man solle mich doch vor Ort führen, dann könnte ich erkennen, was vorhanden sei und die entsprechenden Faszikel mir vorlegen lassen. Er antwortete, dass es keinen Sinn mache, mich ins Archiv zu führen, da es keinen Fakelos Dimokratikos Stratos (DSE) gebe. Ich müsse die Faszikel-Nummer nennen, dann könne man das Aktenstück finden und mir vorlegen.

Ich hatte zunächst den Verdacht, dass das Archiv in üblicher Unordnung war und sie deshalb nichts finden könnten. Dann aber begriff ich, dass man mich austrickste. Man gab mir die Genehmigung, das Archiv zu benützen, und verhinderte dann auf diese Weise die Benutzung. Anfangs glaubte ich noch, dass der Apparat so verhinderte, dass ich an die Akten kam, aber dann kam ich zu der Überzeugung, dass Averof mich auf diese elegante Weise von den Akten fernhielt.

Ich berichtete Kanellopoulos darüber. Er war empört und intervenierte. Als ich am 19. Februar wieder im Pentagon-Archiv erschien, gab es plötzlich einen Fakelos DSE. Man legte mir Propaganda-Material aus der Zeit des Bürgerkrieges vor. Darunter waren angebliche Verträge, die eindeutige Fälschungen waren. Als ich sie darauf hinwies, versprachen sie mir, authentisches Material vorzulegen. Als ich am 25. Februar wieder erschien, hatte man einiges vorbereitet, darunter waren Übersetzungen von Woodhouse, Myers und Hamson. Anhand der beiliegenden Registerkarten konnte ich feststellen, dass die Texte noch nie benutzt worden waren. Ich fand sogar einen übersetzten Bericht von Wende über die griechische Resistance, den dieser im Krieg verfasst hatte. Es wurde mir rasch klar, dass auch dieses Material eine Auslese für Ausländer war. Das relevante Material wurde weiterhin zurückgehalten. Ich war informiert, dass sich das KKE-Archiv von der Gründung der Partei bis 1936 dort befand, aber das wurde bestritten.

Ich erkannte, dass jeder weitere Versuch, im historischen Archiv der GES an Quellenmaterial zu kommen, sinnlos war und gab es auf.

Am 17. Februar 1977 traf ich im Büro der KKEesoterikou Alekos Papapanagiotou. Er war Historiker und Herausgeber der *Episima Keimena* der KKEesoterikou. Er lebte damals in Skopje, zuvor in Rumänien. Er redete völlig offen, und es war ein fruchtbarer Gedankenaustausch. Hoch interessant war seine Behauptung, dass die KKE nie einen formellen Beschluss zum Bürgerkrieg gefasst hatte. Allerdings vermutete er, dass Stalin sein Plazet gab, was unrichtig war. Er versprach mir, Material zukommen zu lassen. Im *Institut za Nacionalna Istorija*, wo er arbeite, liege viel Material. Ihm sei bekannt, dass es im Archiv des Pentagon einen ganzen Raum mit KKE-Dokumenten gebe. Ausländern würden nur ausgesuchte Stücke vorgelegt. Er hielt sein Versprechen, und ich erhielt wertvolle Materialien.

Ich hatte mehrere Gespräche mit Mitsos Partsalidis. Das wichtigste fand am 4. März 1977 statt. In früheren Gesprächen hatte er sich kritisch zu meinen Thesen in den Goethe-Instituts Vorträgen geäußert, aber inzwischen war er aufgetaut und diskutierfreudig. Unser Gespräch befasste sich mit zwei Themen: 1. mit der Dekemvriana und 2. mit dem Ausbruch des Bürgerkriegs. Partsalidis sagte, dass es die Politik der EAM gewesen sei, den bewaffneten Konflikt mit den Briten zu vermeiden. Man habe eine friedliche Lösung gesucht, sei aber nicht bereit gewesen, sich einseitig zu entwaffnen. Man hoffte auf den Einfluss der Weltmeinung und auf die Öffentlichkeit in Großbritannien. Die Sowjets hätten sich an das Drei-Monats-Abkommen und das Prozentabkommen gehalten. Am 27. November 1944 sei eine Demonstration beschlossen worden; man wollte einen Streik durchführen und die Polizei entwaffnen. Es habe keinen Eventualplan für die britische Intervention gegeben.

Als ich wissen wollte, warum man die Kämpfe nicht konsequent auf ganz Griechenland ausgedehnt habe, sagte Partsalidis, dass Sarafis und Aris zweimal vorgeschlagen hätten, alle außerhalb Athens stationierten Engländer zu entwaffnen, aber das sei abgelehnt worden. Man habe nicht siegen, sondern ein Übereinkommen mit England erzielen wollen. Ein Sieg hätte zu einem großen Konflikt führen können, den man mit Rücksicht auf die Sowjetunion vermeiden wollte.

Als ich Partsalidis fragte, ob Stalin den Bürgerkrieg genehmigt habe, berichtete er über seine Reise nach Moskau, wo ihm gesagt wurde, die KKE solle an den Wahlen teilnehmen, danach werde man weitersehen. Nach Athen zurückgekehrt, berichtete Partsalidis darüber. Zachariadis habe gesagt, dass man in Moskau die griechische Lage nicht verstehe und habe seine Haltung damit begründet, dass es keine Komintern mehr gebe, die Anweisungen erteilen konnte. Auf dem Weg zum Kongress der tschechoslowakischen Partei habe Tito Zachariadis zugesagt, beim bewaffneten Kampf zu helfen. In Prag habe Zachariadis mit der sowjetischen Delegation gesprochen. Diese wie auch die französische und italienische hätten vom bewaffneten Kampf abgeraten.

Djilas' Aussage von 1948, dass die KKE den Kampf einstellen solle, stimme. Im Frühjahr 1949 hätten die Sowjets der KKE direkt gesagt, sie solle den Kampf aufgeben. Zachariaidis habe eigentlich keinen Bürgerkrieg gewollt, sondern durch die bewaffnete Aftoamyna (Selbstverteidigung) die Briten zu einem Kompromiss, zur Errichtung einer liberalen Regierung, bringen wollen. Doch die Aftoamyna sei aus dem Ruder gelaufen.

Das Gespräch bestätigte das, was ich schon wusste. Neues hörte ich von Partsalidis nicht, aber er bestätigte vieles, was ich schon geschrieben hatte und vermutete. Zum Abschied schenkte mir Partsalidis zwei Bücher.

1949 hatte die KKE begonnen, ein neues theoretisches Organ, die Zeitschrift *Neos Kosmos,* zu veröffentlichen. In der Bibliothek des ZK der KKE fand ich alle Bände außer jenem von 1950. Genauso fehlte der Band über die 3. Parteikonferenz von 1950. Unter der Hand erfuhr ich, dass beide Editionen die ziemlich offene Selbstkritik auf der Parteikonferenz enthielten. 1951 verlangte die KKE-Führung von ihren Mitgliedern, dass sie den *Neos-Kosmos*-Band von 1950 zurückgeben sollten. Dies geschah und seither existierte der Band von 1950 nirgendwo.

Seit Februar 1977 gab ich mir große Mühe, diesen Band doch noch irgendwo aufzutreiben. Stringos verwies auf den Politbüro-Beschluss, der die Vernichtung des Bandes angeordnet habe. Ich fragte auch Manolis Glezos mit dem selben Resultat. Niemand hatte den Band. Am 23. März gab mir Dimitrios Vlandas den Band 1949, aber den Band vom nächsten Jahr hatte auch er nicht. Dann geschah ein Wunder. Ich brachte am 23. April, einem Samstag, verschiedene Neos Kosmos-Bände zum ZK zurück, aus denen ich die wichtigsten Artikel kopiert hatte. Ich wollte neue Bände mitnehmen, um auch sie zu kopieren. Als ich ankam, war im ganzen ZK-Gebäude außer dem Thyroros niemand da. Er kannte mich und meinte, ich solle die Bücher an ihren Standort zurückstellen und die neuen mitnehmen. Ich begab mich zur Bibliothek nach oben. Die Tür von Florakis Büro stand offen. Neugierig warf ich einen Blick hinein und plötzlich entdeckte ich in seiner Handbibliothek den Band 1950 von *Neos Kosmos*. Es war zwar unverschämt, aber ich nahm die Chance wahr und schnappte mir den Band. Um den Thyroros zu täuschen, nahm ich auch noch einige spätere Bände von *Neos Kosmos* mit. Als ich unten ankam, kontrollierte er mich nicht.

Am Montag kam ein empörter Anruf vom ZK, ich solle sofort den Band zurückbringen. Ich sagte, dass ich das tun würde, sobald ich ihn fotokopiert hätte. Der Anrufer drohte mir. Ich sagte, sie bräuchten sich keine Sorgen zu machen, ich würde *Neos Kosmos* 1950 nur für wissenschaftliche Zwecke gebrauchen. Als ich den Band fotokopiert hatte, brachte ich ihn zurück.

Ähnlich wie beim *Neos Kosmos*-1950-Band behauptete die KKE, dass sie kein Exemplar der Zeitschrift *Dimokratikos Stratos* habe. Dimitri Vlandas hatte die zwei Bände noch und lieh sie mir zum Fotokopieren. Im Gegensatz zur vorangegangenen *Kommounistiki Epitheorisis* und der nachfolgenden *Neos Kosmos* ist die *Dimokratikos Stratos* ziemlich ideologiefrei und eine erstklassige Quelle für den Bürgerkrieg. Als Reinhard Stupperich und ich 1994 das erste Heft von *Dimokratikos Stratos* in der von uns herausgegebenen Zeitschrift THETIS veröffentlichten, reagierte die KKE und brachte eine Reprint-Ausgabe beider Bände heraus. Offensichtlich hatte das ZK doch ein Exemplar.

Im Februar besuchte ich die Parlamentsbibliothek. Ich traf einen Bekannten aus der Zeit meines ersten Athen-Aufenthaltes. Er erzählte mir, dass, als Provatas in Pension ging, ein Volksschulabsolvent Direktor wurde. Gegenwärtig sei es eine Juristin, die von Büchern keinen Schimmer habe. Ich schaute im Katalog nach und entdeckte, dass das Buch von Katheniotis nicht mehr vorhanden war. Ganz offensichtlich war inzwischen auch die Parlamentsbibliothek von anti-nationalen Publikationen gesäubert worden.

Abgesehen von den Büchern, die ich in der Buchhandlung der KKE und des GES kaufte, war Manolis Glezos' Buchhandlung in der Ippokratous-Straße meine Hauptbuchhandlung. Er besorgte mir auch viele schwer zugängliche Werke und wir freundeten uns an. Er verstand sich prächtig mit meiner Tochter Eleni, die ich gelegentlich zum Buchkauf mitnahm. Eine weitere Quelle für Bücher war die Buchhandlung Karavias, wo es viele antiquarische Werke gab.

Während meines Aufenthaltes lernte ich noch eine große Zahl bekannter Persönlichkeiten kennen. So traf ich z.B. im März 1977den Brigadegeneral G. Katsimitros, der mir sein Buch schenkte. Im Februar hatte ich eine lange Unterredung mit Ilias Iliou. Im Dezember suchte ich General a. D. Tsakalotos auf. Schon nach den ersten Worten war klar, dass er ein militanter Antikommunist war. In der Buchhandlung von Glezos traf ich Ploutis Zervas, den Gründer der zypriotischen KP, der AKEL. Wir freundeten uns an und später in Zypern wurden wir so enge Freunde, dass er mich mit "gie mou" (mein Sohn) ansprach. Bei Glezos lernte ich Apostolos Apostolou kennen, der in der EAM eine wichtige Rolle gespielt hatte.

Schon kurz nach meiner Ankunft in Athen traf ich Prof. Theodoros Couloumbis von der Panteios Hochschule. Ich kannte seine Bücher und wir verstanden uns prächtig. Er lud mich in seine Veranstaltungen ein und einmal übernahm ich sie. Die Reaktionen der Studenten waren sehr positiv. Mit Theodoros verbindet mich bis heute eine tiefe Freundschaft.

Ende April erschien die griechische Ausgabe meiner Dissertation.[1] Am 27. Februar überreichte ich Kanellopoulos ein Exemplar. Er revanchierte sich mit einer Fotografie mit einer sehr schönen Widmung. Ich verschenkte eine größere Zahl an all jene, die mir in den letzten Monaten geholfen hatten.

Meine ältere Tochter Eleni war die ganze Zeit über in einem griechischen Kindergarten. Nach ein paar Tagen kam sie völlig aufgebracht nach Hause: Die Kinder beschimpfen mich. Ich fragte sie, was sagen sie denn? "Pos Eleni, pos Eleni" Ich erklärte ihr, dass die Kinder sie fragten, wie sie heiße: "Pos se lene?" Ich sagte ihr, sie solle antworten: "Ego me lene Eleni." Sie tat das am nächsten Tag, und von da an war alles in bester Ordnung. Sie lernte perfektes Kindergriechisch, das es ihr noch heute erlaubt, sich in griechischer Sprache zu verständigen.

Als ich unsere Rückreise nach Deutschland vorbereitete, war mir klar, dass ich die Unmassen von Büchern, die ich zusammengetragen hatte, unmöglich im Auto oder im Wohnwagen transportieren konnte. Ich entschied einen 2 cbm-Bundesbahn-Container zu mieten, den ich selbst mit eigenen Vorhängeschlössern verschließen konnte. Da ich aber aus Erfahrung wusste, dass beim Verschicken des Containers der Zoll sich wichtig machen würde, musste ich mir eine Exportgenehmigung besorgen. Ich fragte beim Zoll nach, wer solche Exportgenehmigungen ausstelle. Die Antwort war: die Nomarchie. Ich ging dort hin, niemand fühlte sich zustän-

---

1 *Δύο επαναστάσεις και αντεπαναστάσεις στην Ελλάδα 1936 - 1946* (Athen: Exantas, 1977), 2 Bde.

dig und bereit, Verantwortung zu übernehmen. Man schickte mich zur Bank von Griechenland, diese leitete mich zum Handelsministerium weiter. Dort stellte man mir blöde Fragen. Ich musste insistieren, dass ich die Exportgenehmigung wirklich brauche. Der Angestellte brachte mich zu seinem Vorgesetzten, dieser zum Staatssekretär und dieser schließlich zum Minister.

Als ich nach vier Stunden dessen Büro betrat, kam er mir freundlich entgegen. Er kannte mich aus dem Büro von Kanellopoulos. Er befahl, seinen Angestellten, mir die Exportgenehmigung auszustellen. Einer von diesen tat das und fügte zu dem Papier einen Zettel hinzu, der den Zollbeamten aufforderte, nachzuprüfen, ob in meinem Container nicht Bücher "archäologischen Interesses" drin seien. Offensichtlich glaubte er, es gäbe Originalbände eines Autors aus der Antike. Es war die Formel, die den illegalen Export von archäologischen Gegenständen verhindern sollte.

Einige Tage später ließ ich den gepackten Container zum Larisa-Bahnhof bringen und meldete mich beim Zoll. Ein Hundertschaftsführer (Centurio) in Begleitung von zwei Dekurionen begleiteten mich zum Container. Der Centurio befahl mir, die Schlösser zu öffnen, was ich tat. Dann sollte ich die Bücher hochhalten. Inzwischen hatten sich einige Dutzend Neugierige versammelt, die hofften, etwas Interessantes zu sehen. Ich hielt das erste Buch in die Luft. Es war der erste Band von Diktator Papadapoulos' Werk *To Pistevo mas* (Unser Glaube). Rundum grinste man. Als ich den zweiten Band hochhob, wurde das Grinsen schon lauter. Beim Band 4 von Papadopoulos Werk lachten die Umstehenden schallend. Als ich den Band 5 hochhielt, brach unter Umstehenden ein solcher Heiterkeitssturm aus, dass der Centurio mir befahl, den Container zu schließen. Ich hängte die Vorhängeschlösser wieder dran, und die Bahn übernahm den Container. Nach einigen Wochen erreichte er wohlbehalten den Heidelberger Bahnhof.

Nach unserer Rückkehr nach Deutschland machte ich mich daran, die zusammengetragenen riesigen Materialmengen durchzuarbeiten und sie zu verzetteln. Es dauerte geraume Zeit, bis ich mit der Niederschrift beginnen konnte. Eigentlich wollte ich eine Geschichte des griechischen Bürgerkrieges schreiben, aber bei der Sichtung des Materials begriff ich, dass ich zwar sehr viel zusammengetragen hatte, aber vieles fehlte immer noch. Ich beschloss daher, die Vorgeschichte, also die Zeit zwischen dem Friedensvertrag von Varkiza und dem Beginn des Bürgerkrieges, zu beschreiben und insbesondere der Frage nachzugehen, wer denn den Bürgerkrieg ausgelöst hatte.

Im März 1978 fand die Konferenz in Rom über die Kommunistischen Parteien Südeuropas statt. Ich nützte die Zeit, um Rom zu besichtigen und freute mich darüber, dass ich den Stadtplan des antiken Roms, den uns Rauchhaupt eingebleut hatte, immer noch präsent vor Augen hatte. Außerdem organisierte ich ein Treffen mit Antonio Solaro, der eine Geschichte der KKE geschrieben hatte.

Im Mai 1978 folgte eine Konferenz in London, die von der Society for Modern Greek Studies (ELIAMEP) in London organisiert wurde. Ich hielt einen Vortrag über die Dekemvriana, der 1980 veröffentlicht wurde.[1] In einer der Mittagspausen ging ich mit Marion Sarafis in eine Pizzeria zum Mittagessen. Sie war die Witwe von Stefanos Sarafis, dem Oberkommandierenden der ELAS. Binnen kurzem waren wir uns sehr sympathisch und beschlossen, in Kontakt zu bleiben. Sie war von Hause aus Archäologin und hatte ihren Mann vor dem Krieg

1 "The Battle of Athens and the Rôle of the British", in: Marion Sarafis, (ed.), *Greece: From Resistance to Civil War* (Nottingham: Spokesman, 1980), pp. 78-90.

auf einer Forschungsreise auf der Ägäis-Insel Milos kennen gelernt, wo er als Verbannter lebte. Im Krieg arbeitete sie in einer Dienststelle der Navy, wo ihr ständig Informationen über seine Tätigkeit vor die Augen kamen. Churchills Intervention im Dezember 1944 politisierte sie. Als sich auch unter der Labour-Regierung wenig änderte, engagierte sie sich in der League for Democracy in Greece, die von Compton Mackenzie gegründet wurde. Nach dem Bürgerkrieg heirateten sie und Stefanos.

Sie übersetzte später das Buch, das ich zu diesem Zeitpunkt schrieb, ins Englische. Das Übersetzen war von einer lebhaften Korrespondenz begleitet. Wir kamen immer wieder zusammen. Unsere Freundschaft dauerte bis ins Jahr 2000, als sie starb. Ich vermisse sie nach wie vor sehr.

Im Frühjahr oder Sommer 1978 erhielt ich eine Einladung der amerikanischen Modern Greek Studies Association, an ihrem zweijährlich stattfindenden Symposium teilzunehmen. Diesmal würde es im November in der American University in Washington D. C. stattfinden. Ich bot eine Zusammenfassung meines neuen Buches an. Sie waren einverstanden.

Um Kosten zu sparen, flog ich mit der Iceland Air über Island nach New York, wo die Maschine so spät eintraf, dass ich den Anschluss nach Washington verpasste und in New York übernachten musste. In Washington wurde ich dennoch am nächsten Tag abgeholt und ins Hotel gebracht. Am 10. November um 8 Uhr hielt ich mein Referat, in dem ich zeigte, dass der griechische Bürgerkrieg ein Produkt der britischen Politik war. Die Briten hatten im Dezember 1944 interveniert, um eine angebliche Machtübernahme durch die Kommunisten zu verhindern. Tatsächlich ging es um die Restauration der Monarchie. Um diese zu erreichen, ließen sie nach dem Friedensvertrag von Varkiza die griechische Rechte gewähren. Das Resultat war, dass Ende 1945 die griechische Rechte den Staat kontrollierte und die ehemaligen Widerstandskämpfer verfolgt wurden. Griechenland war der einzige Staat in Europa, in dem die Kollaborateure nicht bestraft und die Widerstandskämpfer gegen die Nazis verfolgt wurden.

Als ich dies vorgetragen hatte, wurde ich zum Kommunisten gestempelt, was in der Zeit des Kalten Krieges in den USA normal war. Kaum jemand sprach noch mit mir. Rühmliche Ausnahmen waren Theodoros Couloumbis, Harry Cliadakis und George Giannaris. Als ich letzterem erzählte, dass ich im Frühjahr für abschließende Recherchen nach Athen kommen würde, lud er mich ein, bei ihm zu wohnen; eine Einladung, die ich dankend annahm. Daraus entstand eine enge Freundschaft, über die ich noch mehrfach berichten werde.

Mit Harry Cliadakis war ich danach noch länger in brieflichem Kontakt, dann aber verloren wir uns aus den Augen. Vor wenigen Jahren fand ich ihn wieder über das Internet, und wir belebten unsere Freundschaft wieder. Er und seine Frau Anne besuchten mich in Schriesheim, und ich zeigte ihnen die Kurpfalz. Sie übergaben mir den Schlüssel zu ihrer Athener Wohnung, die mir immer zur Verfügung stand, wenn sie nicht in Athen waren. Harry erzählte mir, dass er etwas ähnliches erlebt hatte, wie ich jetzt. Er hatte eine Dissertation über Metaxas geschrieben, die ausgezeichnet benotet worden war, aber dann verhinderten bestimmte rechte Kreise in den USA die Veröffentlichung, weil er die im Kalten Krieg übliche Interpretationslinie verletzt habe. Als wir uns nach vielen Jahr wieder trafen, forderte ich ihn auf, den Text zu überarbeiten, was er auch tat. Leider starb er dann überraschend, aber Anne und ich veröffentlichten das Buch dennoch als PELEUS Band 64.

Mit dem Urteil, dass ich Kommunist sei, wurde ich in den Kreisen der Modern Greek Studies Association zur Persona non grata. Ich erhielt nie wieder eine Einladung. Aber immerhin veröffentlichten sie meinen Konferenzbeitrag.[1]

Auf der Konferenz lernte ich John Poulos kennen. Er war der Bruder des bekannten Journalisten Constantine Poulos, der im Oktober 1944 als erster Alliierter in Athen eintraf. Während des Krieges schrieb er für die *Overseas News Agency*. Nach dem Krieg wechselte er zur *Nation*. Seine Artikel über die Ursachen des Bürgerkrieges und den Kriegs selbst sind nach wie vor hoch informativ. John war Gewerkschafter und Trotzkist amerikanischer Art, also ziemlich gemäßigt. Er lud mich nach New York ein und ließ mich die Artikel seines Bruders kopieren. Sie erwiesen sich als erstklassiges Quellenmaterial, das ich in meinem Buch über die Ursachen des Bürgerkrieges und Jahre später über den Bürgerkrieg verwenden konnte. Zum Abschied schenkte er mir einen Aktenkoffer von Samsonite, den ich heute noch besitze und gelegentlich benutze..

Am 8. Juni 1979 flog ich zu abschließenden Recherchen nach Athen. Panos Spyropoulos, der Bruder von Evangelos, mit dem ich die Wohnung getauscht hatte, holte mich ab und brachte mich nach Filothei zu Giorgios Giannaris. Es war unheimlich heiß, und ich setzte mich in eine schattige Gartenlaube im Vorgarten und trank etwas. Nach einigen Minuten sah ich, wie eine Frau das Haus und den Garten verließ. Ich dachte mir nichts dabei.

Am späten Abend meinte Giorgos, wir sollten essen gehen. Ich fragte ihn, ob seine Frau nicht mitkomme. Er antwortete, "she has left me." Wir gingen in eine Taverne, wo ich Victor Papacosma kennen lernte, einen Historikerkollegen aus den USA. Wir aßen, und dann wurde es gemütlich. Lieder wurden gesungen. Giorgo hatte eine wunderbare Stimme. Da es so heiß war, konnte in den umliegenden Wohnblocks niemand schlafen, und die Menschen saßen auf ihren Balkonen und hörten zu. Gelegentlich klatschten sie Beifall. Gegen 2 Uhr gingen wir schlafen.

Am nächsten Tag begriff ich, dass ich in den nächsten Wochen zwei Dinge tun musste. Erstens, meine abschließenden Recherchen durchführen und zweitens, Giorgo helfen, den Zusammenbruch seiner Ehe zu überstehen. Am Nachmittag besuchte ich Pyromaglou. Ich notierte in mein Tagebuch, dass er zwar alt geworden sei, aber umso herzlicher. Etwas später kam ein anderer ehemaliger EDES-Partisan, Kostas Giannakis, und es entspann sich eine lebhafte Diskussion über die KKE. Als ich mich gegen 20.30 Uhr verabschiedete, traf ich auf der Plateia Kolonaki Giannaris und Papacosma. Wir fuhren zu derselben Taverne wie am Vortag. Diesmal sangen wir nicht, sondern diskutierten bis 1 Uhr früh. Am 10. Juni stieß Ted Tatsios vom Pierce College zu uns, und die Diskussionsthemen nahmen zu.

Am 11. Juni kam ich im Büro des ZK der KKEesoteriou mit Leonidas Kyrkos und seiner Frau zusammen. Frau Kyrkos forderte einen Genossen von der Diafotisis (Aufklärung) auf, mir Material zu geben. Er brauche sich nicht konspirativ zu verhalten, ich sei in Ordnung. Anschließend ging ich in die Buchhandlung von Manolis Glezos und kaufte für 1.200 Drachmen Bücher. Am nächsten Tag suchte ich Flambouras auf, der inzwischen wieder in der KKE aktiv war, aber bemerkte, dass sie dabei sei, sich zu re-stalinisieren. P. Rousos sei isoliert. Am Nachmittag erzählte mir Kalipolitis, dass die zweite Auflage meines Buches verkauft sei und händigt mir 10.000 Drachmen aus.

1 "The Varkiza Agreement and the Origins of the Greek Civil War", in: John O. Iatrides, (ed.), *Greece in the 1940s. A Nation in Crisis* (Hanover, N.H.: University Press of New England, 1981), pp. 167-180.

In den folgenden Tagen traf ich mich mit Pyromaglou, Partsalidis, Mavros, Mangakis und Kanellopoulos. Die Gespräche waren alle hoch interessant, aber brachten keine neue Erkenntnisse. Frau Kyrkos händigte mir eine Menge Material aus. Am 14. Juni sprach ich mit Frau Marina Kollarou über mein neues Buch. Sie war hoch interessiert und wollte es veröffentlichen. Wir schlossen einen Vorvertrag.

Langsam näherten sich meine Recherchen dem Ende. Am 23. Juni fuhren G. Giannaris, V. Papacosma, Peter Allen und ich nach Spetses. Da der Flying Dolphin in allen Häfen der Strecke anlegte, kamen Erinnerungen hoch an meine Aufenthalte in Methana und Poros. In Spetses hatten wir im Hotel Poseidon, das aus dem Jahr 1911 stammte, Zimmer gebucht. Nach einem amüsanten Flirt der Drei mit einer bildschönen Armenierin, die allerdings nur Französisch sprach, so dass ich übersetzen musste, gingen wir abends zum Exochiko Kentro auf einer Anhöhe oberhalb des Städtchen. Wir aßen und plauderten. Dann plötzlich, als die Bouzouki-Kapelle wieder loslegte, sagte Giorgo zu mir: "Ela Heinz na chorepsoume" (Los Heinz, tanzen wir). Ich hielt das Taschentuch, an den sich Giorgo festhielt und er wirbelte wie ein Besessener umher. Ich spürte, dass er sich das Problem seiner verkrachten Ehe vom Leib tanzte. Die anwesenden Griechen begriffen, dass Giorgo sich von etwas befreite.

Als die Bouzoukis-Spieler eine Pause machten, klatschten einige Touristen. Der Wirt kam und komplimentierte sie hinaus. Das Ganze war eine innergriechische Familienaffäre, die keinen Ausländer etwas anging, zumal er das, was gerade vorging, eh nicht begreifen würde. Nach einiger Zeit begann die Band wieder zu spielen, aber diesmal ruhigere gelassenere Melodien. Wir tanzten wieder, aber diesmal war Giorgo entspannt und gelassen. Ich gewann den Eindruck, dass er die schlimme Geschichte hinter sich gelassen hatte.

Am nächsten Tag öffnete Giorgo sein Herz. Er hatte die ganze Zeit zuvor Andeutungen gemacht, aber nie offen geredet. Zeitweise war er echt so verzweifelt gewesen, dass ich Angst hatte, er würde sich etwas antun. Zu anderen Zeiten war er extrem wütend gewesen und redete davon, sie oder ihren Liebhaber umzubringen oder alle beide. Mit anderen Worten: Er hatte seinen Gefühlen freien Lauf gelassen. Ich hatte die ganze Zeit versucht, ihn zu beruhigen. Zumindest war ich für ihn da und machte bei allem mit, was er tun wollte. Wir redeten und tranken so viel Wein, dass wir gut schliefen.

Doch nun erzählte Giorgo: Er war 1975 nach Griechenland zurückgekehrt, um beim Wiederaufbau des Landes nach dem Sturz der Junta mitzuwirken. Ich hatte ihn in Washington als einen Kosmopoliten mit hoher Bildung erlebt. Er war Professor für vergleichende Literaturwissenschaft. Während der Junta hatte er die erste Biographie von Mikis Theodorakis verfasst. Er stammte aus Dafni Kalavryton, also einem Teilort von Kalavryta, dessen männliche Bewohner 1943 von den Deutschen erschossen worden waren.

In einer romantischen Anwandlung heiratete er kurz nach seiner Rückkehr eine junge Griechin. Sie stammte aus einem Dorf und war das erste Familienmitglied, das Abitur gemacht und Jura studiert hatte. Sie hatte zwar einige Jahre in der Großstadt Athen gelebt, aber sie hatte ihre Dorfmentalität nicht abgelegt. Sie wollte einen sie dominierenden Mann, so wie es auf den griechischen Dörfern Usus war. Giorgo wollte eine Partnerin auf Augenhöhe und ließ ihr daher jede Freiheit. Und sie konnte damit nichts anfangen. Sie wollte einen Mann, der ihr täglich sagte, was sie zu tun hätte. Irgendwann machte sie ihn so wütend, dass er sie an den Haaren durch die Wohnung zog. Sie reagierte geradezu begeistert: So habe ihr Vater sie auch behandelt. Giorgo hatte sich letztlich auch bäuerlich benommen und schämte sich dessen in Grund und Boden, dass sein Temperament mit ihm durchgegangen war.

Aber die Ehe war nicht zu retten. Irgendwann fand sie einen Typ, der sie so behandelte, wie sie es gern hatte. Als Giorgo davon erfuhr, machte er ihr Vorwürfe, was sie zum Anlass nahm, ihn zu verlassen. Doch nun war das vorbei. In den Wochen, die wir zusammen verbrachten, waren wir enge Freunde geworden. Giorgo sprach von mir als *O aderfos mou* (mein Bruder). Es wurde eine enge Freundschaft, die bis zu seinem Tod im Frühjahr 2016 immer enger wurde. Selbst als er wieder in die USA zurückkehrte und wieder an einer der New Yorker Universitäten lehrte, telefonierten wir mindestens einmal im Monat. Wann immer er nach Athen ging, versuchte ich, dort aufzukreuzen, um zumindest einige Stunden mit ihm zu verbringen.

Die Wochen, die wir zusammen verbrachten, hatten auch ihre Auswirkungen auf mich. Bis dahin war ich der typische Deutsche gewesen, der sein Inneres vor der Welt verbarg und Gefühle allenfalls im Familienkreis zeigte. Ich lernte nun von Giorgo, mich zu öffnen und dem Gegenüber die eigenen Gefühle zu zeigen. Als ich nach Deutschland zurückkehrte, war ich ein anderer Mensch geworden.

In den folgenden Tagen verabschiedete ich mich von allen Freunden in Athen und versprach, bald wiederzukommen. Am 29. Juni 1979 flog ich nach Frankfurt zurück. Der Zoll wollte meine Mitbringsel sehen. Als der Zollbeamte die KKE-Bücher mit Hammer und Sichel auf dem Umschlag sah, zeigte er seltsame Regungen. Ich fragte ihn, ob der Zoll immer noch für den Verfassungsschutz arbeite. Er reagierte verlegen. Ich war gespannt, ob es eine Reaktion geben würde, aber es gab glücklicherweise keine.

Nach meiner Abreise erschien eine Artikelserie in ANTI über die Rolle Großbritanniens bei Sturz der ersten griechische Republik.[1]

1 "Η Μεγάλη Βρετανία και η πτώση της πρώτης ελληνικής Δημοκρατίας" [Großbritannien und der Sturz der ersten griechischen Republik], in: *ANTI*, Nr. 134-141 (September-Dezember 1979), pp. 25-29, 22-25, 38-41, 34-37, 42-45, 36-39, 33-36.

LEHRTÄTIGKEIT UND HABILITATION

1979-1988

Noch vor meiner Rückkehr nach Deutschland hatte ich beim Oberschulamt beantragt, dass ich wieder in das Carl Benz Gymnasium in Ladenburg versetzt würde. Die Fahrt von Schriesheim nach Ladenburg dauert etwa 10 Minuten. Ich würde also wenig Zeit verlieren. Inzwischen war der einführende Lehrer meiner Referendarzeit, Klaus Kolb, Chef des CBG geworden. Er war hocherfreut, mich wieder in seinem Kollegium zu haben. Er wusste, dass ich weiter wissenschaftlich tätig sein würde und sorgte beim Stundenplanmacher Karl Bommarius dafür, dass meine Stundenpläne dies ermöglichten. In den folgenden Jahren unterrichtete ich praktisch nur die gymnasiale Oberstufe, die Klassen 11 bis 13. Zumeist hatte ich zwei Leistungskurse in Geschichte in den Klassen 12 und 13 parallel. Hinzu kamen Grundkurse in Gemeinschaftskunde (Politikwissenschaft).

In den vergangenen drei Jahren war der Lehrbetrieb am Gymnasium in der Oberstufe völlig verändert worden. In den Klassen 12 und 13 gab es jetzt Leistungskurse in jedem Fach mit jeweils fünf Wochenstunden und Grundkurse mit zwei Wochenstunden. Das Niveau der Leistungskurse erreichte beinahe das der Universität. Das Niveau der Grundkurse war entsprechend abgesenkt.

Die Leistungskurse hatten verbindliche Themen. Die 11. Klasse führte nun zu den Leistungskursen hin. Meine gesamten Vorbereitungen für die Klassen 11-13 waren damit Makulatur geworden. Ich musste alles neu erarbeiten, was etwa drei Jahre benötigte. Es war harte Arbeit und ließ nur wenig Zeit für die Wissenschaft. Ich bereitete die Leistungskurse so intensiv schriftlich vor, dass die Arbeitsbelastung durch Vorbereitung nach dem ersten Durchgang stark nachließ. Außerdem bereitete ich die Themen so gründlich vor, dass ich sie später auch als Grundlage für Vorlesungen verwenden konnte.

Die hohe Arbeitsbelastung in den ersten drei Jahren führte dazu, dass ich nur an meinem neuen Buch über die Ursachen des griechischen Bürgerkrieges arbeiten konnte. Als ich den deutschen Text fertig hatte, suchte ich nach einem neuen Verlag, da es die EVA nicht mehr gab. Keiner der angesprochenen Verlage hatte ein Interesse an diesem Thema. Ich erzählte dies Marion Sarafis, die mir vorschlug, den Text ins Englische zu übersetzen und in der Merlin Press zu veröffentlichen. Martin Eve, der Chef dieses Verlages, war einverstanden, denn er hatte ein Programm mit der Herausgabe von Büchern über das moderne Griechenland begonnen. Marion erklärte sich bereit, den Text ins Englische zu übertragen.

Die Übersetzung ging in enger Kooperation über die Bühne. Ich tippte mein handschriftliches Manuskript in die Schreibmaschine und sandte es per Post an Marion. Sie tippte die Übersetzung direkt in die Maschine und schickte sie mir zur Überprüfung. Dieses Hin und Her brauchte natürlich Zeit und dann musste das Buch noch gesetzt werden. Es ist daher nicht erstaunlich, dass es erst 1986 erschien.[1] Die griechische Ausgabe dauerte noch viel länger. Sie erschien erst 1997.[2]

Daneben arbeitete ich an einer Bibliographie zur griechischen Zeitgeschichte. Bis dahin gab es in Griechenland keine einzige Bibliographie darüber. Im Ausland gab es nur eine Bibliographie, das *Bulletin Analytique*, das vom Institut Françaíse herausgegeben wurde und den von der Modern Greek Society herausgegebenen Newsletter. Ich beschloss, eine umfassende

---

1 *British Intervention in Greece: From Varkiza to Civil War, February 1945 - August 1946* (London: The Merlin Press, 1986), 573 Seiten.

2 *Η επέμβαση των Άγγλων στην Ελλάδα. Από τη Βάρκιζα στον Εμφύλιο Πόλεμο* (Athen: Estia, 1997, [2]2003), 669 Seiten.

Bibliographie zu erstellen. Den Ausgangspunkt bildeten die Bücher und Aufsätze, die ich in Griechenland zusammengetragen hatte und nun bibliographisch erfasste. Danach nahm ich sämtliche Titel aus der Bibliographie des Institut Française auf. Dann folgten die Titel von Floyd Spencer. Anschließend ackerte ich mich durch die Kataloge der Library of Congress und der British Library durch.

Als ich damit fertig war, entschied ich, der allgemeinen Bibliographie noch eine zu Zypern und zu den griechischen kommunistischen Parteien hinzuzufügen. Das Ergebnis waren 7.910 Titel zur griechischen Zeitgeschichte und 1.763 Titel zu den kommunistischen Parteien. Zyperns Auflistung bestand aus 1.732 Titeln. Insgesamt enthält die Bibliographie über 11.000 Titel. Die Bibliographie ist in Kapitel aufgegliedert, die den Phasen der griechischen Zeitgeschichte entsprechen. Diese Bibliographie ist eines der ersten Bücher, die mit Hilfe eines Computers gedruckt wurden. Das notwendige Know How hatte Oliver Steinau, ein ehemaliger Schüler des CBG, dem ich heute noch dankbar bin. 1984 erschien die Bibliographie.[1]

Als Belohnung für diese Fleißarbeit kam eine Einladung der damaligen Kulturministerin Griechenlands Melina Merkouri. Mein Treffen mit ihr war zwar charmant, aber fachlich wenig ergiebig. Sie verstand von Büchern überhaupt nichts und begriff nicht, wozu eine Bibliographie da war. Es gab ein attraktives Programm, von dem mich nur ein Punkt wirklich beeindruckte: Der Besuch der KZ-Insel Makronisos. Ursprünglich wollte sie mich zu einer der archäologischen Stätten schicken, aber ich sagte ihr, dass ich die alle kenne. Ich hätte aber großes Interesse daran, Makronisos zu besuchen. Sie war einverstanden und sie stimmte auch zu, als ich sagte, ich würde gerne meinen Freund Giorgos Giannaris mitnehmen. Sie kannte ihn aus ihrer Zeit in New York. Er hatte mir vorher wertvolle Tipps gegeben, wie man sich bei dem Treffen mit ihr verhalten sollte.

Ich wurde ferner von zwei ehemaligen Insassen des Lagers begleitet, die als "Fremdenführer" dienten. Einige Dutzend Journalisten waren ebenfalls dabei. Wir fuhren mit einem Boot von Lavrion zur Insel. Wir besichtigten das Camp, die Freilichtkirche, das Theater und weitere Überbleibsel aus der Zeit des Bürgerkrieges. Einer der "Fremdenführer" (Vasilis Nefeloudis) zeigte uns das zwei Meter tiefe Loch im felsigen Boden der Insel, in dem er wochenlang in Isolierhaft gesessen hatte. Sein "Kollege" berichtete über die Massenfolterungen und zeigte uns die Stelle, wo Häftlinge, denen man einen Sack übergestülpt und zugebunden hatte, an einem Seil hängend ins Wasser geworfen wurden, so dass sie Todesängste ausstanden. Es war eine primitive Art des amerikanischen Waterboarding. Ich machte zahlreiche Fotos und nahm als Souvenir ein Stück Stacheldraht und einen von den Häftlingen selbst produzierten Backstein mit. Er trug die Inschrift AETO (Alfa Eidiko Tagma Opliton - Erstes Sonderbataillon Bewaffneter). Beides liegt heute in meinem Wohnzimmer zur mahnenden Erinnerung.

Die Zusammenarbeit mit Heinz Timmermann ging auch in dieser Zeit weiter. 1980 begann er ein neues Projekt über die Kommunisten und die Europäischen Union. Ich schrieb dazu einen Artikel über die Haltung der beiden griechischen kommunistischen Parteien. 1981 erschien der Sammelband.[2] 1983 begann ich, mich in ein neues Thema einzuarbeiten, nämlich die politische Kultur Griechenland. Die Bundeszentrale für Politische Bildung plante einen Sammelband über die politische Kultur in den westeuropäischen Staaten. Ich zeigte in meinem

---

1 *Griechenland und Zypern seit 1920. Bibliographie zur Zeitgeschichte.* (Heidelberg: Nea Hellas, 1984), 437 Seiten.

2 "Griechenlands Kommunisten und die Europäische Gemeinschaft", in: Heinz Timmermann, (ed.), *Die Kommunisten Südeuropas und die Europäische Gemeinschaft* (Bonn: Europa Union Verlag, 1981), pp. 105-146.

Beitrag, dass Griechenlands politische Kultur nicht der westeuropäischen entspricht. 1984 wurde der entsprechende Sammelband veröffentlicht.[1]

Im selben Jahr bat mich das Bundesinstitut für ostwissenschaftliche und internationale Studien, zwei Beiträge über die PASOK für ihre *Aktuelle Analysen* zu schreiben. Im ersten Teil analysierte und beschrieb ich Struktur, Programm, Einflusszonen der Partei und im zweiten Teil die Sicht der PASOK auf die internationale Politik und ihre Außenpolitik.[2] Etwa zur selben Zeit verfasste ich einen Artikel über die Sicht Griechenlands in den Massenmedien der Bundesrepublik für ANTI.[3] Vermittelt durch Marion Sarafis entstand ein fruchtbarer Kontakt mit dem *South Slav Journal*. Mein erster Artikel für diese Zeitschrift befasste sich mit der Beziehung Griechenlands zur NATO und den USA.[4] Dieser Abhandlung folgten zwei Lexikon-Artikel über die griechischen kommunistischen Parteien und die PASOK.[5]

In dieser Zeit traf ich auch das erste Mal mit Georgios Iakovou zusammen. Er war von 1979 bis 1983 Botschafter in Bonn. Es war der 19. Mai 1982, als wir uns das erste Mal trafen und ich erinnere mich noch genau an unser Gespräch. Es ging um die Beziehungen zwischen Griechenland und Zypern. Er redete ganz undiplomatisch offen mit mir und ich gewann erste Eindrücke von den Spannungen zwischen beiden Staaten. Gegen Ende des Gesprächs erinnerte er mich daran, dass wir Vertraulichkeit vereinbart hätten. Ich sagte, dass ich mich daran halten werde. Er antwortete lachend, wenn ich das nicht täte, würde er mir den Hals abschneiden und machte die entsprechende Geste mit der Hand an seinem Hals. Er sei schließlich EOKA-Kämpfer gewesen. Ich antwortete, genauso lachend, dass er sich auf mich verlassen könnte. Ich hielt mich daran und als wir uns das nächste Mal sahen, war er Außenminister geworden, aber er redete genauso offen mit mir wie zuvor.

Im Frühjahr 1984 wurde an der Universität Kopenhagen eine Abteilung für Neogräzistik und Balkanstudien ins Leben gerufen. Im August dieses Jahres fand in Kopenhagen eine Konferenz mit Schwerpunkt Bürgerkrieg statt. Ich sprach über das 2. Plenum der KKE und seine Beschlüsse bezüglich des Ausbruchs des Bürgerkrieges.[6]

Im Frühjahr 1985 strahlte der englische Fernsehsender Channel 4 eine dreiteilige Dokumentation über Griechenland im Zweiten Weltkrieg von Jane Gabriel aus, die folgenden Titel trug: *Greece: The Hidden War*. Marion Sarafis hatte mich mit Jane in Verbindung gebracht und ich hatte ihr geholfen, auf der Basis meiner Veröffentlichungen ein Konzept für die Sendung zu erarbeiten. Ein weiterer Berater war Giannis Gianoulopoulos von der Panteios Hochschule in Athen. Dieses Konzept widersprach an vielen Stellen der offiziellen britischen Sichtweise. Nach der Ausstrahlung in Channel 4 begann in Großbritannien eine Art Leserbriefe-Krieg. Anhänger der konservativen Sicht kritisierten die Sendung in *The* Times, wohingegen Zuschauer, die die Vergangenheit selbstkritisch betrachteten, sich im *Guardian* positiv äußer-

1 "Zwischen Tradition und Moderne: Die politische Kultur Griechenlands", in: Peter Reichel, (ed.), *Politische Kultur in Westeuropa, Bürger und Staaten in der Europäischen Gemeinschaft* (Bonn: Bundeszentrale für politische Bildung, 1984), pp. 145-166

2 "Die PASOK unter Andreas Papandreou. Teil 1: Struktur, Programm, Einflußzonen" und "Die PASOK unter Andreas Papandreou. Teil 2: Die internationalen Konzeptionen und die Außenpolitik", in: *AKTUELLE ANALYSEN* (Köln: Bundesinstitut, 1985), jeweils 8 Seiten.

3 "Όψεις της σύγχρονης Ελλάδας στα μέσα μαζικής ενημέρωσης της ομοσπονδιακής Γερμανίας"" [Griechenland in den Massenmedien der BRD], in : *ANTI*, Nr. 279 (18. Januar 1985), pp. 22-24.

4 "Greece, Nato and the US: A Background Analysis", in: *The South Slav Journal* 7:3/4 (Winter 1984), pp. 30-50.

5 "Griechenland: Kommunistische Partei Griechenlands" und "Griechenland: Panhellenische Sozialistische Bewegung", in: *Lexikon des Sozialismus* (Köln: Bund Verlag, 1986), pp. 361-2, 592-4.

6 "The Second Plenum of the Central Committee of KKE and the Decision for Civil War: A Reappraisal", in: Lars Baerentzen, et al., eds., *Studies in the History of the Greek Civil War 1945-1949* (Kopenhagen: Museum Tusculanum Press, 1987), pp. 179-187.

ten. Die heftig geführte Auseinandersetzung in den beiden Zeitungen ging über Monate. Einer der schärfsten Kritiker war der konservative Historiker Richard Clogg, der wohl im Auftrag von C. M. Woodhouse handelte.

Schließlich wurde Channel 4 veranlasst, gemäß dem Gesetz von *The Right to Reply*, in einer Form zu reagieren. Channel 4 bereitete für den 29. Oktober 1986 eine Diskussionsrunde vor, in der ich gegen drei Repräsentanten der anderen Denkschule argumentieren musste. Die Sendung war durch Werbeblöcke unterbrochen. In der ersten Runde fragte mich der Moderator, ob ich das Statement eines ehemaligen Protagonisten für Lügen hielte. Ich war der Meinung, dass dessen Aussagen nicht richtig waren, aber ihm zu unterstellen, dass er bewusst lügen würde, lag mir fern. Ich formulierte meine Kritik auf sehr zurückhaltende Weise. In der Werbeunterbrechung fragte ich den Moderator, ob er einen Eclat provozieren wolle, wenn ja, würde ich mithalten, aber das würde auch für ihn nicht gerade angenehm sein. Von da an diskutierte man auf zivilisierte Weise. Freunde, die sich die Sendung angesehen hatten, meinten, ich hätte die Position der Linken erfolgreich verteidigt.

Im Herbst desselben Jahres lud mich der Hessische Rundfunk ein, in seiner Reihe "Vor 40 Jahren" einen Kommentar zu sprechen. Der zuvor gezeigte Film war eine hochinteressante Wochenschau aus dem Jahr 1946 von *March of Time*, die die Lage in Griechenland unmittelbar vor dem Ausbruch des Bürgerkrieges zeigte.

1986 fand in Mannheim eine Konferenz statt zu dem Thema: "40 Jahre SED. Einheitsfrontpolitik und Vereinigungsprozesse in Ost- und Westeuropa 1944-1948". In meinem Beitrag zeigte ich, wie sich die griechische KP während der Besatzung im Zweiten Weltkrieg aus einer orthodoxen Kaderpartei zu einer Massenpartei wandelte, die schon damals Züge annahm, wie sie Jahrzehnte später die KKEesoterikou prägten. Mit anderen Worten: Am Ende der Besatzungszeit hatte die KKE einen eurokommunistischen Charakter angenommen. Durch den Bürgerkrieg wurde diese Entwicklung umgekehrt, und am Ende des Bürgerkriegs 1949 war die KKE so stalinistisch wie nie zuvor.[1]

Wenig später bat mich das Bundesinstitut für ostwissenschaftliche und internationale Studien eine Abhandlung über den griechisch-türkischen Konflikt und die Haltung der Sowjetunion zu diesem zu schreiben. In der Tat bot dieser Konflikt der Sowjetunion die Chance für Spaltmanöver, um die NATO zu schwächen.[2]

Der bekannte Publizist Armin Kerker hatte meinen Aufsatz über die politische Kultur Griechenlands gelesen und fragte mich, ob ich bereit sei, für sein neues Griechenlandbuch einen ähnlichen Aufsatz darüber zu verfassen. Ich stimmte zu. Das Resultat war eine Studie, die das zentrale Problem der griechischen politischen Kultur, den Klientelismus, noch eingehender beschrieb. Ich machte klar, dass die politische Kultur Griechenlands grundverschieden von allen westeuropäischen ist.[3]

Im Frühjahr 1987 rief mich ein Mitarbeiter der Kulturabteilung der Stadt Köln an. Er sagte mir, dass man in Köln eine Ausstellung mit zypriotischer Kunst plane. Nun suche man jemanden, der die Eröffnungsrede halten könnte. Ich sei doch Spezialist für griechische Zeitgeschichte. Ich stimmte letzterem zu. Offensichtlich war mein Gesprächspartner der Meinung,

1 "Die griechische kommunistische Partei (KKE) 1944-1947: Von der Massenpartei zur Kaderpartei", in: Dietrich Staritz und Hermann Weber,(eds.), *Einheitsfront Einheitspartei. Kommunisten und Sozialdemokraten in Ost- und Westeuropa 1944-1948* (Köln: Verlag Wissenschaft und Politik, 1989), pp.453-468.

2 Der griechisch-türkische Konflikt und die Haltung der Sowjetunion (Köln: Bundesinstitut für ostwissenschaftliche und internationale Studien, Nr. 8 1987), 69 Seiten.

3 "Zwischen Tradition und Moderne - Die politische Kultur Griechenlands", in: Armin Kerker, *Griechenland - Entfernungen in die Wirklichkeit. Ein Lesebuch* (Hamburg: Argument, 1988), pp. 100-125.

dass jemand, der sich in der griechischen Zeitgeschichte auskennt, auch die zypriotische beherrschen musste. Es war die bis heute immer wieder zu beobachtende Gleichsetzung von Griechenland und Zypern. Ich sagte, dass ich von zeitgenössischer zypriotischer Kunst keine Ahnung hätte und daher darüber nichts äußern könnte. Aber ich hätte ein bißchen Ahnung von der politischen Lage auf Zypern und könnte darüber etwas sagen. Mein Gesprächspartner war einverstanden.

Ich machte mich an die Arbeit und verfasste einen dreiseitigen Vortrag über den Zypernkonflikt. Damals hielt ich den Inhalt für gut; heute weiß ich, dass er ziemlich oberflächlich war. Bei der Eröffnung der Ausstellung hielt ich meinen Vortrag. In der ersten Reihe saß ein Gentleman, dem der Text synchron übersetzt wurde. Nach der Veranstaltung erfuhr ich, dass der Gentleman Lellos Dimitriadis war, der Oberbürgermeister von Nicosia. Er hörte meinen oft simplistischen und naiven Ausführungen geduldig zu und widersprach mir auch bei der anschließenden Diskussion nicht. Aber er und der Botschafter Zyperns, Kostas Papadimas, waren der Meinung, dass ich besser informiert werden müsse. Zugleich hatten sie den Eindruck, dass ich bereit sei, neue Dinge zu lernen. Dementsprechend empfahlen sie dem Press and Information Office (PIO) der Republik Zypern, mich einzuladen und zu informieren. Wenig später kam eine Einladung, der noch viele weitere bis heute gefolgt sind. Der Text meines Vortrages wurde im Begleitheft der Ausstellung gedruckt.[1]

Am 18. Oktober 1987 flog ich zum ersten Mal nach Zypern. Auf dem Flug tat ich das, was ich immer tue, wenn ich nach Athen fliege: Ich schaltete mein Gehirn auf Griechisch um. Von diesem Augenblick an dachte ich griechisch. Ich erinnere mich noch lebhaft, wie sich meine erste PIO-Betreuerin Nitsa Neofytou größte Mühe gab, mir die zypriotische Politik zu erklären und ich nichts begriff, weil ich griechisch (kalamaristika) dachte. Im Jahr darauf kam wieder eine Einladung. Dieses Mal saß eine bildschöne Zypriotin, bestimmt eine Urenkelin von Afroditi, neben mir und sie hatte Lust zu flirten. Ich war davon so angetan, dass ich vergaß, mein griechisches Gehirn anzuschalten. Im Flughafen von Larnaka verschwand die Schöne, aber nun bemerkte ich etwas Verblüffendes: Ich verstand alles, was man mir über die zypriotische Politik erzählte. Wieder zu Hause angekommen, fing ich an darüber nachzudenken, warum ich im Jahr zuvor nichts und nun alles verstanden hatte. Es dauerte ein bißchen, bis ich begriff, dass ich in Europa gewesen war. Die politische Kultur Zyperns ist völlig westeuropäisch.

Die Gespräche begannen am 19. Oktober 1987 um 9 Uhr mit einem Treffen mit dem Regierungssprecher Petros Voskarides. Ihm folgte ein Gespräch mit dem PIO-Chef Kypros Psyllidis und den Vertretern des Verbandes der Vermissten, die meinten, dass viele der Vermissten irgendwo in einem anatolischen Gefängnis schmorten.. Um 12 Uhr traf ich den Vorsitzenden der DISY-Partei, Glafkos Kliridis. Er sprach exzellentes Oberklassen-Englisch. Er entwickelte ein überzeugendes Lösungsmodell: Die Garantiemächte Zyperns (GB, GR, TR) sollten um Europäer erweitert werden. Zum Beispiel solle ein italienischer General die Beschwerden beider Seiten aufnehmen. Die Siedler im Norden sollten bleiben. Es müsse eine Föderation gebildet werden. Im Oberhaus sollten die beiden Volksgruppen zu 50:50 vertreten sein, im Unterhaus sollte das Verhältnis 70:30 betragen. Zypern solle sich Europa anschließen, evtl. sogar der NATO beitreten. Diese Vorschläge zeigten, dass Kliridis ein Pragmatiker und kein Ideologe war. Im Lauf der folgenden Jahre führten wir viele solcher Gespräche und wurden gute Freunde.

1 "Der Zypernkonflikt", in: *Nikosia in Köln. Zyprische Kulturtage 20.6. bis 29.6. 1987* (Köln: Kulturamt, 1987), pp. 6-8

Nachmittags besuchte ich Antonis Kleanthous, einen Amateurfunker, den ich seit Jahren über den Äther kannte. Von seiner Station nahm ich per Funk Kontakt mit Freunden in der Heimat auf. Einen Tag später erhielt ich sogar eine Amateurfunk-Gastlizenz. Abends war ich Gast der Familie Neofytou. Nitsa und Georgios hatten beide in Leipzig studiert und sich dort kennen gelernt. Wir freundeten uns an, und diese Freundschaft besteht bis zum heutigen Tag.

Am 20. Oktober kam ich mit einem Vertreter des panzyprischen Flüchtlingskomitees zusammen. Er war ein Hardliner und lehnte die Integration der Flüchtlinge im Süden der Insel ab. Er sprach von Widerstand in allen Formen, selbst bewaffnet. Vasos Lyssaridis, den ich anschließend besuchte, war ähnlich militant. Er bezeichnete sich als Sozialisten, aber er hatte wenig Sozialdemokratisches an sich. Er war ein echter Nationalist. Anschließend zeigte man mir die *Green Line*, die bis heute die Stadt Nikosia teilt. Abends hielt ich einen Vortrag im städtischen Kulturzentrum Famagousta Hall. Die Veranstaltung war gut besucht, sogar der Botschafter der Volksrepublik China hatte sich die Ehre gegeben. Anschließend lud Psyllidis mich und einige Freunde zum Dinner ins Restaurant *Bastione* ein.

Am folgenden Tag zeigte man mir die Sehenswürdigkeiten an der Südküste bis nach Paphos. Am nächsten Tag brachte man mich mit Loukis Aletras, dem ZK-Sekretär der AKEL zusammen. Er war wie die KKE in Griechenland voll auf der Moskauer Linie. Er versprach, mich mit Material zu versorgen. Das PIO schickte an diesem Tag 21 Bücher an meine Heimatadresse. Später traf ich einen Vertreter der DIKO.

Schon bei der Ankunft hatte ich gesagt, dass ich einen halben Tag zur freien Verfügung haben möchte. Als man mich fragte, was ich da unternehmen wollte, sagte ich in aller Offenheit, dass ich über die deutsche Botschaft versuchen würde, in Kontakt mit den Vertretern des Nordens der Insel zu kommen, nach dem Prinzip von *et audiatur altera pars*. Ich drückte die Hoffnung aus, dass sie mir das notwendige Vertrauen entgegen bringen würden. Nur wenn ich auch die andere Seite hören könnte, würde ich in Deutschland als objektiver Berichterstatter gesehen. Der Chef des PIO war einverstanden, und von nun an gab es immer im Programm einen freien Tag, wann immer ich eingeladen wurde.

Ein Mitglied der deutschen Botschaft fuhr mich durch den Checkpoint am Ledra-Palace-Hotel auf die andere Seite. Der Bürgermeister von Nordnikosia Mustafa Akinçi empfing mich. Er berichtete mir, dass er mit seinem Gegenüber Lellos Dimitriadis bestens zusammenarbeite. Beide steuerten in ihrer Kommunalpolitik einen Kurs, der einer Wiedervereinigung förderlich war. Wir konnten sofort miteinander und es entstand eine Freundschaft, die bis heute anhält. Heute ist er der gewählte Präsident des Nordens.

Anschließend traf ich mit dem Führer der Opposition, Özker Özgür, zusammen. Er äußerte sich völlig offen und vertrat die Ansicht, dass die Festlandstürken aus Zypern verschwinden sollten. Während unseres Gesprächs ertönte plötzlich der Gebetsruf des Muezzins von nebenan. Özgür empfand das als störend und äußerte sich entsprechend kritisch. Ich begriff, dass die türkischen Zyprioten ein sehr ähnliches Verhältnis zur Religion hatten wie die Westeuropäer. Als ich später mehr erfuhr, sprach ich von einem Euro-Islam, der in Zypern entwickelt worden sei. Özgür war ein Sozialdemokrat westeuropäischer Prägung. Wir sahen uns in den nächsten Jahren oft und wurden enge Freunde.

Am Morgen des 23. Oktober kam ich mit Takis Chatzidimitriou von der EDEK-Partei zusammen. Dies ist die Partei von Lyssaridis. Er sagte, die EDEK sei linkssozialistisch, was angesichts der Haltung von Lyssaridis nicht ganz glaubhaft war. Anschließend gab es ein Gespräch mit dem Staatssekretär im Außenministerium, das eigentlich nur fünf Minuten dauern sollte, aber auf 45 Minuten ausgedehnt wurde, weil er den Meinungsaustausch für interessant befand. Nachmittags ging ich wieder nach Norden und traf Ahmet Cavit. "Außenminister" Kenan Atakol erinnerte mich an Rainer Barzel. Seiner Meinung nach müsse Europa seine

Politik ändern, da es die Türkei brauche. Ich gewann den Eindruck, dass er nur his master's voice war. Besir Atalay war ein Hardliner, Ismet Kotak ein aufgeschlossener Linkssozialist. Am Tag darauf berichtete ich dem zweiten Mann im PIO, Andreas Sofokleous, über meinen Besuch im Norden.

Am Sonntag dem 26. Oktober flog ich von Larnaka nach Athen. Evangelos Karoglas erzählt mir Interna des Goethe-Instituts und wie man ihn 1975 dazu gezwungen habe, gegen mich Stellung zu nehmen. Damit war für mich diese Geschichte erledigt. Am nächsten Morgen ließ ich mich im Presseamt der Regierung über meine Termine informieren. Dabei traf ich Tilemachos Chitiris, der nun Chef der Auslandspresseabteilung war. Er war PASOK-Mitglied und ich kannte ihn seit der Zeit der Diktatur. Er war mit Maria Farantouri, der besten Interpretin der Lieder von Theodorakis, verheiratet. Bei einem weiteren Gespräch mit einer Angehörigen des Presseamtes gewann ich den Eindruck, dass die PASOK dabei war, den öffentlichen Dienst maßlos aufzublähen. Anscheinend sollte jedes Parteimitglied einen Posten erhalten.

Am 27. Oktober besuchte ich Filippos Petsalnikos, den ich auch aus der Junta-Zeit kannte. Er war nun Staatssekretär im Bildungsministerium. Anschließend suchte ich Vasos Mathiopoulos im Außenministerium auf. Er war zuvor Journalist in Bonn gewesen und wir waren in der Zeit der Diktatur auf verschiedenen Veranstaltungen zusammen aufgetreten. Nun hatte ihn die PASOK mit diesem Posten belohnt. Nachmittags besuchte ich Kevin Andrews.

Kevin Andrews war von Hause aus Archäologe. Für Recherchen für seine Doktorarbeit kam er 1948 nach Griechenland und bereiste die Peloponnes. Daraus entstand eines jener Bücher, die bis heute ihre Aktualität nicht verloren haben.[1] Später kehrte er in die USA zurück. Als die Junta die Macht übernahm, kehrte er nach Griechenland zurück und schrieb unter einem Pseudonym zahlreiche Artikel gegen sie.[2] Die Geheimpolizei gab sich zwar große Mühe, herauszufinden, wer hinter dem Pseudonym steckte, aber fand es nie heraus. Als ich ihn traf, merkte ich rasch, dass es ihm materiell nicht gut ging. Er verdiente seinen Lebensunterhalt mit der Anfertigung von Schmuck, der an Touristen verkauft wurde. Solange er gegen die Junta gekämpft hatte, war er persona grata bei den Griechen gewesen. Als die Junta stürzte, wurde er wieder der Amerikaner, den die Griechen verachteten. Als ich ihn ein Jahr später wieder besuchte, erkannte ich, dass er hungerte. Beim Gespräch mit mir deutete er an, dass er Schluss machen wolle. Ich wusste, dass er ein guter Bergwanderer und Schwimmer war. Als ich hörte, dass er beim Schwimmen ertrunken war, war mir klar, dass er Selbstmord begangen hatte.

Am Nachmittag des 27. Oktober 1987 zog ich zu Giorgos Giannaris. Er wirkte total verändert, dynamisch und optimistisch. Er arbeitete wie ein Pferd an seinem neuen Buch, einem Roman über Kalavryta. Wir diskutierten bis 2 Uhr in der Frühe. Die nächsten beiden Tage verbrachte ich bei ihm. Am 29. Oktober traf ich den Historiker Prokopis Papastratos. Ich erzählte ihm, dass ich Unterlagen hätte, die bewiesen, dass Zervas mit dem Wissen der Briten ein Stillhalteabkommen mit General Lanz geschlossen hatte. Er drängte mich, dies möglichst rasch zu veröffentlichen. Den Abend dieses Tages verbrachten wir mit Andreas Dimitropoulos in unserer Lieblingstaverne. Am 30. Oktober besuchte ich Lee Sarafis, die Nichte von Marion. Sie hatte mich Jahre zuvor als Teenager einmal zum Essen ausgeführt und war darauf riesig stolz gewesen. Nun wurden wir Freunde. Von nun an besuchte ich sie, wann immer ich in Athen war. Am 31. Oktober flog ich via Larnaka nach Frankfurt zurück.

---

1 Kevin Andrews, *The Flight of Ikaros. Travels in Greece During a Civil War* (Harmondsworth: Penguin, 1984).
2 Kevin Andrews, *Byzantine Blues* (Nicosia,1980).

Schon bei meinem ersten Besuch in Zypern hatte ich mit meinen wichtigen Gesprächspartnern darüber gesprochen, dass es in Deutschland keine Institution gäbe, die sich wissenschaftlich mit Zypern oder Griechenland befasste. Bei diesem Besuch hatte ich ein Memorandum mitgebracht, in dem ich die Lage analysierte und einen Vorschlag unterbreitete. Zypern und Griechenland sollten das tun, was in ganz Europa üblich war. Die Staaten errichteten in den Partnerstaaten sog. Stiftungsprofessuren, die sie eine gewisse Zeit finanzierten. Am Ende dieser Periode würde die Bundesrepublik die Finanzierung übernehmen.

Die Stiftungsprofessur (C 3) würde an ein dann zu errichtendes Institut mit Bibliothek und sonstigen wissenschaftlich nötigen Einrichtungen gekoppelt sein. Es würde einen Etat für zwei Assistentenstellen und einige Hilfskräfte geben. Das Institut sollte die Geschichte und Politik beider Staaten erforschen. Ein reines Zyperninstitut wäre falsch. Meines Erachtens könnten nur beiden Staaten zusammen ein praktikables Forschungsfeld bilden.

Ich überreichte dieses Memorandum in Zypern Voskaridis und Mavromatis, in Griechenland Chitiris und Petsalnikos. Die Reaktionen beider Seiten waren positiv. Es war klar, dass das Projekt noch viel Diskussion und Beratung nötig hatte, aber ein Anfang war gemacht.

Im Winter meldete sich die Bundeszentrale für Politische Bildung bei mir. Ich solle einen Artikel über die griechische Zeitgeschichte schreiben. Ich stimmte mit Vergnügen zu. In den nächsten Monaten schrieb ich den Artikel, der die wesentlichen Aspekte der griechischen Zeitgeschichte beleuchtete. Er erschien im Frühjahr 1988 in der Beilage der Zeitung *Das Parlament*, die den Namen *Aus Politik und Zeitgeschichte* (APUZ) trägt. Diese Zeitung hat eine hohe Auflage und ein große Breitenwirkung, weil sie in allen Bildungseinrichtungen ausliegt. Die APUZ-Hefte werden oft gesammelt.[1]

Ende Januar 1988 fand in Lustheim bei München eine Konferenz über den Zypernkonflikt statt. Ich hielt das Einleitungsreferat über die "Historische Genese des griechisch-türkischen Konflikts". Teilnehmer waren Theodoros Couloumbis, Ronald Meinardus, Othmar Haberl, Faruk Sen, Michalis Attalidis und Özker Özgür. Außer mir kannte niemand den Letzteren. Er war stark erkältet und versteckte sein Gesicht in seinem Schal. Faruk Sen präsentierte eine linientreue türkische Version. Als Letzter sprach Özgür. Er zerpflückte Sens Argumente und damit die Position von Denktasch. So etwas hatte man in Deutschland noch nie gehört, entsprechend groß war die Begeisterung.

Im Sommersemester 1988 war es soweit, dass die Habilitation über die Bühne gehen sollte. Am Anfang des Semesters hielt ich in Konstanz eine Vorlesung, mit der ich mich quasi vorstellte. Sie war mäßig besucht. Im Mai fand die eigentliche Habilitationsprüfung statt. Die ganze Fakultät war versammelt. Das Thema meines Habilvortrages war die Interessensphärenpolitik der Briten, Sowjets und der Amerikaner. Ich zeigte, dass Stalin von Anfang an eine reine Interessensphärenpolitik betrieb. Schon im Winter 1941 unterbreitete er Vorschläge über deren Gestaltung nach dem Krieg. Churchill und Außenminister Eden waren davon sehr angetan, konnten aber nicht darauf eingehen, da sie wussten, dass dies Ärger mit Präsident Roosevelt geben würde, der aus ökonomischen Gründen strikt gegen die Errichtung von Interessensphären war.

Ich zeigte dann, wie sich seit Sommer 1943 die britische Haltung langsam änderte. Griechenland musste als Teil der Life Line des britischen Empires in der britischen Einflusssphäre bleiben. Im Frühjahr 1944 wurde dies durch das sog. Drei-Monats-Abkommen zum ersten

1 "Aspekte der griechischen Zeitgeschichte" in: *Aus Politik und Zeitgeschichte*, 14/15 (1. April 1988), pp. 25-35.

Mal schriftlich fixiert. Gegenüber Roosevelt behauptete Churchill, dass dieses Abkommen zeitlich befristet sei. Als durch den langsamen deutschen Rückzug die Frist verstrich, schlossen Churchill und Stalin im Oktober 1944 das sog. Prozentabkommen, das den Balkan in Interessensphären aufteilte mit unbegrenzter Laufzeit des Vertrages. Churchill setzte dann in den Dekemvriana seine Ziele mit seiner bewaffneten Intervention durch.

Ich interpretierte diese bewaffnete Intervention als die erste am Ende des Zweiten Weltkriegs, mit der eine Siegermacht ein ihr genehmes Regime bewaffnet etablierte. Stalins entsprechende Interventionen erfolgten zwar nach dem selben Muster, aber erst einigeZeit später.

Diese Interpretation passte natürlich so gar nicht in die Zeit des Kalten Krieges, und als ich die Vorlesung beendete, begann eine lebhafte Diskussion mit den Kollegen aus der Geschichte und der Politikwissenschaft, die beiden Seiten richtig Spaß machte. Gegen Ende meldete sich ein zukünftiger Kollege. Er sei Anglist, aber er interessiere sich auch für die Zeitgeschichte. Er habe aber nichts Neues in meinem Vortrag entdecken können. Ich erwiderte, dass ich wirklich Neues nicht bieten könne, denn der Zweite Weltkrieg sei am 8. Mai 1945 zu Ende gegangen. Er entgegnete, dass er eine neue Interpretation gemeint habe. Ich antwortete, dass ich wüsste, dass jeder glaube, im Bereich der Zeitgeschichte mitreden zu können, und ich selbst hätte immer gedacht, dass das möglich sei. Dass ich eine völlig neue Interpretation geliefert hatte, habe doch die vorangegangene lebhafte Diskussion mit den Kollegen von der Historie und der Politikwissenschaft gezeigt. Jetzt aber entdeckte ich, dass zeitgeschichtliche Interpretationen doch nicht so leicht zugänglich seien, wie allgemein angenommen werde.

Der Dekan unterbrach den Dialog mit dem Anglisten. Die Zeit sei um, und er bat mich, den Raum zu verlassen. Wenige Minuten später wurde ich wieder hereingebeten. Die Fakultät habe einstimmig beschlossen, mich zu habilitieren. Dann begannen die Gratulationen. Einige gratulierten mir, dass ich es geschafft hatte, dem Anglisten zu widersprechen. Offensichtlich war er für seine wenig qualifizierten Interventionen bekannt. In der Tat war meine Reaktion eine solche gewesen, wie sie sich ein normaler Habilitand niemals hätte leisten können. Aber ich reagierte im Bewusstsein, dass ich seit 1986 Studiendirektor war und nichts zu verlieren hatte. Mein materielles Leben war gesichert, und in mein wissenschaftliches wollte ich mir nicht reinreden lassen

Am 8. Juni 1988 wurde ich von der Universität Konstanz zum Privatdozenten ernannt mit der Lehrbefugnis für das Fach Zeitgeschichte mit besonderer Berücksichtigung Südosteuropas.

Abb. 77 Anastasia Adamidou

Abb. 78 Irini Charalambous

Abb. 79 Stamatia Dagakis

Abb. 80 Renate Chatzicharalambous

Abb. 81 Michalis Koumidis

Abb. 82 Mikis Michailidis von Buchhandlung MAM in Nikosia

Abb. 83 Andreas Sofokleous

Abb. 84 Botschafter a. D. Nikolaos Makris

Abb. 85 Ex-Außenministerin Erato Markoulli

Abb. 86 Mit Präsident Vassiliou

Abb. 87 PIO-Abteilungsleiterin Chrysou Dimosthenous

Abb. 88 Mit Chrysou Dimosthenous und Melina Dimitriou

Abb. 89 PELEUS-Autorin Sevgül Uludag

Abb. 90 Mein Freund Giannakis
Chef des Hotels Centrum

Abb. 91 Bibliothekarinnen der UB von Zypern
Vasiliki (Sylvia) V. Koukounidou, Haroula Demetriou-Petrou u. Elena Diomidi-Parpouna

Abb. 92 Mein Freund Michalis Attalidis

Abb. 93 Vortrag in der Famagousta Gate Halle

Abb. 94 Die Schriftstellerin Niki Manrangou

Abb. 95 Mit Harald Gilbert in den Kyrenia-Bergen

Abb. 96 Meine ältesten zypriotischen Freunde: Der Amateurfunker 5B4BD Antonis Kleanthos und seine Frau

Abb. 97 Der Oppositionspolitiker Özker Özgür

PRIVATDOZENT IN KONSTANZ

1988-1992

Als Privatdozent ist man verpflichtet, jedes Semester zwei Wochenstunden an der Universität zu unterrichten - gratis. Damals war jede zweite Woche in der Schule am Samstag unterrichtsfrei. Außerdem hatte jeder Gymnasiallehrer Anspruch auf einen freien Tag. Es war mir klar, dass samstags kaum ein Student in Konstanz sein würde, dazu hatte die Umgebung einen viel zu hohen Freizeitwert. Also bat ich den Chef des CBG, mir den Freitag als freien Tag einzuräumen. So konnte ich jeden zweiten Freitag nach Konstanz fahren, vier Stunden unterrichten, abends zurückfahren und mich am freien Samstag erholen. Kolb war einverstanden und Bommarius baute mir einen entsprechenden Stundenplan zusammen.

Es gab damals einen durchgehenden Zug von Heidelberg nach Konstanz. Er fuhr etwa gegen 7 Uhr in Heidelberg ab und kam ca. 11 Uhr in Konstanz an. Ein Bus fuhr vom Bahnhof direkt zur Universität. Vor der Mittagspause unterrichtete ich zwei Stunden. Die Sprechstunde fand in der Mensa während des Mittagessens statt. Dann folgten zwei weitere Unterrichtsstunden. Ein sehr netter Kollege fuhr mich dann regelmäßig zum Bahnhof, so dass ich den Zug nach Heidelberg erwischte. Gegen 20.30 Uhr war ich wieder zu Hause.

Einmal gab es einen amüsanten Zwischenfall. An dem Freitag, an dem ich meine Antrittsvorlesung halten sollte, ging auf der halben Strecke zwischen Heidelberg und Karlsruhe die Lok kaputt. Zwar war rasch eine Ersatz-Lok da, aber der Zug hatte Verspätung. Ich erklärte dem Zugführer, was das für mich bedeutete, wenn ich zu meiner Antrittsvorlesung zu spät käme. Er organisierte kurze Aufenthalte auf den Bahnhöfen, indem er entsprechende Durchsagen im Zug vorher machte. Wir erreichten Konstanz, aber verspätet, doch die Bahn hatte einen Pkw bereit gestellt, so dass ich zwei Minuten vor Vorlesungsbeginn in der Uni ankam.

Es war jene Zeit, als die Bahn privatisiert werden sollte und jeder Bahnmitarbeiter hoch motiviert war. Mit der Zeit kannten mich die Zugführer und ich lud sie auf den letzten 40 km zu einem Kaffee ein. Das Zugfahren machte damals noch Spaß. Die vierzehntägigen Fahrten nach Konstanz waren zwar anstrengend, aber am darauf folgenden Samstag konnte ich mich erholen. Das ganze war auch kostspielig, denn ich musste meine Bahnfahrkarten selbst bezahlen, doch es gab da preisgünstige Blockfahrkarten.

Während ich mich auf meine Seminare und Kurse in Konstanz vorbereitete, schrieb ich zwei Artikel über das Stillhalteabkommen zwischen Zervas (EDES) und dem XXII. Geb. Armeekorps (Lanz). Es wurde im Januar 1944 mit Wissen der British Liaison Officers geschlossen. Als ich Woodhouse bei jenem Interview damit konfrontierte, wandte er sich und versuchte, sich herauszureden. Schließlich gab er es halbherzig zu. Das Abkommen wurde nach der ersten Runde im griechischen Bürgerkrieg geschlossen, als die ELAS die EDES fast vernichtet hatte. Es hatte einen doppelten Zweck: Es sicherte das Überleben der EDES und es sparte den Deutschen Kräfte im Kampf gegen die Partisanen.[1]

Im September 1988 folgte die nächste Einladung des PIO. Ich flog am 23. September nach Larnaka, von wo mich Nitsa Neafytou abholte. Am Vormittag kam ich mit PIO-Chef Kypros Psyllidis und seinem Stellvertreter Andreas Sofokleous zusammen. Wie schon im Jahr zuvor empfahl ich, in Zusammenarbeit mit der Bundesregierung ein Zypern- und Griechenlandinstitut in Deutschland zu schaffen. Sie fanden die Idee gut und versprachen, sich um ihre

---

1 "General Lanz, Napoleon Zervas und die britischen Verbindungsoffiziere" *Militärgeschichtliche Mitteilungen* 1 (1989), pp. 1-28."Lanz, Zervas and the British Liaison Officers" *The South Slav Journal* 12:1-2 (1989), pp. 38-65.

Realisierung zu kümmern. Man sagte mir zu, mich mit Material zu versorgen. Nachmittags fand ein Ausflug auf den Troodos statt, dessen Höhepunkt die Besichtigung der Kirche von Asinou mit ihren Fresken aus der Zeit vor dem Ikonoklasmus war.

Am Montag, dem 26. September trug ich Giannis Katsouris, dem Chef der Kulturabteilung des Erziehungsministeriums, ebenfalls diese Idee vor. Er reagierte sehr positiv und organisierte ein Gespräch mit dem Minister Andreas Filippou. Dieser, ein Mathematiker, war geradezu schockiert von diesem Ansinnen. Wie könne das winzige Zypern ein solches Ansinnen stellen. Katsouris meinte, als ich mich verabschiedete, er werde ihn doch noch überzeugen.

Anschließend brachte mich Nitsa zu Vasos Lyssaridis, der über mein Kommen nicht informiert war. Dennoch war das Gespräch interessant. Ich gewann allerdings den Eindruck, dass er wenig flexibel war und sich an alte Positionen klammerte. Gegen Mittag lieferte mich Nitsa beim Haus von OB Lellos Dimitriadis ab. Zum Lunch kam noch ein amerikanischer Künstler, anschließend brachte mich Olga Dimitriadis mit ihrem Auto in rasender Fahrt ins Hotel.

Nachmittags arbeitete ich ein weiteres Memorandum über die Einzelheiten des Procedere aus, das ich am nächsten Tag Sofokleous gab. Am Nachmittag zeigte mir Nitsa die Moschee bei Larnaka. Anschließend fuhren wir der Green Line entlang durch verlassene Dörfer bis kurz vor die Geisterstadt Varosha. Wir kehrten über Agia Nappa, wo wir das Kloster besichtigten nach Nikosia zurück. Abends erfuhr ich von der Botschaft, dass ich am nächsten Tag Özgür und Denktasch sehen würde.

Um 8.30 Uhr traf ich Kliridis. Er erinnerte sich sehr genau an unser Gespräch im Jahr zuvor und wir setzen es quasi nur fort. Danach hatte ich einen Termin bei dem neuen Regierungssprecher Akis Fantis und Michalis Attalidis, den Director International Relations des Parlamentes. Er war mir als Autor mehrerer Bücher bekannt. Ich überreichte Attalidis ein Exemplar meiner Bibliographie und Fantis eine Kopie des zweiten Memorandums. Er versprach, sich darum zu kümmern, zuständig aber sei das Erziehungsministerium.

Später kam ich mit Dimitrios Christofias, dem Chef der AKEL zusammen. Ausgehend von meinen Erfahrungen mit den griechischen KPs sortierte ich ihn in der Nähe der KKEesoterikou, wenn nicht gar in der Nähe der SPD ein. Es konnte aber auch sein, dass die Peristroika Wirkung zeigte. Aber später erfuhr ich, dass die AKEL nur nominell eine KP gewesen war; ihrer Politik und ihrem Verhalten nach war sie immer eine demokratische sozialistische Partei gewesen. Christofias versprach, mich mit Material zu versorgen. Anschließend traf ich George Georgallidis, den damaligen Direktor des Cyprus Research Centre. Es war der Beginn einer freundschaftlichen Beziehung, die bis heute andauert.

Das erste Treffen mit Christofias war amüsant. Er war informierte worden, dass ich Sozialdemokrat war und begrüßte mich als Syntrofe (Genosse). Da diese erste Begegnung noch zu Zeiten des Kalten Krieges stattfand und ich als Sozialdemokrat auf Distanz zu den Kommunisten bleiben wollte, antwortete ich, indem ihn mit synagonistis (Mitkämpfer) anredete. Wir amüsierten uns beide über dieses Ritual. Nach 1990 redeten wir uns gegenseitig als Genossen an.

Das Mittagessen nahm ich mit Botschafter Thilo Rötger ein. Er kannte Zypern bemerkenswert gut und bemühte sich, den Aussöhnungsprozess zwischen den beiden Volksgruppen in Gang zu bringen. Er entwickelte einen hochinteressanten Plan: Die deutschen Militärs sollten auf ihre türkischen Kameraden in diesem Sinne einwirken. Ich schenkte ihm beim Verabschieden ein Exemplar meiner Bibliographie.

Dann begab ich mich über den Check-Point am Ledra Palace Hotel nach Norden. Damals konnten nur Ausländer diese "Grenze" passieren. Man wurde doppelt kontrolliert, von der Grenzpolizei und vom Geheimdienst. Um 15 Uhr traf ich mich mit Özker Özgür. Er empfing mich herzlichst wie einen alten Freund. Um 18 Uhr kam ich zum ersten Mal mit Rauf Denktasch zusammen. Er war schlecht gelaunt, finster. Er wiederholte seine bekannten Propagandathesen, ohne irgend etwas Neues hinzuzufügen. Auf Fragen antwortete er abweisend oder ausweichend. Ich gewann den Eindruck, dass er in politischen Schwierigkeiten war.

Abends kam ich mit dem Planungskomitee der Women Walk Home zusammen. Im Frühjahr 1975, Juni und November 1987, hatten einige Tausend Frauen die Green Line überschritten und waren ins besetzte Nord-Zypern vorgedrungen. Ihr Ziel war, zumindest vorübergehend, sich in Richtung auf ihre alten Heimstätten zu bewegen. Kurz darauf stießen sie auf türkisch-zypriotische Polizei und türkisches Militär. Einige wurden festgenommen, andere verletzt.

Meine Gesprächspartnerinnen waren die Leiterin der Aktion Diana Markidis, Eleni Neofytou und eine dritte Aktivistin, an deren Namen ich mich nicht mehr erinnere. Sie erzählten mir, dass es eine heiße Diskussion in ihren Reihen gebe, ob man einen neuen Marsch planen solle. Ich riet ab, da dies Denktasch den Vorwand geben könne, die interkommunalen Verhandlungen platzen zu lassen. Ich weiß nicht, ob sie meinem Rat folgten, aber 1989 war die letzte Aktion.

Auf ihr wurde Titina Loizidou verhaftet.[1] Sie ging anschließend vor den Europäischen Menschenrechtsgerichtshof und gewann 1996 ihren Fall. Ich lernte sie damals kennen. Eine couragierte gutaussehende Zypriotin.

Am Morgen des 29. September 1988 besuchte ich Vanias Markides, Director of the Cyprus Problem Division im Außenministerium. Anschließend suchte ich den Direktor des Goethe-Instituts in Nikosia Peter Baresel auf und schenkte dem Institut ein Exemplar meiner Bibliographie. Von da an waren wir immer wieder in Kontakt. Er konnte es nicht fassen, was sich seine Kollegen in Athen mir gegenüber geleistet hatten.

Mittags hatte ich Lunch mit Özgür. Er erzählte mir, dass Denktasch die Opposition nicht informiere und sie missachte. Diesem Treffen folgte eines mit Akinçi, der Lust zum Plaudern hatte. Abends gab es ein Arbeitsessen mit Psyllidis, Sofokleous, Attalidis, Nitsa, Baresel, Katsoulis und Moser von der Botschaft. Man beschloss, 250 Bücher an die Uni in Konstanz zu schicken. Dann diskutierte man, wie man das geplante Institut realisieren könnte. Ich hatte das Gefühl, dass die Angelegenheit gut lief.

In den nächsten Monaten lief alles nach Plan, sowohl in Ladenburg als auch in Konstanz. Nebenher schrieb ich ein neues Buch über den Konflikt in der Ägäis. Letztlich war es eine Ausweitung der Studie, die ich 1986 für das Bundesinstitut für Ostwissenschaftliche und Internationale Studien verfasst hatte. In den vergangenen beiden Jahren war anscheinend Bewegung in die Lage gekommen. Ein Dialog zwischen den Premierministern A. Papandreou und T. Özal hatte begonnen und mit dem Treffen der beiden in Davos seinen Höhepunkt erreicht. Das Buch beschrieb die Auswirkungen auf die bilateralen Beziehungen, den Ägäis- und Zypernkonflikt. Die Niederschrift war im Dezember 1988 beendet. Es war das erste Buch, das ich in einen Computer tippte. 1990 erschien es.[2]

Am 4. Oktober 1989 hielt Rauf Denktasch ein Referat vor der Gesellschaft für Auslandskunde in München. Die Gesellschaft hatte angekündigt, dass Denktasch über den de Cuellar-Plan sprechen werde. Doch Denktasch hielt sich nicht an diese Vorgabe. Er gab in 20 Minuten einen Überblick über die Entwicklung in Zypern von 1960 an. Der Schwerpunkt seiner Argumentation lag auf den Ereignissen nach 1963. Seine rhetorischen Fähigkeiten waren bewun-

1 Ihr Bericht über die Festnahme 1989 findet sich unter http://kypros.org/Loizidou/tstatemnt.html.

2 *Frieden in der Ägäis? Zypern - Ägäis - Minderheiten* (Köln: Romiosini, 1989), 168 Seiten.

dernswert. Seine Beschreibung des Leidens seiner Landleute war beeindruckend. In der anschließenden Diskussion gab er sich sehr zurückhaltend. Er wusste, wie er mit einem westeuropäischen Publikum umgehen musste, um es gründlich zu beeindrucken.

Im Oktober 1989 kam meine nächste Zypernreise. Beim Flug über die Ägäis herrschte eine phantastische Sicht und man sah wie nahe manche griechischen Inseln der türkischen Küste vorgelagert sind. Nitsa holte mich ab und informierte mich über den Stand der Diskussion bezüglich des Projektes. Das Außenministerium sei dafür, aber das Erziehungsministerium mauere.

Am Montag, dem 25. Oktober 1989 suchte ich um 10 Uhr die deutsche Botschaft auf und sprach mit dem Botschafter und Dr. Moser. Letzterer beabsichtigte, mich der westdeutschen Rektorenkonferenz als Berater zu empfehlen. Bei den Gesprächen zwischen der Botschaft und dem Erziehungsministerium sei es deutlich geworden, dass letzteres nach wie vor mauere. Beim anschließenden Gespräch mit Psyllidis und Sofokleous informierte ich die beiden, dass ich eine Studentenexkursion nach Zypern plane. Sofokleous sagte, er könne diese aus dem Etat für Stipendien, Flüge und Publikationen finanziell unterstützen. Abends formulierte ich den entsprechenden Antrag. Den Abend verbrachte ich mit Nitsa, Giorgo und Eleni Mollison, die sich über Promotionsmöglichkeiten informieren ließ.

Am 26. Oktober war ich im Norden und besuchte zunächst Mustafa Akinçi. Er beabsichtige, Denktasch bei den Wahlen zu schlagen. Dann solle man die TRNC anerkennen, um so den Weg zur Wiedervereinigung freizumachen. Mittags hatte ich Lunch mit Özker Özgür. Die Unterhaltung war tiefschürfend und hochinteressant. Den Abend verbrachte ich mit Lellos Dimitriadis. Er erzählte schmunzelnd von seinem philosophischen Spaziergang mit Akinçi in Venedig. Bei einer Pause in einem Café hatte Akinçi ihn gefragt: "Ob wir wohl in die Geschichte eingehen?" Lellos: "Wahrscheinlich, aber wenn sie uns hier beide erschießen, sicherlich."

An 27. Oktober sprach ich mit dem Regierungssprecher, Akis Fantis, der vom Projekt nichts hören wollte. Die anschließende Unterredung mit dem ehemaligen Erziehungsminister und Regierungssprecher Christofidis war produktiv. Er verstand auf Anhieb die Bedeutung des Projektes und versprach, es zu unterstützen. Beim Lunch mit Psyllidis, Baresel, Nitsa und Harmsen von der Botschaft sowie Vakis vom Außenministerium wurde das Projekt nochmals besprochen. Den Feiertag am 28. Oktober (Ochi-Tag) nützten Nitsa, Giorgo und einige Freunde zu einem Ausflug auf den Troodos und ich durfte sie begleiten.

Am 29. Oktober folgte ein Ausflug im Norden. Ich besichtigte die Burg von St. Hilarion, das Kloster Bellapais und Kyrenia, wobei ich von einem Taxifahrer gefahren wurde, der ganz offensichtlich im Dienst des Geheimdienstes stand: Er stellte entsprechende Fragen. Sein Name war Altuner.

Am 30. Oktober fand ein weiteres Gespräch und zwar mit dem Generaldirektor des Erziehungsministeriums Iacovos Aristidou über das Projekt statt. Er meinte, dass man Griechenland einbinden müsse. Ich stimmte prinzipiell zu, warnte aber, dass dies zur zeitlichen Verschleppung führen könne. Bei der anschließenden Unterredung mit Christofinis von der AKEL wurde deutlich, dass die AKEL gegen die EG war. Staatspräsident Georgios Vassiliou, mit dem ich danach das Projekt besprach, war sehr angetan. Allerdings lehnte er eine Kooperation mit Athen ab. Er erklärte sich auch bereit, die Konstanzer Studenten zu empfangen, wenn ich mit der Exkursion käme.

Nachmittags war ich wieder im Norden. Am Checkpoint stand wieder mein Geheimdienst-Taxichauffeur Altuner. Ich heuerte ihn wieder an und er gab zu, dass er ein ehemaliger Offizier war und der TMT angehört hatte. Wir verstanden uns gut und von da an versuchte ich immer, ihn zu finden, wenn ich im Norden ein Taxi brauchte.

Um 13 Uhr empfing mich Ahmet Aker am Präsidentenpalast. Die Ausstattung des Palastes war orientalisch luxuriös. Denktasch war gut gelaunt und lud mich zum Essen ein. Bei unserer Unterhaltung während des Essens vertrat er seine bekannten Thesen, so z.B. "Wenn die türkische Armee abzieht, kommen die Griechen und schlachten uns alle." Es war deprimierend, denn er glaubte anscheinend seine eigene Propaganda. Ich hörte nichts Neues von ihm. Am 31. Oktober flog ich wieder nach Frankfurt zurück.

Nach meiner Rückkehr begann ich mit der Arbeit an meinem neuen Buch, einer Geschichte Griechenlands im zwanzigsten Jahrhundert. Es war rasch klar, dass ich nur die Zeit bis zum Zweiten Weltkrieg beschreiben konnte. Es wäre zwar möglich gewesen, die Geschichte bis zum Beginn des Bürgerkrieges 1946 fortzuführen, aber danach gähnte nach wie vor eine Lücke in der Information. Der erste Band erschien 1990 wieder im Romiosini-Verlag.[1] Wenig später erschien in der Merlin Press ein Sammelband mit dem Titel *Background to Contemporary Greece*, für den ich einen Artikel über den griechisch-türkischen Konflikt verfasst hatte.[2]

Das erste wichtige Ereignis 1990 war die Zypern-Exkursion mit Konstanzer Studenten. Wir hatten vereinbart, dass die Studenten am 19. Januar einen bestimmten durchgehenden Zug nach Frankfurt nehmen und ich in Heidelberg zusteigen würde. Als ich zustieg, sagten mir die Studenten, dass ihre türkische Kommilitonin Özgül den Zug verpasst hatte. Sie kam dann wenige Minuten vor dem Abflug des Fliegers doch noch an. Doch nun stellte sich heraus, dass sie vergessen hatte, ein Visum für Zypern zu beantragen. Die Fluggesellschaft machte Schwierigkeiten. Ich sagte, ich würde von Wien aus, wo wir einen Zwischenstop machen würden, in Zypern anrufen und dann wäre alles ok. Ich musste die Verantwortung für einen Rückflug von Wien aus übernehmen, falls Özgül nicht einreisen dürfte. Ich kannte die Effizienz der zypriotischen Bürokratie und übernahm die Garantie. Von Wien rief ich an und man sagte mir, dass das nötige Visum in Larnaka erteilt werde. Dies geschah auch. Das Hotel (Asty), in dem wir untergebracht waren, war mäßig.

Am 20. Januar begrüßte PIO-Chef Psyllidis die Studenten im Hörsaal des PIO. Anschließend fand ein Vortrag über die EOKA mit nachfolgender Diskussion statt. Nachmittags folgte eine Exkursion zum Kloster Machairas und zu dem Bunker, in dem der EOKA-Kämpfer Grigoris Afxentiou ums Leben gekommen war. Wir wurden von Avgoustinos Efstathiou geführt, der 1957 zusammen mit Afxentiou dort gegen die Briten gekämpft hatte und sich im letzten Moment retten konnte. Am Sonntag dem 21. Januar folgte eine Exkursion nach Limassol und Paphos, wobei alle Sehenswürdigkeiten unterwegs besichtigt wurden.

Am Montag dem 22. Januar war der Norden dran. Am Ledra Palace-Hotel Checkpoint gab es zunächst einen Aufenthalt von eineinhalb Stunden. Der Grund: Als Panos Panteliadis seinen deutschen grünen Pass vorlegte, verweigerte der Grenzbeamte ihm das Visum. Er sei Grieche und Griechen dürften in die TRNC nicht einreisen. Ich wies den Beamten darauf hin, dass Panteliadis deutscher Staatsbürger sei, doch das interessierte ihn nicht. Panteliadis' Vater sei ein Grieche und damit er auch. Nun mischte sich Özgül ein, die eine wunderschöne Frisur wie Angela Davis hatte. Sie beschimpfte den Grenzbeamten auf Türkisch. Auch das beeindruckte ihn nicht.

1 *Griechenland im 20. Jahrhundert Band 1: Megali Idea - Republik - Diktatur* (Köln: Romiosini, 1990), 260 Seiten.

2 "The Greek-Turkish Conflict", Marion Sarafis, Martin Eve, (eds.), *Background to Contemporary Greece* (London: Merlin Press, 1990), pp. 317-359.

Schließlich hatte ich genug. Ich wandte mich an seinen Vorgesetzten und erklärte ihm, dass wir Termine bei Denktasch, Özgür und Akinçi hätten. Entweder könnten wir die alle gemeinsam wahrnehmen oder wir würden geschlossen in den Süden zurückkehren und auf einer Pressekonferenz erklären, warum wir die Termine im Norden nicht wahrnehmen konnten. Diese Intervention wirkte. Er rief die zuständige türkische militärische Stelle an und diese gab die Genehmigung. Der türkisch-zypriotische Beamte, der uns aufgehalten hatte, schaute etwas konsterniert drein. Für meine Studenten wurde damit völlig klar, dass Nordzypern ein besetztes Land war. Hätte ich das in einer Vorlesung gesagt, hätte es bestimmt Zweifel gegeben. So aber wurde für meine Studenten offensichtlich, wer in Nordzypern das Sagen hatte.

In Begleitung einer Dame aus dem nördlichen PIO wurden wir zu Özgür geführt. Er war ausgezeichnet vorbereitet und machte einen großen Eindruck auf die Studenten. Ihre Fragen beantwortete er in aller Offenheit. Akinçi, den wir anschließend besuchten, war schlecht vorbereitet und kam entsprechend schwach rüber, was ich bedauerte. Anstatt mit Denktasch kamen wir mit Erdal Onurhan zusammen, einem ranghohen Mitglied von Denktaschs Partei. Nachmittags besuchten wir St. Hilarion, Bellapais und Kyrenia.

Am nächsten Tag trafen wir einen Vertreter des Komitees der Missing Persons, der einen recht chauvinistischen Eindruck machte. Noch schlimmer war der Präsident der Flüchtlinge. Später empfing uns Präsident Vassiliou im Präsidentenpalast. Er beantwortete die Fragen der Studenten routiniert, schließlich war er von Hause aus auch Professor. Es folgte noch eine Fahrt entlang der Demarkationslinie. Am folgenden Tag flogen wir wieder zurück.

Auf unseren Exkursionen im Süden hatten wir eine Fremdenführerin dabei, die normalerweise in der deutschen Abteilung des PIO arbeitete. Sie hieß Renate Chatzicharalambous und stammte aus der DDR. Sie hatte während des Studiums Pampos Chatzicharalambous kennen gelernt, heiratete ihn und kam so aus der DDR heraus. Die Studenten hatte anfangs Schwierigkeiten mit ihrem berlinischen Dialekt und ihrer manchmal schnodderigen Sprache. Aber sie gewöhnten sich an sie und mochten sie dann.

Schwieriger war es für Renate, mit mir klar zu kommen: Ich war ein Westdeutscher, dem eine ex-DDR-Bürgerin nicht trauen konnte. Dann entdeckte sie, dass ich ein Sozialdemokrat linker Prägung war. Nun war sie noch verunsicherter. Aber während unseren gemeinsamen Bus-Fahrten konnten wir plaudern und uns an einander gewöhnen. Wir wurden enge Freunde und diese Freundschaft hält bis zum heutigen Tage.

Im Oktober 1990 besuchte ich Athen. Der Hauptzweck meines Besuches war es, die Griechen für das Projekt zu interessieren, über das ich seit geraumer Zeit mit den Zyprioten verhandelte. Das vorrangige Problem war, dass ich keine kompetenten Gesprächspartner fand. Im Außenministerium wies man mich darauf hin, dass es in Deutschland schon eine große Zahl von Instituten und Lehrstühlen gäbe, die sich mit griechischer Geschichte befassten. Als ich entgegnete, dass diese Institutionen sich ausschließlich mit der Antike beschäftigten, konnten es meine Gesprächspartner nicht fassen.

Beim Besuch in der Estia-Buchhandlung sagte mir Marina Kollarou, dass Estia mein Buch über die britische Intervention veröffentlichen werde, allerdings hätten sie noch keinen kompetenten Übersetzer gefunden. Durch Zufall traf ich Manolis Glezos, der sich riesig freute, mich zu sehen. Er lebte wieder in Naxos. Giorgos Giannaris erzählte mir, dass er wieder in die USA gehen werde. Die Unterredung mit Leonidas Kyrkos war erfrischend. Wir stellten fest, dass wir uns immer näher kämen. Außerdem kam ich mit E. Kofos, Th. Veremis, F. Petsalnikos, und A. Mangakis zusammen. Abgesehen davon, dass ich liebe Freunde wiedersah, war dieser Athenbesuch wenig produktiv. Im Dezember folgte noch eine Kurzreise nach Zypern, um an dem Seminar "Turkey between East and West" teilzunehmen.

In den drei Jahren, in denen ich in Konstanz lehrte, waren meine Seminare und Übungen gut besucht. Aber ich war zu kurz da, um Schüler um mich zu scharen. Einige wollten zwar bei mir promovieren, aber bevor dieser Prozess beginnen konnte, musste ich Konstanz verlassen. Der einzige Promovend war der Seniorstudent Evangelos Spyropoulos, der mit einer Arbeit über die griechischen Exilstreitkräfte im Zweiten Weltkrieg promovierte.

Wie ich schon anmerkte, wurde ich bei meinen Zyperneinladungen von Nitsa Neofytou vom PIO betreut. Ihr Mann Giorgos war Ingenieur und hatte ebenfalls in Deutschland studiert. Ich lernte ihn kennen, als sie mich zu sich nach Hause einlud. Wir tauschten Erfahrungen über die Arbeit am Computer mit griechischer Schrift aus. Daneben hatte Giorgos als Hobby literarische Interessen.

Im Frühjahr 1990 informierte er mich, dass er das Libretto für die erste zypriotische Oper geschrieben hatte, die der zypriotische Komponist Vasos Argyridis vertont hatte. Die Uraufführung würde am 5. Mai 1990 in Kaiserslautern im Pfalztheater stattfinden, ob ich kommen könnte? Natürlich sagte ich zu. Die Aufführung war sehr gut besucht und ich konnte Giorgos und Nitsa nur knapp begrüßen.

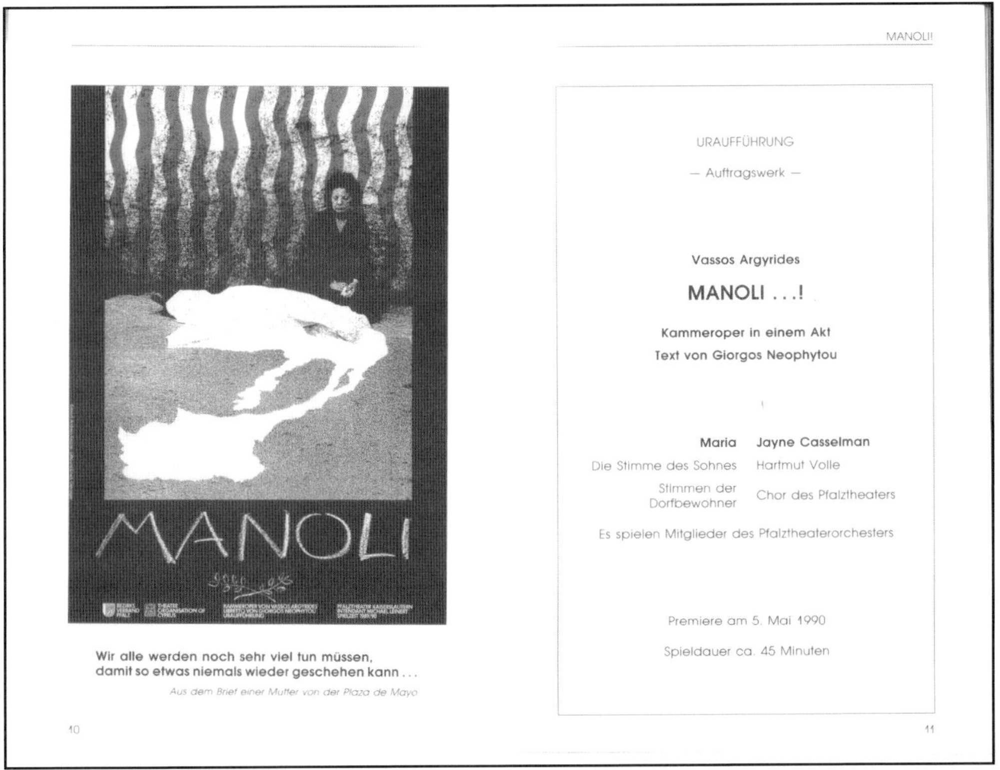

Der Titel der Kammeroper lautete *Manoli ...!* Es war die Klage einer alten Frau gegenüber ihrem Kater Manoli über den Verlust ihres Sohnes, der denselben Namen getragen hatte. Die

Oper hatte nur diese eine Akteurin, nämlich Jayne Casselman, die die Rolle der klagenden trauernden Mutter hervorragend spielte. Im Hintergrund waren die Stimme des Sohnes und die Stimmen der Dorfbewohner zu hören. Letztere waren die Stimmen des Chors des Pfalztheaters. Die musikalische Begleitung hatten die Mitglieder des Orchesters des Pfalztheaters übernommen.

Die Oper hatte nur einen Akt. In diesem brachte die Mutter ihre Sehnsucht, ihre Klage und ihre Trauer über den Verlust ihres Sohnes in ihren Soli so überzeugend herüber, dass man an antike Tragödien erinnert wurde. Es war ein musikalischer Genuss, den ich nie vergessen habe. Ich war Giorgos und Nitsa dankbar, dass sie mich dazu eingeladen hatten. Unsere Freundschaft währt bis heute.

Im Schuljahr 1987/88 ging der Chef des CBG, OStD Klaus Kolb, in Pension. Sein Nachfolger konnte mich vom ersten Augenblick an nicht leiden. Er hatte ebenfalls den zweiten Bildungsweg hinter sich gebracht, aber hatte das volle akademische Niveau nicht erreicht. Er mischte sich in meine Angelegenheiten als Fachabteilungsleiter für Geschichte und Gemeinschaftskunde ein. Ich ließ ihn gewähren, um meine Ruhe zu haben. Meine Tätigkeit als Privatdozent an der Universität Konstanz passte ihm nicht. Doch erst im Schuljahr 1990/91 fand er die Lösung, wie er diese Tätigkeit unterbinden konnte. Er sorgte dafür, dass es in meinem Stundenplan keinen freien Freitag mehr gab. Ich konnte also meiner Lehrverpflichtung in Konstanz nicht länger nachkommen. Würde ich sie länger als ein Jahr nicht wahrnehmen, hätte ich meine *venia legendi* verloren. Das war wohl die Absicht des neuen Chefs.

Ich sprach mit den Kollegen in der Universität Konstanz und informierte sie über meine Lage. Nach Abwägung aller Fakten kamen wir zu der Schlussfolgerung, dass ich mich umhabilitieren musste, wenn ich nicht auf die Lehre an einer Universität verzichten wollte. Dies kam für mich nicht in Frage und ich überlegte, welche Universität in Frage käme, Heidelberg oder Mannheim. Da ich wusste, wie konservativ die Heidelberger Historiker waren, kam nur Mannheim in Frage. Dort war der ehemalige Vizepräsident der Freien Universität Berlin, Prof. Michael Erbe, Direktor des Historischen Instituts. Ich suchte ihn auf und fragte ihn, ob man mich brauchen könne. Ich müsse mich umhabilitieren und erklärte ihm meine Situation. Er war sofort einverstanden, zumal er mein Fachgebiet als eine Bereicherung für das Institut betrachtete.

Unter normalen Umständen bedeutete eine Umhabilitation, dass man den Habilitationsvorgang nochmals durchlaufen, also eine neue Habilschrift vorlegen und vor der versammelten Fakultät einen Vortrag halten und sich deren Fragen stellen musste. In Mannheim war man kulant. Ich hatte meine Publikationsliste eingereicht, und man war der Ansicht, dass ich keine neue Habilschrift einreichen müsste. Meine Veröffentlichungen überträfen kumulativ den Gegenwert einer Habilschrift. Ähnlich verzichtete man auf die eigentliche Habilprüfung, aber es gab eine neue gesetzliche Regelung: Der Habilitand musste in der Praxis nachweisen, dass er von der Hochschuldidaktik eine Ahnung hatte.

Genau genommen meinte man auch nicht Didaktik, sondern Methodik. Der Begriff Didaktik beschreibt die Auswahl des zu vermittelnden Lehrstoffes. Im Gymnasium gibt der Lehrplan dies vor und in der Universität ist es das Thema des Seminars oder der Übung. Die Methodik hingegen ist die Art und Weise, wie ein Lehrstoff vermittelt wird. Für mich als Gymnasiallehrer war das kein Problem. Wer seinen Unterricht ernst nimmt und das gewisse Etwas hat, was einen guten Lehrer ausmacht, weiß, was Methodik ist und wendet sie richtig an. Kaum ein normaler Hochschullehrer hat eine Ausbildung durchlaufen, wie sie jeder Gymnasiallehrer am Studienseminar vermittelt bekommt. Für mich war es eine Selbstverständlichkeit, dass ich die Methodik auch weiterhin anwandte, wenn auch auf einem universitären Niveau.

Als ich mein erstes Seminar abhielt, saß ein jüngerer Kollege in der hinteren Reihe, hörte zu und machte sich Notizen. Als er in der dritten Sitzung wieder erschien, sprach ich ihn an. Ich hätte als Schulaufsichtsbeamter auch Erfahrung in der Beurteilung von Kollegen. Innerhalb weniger Minuten sähe ich, ob ein Lehrer sein Metier beherrschte oder nicht. Ich bräuchte keineswegs mehrere Schulstunden, um zu einem Urteil zu kommen. Er lächelte mich an und sagte, dass es ihm genauso gegangen sei. Es sei ihm nach wenigen Minuten in der ersten Sitzung klar gewesen, dass ich mein Metier beherrschte. Er selbst habe nie eine solche Ausbildung durchlaufen und er wollte von mir lernen. Ich erklärte mich einverstanden und lud ihn ein, anschließend über diese oder jene methodische Frage zu diskutieren. Er besuchte mein Seminar bis zum Semesterende. Es war der Archäologe Prof. Reinhard Stupperich, mit dem ich von nun an engstens zusammenarbeitete.

Am 16. Oktober 1992 wurde ich erneut zum Privatdozenten ernannt und mir die *Venia Legendi* für Neuere Geschichte erteilt. Am 14. Dezember 1994 beschloss der Senat der Universität, mich zum Außerplanmäßigen Professor zu ernennen, was dann am 16. März 1995 erfolgte.

Mit dem Wechsel nach Mannheim wurde meine wissenschaftliche Arbeit wesentlich erleichtert. Ich konnte die Veranstaltungen so legen, wie es für mich am günstigsten war und auf einen Zeitpunkt, an dem es keinen Unterricht am Gymnasium gab. Es gab keine anstrengenden und kostspieligen Bahnfahrten mehr, von denen man sich erholen musste. Die neue Leitung des Ladenburger Gymnasiums konnte sich damit nicht mehr einmischen. Genau genommen hatte mir der neue Chef etwas Gutes getan, ohne dies natürlich zu wollen.

Und dasselbe wiederholte sich. Kurze Zeit nach der Wende fand in Amsterdam eine Konferenz statt, an der Vertreter kommunistischer Parteien vieler Länder und Wissenschaftler, die sich mit diesen Parteien befassten, teilnahmen. Da man wusste, dass die beiden griechischen Parteien rettungslos zerstritten waren, lud man deren Vertreter erst gar nicht ein, sondern nur mich. Ich musste quasi auch die beiden KPs vertreten. Die Tagung war hochinteressant und man vereinbarte, sich etwa nach einem Jahr wiederzutreffen. Als ich dem Chef des CBG informierte, dass ich auch an dieser Konferenz teilnehmen wollte, untersagte er mir dies, da ich mein "Konto" an freien Tagen schon überzogen hätte.

Ich nahm Rücksprache mit dem Chef der Gymnasien im Oberschulamt Walter Karcher. Er löste das Problem, indem er mich direkt dem Oberschulamt unterstellte. Ich musste von nun an dem Direktor des CBG nur noch mitteilen, dass ich an einem bestimmten Zeitpunkt nicht anwesend sein würde. Meine Tätigkeit als Schulaufsichtsbeamter wurde davon nicht beeinflusst. Letztlich hatte der CBG-Chef, ohne dies zu wollen, mir das Leben erleichtert. Im Oberschulamt war von meiner wissenschaftlichen Arbeit sehr angetan. In ganz Baden Württemberg gab es nur 5 oder 6 habilitierte Gymnasiallehrer und einer von ihnen (ich) unterstand dem Oberschulamt Nordbaden in Karlsruhe.

PRIVATDOZENT IN MANNHEIM

1992-1995

Als ich in Mannheim anfing, beschloss ich, den zweiten Band meiner Geschichte *Griechenland im 20. Jahrhundert* zu schreiben. Band 1 war 1990 bei Romiosini erschienen. Ich begann, mich in die Geschichte des griechisch-italienischen Kriegs einzuarbeiten und mich mit der Operation *Marita* zu beschäftigen. Um kompetent über die Kriegsschauplätze in Epirus und Albanien und in Makedonien schreiben zu können, fragte ich den griechischen Militärattaché, ob es möglich wäre, dass der Generalstab für mich eine Exkursion dahin organisieren könne, auf der ich in Begleitung von Stabsoffizieren in die während des Kriegs herrschende Lage eingewiesen würde. Der Generalstab gab grünes Licht, und so flog ich am 28. Mai 1992 nach Athen.

Ich kam um 16.30 Uhr an und erwartete, dass mich jemand abholen würde. Nach längerem Warten begab ich mich in die Polizeiwache des Flughafen und erzählte, welches Problem ich hätte. Man telefonierte mit dem Generalstab und schließlich gegen 19 Uhr erschien ein Feldwebel mit Chauffeur und brachte mich ins Hotel Caravelle in Pankrati. Wenig später erschien der Zwei-Sterne-General Aristomenis Dionysopoulos, entschuldigte sich und lud mich zum Abendessen ein.

Am nächsten Morgen holte mich ein Hüne von einem Major ab und brachte mich ins Pentagon. Dort sagte man mir, ich solle das Exkursionsprogramm mit den Stellen vor Ort erarbeiten. Um 13 Uhr flog ich nach Ioannina. Dort holte mich Oberstleutnant Vasilis Vassileiou ab. Im Hotel entwickelten wir gemeinsam den Exkursionsplan. Um 19 Uhr traf ich den Kommandeur der 8. Epirotischen Division. Am Samstag, dem 30. Mai fuhren Vassileiou und ich ins Grammos-Massiv und er zeigte mir Aetomilitsa, das ehemalige Hauptquartier von Markos während des Bürgerkriegs, dann das Smolikas-Massiv und das Städtchen Konitsa, wo wir im Offiziersclub aßen. Dann folgten wir dem Aoos-Fluss bis zur albanischen Grenze.

Am nächsten Tag fuhren wir nach Kalpaki und besichtigten das Museum. Dann folgten wir der albanischen Grenze. Bei einer seit dem Krieg zerstörten Brücke watete ein Nordepirote durch den Fluss. Ich versuchte dann vergeblich, an dem Grenzübergang nach Albanien ein Visum zu bekommen. Der Polizeichef von Gjirokastra, der zufällig dort war, verkündete, er sei das Gesetz und nahm mich ohne Visum in seinem Auto nach Gjirokastra mit. Unterwegs sah ich viele dieser halbkugelförmigen Ein-Mann-Bunker aus der Hodja-Zeit. Bei der Fahrt stellte ich fest, dass die Täler in Albanien U-förmig waren, wohingegen sie in Epirus V-förmig waren. Ich begriff, wieso Mussolini 1940 Panzer eingesetzt hatte, anscheinend hatte er keine Ahnung vom Charakter der epirotischen Täler. Der Polizeichef führte mich durch sein Städtchen und begleitete mich ins Kriegsmuseum. Dort sah ich zum ersten Mal italienische Ein-Tonnen-Panzer, die wie etwas zu groß geratene Schildkröten aussahen.

Das tollste Stück des Museums war das Wrack jenes amerikanischen Spionageflugzeuges, das 1946 abgeschossen worden war. Es stand im Freien umgeben von einer hölzernen Absperrung. Als ich andeutete, dass ich gerne das Flugzeug näher betrachten würde, ermunterte mich der Polizeichef, über die Balustrade zu klettern. Als ich in das Flugzeug hineinschaute, erblickte ich gähnende Leere; es war eine Attrappe. Später fuhr mich der Polizeichef wieder zur Grenze zurück, wo Vassileiou geduldig auf mich gewartet hatte.

In einem auf der Höhe gelegenen Dorf tranken wir Kaffee. Dort erzählte eine Nordepirotin, dass jeder, der vor der Wende Griechisch sprach, mit 10 Jahren Gefängnis betraft worden sei. Enver Hodscha sei Gott gewesen.

Oberstleutnant Vasilis Vassiliou hatte die Tage hindurch eine exzellente Arbeit geleistet. Er kannte nicht nur die Region, sondern auch ihre Geschichte. Er begriff genau, was für mich wichtig war. Am 1. Juni verabschiedete mich der Divisionsgeneral und überreichte mir das

Divisionsemblem zur Erinnerung. Nach einem Besuch des Wachsfigurenkabinetts flog ich nach Saloniki. Der Aufenthalt in Ioannina hatte sich gelohnt, denn ich hatte nun konkrete Vorstellungen von der epirotischen Topographie.

Den Abend verbrachte ich in der Les'chi Axiomatikon (Offiziersclub) neben dem Weißen Turm. Das Diner fand auf der Dachterasse statt. Man hatte einen phantastischen Blick über die Bucht hinüber zum Olymp-Massiv, wo ein Gewitter niederging. Die einschlagenden Blitze waren faszinierend. Anwesend waren der Stabschef des III. Korps, der die Bundeswehr-Führungsakademie absolviert hatte, Prof. Vasileios Kontis vom Institute for Balkan Studies der Universität Saloniki und Spyridon Sfetas, der mich von nun an begleiten sollte.

Am 2. Juni zeigte man mir die Enge von Roupel. Beim Durchgang durch die Bunkeranlage wurde mir klar, dass sie erheblich schwächer war als die Maginot-Linie. Es gab keine Panzertüren und keine drehbaren Kanonentürme. Ein Vertreter des militärischen Geheimdienstes wollte verhindern, dass ich bestimmte Anlagen und Stellungen besichtigen konnte. Ich protestierte, und nach einem Telefonat mit Athen gab es plötzlich keine Hindernisse mehr. Am folgenden Tag fuhren wir nach Nevrokopi und besichtigten die dortigen Anlagen der Metaxas-Linie. Die Weiterfahrt erfolgte über Kavalla nach Xanthi. Zwei Tage später suchten wir den Kommandeur des IV. Korps auf. Anschließend fuhren wir ins Pomaken-Gebiet, das normalerweise gesperrt war und besichtigten die Bunkeranlage bei Glafki. Wir übernachteten in Xanthi. Am 5. Juni ging die Fahrt weiter nach Komotini und Nymfaia. Dieses Fort war das bislang größte.

Nachmittags flog ich nach Athen zurück. Eigentlich wollte man mir auch noch Kreta zeigen, aber erstens war mir die dafür zur Verfügung stehende Zeit zu kurz und zweitens wollte ich die Operation Merkur, die Eroberung Kretas im Mai 1941, in einem zweiten Buch beschreiben. Die jetzige Studie würde nur den griechisch-italienischen Krieg im Winter 1940/41 und die Besetzung Griechenlands durch die Wehrmacht im April 1941 umfassen. In Athen erwartete mich Material des GES, Karten und Bücher. Ich begann zu begreifen, dass das griechische Militär anscheinend die einzige Institution in Griechenland ist, die funktioniert.

Wie ich eingangs dieses Kapitels sagte, wollte ich eigentlich Band 2 der Geschichte Griechenlands im 20. Jahrhundert schreiben, aber mein Vorhaben lief total aus dem Ruder, denn die Darstellung der Ereignisse von 1940 und 1941 benötigten 500 Seiten. Als ich dieses Manuskript Romiosini anbot, lehnte der Verlag die Veröffentlichung ab. Das Buch sei für den Literaturverlag Romiosini zu militärisch. Ich ließ das fertige Manuskript daher zunächst einmal liegen und konzentrierte mich auf die für Februar 1993 geplante Exkursion nach Zypern.

Diese Exkursion war etwas Außergewöhnliches, denn die Teilnehmer waren Studenten aus zwei Fächern: Geschichte und Archäologie. Als ich im Sommer 1992 Reinhard Stupperich erzählte, dass ich für das Ende des Wintersemesters eine Exkursion nach Zypern plante, fragte er, ob er mit seinen Studenten daran teilnehmen könne. Ich hielt dies für eine sehr gute Idee, denn dann würden beide Gruppen mehr davon profitieren. Ich verpflichtete meine Studenten, im Wintersemester eine Einführungsvorlesung über die Archäologie Zyperns von Reinhard zu besuchen, und er tat das dasselbe umgekehrt. Seine Studenten mussten meine entsprechende Vorlesung über die zypriotische Geschichte im 20. Jahrhundert belegen. Wir würden also eine interdisziplinäre Exkursion unternehmen.

Ich informierte das PIO darüber und bat sie, das Programm so zu gestalten, dass etwa 80 oder 90 Prozent für beide Gruppen geeignet war. Nur wenn es sehr spezifisch wurde, würden wir uns trennen. Im PIO begriff man sehr rasch, was wir planten und man entwickelte ein entsprechendes Programm.

Wir flogen am Donnerstag, dem 18. Februar 1993 nach Larnaka, wo wir von einem Bus abgeholt und ins Averoff-Hotel in Nikosia gebracht wurden. Wir waren die einzigen Gäste und der ältliche Empfangschef war der Meinung, dass die "Kinder" um 22 Uhr ins Bett gehörten. Ich musste ihn nachdrücklich darauf hinweisen, dass unsere Studenten erwachsen waren und abends das Erlebte diskutieren wollten. Leicht mit den Zähnen knirschend akzeptierte er dies.

Am Freitag begann das Programm mit Besuch des Vorsitzenden der ehemaligen EOKA-Kämpfers, Thasos Sofokleous, in seinem Büro. Dann brachte man uns mit dem Bus ins PIO, wo wir im "Amphitheatre" die Ausführungen des Vorsitzenden der Vereinigung der vermissten Personen anhörten. Am späten Vormittag trafen wir den Botschafter der Bundesrepublik, Henning von Hassell. Am Nachmittag suchten wir Rauf Denktasch im Norden auf.

Der Samstag und der Sonntag waren für Besichtigungen und Exkursionen reserviert. Wir besuchten Tamassos und das Kloster Machairas und nachmittags Potamia, den einzigen Ort Zyperns, wo noch griechische und türkische Zyprioten friedlich zusammenleben. Am Sonntag waren Chirokitia, Amathus, Kolossi, Kourion, Kouklia und Paphos dran. Der Bürgermeister von Paphos lud die Gruppe zum Lunch ein. Am Montag suchten wir morgens Özgür, Akinçi und Atakol auf. Der Nachmittag war der Erkundung der Umgebung von Famagousta und der Stadt selbst gewidmet. Am Dienstag waren wir wieder im Norden, aber diesmal in westlicher Richtung, und besuchten Morphou..

Am Mittwoch hatte ich eine Unterredung mit Andreas Sofokleous, der inzwischen Direktor des PIO geworden war. Thema unseres Gesprächs war u.a. das Projekt mit der Stiftungsprofessur. Er schlug vor, dass bei meinem nächsten Besuch Prof. Erbe mitkommen sollte. Ich hielt den Vorschlag für sehr gut und stimmte voll zu. Später kam ich mit Iakovou zusammen, um über dasselbe Thema zu reden. Die Studenten wurden in der Zwischenzeit vom Parlamentspräsidenten Alexis Galanos und vom Chef der EDEK Vasos Lyssaridis empfangen. Bevor Oberbürgermeister Lellos Dimitriadis die ganze Gruppe zum Lunch einlud, führte uns ein UNFICYP-Offizier quer durch Nikosia der Green Line entlang, die teilweise aus einer Mauer bestand wie in Berlin. Manchmal ging es innerhalb von Gebäuden treppauf und treppab. Es war eine hochinteressante Erfahrung.

Nach dem Lunch führte der Archäologieprofessor Vasos Karageorgis die ganze Gruppe durch das Archäologische Museum. Er machte es so geschickt, dass sogar die Studenten der Geschichte ihm aufmerksam zuhörten. Um 17 Uhr gab ich dem *Cyprus Weekly* ein Interview. Eine halbe Stunde später besuchten wir die Universität. Prof. Nelly Tsouyopoulou war Gründungsrektorin. Von Hause aus war sie Medizinhistorikerin an der Universität Münster. Sie wurde Gründungsrektorin aufgrund einer Old-Girls-Network-Verbindung zur Erziehungsministerin Claire Angelidou. Sie empfing uns und wusste aber nicht, was sie mit uns anfangen sollte. Ich gewann den Eindruck, dass sie ziemlich überfordert und gestresst war. Wie aus Münster zu erfahren war, war sie eine gute akademische Lehrerin, aber mit den bürokratischen und architektonischen Planungen kam sie nicht klar.

Am 25. Februar besuchten wir die Hinrichtungsstätten im Gefängnis, wo die Briten EOKA-Kämpfer gehenkt hatten und anschließend die sog. Imprisoned Tombs. Es handelte sich um einen von der Außenwelt durch Mauern abgetrennten kleinen Friedhof im Gefängnis, wo die Hingerichteten begraben wurden. Die Briten wollten damals vermeiden, dass die Gräber zu Wallfahrtsorten würden. Die Studenten waren tief beeindruckt.

Auf dem Weg vom Busparkplatz zum Gefängnis unterhielt ich mich mit Hubert Faustmann, einem meiner intelligentesten Studenten. Ich fragte ihn, ob er Lust hätte, über ein zypriotisches Thema zu promovieren. Er nahm meinen Vorschlag begeistert an. Heute ist er Professor an der University of Nicosia.

Um Mittag trafen wir den Government Spokesman, Andreas Mavromatis. Der Lunch wurde vom Außenministerium gestiftet. Danach folgte ein Gespräch mit dem Chef der Auslandsabteilung der AKEL, Donis Christofidis. Später besichtigten wir das EOKA-Museum. In den folgenden Tagen folgte eine Exkursion nach Larnaka und nach Osten bis an die Green Line bei der Geisterstadt Varosha. Am Sonntag dem 28. Februar flogen wir nach Frankfurt zurück.

Den letzten Abend in Zypern hatten Reinhard Stupperich und ich in einer Taverne in der Laïki Geitonia verbacht. Wir zogen Bilanz über die Exkursion und stimmten überein, dass das interdisziplinäre Konzept äußerst fruchtbar gewesen war und wir es wiederholen sollten. Nachdem wir die erste Flasche Afroditi-Wein geleert hatten, griff vermutlich die Göttin selbst ein, denn, als wir die zweite Flasche öffneten, entwickelte Reinhard plötzlich eine phantastische Idee: Wir sollten doch eine Zeitschrift zusammen herausgeben, die die griechische Welt von der Antike bis zur Gegenwart umfassen sollte. Ich wandte ein, dass zwischen unseren Fachgebieten doch eine riesige Lücke sei. Reinhard meinte, die wachse mit der Zeit zu. Er hatte recht. Die Zeitschrift, die wir nach der Meeresgöttin THETIS nannten, erscheint inzwischen im dreiundzwanzigsten Jahr, und die Lücke ist in der Tat zugewachsen. THETIS ist die einzige interdisziplinäre Zeitschrift dieser Art in Europa.

Nach unserer Rückkehr entwickelten wir das Konzept, das bis heute gültig ist. Im Hauptteil sollten sich Artikel von der Archäologie, der Alten, Byzantinischen, Neueren Geschichte und der Zeitgeschichte befinden. Im zweiten, kürzeren, sollten Dokumente veröffentlicht werden. In THETIS war dies z.B. das Januar-1948-Heft von *Dimokratikos Stratos*. Außerdem gaben wir dort der türkisch-zypriotischen Opposition das Wort.

Am Wochenende des 2.-4. Juli 1993 nahmen die Teilnehmer der Exkursion zur Nachbereitung an einem Seminar in der Fritz-Erler-Akademie in Freudenstadt teil. Der Freitagabend war der altkyprischen Kultur gewidmet. Am Samstag waren die lokalen Faktoren dran und am Sonntag das internationale Umfeld der Zypernkrise. Durch diese Nachbereitung wurde das Ergebnis der Exkursion vertieft und zugleich wurden Maßstäbe für spätere Exkursionen gesetzt.

Am 31. Oktober 1993 flogen Michael Erbe und ich nach Zypern. Das PIO hatte für den nächsten Tag ein Treffen mit Claire Angelidou, der Ministerin für Erziehung und Kultur, vereinbart. Frau Angelidou war ursprünglich Gymnasiallehrerin gewesen. Als wir anfingen, über unser Projekt zu reden, mussten wir feststellen, dass sie völlig uninformiert war. Als ich sie fragte, ob sie mein Memorandum über die Stiftungsprofessur erhalten hätte, verneinte sie das. Sie hatte nicht den geringsten Schimmer von dem, über was wir mit ihr reden wollten. Es war schließlich nur noch peinlich. Anschließend zeigte ich Erbe die Innenstadt von Nicosia und die Demarkationslinie.

Das Treffen mit dem neuen Regierungssprecher Giannakis Kassoulidis am nächsten Vormittag war gut. Seine Informationen über das Projekt waren auf dem neuesten Stand. Er machte sich stark für eine neue Idee: Die Geisterstadt Varosha sollte der Republik übergeben werden, die dafür der Wiederinbetriebnahme des Flughafens von Nicosia zustimmen würde. Kassoulidis bot mir eine Gastprofessur an, allerdings müsse ich in griechischer Sprache lehren, was natürlich ausgeschlossen war. Beim anschließenden Treffen mit dem Chef der Cyprus Tourist Organization, Andros Papageorgiou, zeigte es sich, dass er in der Tourismus-Fachhochschule in Heilbronn studiert hatte. Er war bereit, THETIS durch eine Anzeige zu unterstützen. Ähnlich äußerte sich der Vertreter der Cyprus Airways.

Am Vormittag des 3. November hielt ich eine Vorlesung in der Universität, bei der fast nur Studentinnen anwesend waren. Anschließend fuhren wir nach Kolossi und Kourion. An unserem "freien" Tag besuchten wir den Norden. Wir trafen Özgür, der mir ein Statement seiner Oppositionspartei gab, das ich in THETIS zu veröffentlichen versprach. Er berichtete, dass die Zahl der Siedler inzwischen 70.000 erreicht habe. Anschließend besuchten wir Famagousta, Bellapais und Kyrenia. Abends luden uns Nitsa und Giorgo Neofytou zum Abendessen ein.

Am Freitag trafen wir Vanias Markidis vom Außenministerium. Später kamen wir mit Pieris von der Universität zusammen. Wenig später stießen Tsouyopoulou und Prof. Stavrou aus den USA dazu. Erbe unterbreitete einen Vorschlag zur Kooperation der beiden Universitäten. Zu Beginn jeden Semesters würde ein Kollege von Mannheim nach Nikosia kommen und die Studenten über sein Kompaktseminar am Ende des Semesters informieren. Dann würde er Referatthemen vergeben. Am Ende des Semesters würde er wiederkommen und in einer Woche das vorgesehene Thema behandeln. Markidis fand das sehr gut, stellte aber fest, dass nach dem Universitätsgesetz die Lehre auf Griechisch oder Türkisch stattfinden müsse. Erbe fragte, ob er Neugriechisch lernen müsse, Altgriechisch könne er schon. Markidis antwortete bejahend, worauf Erbe in schönstem Berlinisch meinte, dann eben nicht. Mir wurde wieder die Gastprofessur angeboten, obwohl man wusste, dass ich diese mangels Sprachkenntnis nicht annehmen konnte. Das Ganze war etwas frustrierend.

Als die Universität Zypern gegründet wurde, legte das entsprechende Gesetz diese beiden Sprachen als Unterrichtssprachen fest. Dies geschah aus einem immer noch vorhandenen antikolonialen Reflex. Man begriff nicht, dass man damit eine Kooperation mit europäischen Universitäten verhinderte. Wäre Englisch als weitere Unterrichtssprache zugelassen worden, wäre eine Zusammenarbeit möglich gewesen. Außerdem wäre die Universität Zypern die östlichste europäische im Mittelmeer geworden. Sie hätte zweifellos viele arabische Studenten angezogen und wäre damit sogar zu einem wirtschaftlichen Faktor für die Insel geworden. Immerhin publiziert die Universität in englischer Sprache.

Das Treffen mit Lellos war wie immer äußerst unterhaltend. Lellos und Erbe konnten auf Anhieb miteinander. Beide hatten einen ähnlichen Sinn für Humor. Wir wurden zum Lunch eingeladen und Olga erwies sich als eine blendende Gastgeberin. Am 6. November zeigte uns unsere PIO-Betreuerin das Troodos-Massiv. Wir besuchten Asinou und Kakopetria. Nachmittags rief mich Sofokleous an. Er wollte mich in ein Komitee holen und versprach, unser Projekt zu fördern. Am Sonntag, dem 7. November flogen wir nach Frankfurt zurück.

Seit Jahren war ich mit dem Vorsitzenden der epirotischen Vereinigungen in Deutschland, Kostas Fotou, aus Nürnberg befreundet. Ich hatte immer wieder Vorträge in Nürnberg und in Erlangen gehalten. Nun erzählte ich ihm von unseren Plänen mit der Stiftungsprofessur und er wollte wissen, ob man nicht eine Partnerschaft zwischen den Universitäten Mannheim und Ioannina auf die Wege bringen könne. Ich hatte nichts dagegen und nahm Rücksprache mit Michael Erbe, der es für eine gute Idee hielt. Ich sagte Kostas Fotou, er solle doch einen ersten Kontakt organisieren. Kostas ging ans Werk und bereitete eine Reise nach Epirus für Ende Oktober 1994 vor.

Am 28. Oktober flogen wir über Athen nach Ioannina. Am selben Abend hielt ich im Pnefmatiko Kentro (Kulturzentrum) der Stadt einen Vortrag über den 6-Wochen-Mythos. Kostas übersetzte. Ich sagte damals, dass Mythen und Legenden reizvoll seien. Ich sei ein Verehrer von ihnen, solange es klassische Mythen wären und sie nicht den Blick für die Realität trübten. Historiographie habe aber eine emanzipatorische Funktion. Sie solle im alten Wortsinn aufklären und nicht verschleiern. Bei den anschließenden Fragen zeigte es sich, dass viele der Anwesenden an den Mythos glaubten, dass Hitler den Zweiten Weltkrieg verloren habe, weil die Griechen sechs Wochen lang gekämpft hätten und darum diese sechs Wochen dann im Herbst vor Moskau gefehlt hätten. Dieser Mythos war schon damals von der internationalen Forschung als Mythos erkannt worden.

Der örtliche Nea Dimokratia-Abgeordnete Antonis Fousas reagierte aggressiv. Offensichtlich hatte ich in seinen Augen ein Tabu verletzt. Doch nun stellten sich drei Rechtsanwälte aus Ioannina auf meine Seite. Es waren dies Giorgios Votis, Dimosthenis Gountas und Vasileios Gountas. Der Abgeordnete sah eine Chance, sich auf meine Kosten zu profilieren, und stellte sogar im Parlament eine diesbezügliche Frage. Die epirotische Presse reagierte insgesamt gelassen und nicht so hysterisch wie Jahre später die kretische.

Das Abendessen nahmen wir mit dem Bürgermeister ein, der sogar an einer Städtepartnerschaft mit Mannheim Interesse zeigte. Am 29. Oktober machten wir einen Ausflug in die Zagoria-Dörfer und besuchten das Kloster und die Schlucht. Abends sprach mich ein Mann auf der Straße in Ioannina an: Er sei ein Bewunderer von "Revolution und Konterrevolution". Er habe meinen Vortrag gut gefunden. In der Nacht wurde ich von Dutzenden von Schnaken attackiert. Gegen Mittag fuhren wir nach Kalpaki und von dort in die Berge. Abends lud uns der Dekan der Philosophischen Fakultät, der Altphilologe Georgios Savantidis, zum Abendessen ein.

Am Vormittag des 31. Oktober zeigte Savantidis mir die Bibliothek. Ich stiftete zwei Bibliographien und eine Anzahl Sonderdrucke. Dann diskutierten wir die Möglichkeiten einer Zusammenarbeit. Mittags zeigte mir Kostas sein Dorf, wo wir auch zu Mittag aßen. Abends gab es Gespräche bei der Etairia Epirotikon Spoudon über die Zusammenarbeit. Am 1. November kamen wir mit dem Archäologieprofessor Athanasios Paliouras zusammen, um die Punkte zu erarbeiten, an denen eine Zusammenarbeit möglich war. Am nächsten Tag stellten der Bürgermeister und ich auf einer Pressekonferenz unsere Ideen vor. Am 3. November berichteten die Presseorgane und das lokale Fernsehen sehr positiv darüber. Nachmittags flogen wir nach Athen und am nächsten Tag nach Frankfurt.

Für THETIS 1 (1994) schrieb ich einen Aufsatz über die Verhandlungen in Zypern über den möglichen Austausch zwischen Varosha und dem Flughafen von Nikosia.[1] Für die 1995 erscheinende THETIS 2 verfasste ich einen Artikel über den Sechs-Wochen-Mythos[2] und einen zweiten über die aktuellen Verhandlungen in Zypern.[3] Hinzu kamen editorische Arbeiten an THETIS. Da THETIS damals über ein photographisches Verfahren direkt auf die Druckplatte kopiert wurde, musste die ganze Zeitschrift im Computer zunächst zusammengebaut und formatiert werden. Wenn alles stimmte, wurde das Ganze ausgedruckt. Dieser Computerausdruck war dann die Vorlage für die photographische Aufnahme. Da von uns nur ich damals über die nötigen Computer-Kenntnisse verfügte, gingen die ersten Bände von THETIS durch meinen Computer. Da es schon damals kaum noch Korrektoren gab, waren wir sehr froh und dankbar, als sich die Archäologin Marion Tepel bereit erklärte, diese Arbeit zu übernehmen. Sie betreute die THETIS-Bände 3 bis 10 also von 1996 bis 2003. Sie machte diese Arbeit auch dann noch später über das Internet als sie mit ihrem Mann, dem Astrophysiker Bernhard Schulz, in den USA lebte. Ich kannte Bernhard seit seiner Zeit als Schüler am CBG

---

1 "Eine neue Runde im Poker um Zypern: Varoşa versus Nicosia Airport" *THETIS* 1 (1994), pp. 108-18.

2 "Die Auswirkungen der Operationen 'Marita' und 'Merkur' auf den Beginn des Unternehmens 'Barbarossa'. *THETIS* 2 (1995), pp. 203-216.

3 "Vertrauensbildende Maßnahmen ohne Vertrauen. Die Entwicklung auf Zypern 1993/4" *THETIS* 2 (1995), pp. 245-262.

und habe auch heute noch Kontakt mit ihm und ihr via Skype. Inzwischen weiß ich, welche hervorragende Arbeit Marion geleistet hat und bin ihr sehr dankbar.

1994 jährte sich die Invasion Zyperns zum zwanzigsten Mal. Man bat bei den Veranstaltungen um meine Mithilfe, die ich gerne gewährte. Am 20. Juni sprach ich in der Volkshochschule Stuttgart. Am 26. Juni in Nürnberg. Eingeladen hatte dort die griechische Gemeinde. In München lud mich die Deutsch-Zyprische Gesellschaft und der Verein zur Förderung der Griechisch-Orthodoxen Kirche in Deutschland ein, zum selben Thema zu sprechen. Am 25. September referierte ich vor der Mannheimer Abendakademie. Ich weiß noch, dass ich an noch mehr Orten Vorträge zu diesem Thema hielt, aber da ich keine Unterlagen aufbewahrt habe, kann ich die Orte nicht mehr nennen.

Im Dezember 1994 nahm ich an der vom *Institute for Balkan Studies* und dem *Department of History and Archaeology* der Universität Saloniki organisierten Konferenz teil, die den Titel *Macedonia and Thrace, 1941-1944: Occupation - Resistance - Liberation* trug. Es war eine hochkarätige internationale Teilnehmerschaft, die alle Aspekte dieser Zeit vortrug und diskutierte. Ich sprach über den Sechs-Wochen-Mythos und zerpflückte ihn, indem ich zeigte, wer ihn im Herbst 1941 in die Welt gesetzt hatte (Anthony Eden) und wie er sich weiter entwickelte.[1] Aber der Mythos ist zählebig, wie ich in jüngster Zeit feststellen musste.

Unter den Teilnehmern der Konferenz befand sich auch Hagen Fleischer. Obwohl ich seine Bemerkungen über mich kannte, hatte ich bis zu diesem Zeitpunkt mich nie dazu öffentlich geäußert. Ich ging nun auf ihn zu und sagte zu ihm, dass wir eigentlich nach so vielen Jahren das Kriegsbeil begraben sollten und Freunde werden könnten. Er war einverstanden und ich gewann den Eindruck, dass er es ernst meinte, denn einige Jahre später lud er mich sogar zu sich nach Hause ein. Wie ich jedoch in jüngster Zeit bedauerlicherweise feststellen musste, irrte ich mich.

Im Januar 1995 lud mich das PIO zu meiner nächsten Zypernreise ein. Ich flog am 24. Februar nach Larnaka, wo ich von einer Kollegin von Nitsa Neofytou abgeholt wurde. Noch am selben Abend führte ich ein langes Gespräch mit Michalis Koumidis über das Projekt. Er berichtete, dass er nach Bonn an die Botschaft versetzt werde.

Den Ausflug am Samstag betreute Prof Joachim Joachim, Historiker an der neuen Universität. Wir besuchten zunächst die mir schon bekannte Kirche von Asinou, deren Ausmalung mich jedesmal aufs Neue faszinierte. In Kakopetria aßen wir in der Mühle zu Mittag. Es gab wunderbar schmeckende Forellen in einer Knoblauchsoße und einheimische frittierte Kartoffeln, die ebenfalls einen großartigen Eigengeschmack hatten. Später besichtigten wir die Kirchen von Ag. Nikolaos tis Stegis und Panagia Araka. Aus dem, was Joachim über die Uni erzählte, entnahm ich, dass es dort noch ein Hauen und Stechen um Posten gab.

Den Abend verbrachte ich mit Kyriakos Dimitriou in einem Rebetika-Lokal. Schon aus den Gesprächen dieses ersten Tages wurde mir klar, dass sich die Tendenz hin zu Europa verstärkt und der Abstand zu Griechenland vergrößert hatte. Man sprach zum ersten Mal ganz offen über die Distanz. Am Sonntag war Joachims Frau Dorothy, eine Engländerin, dabei. Wir fuhren nach Paphos und dann über die Halbinsel Akamas nach Norden bis zu den Loutra tis

---

1 "The Impact of Operations *Marita* and *Merkur* on *Barbarossa*. The six missing weeks in front of Moscow. Myth or historical truth?" *in:* Institute for Balkan Studies (ed.), *Macedonia and Thrace, 1941-1944. Occupation - Resistance - Liberation* (Thessaloniki: IMXA, 1998), pp. 15-32.

Afroditis (Bad von Afrodoti), ein wunderbarer idyllischer Ort. Daneben am Kai aßen wir Fisch zu Mittag.

Am Montag begann die Arbeit um 9 Uhr, als ich mich mit Adreas Sofokleous dem PIO-Chef traf. Wir machten eine Tour d'horizon aller anstehenden Themen. Einen Schwerpunkt bildete natürlich die Stiftungsprofessur. Er war von THETIS so beeindruckt, dass er 60 Exemplare bestellte. Anschließend brachte mich ein deutscher Diplomat zur Demarkationslinie und sorgte dafür, dass ich ein für fünf Tage gültiges Visum bekam. Ich lief die wenigen hundert Meter vom Checkpoint zum Präsidentenpalais, das auf einer nördlichen Bastion liegt, zu Fuß.

Dieses Mal war Denktasch völlig aufgedreht: Die Griechen würden sich, sobald sie der EU beigetreten seien, bewaffnen und dann angreifen, was Krieg bedeute. Seine Argumentation war völlig irrational. Eine Lösung gebe es nur, wenn die Eigenstaatlichkeit des Nordens der Insel anerkannt sei. Schaffe der Süden den Beitritt zur EU, werde er Nord-Zypern zu einer türkischen Provinz machen. Denktasch verhielt sich egoman und psychotisch; es war der beginnende Wahlkampf.

Danach kehrte ich in den Süden zurück. Um 13.30 Uhr sollte ich mit Sofokleous den Lunch einnehmen. Der Rektor der Universität Miltiadis Chacholiadis nahm auch teil. Ich sagte einiges über die mögliche Zusammenarbeit der Universitäten. Nach dem Lunch begab ich mich wieder auf die andere Seite, wo ich 16 Uhr Mustafa Akinçi traf. Er kandidierte gegen Denktasch und hatte einen Drei-Stufen-Plan entwickelt. Zunächst sollten Confidence Building Measures realisiert werden. Diese würden zu einer Lösung führen und dann sollte der EU—Beitritt erfolgen. Abends nahmen Nitsa und Giorgo Neofytou mich mit ins Theater.

Am Morgen des 28. Februar kam ich mit Außenminister Alekos Michailidis zusammen. Nach einer Tour d'Horizon über das Zypernproblem kamen wir auf das Projekt zu sprechen. Er sei dafür und wolle sich für seine Realisierung einsetzen. Das anschließende Gespräch mit der Professorin Louisa Loukoupoulou von der Uni Zypern war absolut kontraproduktiv. Ihr war jedes Argument recht, um gegen die Kooperation unserer Unis zu argumentieren. Ich kam mir vor wie weiland in Athen. Ihr Verhalten war umso erstaunlicher, als Michalis Koumidis vom PIO dabei war. Beim Treffen mit dem Professor für Internationale Beziehungen, Joseph Joseph, stellte ich fest, dass die Dame Loukoupoulou ziemlich einflussreich war. Um 12 Uhr fand eine Sitzung mit Chacholiadis, Joachim, Joseph und Loukoupoulou statt. Letztere gab ihr Bestes, um die Zusammenarbeit zu torpedieren. Das Totschlagargument war, dass keiner der Mannheimer Professoren Griechisch oder Türkisch spreche, und nur in diesen Sprachen an der Universität Zypern gelehrt werden dürfe. Sie war radikal gegen jede Zusammenarbeit; warum dies so war, entzog sich meiner Kenntnis.

Am späten Nachmittag kam ich mit Tasos Varelas zusammen. Er stammte aus Nea-Irakleion und war nach Neuseeland ausgewandert. Nun drehte er einen Fernsehfilm über das Zypernproblem und fragte mich, ob ich zu einem Interview bereit wäre. Ich sagte zu und das Interview fand im Innenhof der Alten Universität am 1. März statt. Der Film lief einige Wochen später im neuseeländischen Fernsehen.

Am 1. März traf ich Lellos Dimitriadis. Er war so herzlich wie immer. Er versprach, eine Anzeige in THETIS zu schalten und uns weitere Mittel zu besorgen. Das Gespräch mit dem für die Zypernfrage zuständigen Abteilungsleiter im Außenministerium, Andreas Pirishis, war wenig ergiebig. Im PIO lernte ich meine neue "Betreuerin" Laniti kennen. Am frühen Nachmittag kam ich mit Botschafter Friedrich Garbers zusammen, später traf ich zwei weitere Angehörige der Uni, die beide auf der Linie von Loukoupoulou waren. Ich gewann den Eindruck, dass es im Erziehungsministerium Kräfte gab, denen die ganze Richtung nicht passte. Warum dies so war, begriff ich damals noch nicht.

Am Tag darauf hatte ich ein Gespräch mit Regierungssprecher Kassoulidis. Er versprach, sich in der Frage der Kooperation der Universitäten und der Stiftungsprofessur stark zu machen. Er werde eine Regierungsvorlage organisieren. Um 10.30 Uhr traf ich Dimitris Christofias von der AKEL. Ich sprach ihn auf die nicht-veröffentlichte Geschichte der AKEL an. Er versprach mir eine Fotokopie, die ich wenig später auch erhielt. Gegen Mittag kam ich mit dem Journalisten Alpay Durduran zusammen. Beim Essen erzählte mir Durduran, dass die türkische Armee und die Botschaft das gesamte Wirtschaftsleben im Norden kontrollierten. Die türkische Armee besitze sogar große Stücke des Bodens der Insel. Vor 20 Jahren habe Denktasch vor den Parteiführern verkündet, dass er keine Lösung wolle. Man werde keinen Quadratmeter Boden aufgeben.

Ahmet Cavit erzählte, dass er Reiseverbot habe. Er habe seinen Fall vor den Europäischen Menschenrechtsgerichtshof nach Straßburg gebracht. Etwas später traf ich Özker Özgür, der inzwischen Minister geworden war. Ich gewann den Eindruck, dass er schlechter informiert war als früher. Denktasch belog offensichtlich sogar seine Minister. Özgür erzählte, dass Denktasch versucht hatte, die Führung seiner NUP-Partei seinem Sohn erblich zu hinterlassen, aber da habe es Krach gegeben und die NUP habe sich gespalten. Beim Treffen mit Akinçi waren einige Intellektuelle dabei. Man diskutierte über die Cypriotness. Ich stellte fest, dass man in diesen Kreisen in dieser Frage weiter war als im Süden.

Abends plauderte ich mit Michalis Koumindis über diese Frage. Er vertrat die Ansicht, dass die Zyprioten Westeuropäer seien mit spezifischen Zügen. Dem konnte ich nur zustimmen. Am 3. März 1995 flog ich nach Frankfurt zurück.

Am 16. März 1995 ernannte mich die Universität Mannheim zum außerplanmäßigen Professor. Im Mai 1995 nahm ich an einer Konferenz in Konitsa über den Bürgerkrieg teil. Ich kam bedingt durch die Flugpläne zwei Tage vor Konferenzbeginn dort an. Am nächsten Tag unternahm ich eine ausgedehnte Wanderung auf den Smolikas. Auf dem Weg nach oben kam ich am sog. Drakolimni (Drachensee) vorbei, in dem eine Rasse von Molchen lebt, die es nirgendwo anders zu sehen gibt. Auf dem Weg zurück im Aoos-Tal kam ich an eine Stelle, wo der Fluss den Weg weggerissen hatte. Da die Talwände dort steil anstiegen, konnte ich nicht ausweichen, außer ich ging den ganzen Weg, den ich gewandert war, zurück. Also zog ich meine Kleider aus, band sie zusammen und schwamm, sie über den Kopf haltend, etwa zweihundert Meter den Fluss hinab. Dann kletterte ich wieder an Land und zog mich wieder an.

Die Konferenz begann am 12. und dauerte bis zum 14. Mai 1995. Drei Tage lang saß ich neben Georgios Papandreou, der als Gast teilnahm. In der Zeit freundete ich mich mit ihm an. Er war für einen griechischen Politiker ein bemerkenswert anständiger Mensch. Ich hielt ein Referat über die Offensive der DSE gegen Konitsa im Bürgerkrieg.[1] Da ich die DSE nicht als blutrünstige Kommunisten verdammte, war ich in bestimmten Kreisen mal wieder unten durch. Der Bischof von Konitsa nannte mich einen Kommunisten. Ganz offensichtlich war der Kalte Krieg im Norden von Epirus noch nicht überwunden.

Während der Konferenz traf ich auch die Freunde aus Ioannina, darunter meine drei Anwälte. Am 12. Mai hatte ich eine lange Unterredung mit Thanasis Paliouras über das Projekt. Am 13. Mai aß ich mit Savantidis zu Abend.

1 "The Offensive against Konitsa" in: Dimos Konitsas, Pnefmatiko Kentro (ed.) *Η επαρχία Κόνιτσας στο χώρο και το χρόνο* (Konitsa, 1996), pp. 381-87.

Abb. 98 Kriegsmuseum in Rethymnon

Abb. 99 Kriegsmuseum in Chromonasteri bei Rethymnon

Abb. 100 Harald Gilbert, Hauptmann Kostas Katsaris und Ex-General Paragioudakis

Abb. 101 Mit Harald Gilbert und Ex-General Paragioudakis

Abb. 102 Privates Kriegsmuseum in Kares in der Hochebene von Askisou

Abb. 103 Wirt der Taverne O Andartis in Theriso

Abb. 104 Vor der Buchpräsentation
Links: Mein Verleger Kostas Govostis, Stamatis Lymperopoulos und Ex-General Paragioudakis

Abb. 105 Buchpräsentation durch Stamatis Lymperopoulos

Abb. 106 Mein Buch im Schaufenster der Buchhandlung Eleftheroudakis in Athen

Abb. 107 Während der Präsentation

Abb. 108 Bei der Präsentation: Harry und Anne Cliadakis

Abb. 109 Bei der Präsentation

Abb. 110 Nach der Präsentation mit Hagen Fleischer

Abb. 111 Vorbereitung zur Verleihung des Dr.h.c.

Abb. 112 Die Schwarzhemden kommen

Abb. 113 Die Schreihälse

PROFESSOR IN MANNHEIM

1995-2003

Im Juni 1995 gab es eine neue ziemlich verblüffende Entwicklung, als die zypriotische Erziehungsministerin Claire Angelidou in Münster erschien und mit dem Rektor der Universität eine Absichterklärung unterzeichnete, dort im Jahr darauf ein interdisziplinäres Zyperninstitut zu errichten. Als ich davon erfuhr, war ich mehr als erstaunt. Ich hatte in den vergangenen Jahren ihr mehrfach die Idee vorgetragen und sie hatte sich eher ablehnend verhalten. Langsam begriff ich, dass dieses Institut einerseits eine Art Belohnung für Tsouyopoulous Arbeit als Gründungsrektorin war, andererseits war Münster durch sie die einzige Universität, in der eine Persönlichkeit aus Zypern integriert war, wenn auch damals schon in Pension. Angelidou hatte sich meine Vorschläge zu eigen gemacht, aber sie auf andere Weise umgesetzt. Warum das Erziehungsministerium sich konstant gegen meine Vorschläge gewandt hatte, darüber kann man nur spekulieren.

Im Juni 1995 fand in der University of North London ein Symposion statt, das unter dem Motto "Cyprus and the European Union: A Challenge" stand. Organisator war Prof. John Charalambos. Hochkarätige Redner untersuchten die politischen, wirtschaftlichen, kulturellen und technischen Probleme. Ich sprach über die politische Kultur Zyperns, die sich von der Griechenlands radikal unterscheidet. In der Tat ist sie westeuropäisch.[1]

Vom 28. September - 9. Oktober. 1995 leiteten Reinhard Stupperich und ich eine Nordgriechenland-Exkursion, die wir, wie zuvor die Zypernexkursion, interdisziplinär vorbereitet hatten. Unter den nichtstudentischen Teilnehmern war die langjährige Vorsitzende der deutsch-griechischen Gesellschaft Stuttgart, Rosemarie Beck, die ich von Vorträgen her kannte. Wir flogen zunächst nach Saloniki, wo uns die Universität ein preisgünstiges Hotel besorgt hatte. Da wir recht früh angekommen waren, konnten wir die Stadt noch an diesem Tag besichtigen. Die Universität hatte uns ihren eigenen Bus als Transportmittel zur Verfügung gestellt.

Am 19. September besuchten wir die Forts Roupel und Istimbey der Metaxas-Linie. Die örtlichen Militärs waren informiert und führten uns durch das Innere des zweiten Forts. Als die Archäologiestudenten sich desinteressiert zeigten, sagte ich nichts, aber als wir auf der Abfahrt vom Berg eine byzantinische Befestigungsanlage sahen und noch weiter unten eine antike, begriffen sie, dass die Topographie der Rupel-Enge zu allen Zeiten eine Rolle gespielt hatte. Am Nachmittag besuchten wir Serres und anschließend Amphipolis, wo die Archäologen auf ihre Kosten kamen. Das Programm des nächsten Tages war ähnlich gemischt. Wir besichtigten Drama, die Bunker bei Granitis und Nevrokopi und dann sehr gründlich die antike Stadt Philippi. Am Nachmittag besichtigten wir Kavalla und kehrten nach Saloniki zurück.

Am vierten Tag besuchten wir das westliche Makedonien. In Veroia besichtigten wir ein Museum über die Kämpfe im Frühjahr 1941. Anschließend waren Vergina und Aigai dran, wo wir die Ausgrabungen durchwanderten und das Grab Philips aufsuchten. Die nächsten Stationen waren Katerini, Dion und dann die Tempi-Schlucht, wo es im Zweiten Weltkrieg heftige Kämpfe gegeben hatte. Am 2. Oktober verließen wir Saloniki und fuhren über Pella, dessen antike Ruinen ausgiebig besichtigt wurden, nach Edessa und Naousa. Nach einem Schwenk nach Norden, nach Florina, nahmen wir denselben Weg wie die Invasionstruppen 1941. Ich

---

1 "The Political Culture of Cyprus", in: John Charalambous, (ed.), *Cyprus and the European Union - a Challenge* (London: University of North London Press, 1996), pp. 102-111.

erklärte den Studenten, wo bei Ptolemaida der entscheidende Durchbruch erfolgt war, der die gesamt westmakedonische Verteidigungsstellung umging. Die Übernachtung erfolgte in Kozani.

Dimitrios Mylonas, der von dort stammte, hatte uns über seinen Vater ein Hotel besorgt und den städtischen Bus von Kozani, mit dem wir am nächsten Tag weiterfuhren. Die Fahrt ging auf der neuen nördlichen Pindus-Straße durchs Gebirge. Wir kamen durch Neapolis, Eptachorio im Grammos und Konitsa nach Ioannina. Die Universität hatte zu unserer Unterstützung vor Ort Eleni Kourmantzi, eine Dame aus dem Mittelbau, abgestellt, die uns unbürokratisch in allen Fragen half. Auch in Ioannina stellte man uns den universitätseigenen Bus zur Verfügung.

In den nächsten Tagen ging unser Programm für Epirus und Albanien genauso interdisziplinär weiter wie bisher. Am 4. Oktober waren die Schwerpunkte Amfilochia und Misolongi. Erstere war eine imposante römische Stadt und in der letzteren hatte der englische Dichter Byron während des Befreiungskampfes der Griechen gegen die Osmanen im April 1824 den Tod gefunden. Am Tag darauf besichtigten wir Dodona und sein Theater, Nikitopolis, Preveza, vor dem die Seeschlacht von Aktium stattgefunden hatte, Parga und Margariti, wo der italienische Vorstoß 1940 gestoppt worden war. Über Igoumenitsa kehrten wir nach Ioannina zurück.

Am 6. Oktober fuhren wir über Kakavia nach Albanien. Die Einmannbunker aus der Zeit von Enver Hodscha verunstalteten immer noch die Felder links und rechts der Straße. In Argyrostro (Gjirokastra) zeigte ich den Studenten das Museum. Anschließend fuhren wir noch nach Agia Saranta und Chimara und kehrten dann wieder nach Ioannina zurück. Während der Mittagspause in Argyrokastro besuchten Reinhard Stupperich und ich die pädagogische Hochschule vor Ort, um einen ersten Kontakt herzustellen. Leider wurde daraus in der Folge nichts.

Am 7. Oktober besichtigten wir das Museum der 8. (epirotischen) Division und fuhren dann hoch zu den Zagoria-Dörfer, wo Vlachen wohnen. Anschließend besuchten wir das Kloster Monodendri. Auf schmalen Gebirgsstraßen fuhren wir ums Smolikas- und Tymphi-Massiv und warfen einen Blick in die Vikos-Schlucht. Am 8. Oktober unternahmen wir eine Exkursion nach Korfu.

Ich wusste von meinen Forschungen her, dass die Wehrmacht das oberhalb von Ioannina gelegene Dorf Lingiadis platt gemacht hatte und wollte eine Geste machen. Ich rief den Bürgermeister, den ich von früher kannte, an und kündigte ihm unser Kommen an. Wir fuhren mit allen Studenten hoch ins Dorf und begaben uns zur Gedenkstätte. Eine Studentin legte Blumen vor den Gedenkstein und hielt eine bemerkenswert gute Ansprache, die für die Dorfbewohner übersetzt wurde. Anschließend lud uns der Bürgermeister zum Abendessen ein. Er war sehr von uns angetan. Zwanzig Jahre später besuchte Bundespräsident Gauck Lingiadis.

Einige Tage später wiederholten wir diese Geste in einem Dorf im Pindus, dessen Namen ich vergessen habe. Auch dort kam unsere versöhnliche Geste sehr gut an. Man begriff, was wir taten.

Einige Monate zuvor hatte ich einen Brief von einem griechischen Studenten namens Andreas Stergiou erhalten, der an der ionischen Universität studierte. Das Kuvert war zwar richtig an mich adressiert, aber der inliegende Brief selbst war an einen Kollegen einer anderen Universität gerichtet. In diesem Brief fragte Stergiou an, ob der Kollege bereit wäre, ihn als Doktoranden zu akzeptieren. Ich rief diesen Kollegen an und fragte ihn, ob er auch einen Brief von diesem Studenten erhalten hätte, der allerdings an mich gerichtet war und dieselbe Anfrage enthielt. Er lachte schallend und wir vereinbarten, dass ich mich um Stergiou kümmern würde. Ich schrieb einen Brief an ihn und forderte ihn auf, an einem bestimmten Tag während unserer Exkursion in Ioannina aufzukreuzen. Ich würde ihn auf eine der Busfahrten mitnehmen und ihn während der Fahrt examinieren.

Er kam tatsächlich. Ich habe sein Bild noch heute vor Augen. Er trug eine blaue Latzhose, wie die Arbeiter sie damals trugen und hatte Sandalen an. Er nahm im Bus neben mir Platz. Er konnte noch kein Wort Deutsch und sein Englisch war schwach. Seine historischen Kenntnisse waren nicht schlecht. Insgesamt machte er mir einen recht intelligenten Eindruck. Er erzählte, dass er der Studentenorganisation der KKE angehörte. Da er sich an jeder Kirche, an der wir vorbeifuhren, bekreuzigte, nannte ich ihn, innerlich schmunzelnd, einen "Orthodoxen Kommunisten". Ich sagte ihm, dass er Deutsch lernen müsse. Wenn er dies gut genug beherrsche, würde ich ihn als Doktoranden annehmen. Wir trafen uns noch zweimal, als ich in Joannina war. Im Oktober 1996 konnte ich mit Genugtuung feststellen, dass er es geschafft hatte, Deutsch zu lernen. Ich akzeptierte ihn ans Doktoranden.

Am 9. Oktober schauten wir uns noch das archäologische Museum und das Wachsfigurenkabinett in Ioannina an und flogen um 15.30 Uhr mit einer Propeller-Maschine nach Saloniki. Von dort ging's 18.20 Uhr nach Frankfurt weiter, wo wir 19.45 Uhr ankamen. Mit dem Lufthansa-Bus kamen wir zurück nach Mannheim.

Die Kooperation mit der Universität Ioannina funktionierte bestens und ich bin heute noch dankbar für ihre großzügige Hilfe. Am Horizont zeichnete sich eine fruchtbare Zusammenarbeit ab.

Am 18. Februar 1996 flog ich zu meinem jährlichen Besuch auf Einladung des PIO nach Zypern. Am Tag darauf traf ich Sofoklis Chatzisavvas vom Department of Antiquties. Wir vereinbarten eine Kooperation bezüglich THETIS. Später kam ich mit Donis Christofinis von der AKEL zusammen, der mir versprach, bis Juni den Text der Geschichte der AKEL zu schicken. Dann versuchte ich, im Gespräch mit dem Press and Public Affairs Manager von Cyprus Airways eine Anzeige für THETIS zu erhalten. Spätnachmittags traf ich Nitsa Neofytou und Renate Chatzicharalambous. Den Abend verbrachte ich mit Prof. Joachim und seiner Frau, die inzwischen ganz locker war, da sie mich kannte.

Am Vormittag des 20. Februar traf ich Parlamentspräsident Alexis Galanos. Ich informierte ihn über das Projekt der Stiftungsprofessur. Er fand die Idee sehr gut und versprach, er werde mit Kassoulidis darüber sprechen. Anschließend kam ich mit Prof. Vasos Karageorgis in der Leventis-Foundation zusammen. Wir vereinbarten den Austausch von Publikationen. Beim anschließenden Besuch in der Public Relations-Abteilung der Laiki Trapeza stieß ich auf eine unglaublich arrogante Person, die mich hochnäsig abfertigte, als ich ihr vorschlug, in THETIS eine Anzeige zu schalten. Lunch hatte ich mit dem Visiting Professor Giannis Chassiotis, der sich beklagte, dass das *History Department* der Universität fast ruiniert sei. Am Nachmittag besuchte ich CAARI (Cyprus American Archaeological Resarch Institut). Die Direktorin war sehr am Austausch mit THETIS interessiert. Anschließend traf ich den Generalsekretär der PEO-Gewerkschaft, Avraam Antiniou. Er versorgte mich mit Informationsmaterial und zeigte mir das gewerkschaftseigene Museum.

Am Morgen des 21. Februar unterhielt ich mich zunächst mit George Georghallides über Universitäts-Interna, dann suchte ich Vasos Lyssaridis auf. Ich informierte ihn über meine Pläne mit der Stiftungsprofessur. Er versprach, G. Papandreou und Petsalnikos anzurufen. Der Staatssekretär im Außenministerium empfahl, dass unser Mannheimer Förderverein einen Antrag an das Ministerium richte. Abends empfing mich Rita Severis in ihrem Herrenhaus etwa 15 km außerhalb Nikosias. Außer mir waren der Botschafter der EU und Kassoulidis anwesend. Letzterer wiederholte den Vorschlag des Staatssekretärs. Das Diner war exquisit, wie es im Hause Severis nicht anders zu erwarten war.

In den Vormittagsstunden des 22. Februar besuchte ich zunächst die rechte Gewerkschaft SEK, die mich über ihre Arbeit informierte. Bürgermister Lellos versprach anschließend unsere Zeitschrift THETIS jährlich mit einer Anzeige zu unterstützen. Nachmittags ging ich nach Norden. Es war der letzte Tag der Fastenzeit und die Stadt war praktisch tot. Durch Zufall traf ich Ahmet Cavit. Abends fand das Dinner in Gesellschaft von A. Sofokleous und Pavlos Tzermias statt. Letzterer hatte die selben Ansichten über Griechenland und Zypern wie ich.

Am Tag darauf besuchte ich das Staatsarchiv und lernte Rolandos Katsaounis kennen, der später Direktor wurde. Die Severis-Bibliothek gegenüber dem Palast des Erzbischofs war gut bestückt. Die CTO hatte inzwischen beschlossen, in THETIS eine Anzeige zu schalten. Nachmittags fuhr ich mit meinem Doktoranden Hubert Faustmann nach Potamia und besichtigte auf dem Rückweg eine Felsenkirche. Abends nahmen wir das Dinner bei Renate ein.

Am 24. Februar fuhren Hubert und ich auf die Halbinsel Karpasia bis zum Kloster Apostolos Andreas. Auf dem Rückweg besuchten wir das Dorf Rizokarpathos. Es gab dort zwei Cafés, eines für die Siedler und eines für Zyprioten. Als wir das letztere betraten, trafen wir meinen Taxifahrer Altuner. Es gab eine großes Hallo. Er wusste nicht, dass ich Griechisch spreche. Den Abend verbrachten Hubert und ich bei Joseph Joseph. Am 25. Februar empfingen mich Außenminister Alekos Michailidis und der Vorsitzende der DISY-Partei. Am Sonntag flog ich nach Frankfurt zurück.

Die Zypernreisen lohnten sich von Jahr zu Jahr mehr. Ich sammelte immer mehr Informationen und das PIO brachte mich immer wieder mit wichtigen Leuten zusammen. Im Gegensatz zu Griechenland, wo ich meine Informationen alle selbst zusammentragen musste, machte das PIO einem das Leben leicht. Man bemühte sich, jeden Wunsch nach Information zu erfüllen und bot mir bei jeder Reise mindestens ein neues Thema an.

Im Mai 1996 flog eine Gruppe von Mannheimern nach Ioannina. Ich hatte mit Kulturbürgermeister Lothar Mark über unsere Pläne einer Partnerschaft mit der Universität Ioannina gesprochen. Er fand das gut und wir entwickelten dann die Idee einer Städtepartnerschaft. Mark wollte die Lage erkunden und so flogen er, Reinhard Stupperich, und der Vorstand des Fördervereins, bestehend aus Johann Benos und Minas Chrysos, und ich nach Ioannina. Wir wurden von Paliouras und Eleni Kourmantzi abgeholt. Das Lokalfernsehen war auch da und interviewte uns.

Am 10. Mai um 9.30 Uhr fand ein Gespräch mit dem Bürgermeister von Ioannina statt. Auf der anschließenden Pressekonferenz kritisierte Benos das griechische Außenministerium, nichts in der Frage der Kooperation der Universitäten getan zu haben. Mark und sein Kollege aus Ioannina trafen erste Vereinbarungen. So sollten z.B. die Ioannioten einen kostenlosen Stand auf dem Mannheimer Maimarkt erhalten und dort ihre lokalen Produkte z.B. ihren filigranen Schmuck vermarkten. Der Maimarkt entspricht einer Messe und ist eine der größten Veranstaltungen dieser Art in Süddeutschland. Die Gastfreundschaft der Ioannioten war umwerfend und BM Mark war sehr beeindruckt. Ich gewann den Eindruck, dass die Städtepartnerschaft zwischen Mannheim und Ioannina in trockenen Tüchern war. Die Vorsitzenden des Fördervereins hatten sich parallel um die Partnerschaft zwischen der Universität Mannheim und Ioannina bemüht. Ich hatte das Gefühl, dass auch hier die Entwicklung in die richtige Richtung lief. Während unseres Aufenthaltes in Ioannina besuchten wir auch das Dorf Lingiadis. Bürgermeister Mark und sein Amtskollege verstanden sich prächtig. Eine Zusammenarbeit zeichnete sich auch hier am Horizont ab.

Im Spätsommer meldete sich der griechische Generalkonsul in Stuttgart, Dr. Merkourios Karafotias, bei Stupperich und mir. Er wollte im Herbst 1997 griechische Kulturtage in Baden-Württemberg veranstalten; ob wir bereit wären mitzumachen. Wir schlugen ihm ein Symposion über Makedonien vor. In Deutschland wisse man kaum etwas über das Makedonienproblem. Zwar seien einige Veranstaltungen zu diesem Thema in Saloniki abgehalten worden, an denen auch deutsche Professoren teilgenommen hätten, aber davon sei, abgesehen von den wenigen Griechenlandspezialisten, in Deutschland nichts angekommen. Zusätzlich sollte eine Vortragsreihe stattfinden. Karafotias war einverstanden.

Stupperich und ich begannen mit der Planung in Kooperation mit dem Historischen Institut und dem Rektorat. Die Kollegen vom Institut würden Vorträge liefern und das Rektorat sowie das akademische Auslandsamt würden das Symposion materiell unterstützen. Um die Studenten auf die Themen des Symposions vorzubereiten, kündigten Stupperich und ich eine gemeinsame Veranstaltung mit den Themen des Symposions an. Das Ziel war, die Studenten zu einer gut informierten Zuhörerschaft zu machen. Als nächstes sollte das Institute for Balkan Studies (IMXA) in das Programm eingebunden werden.

Auch die Stadt Mannheim war zur Kooperation bereit. BM Mark erklärte, dass die Stadt einen Empfang für die Teilnehmer ausrichten würde. Sie werde ferner unser Programm in ihr offizielles Kulturprogramm aufnehmen. Auch die griechische Gemeinde von Mannheim unter Panagiotis Kalaitzis wollte mitmachen. Nun galt es, die Kooperation mit dem IMXA-Institut in Saloniki zu organisieren.

Ich hatte eine Einladung zu einer IMXA-Konferenz in Saloniki im Oktober 1996. Ich verband die Reise mit einem Besuch von Ioannina. Um die Städtepartnerschaft voranzubringen, nahm ich den bekannten jungen Pianisten Andreas Behnend mit, damit er in Ioannina ein Konzert gebe. Wir flogen am 26. Oktober nach Ioannina. Eleni Kourmantzi holte uns ab. Das Konzert fand am nächsten Tag im Pnefmatiko Kentro statt. Etwa 200 Besucher waren da und waren begeistert. Am 28. flog Andreas Behnend zurück. Ich erzählte Eleni von unseren Symposiums-Plänen. Sie verlangte, dass sie den Festvortrag halten dürfe. Es war offensichtlich, dass sie in das Programm hineinreden wollte. Ich lehnte das höflich, aber bestimmt ab. Am Tag darauf führte ich Gespräche mit der Stadt Ioannina und der Universität. Man sei zur Zusammenarbeit bereit, aber habe bislang nichts unternommen, um diese zu realisieren. Bürgermeister Eleftherios Glinavos gab sich sehr kooperativ, aber ihm fehlte das kompetente Personal. Am 30. Oktober flog ich nach Saloniki.

Dort wurde ich in einem Hotel im Wald auf dem Berg nordöstlich von Saloniki untergebracht. Um mir etwas Bewegung zu schaffen, machte ich eine zweieinhalbstündige Wanderung dem Kamm des Berges entlang. Unterwegs stieß ich auf Meuten von halbwilden Hunden. Abends traf ich mich mit Stefanidis. Am nächsten Tag sprach ich mit dem IMXA-Direktor Vassilis Kontis und mit Ioannis Leontiadis über unsere Mannheimer Pläne. Sie versprachen mitzumachen. Nachmittags leitete ich die Konferenz und am Tag darauf hielt ich ein Referat. Den Abend des 31. verbrachte ich mit Ioannis Chassiotis, den ich seit der Zeit der Junta kannte. Wir hatten uns damals getroffen und ich hatte den Eindruck gewonnen, dass er ein mutiger Demokrat war. Am 3. November flog ich nach Frankfurt zurück.

Am 7. und 8. Dezember 1996 nahm ich an einem Symposion mit dem Titel "Griechenland und das Meer" im Römer in Frankfurt teil. Die Veranstaltung stand unter der Schirmherrschaft der Frankfurter Oberbürgermeisterin und der griechischen Botschaft in Bonn. Organisiert wurde sie von Dr. Dimitrios Letsios, dem griechischen Generalkonsul in Frankfurt. Die Vorträge gaben einen Überblick über maritime Entwicklungen von der Antike bis zur Gegenwart.

Ich hielt ein Referat mit dem Titel "Ägäis - Meer des Friedens?"[1] Die Referate wurden als Band 4 unserer PELEUS-Reihe veröffentlicht.

Doch nun ergaben sich Entwicklungen, die kein Mensch voraussehen konnte. Am 5. Dezember rief Eleni Kourmantzi mich an und teilte mir mit, dass sie vom 16. bis zum 22. Dezember nach Mannheim kommen werde. Ich versuchte, ihr klar zu machen, dass die Woche vor Weihnachten für Gespräche sehr ungünstig sei, weil niemand so kurz vor den Feiertagen Zeit habe. Doch das interessierte sie nicht. Daher organisierten wir ein Besuchsprogramm für sie. Ich fragte BM Mark, ob er Zeit für sie habe; er lehnte das rundweg ab. Sein Terminkalender sei so voll, dass nichts mehr hineinpasse.

Am 16. Dezember traf sie in Mannheim ein und meldete sich telefonisch und wollte wissen, wann sie BM Mark treffen könnte. Ich sagte ihr, dass daraus nichts werde. Unser Besuchsprogramm interessierte sie nicht. Sie erschien dann etwas vor Beginn der Weihnachtsfeier im Archäologischen Institut im Mannheimer Schloss und wollte erneut wissen, ob ich ihr einen Termin bei BM Mark besorgt hätte. Als ich verneinte, rastete sie aus: Sie sei als offizielle Vertreterin der Stadt und Universiät Ioannina in Mannheim. Sie bestehe darauf, BM Mark zu sehen. Schließlich machte sie klar, dass sie nach Mannheim gekommen war, um am 7. März 1997 den Festvortrag zu halten. Dies war ihr einziges Ziel. Aus Ioannina war per Telefon vom Bürgermeister zu hören, dass sie völlig privat unterwegs sei.

In den nächsten Tagen veranstaltete sie einen solchen Wirbel, dass sie schließlich doch noch von BM Mark empfangen wurde. Nachdem sie einige Lügen erzählt hatte, kam sie auf ihr Hauptanliegen zu sprechen: Sie wolle den Festvortrag halten. Könne Mark das anordnen? Mark entgegnete, dass das Programm von uns in Kooperation mit Generalkonsul Karafotias erstellt werde. Die wissenschaftlichen Vorträge müssten in deutscher Sprache vorgetragen werden. Die griechischen Politiker könnten ihre Grußworte in griechischer Sprache vortragen. Als Eleni Kourmantzi begriff, dass Mark sich nicht einmischen wollte, versuchte sie ihren Kopf über Karafotias durchzusetzen. Karafotias machte ihr jedoch am 20. Dezember klar, dass sie sich aus der Sache heraushalte solle. Die Veranstaltung in Mannheim sei eine deutsch-griechische Veranstaltung. Eleni Kourmantzi versuchte noch, über den Prorektor der Universität etwas zu erreichen, womit sie aber auch scheiterte. Am 23. Dezember flog sie nach Ioannina zurück. Insgesamt hatte sie in Mannheim einen solchen Wirbel veranstaltet, dass die Idee einer Kooperation mit der Stadt und mit der Universität Ioannina erledigt war. Das Projekt war gescheitert.

Inzwischen hatten die griechischen Kulturtage Baden-Württemberg in Mannheim Form angenommen. Im Februar 1997 referierte Milan Ristović von der Universität Belgrad über die "Griechisch-jugoslawischen Beziehungen 1944-1950". Im März folgte ihm Taxiarchis Kollias von der Universität Ioannina mit dem Thema "Das byzantinische Epirus". Steven Bowman aus Cincinatti referierte im April über "Die griechischen Juden im 20. Jahrhundert." Im Mai sprachen Helmut Kyrieleis aus Berlin über "Die Ausgrabungen in Olympia", Pavlos Tzermias aus Zürich über "Ethnozentrismus und Kyprozentrismus" und Wolfgang Schiering aus Mannheim über "Klassische griechische Architektur und die Architektur des 19. Jahrhunderts". Im Juni berichteten O. H. Frey aus Marburg über "Der griechische Einfluss auf das keltische Westeuropa", Werner Oenbrink aus Köln über "Bilder auf Bildern griechischer Vasen" und R. Wün-

1 "Ägäis - Meer des Friedens?" in: Evangelos Chrysos et al. (eds.), *Griechenland und das Meer. Beiträge eines Symposions in Frankfurt im Dezember 1996* (Mannheim: Bibliopolis, 1999), pp. 201-14.

sche aus München über "Alexander der Große". Im Juli fanden vier Vorträge statt: Georgios Makris aus Bochum: "Byzantinische Schifffahrt"; Kostas Fotou aus Nürnberg: "Ali Pascha von Ioannina", Tonio Hölscher aus Heidelberg: "Griechische religiöse Statuen" und Johann Benos: aus Erlangen "Rigas Feraios". Im November folgten Johannes Koder aus Wien: "Griechenland in byzantinischer Zeit" und G. Peyfuss aus Wien über "Nationbuilding im Balkanraum".

Ich hatte auch Hagen Fleischer zu einem Vortrag eingeladen, um den privaten Aussöhnungsprozess voranzubringen und erinnere mich noch genau daran, wie wir uns bei dem anschließenden Abendessen aufs Freundschaftlichste unterhielten. Ich war damals überzeugt, dass das Kriegsbeil endgültig begraben war.

Ich selbst war vom 31. März bis zum 7. April 1997 auf Einladung des PIO in Zypern. Da der 1. April der zypriotische Nationalfeiertag ist, hatte ich nur ein Treffen mit Joachim. Wir sprachen über sein Buch über Metaxas, das er als PELEUS-Band bei uns veröffentlichen wollte. Anschließend ging ich nach Norden und besuchte Özgür, der wieder einfacher Abgeordneter war. Er sprach von Besatzung und Polizeiregime im Norden. Durch die türkischen Siedler aus der Türkei drohe eine Überfremdung. Im nördlichen PIO erhielt ich einiges Material. Am Nachmittag traf ich Akinçi. Er war ziemlich pessimistisch. Abends war ich zum Dinner bei Renate Chatzicharalambos eingeladen.

Am Tag darauf besuchte ich Karageorgis. Anschließend ging ich zur Buchhandlung MAM. Bei Estia erfuhr ich, dass mein Buch noch vor Ostern erscheinen sollte. Nachmittags hatte ich eine interessante Diskussion mit einem der Stellvertreter von Lyssaridis. Ihm schlossen sich Unterredungen mit Panagiotis Dimitriou von der DISY und Georgios Vassiliou von den Enomenes Dimokrates an. Abends war ich bei Joseph Joseph zum Dinner eingeladen. Am nächsten Morgen traf ich G. Iakovou. Die Unterredung war tiefschürfend und machte richtig Spaß, wie immer.

Später informierte mich Konstantinos Lyras vom Handels-, Industrie- und Tourismus-Ministerium über die wirtschaftliche Lage. Gegen Mittag besuchte ich Lellos im Bürgermeisteramt. Nachmittags fanden Treffen mit Andros Kyprianou von der AKEL und einem Vertreter des Cyprus Research Centre statt. Am 4. April hatte ich ein Gespräch mit EU-Botschafter Gilles Anouilh. Er sprach völlig offen. Es sei die Politik der EU, Zypern erst in die Union aufzunehmen, wenn das Problem gelöst sei. Er schimpfte über Denktasch, der immer wieder quertreibe.

Das Gespräch mit Regierungssprecher Kassoulidis und dem neuen PIO-Chef Georgios Chatzisavas war gut. Ich informierte sie über unsere Arbeit in Mannheim (THETIS, PELEUS, Vortragsreihe und Symposion) und über den Stand der Verhandlungen mit G. Papandreou, Petsalnikos und Simitis. Sie versprachen ihrerseits, mit den Griechen zu sprechen. Am Tag darauf erzählte mir Andreas Sofokleous, dass die Regierung bald umgebildet und Kassoulidis Außenminister würde.

Am Sonntag, dem 6. April, machte ich mit Hubert Faustman und Anastasia Adamidou einen Ausflug zum Kloster Machairas und zum Museumsdorf Fikardou. Dort sah ich an einer Mauer eine Steinplatte, auf der an zwei junge Männer erinnert wird, die 1974 von der EOKA B ermordet wurden. Ich war erstaunt, dass die Platte von Anhängern der EOKA-B oder Sympathisanten weder beschmiert noch zerkratzt war. Inzwischen war ich noch mehrmals dort und fand sie immer noch heil. Im Museumsdorf sah ich zum ersten Mal einen Dreschschlitten. Am 7. April flog ich nach Frankfurt zurück.

Vom 23. bis zum 27. September 1997 fand in Mannheim unser internationales Colloquium "Makedonien einst und jetzt" statt. Es wurde durch Ansprachen vom Minister für Makedonien und Thrakien, Filippos Petsalnikos, dem Rektor der Universität Mannheim und Kulturbürgermeister Mark eröffnet. Den Festvortrag hielt der Archäologieprofessor Dimitrios Pantermalis aus Thessaloniki. Ingesamt nahmen 36 Wissenschaftler teil, davon 11 aus Saloniki. Die übrigen stammten aus ganz Deutschland. Die Themen waren umfassend: Machtpolitik, Geographie, Makedonien als Objekt der großen Politik, Kultur, Makedonienpolitik der Komintern, Städte und Architektur, Sprachen und Bevölkerungsgruppen, Rezeptionsgeschichte Alexanders d. Gr., der Name Makedonien.

Das Colloquium war ein voller Erfolg. Es war gut besucht und wurde in der Presse ausführlich wahrgenommen. Generalkonsul Karafotias war hochzufrieden. Ioannina war nur in der Vortragsreihe durch Taxiarchis Kollias vertreten. Diese geringe Präsenz der Universität Ioannina war bedauerlich.

In den nächsten Monaten hielt ich zahlreiche Vorträge quer durch die Bundesrepublik. Ich war in Dortmund, Hannover, Rüsselsheim, Köln, Bremen, Königswinter und Wiesbaden. Die meisten Einladungen kamen von den deutsch-griechischen Gesellschaften vor Ort. Aber es gab auch Einladungen von politischen Gesellschaften wie z.B. von der Karl-Hermann-Flach-Stiftung aus Wiesbaden. Bemerkenswert war, dass mich die griechische Gemeinde in Mannheim bat, den Festvortrag zum Nationalfeiertag am 28. Oktober zu halten.

Das Jahr 1997 war auch wissenschaftlich produktiv. Als Reinhard Stupperich und ich mit der Herausgabe von THETIS begannen, hatten wir zwei Beihefte herausgebracht, die den Reihentitel PELEUS erhielten. Die beiden ersten waren Hefte in DIN A4 Größe. Doch als ich meine Geschichte Griechenlands in der Zeit zwischen 1939 und 1941 als Band dieser Reihe herausbringen wollte, wurde uns klar, dass wir auf gebundene Bücher umstellen mussten. Da der Verlag Romiosini kein Interesse daran zeigte, machte ich mich auf die Suche nach einem Verlag.

Durch Zufall entdeckte ich, dass der Herausgeber des Syndikat-Verlags ein alter Bekannter aus der EVA war. Ich fragte ihn, ob er bereit sei, unsere Reihe zu veröffentlichen, und er stimmte zu. Der erste PELEUS-Titel in Buchformat war mein Buch.[1] In Griechenland schaffte es die Estia endlich, die Übersetzung von *British Intervention* herauszubringen.[2] Wenige Monate später veröffentlichte der Athener Verlag Govostis die griechische Übersetzung von "Griechenland im Zweiten Weltkrieg". Das Buch machte Geschichte. In drei Monaten hatte es drei Auflagen. So etwas hatte es in Griechenland noch nie gegeben. Govostis war hochzufrieden.[3]

Daneben verfasste ich einen Artikel über die Entwicklung der griechischen kommunistischen Parteien für den Sammelband "Der Kommunismus in Westeuropa".[4] In THETIS 3 erschienen zwei Artikel von mir: Eine Geschichte der KKK (Kommunistiko Komma Kyprou - Kommunistische Partei Zyperns) von 1926 bis 1944 und eine Beschreibung des Einsatzes der RAF (Royal Airforce) in Athen im Dezember 1944, als sie dort die Arbeitervorstädte bom-

1 *Griechenland im Zweiten Weltkrieg August 1939 - Juni 1941*. PELEUS. Studien zur Archäologie und Geschichte Griechenlands und Zyperns Band 2 (Bodenheim: Syndikat, 1997), 515 Seiten.

2 *Η επέμβαση των Άγγλων στην Ελλάδα. Από τη Βάρκιζα στον Εμφύλιο Πόλεμο* (Athen: Estia, 1997, [2]2003), 669 Seiten.

3 *Η ιταλο-γερμανική επιθεσή ενάντιον της Ελλάδος* [1,2,3](Athen: Govostis, 1998-99), 687 Seiten.

4 "Die Entwicklung der griechischen Linken 1918-1996", in: Patrick Moreau, et al. (eds.), *Der Kommunismus in Westeuropa* (Landsberg: Olzog Verlag, 1998), pp. 131-166.

bardierte.[1] Dann folgte ein Artikel über die Probleme der griechischen Außenpolitik.[2] In THETIS 4 war ein Artikel über die Genese des Zypernkonfliktes.[3] Im Oktober 1998 nahm ich an einer Tagung des Arbeitskreises "Europäische Integration" über die Mittelmeerpolitik in Tutzing teil und hielt ein Referat über die Hintergründe des Zypernkonflikts.[4]

Am 21. Mai 1998 reiste ich wieder nach Zypern. Schon am Abend traf ich Hubert Faustmann, der ja inzwischen mein Doktorand war. Ich machte ihm klar, dass seine Dissertation bis Ende des Jahres im Rohbau fertig werden müsse. Meine neue PIO-Betreuerin war Irini Charalambous. Sie hatte ein Besuchsprogramm im Stundentakt zusammengestellt, das einem kaum Zeit zum Atmen ließ. Ich musste die unterschiedlichsten Informationen in kürzester Zeit absorbieren, aber ich hatte noch nie in solch kurzer Zeit so viel erfahren und gelernt. Um 10 Uhr traf ich PIO-Chef Papasavas. Ich informierte ihn über den Stand der Dinge in der Frage der Stiftungsprofessur. Er versprach, sich dafür einzusetzen. Nach dem Mittagessen mit Lellos traf ich Vassiliou, der inzwischen von unserer Arbeit in Mannheim gehört hatte, sie anerkannte und sich weniger arrogant gab. Anschließend hatte ich Gespräche mit dem Generalstaatsanwalt Alekos Markides und dem Kollegen Nyazi Kizilyürek von der Universität.

Bei vielen Treffen sprach ich die Gesprächspartner an, ob sie bereit wären, 1999 nach Kiel zu kommen, um dort an einer Konferenz mit dem Titel "Zypern 25 Jahre Teilung" teilzunehmen, die der Vorsitzende der deutsch-griechischen Gesellschaft Kiel, Dimitrios Mastoras, mit meiner Hilfe damals vorbereitete. Viele waren bereit.

Am Vormittag des 23. Mai machten Faustmann und ich einen Ausflug zum Kykko-Kloster und zu Makarios' Grab. Dort gewann ich den Eindruck, dass Makarios auch nach seinem Tod die Insel überwacht. Von dort fuhren wir der Höhenstraße entlang zum Troodos. An Sonntag traf ich Joachim und besprach Einzelheiten der Veröffentlichung eines Buches. Den Montag verbrachte ich im Norden und besuchte Durduran und Özgür. Das Gespräch mit Denktasch war wie immer: Der Status quo ist die einzige Lösung. Eine Entwaffnung komme nicht in Frage. "Die Griechen werden uns mit Schrotflinten umbringen. Wir gehen nur in die EU, wenn auch die Türkei aufgenommen wird." Der 26. und 27. Mai waren wieder voll von Terminen in rascher Reihenfolge. Am 28. Mai flog ich nach Deutschland zurück.

Am 23. Oktober 1998 hielt ich im Goethe-Institut in Thessaloniki einen Vortrag mit dem Titel "Griechenland im Zweiten Weltkrieg August 1939 - Juli 1941". Da inzwischen die griechische Ausgabe darüber erschienen war, war der Vortrag sehr gut besucht. Beim anschließenden Hintergrundsgespräch mit der Leitung des Instituts wurde mir zu verstehen gegeben, dass das Theater seinerzeit in Athen von der Botschaft ausgegangen war. Auch wenn das stimmen sollte, steht jedoch fest, dass vom Athener Goethe-Institut nie wieder eine Einladung kam.

1999 fand eine weitere Exkursion mit Studenten nach Zypern statt. Sie begann am 14. Februar und endete am 24. Februar. Am 15. Februar machten wir zunächst einen Rundgang durchs archäologische Museum. Anschließend trafen wir im Goethe-Institut den stellvertre-

---

1 "Die Royal Air Force und die Dekemvriana" *THETIS* 3 (1996), pp. 231-242. "Die Kommunistische Partei Zyperns 1926-1944" *THETIS* 3 (1996), pp. 207-216.

2 "Außenpolitische Probleme Griechenlands" in: Pantaleon Giakoumis (ed.), *Griechenland außen-, sicherheits- und europapolitische Aspekte* (Aachen: Mainz, 1997), pp. 19- 46.

3 "Historische Hintergründe des Zypernkonfliktes" *THETIS* 4 (1997), pp. 309-318.

4 "Ursachen und Perspektiven des Zypernkonflikts vor dem Hintergrund regionaler Interessengegensätze sowie möglicher Beiträge der EU zur Überwindung des Zypernproblems," in: Wulfdiether Zippel (ed.), *Die Mittelmeerpolitik der EU* (Baden-Baden: Nomos, 1999), pp. 133-56.

tenden Botschafter Andreas Schröder und den Vorsitzenden des deutsch-zypriotischen Kulturvereins, Petros Kareklas. Später kamen wir mit Lellos Dimitriadis, dem Pressesprecher der DISY und Georgios Vassileiou zusammen. Anschließend besuchten wir das EOKA-Museum, wo wir den Vorsitzenden des Veteranenvereins, Thasos Sofokleous, trafen.

Den nächsten Tag verbrachten wir im Norden der Insel. Dieses Mal hatten meine türkischen Studenten bei der Einreise Schwierigkeiten. Türken durften nur aus der Türkei kommend einreisen; eine Einreise vom Süden Zyperns bedeute eine Anerkennung des Staates. Nach einigem Hin und Her gelang es, von der türkischen Armee die Genehmigung zu erhalten, dass sie doch einreisen durften. Aber sie wurden während der ganzen Fahrt überwacht. Wir besichtigten St. Hilarion, Bellapais, Kyrenia und das Denkmal an der Stelle, wo die türkischen Truppen 1974 gelandet waren. Abends führten wir Gespräche mit Kareklas und einer Abgeordneten der zypriotischen Grünen.

Am 17. Februar waren wir erneut im Norden der Insel und besichtigten eine Gedenkstätte eines Massakers an türkischen Zyprioten durch die EOKA-B, die archäologischen Stätten von Salamis und Enkomi und die Altstadt von Famagusta und blickten auf die Geisterstadt Varosha. Am 18. Februar fand zunächst ein Gespräch mt Andros Kyprianou von der AKEL statt. Dann trafen wir im PIO-Hörsaal Nikos Theodosiou vom Komitee für die vermissten Personen (CMP), Vasos Lyssaridis von der EDEK und einen Vertreter des Außenministeriums. Nachmittags besuchten wir den erzbischöflichen Palast und die dortigen Museen. Am 19. Februar zeigte man den Studenten die Gräber der EOKA-Kämpfer und die Hinrichtungsstätte im Zentralgefägnis.

Dann fuhren wir in das gemischte Dorf Pyla, wo die Studenten mit den Einwohnern reden konnten. Die Exkursion ging dann zur Hala-Sultan-Tekke-Moschee weiter und zu den archäologischen Stätten von Kiti und Chirokitia. Am nächsten Tag waren die Ausgrabungen von Tamasos, das Kloster Machairas, Kakopetria, wo wir die berühmten Forellen aßen, und die Kirche von Asinou dran. Am 21. besuchten wir die Johanniter-Burg von Kolossi, Limassol, die Ausgrabungen von Kourion, wo die Belagerungsrampe einen großen Eindruck machte, und schließlich Paphos und seine Mosaike.

Den 22. Februar verbrachten wir primär zu Gesprächen im Norden. Wir trafen Mustafa Akinçi, der damals stellvertretender Ministerpräsident war. Mehmet Ali Talat von der RTP und Rauf Denktasch. Beim Treffen mit Rauf Denktasch stellte Dorothee Pilavas ihm die Frage, zu welcher Nation er sich zugehörig fühle. Sie nahm den nun folgenden Wortwechsel auf Tonband auf und war so freundlich, mir diese Abschrift zu Verfügung zu stellen:

> Denktash: Where do you come from?
> Pilavas: From Germany
> Denktash: Which part?
> Pilavas: From the South
> Denktash: Which one? The name of the town?
> Pilavas: Stuttgart
> Denktash: Stuttgart. Are you first a Stuttgart lady or a German lady? This is the question you are asking me. You understand what is geography? The other one is what you are. We are Turks of Cyprus. There are Greek Cypriots saying we are Hellenists in Cyprus fighting a Hellenistic struggle. So if they have now decided to be Cypriots in order to deceive that there is a Cypriot nation. There is no Cypriot nation.
>
> Makarios is on report saying: "There is no Cypriot nation." He was pressed by a journalist: "But you are the President of Cyprus and you are fighting for union with Greece. How can you combine these things as a Cypriot nations' president?" He said "Look, there is no Cypriot nation. There is only one animal in Cyprus which can be called 'Cypriot' proper and it is the donkey of Cyprus."
>
> "So, we are Turks of Cyprus. Cyprus is the geography, but we are Turks. There is no Cypriot nation. Do we feel bound to Cyprus? Do we feel that Cyprus is our homeland? Have we not felt that would we have died for it?

Would we have stuck to Cyprus in spite of those eleven years of aggression against us when we were alone, Turkey was not here. We were completely alone. Confined into looted areas. Three percent of the area we were confined. Three percent. And we survived. And our fault I think, our crime is that we survived because Americans and the British thought we would collapse within two months. And they formed their policy on that. We proved them wrong. They never forgave us. We are guilty because we survived."

Dorothee Pilavas arbeitete damals für die *Athener Zeitung*, die sich im Gegensatz zu ihrer Nachfolgerin, die *Griechenland-Zeitung*, auch stark für Zypern interessierte und ständig Nachrichten von dort brachte und Artikel über des Zypern-Problem veröffentlichte.

Da das türkisch-zypriotische Fernsehen bei dem Treffen anwesend war, alles aufnahm und noch am selben Tag sendete, regte sich die türkisch-zypriotische Presse über das "Esels-Zitat" ziemlich auf. Talat warf Denktasch in seiner Parteizeitung vor, dass er sein eigenes Volk als Esel bezeichne. Denktasch versuchte später zu behaupten, er habe das so nie gesagt, aber Dorothee Pilvas hat bis heute den Tonbandmitschnitt.

Anschließend besuchten wir das Museum des Nationalen Kampfes und führten Gespräche mit Özker Özgür und Alpay Durduran. Danach besichtigten wir die Altstadt von Nordnikosia. Am Morgen des nächsten Tages führte uns ein Offizier der UNFICYP entlang der Green Line quer durch die Altstadt von Nikosia. Danach trafen wir Spyros Kyprianou von der DIKO im Parlamentsgebäude. Anschließend besichtigten wir das wunderschöne Haus von Chatzigeorgakis Kornessios in der Nähe des Palastes des Erzbischofs. Abschließend hörten wir einen Vortrag von Prof. Evangelos Chrysos über das byzantinische Zypern. Am Tag darauf erfolgte die Rückreise. Auch diese interdisziplinäre Zypernexkursion war ein voller Erfolg.

Ich weiß bis heute noch nicht genau, wer dafür sorgte, dass Staatspräsident Konstantinos Stefanopoulos Reinhard Stupperich und mir zusammen mit Johannes Poethen im Februar 2000 das Goldkreuz der Phönix-Orden verlieh. Der Orden wurde uns Dreien im Generalkonsulat in Stuttgart im Rahmen einer Feier verliehen. Reinhard und ich erhielten den Orden aufgrund unserer publizistischen und wissenschaftlichen Arbeit an THETIS und PELEUS. Das Goldkreuz des Phönix-Ordens ist die zweithöchste griechische Auszeichnung. Bis dahin waren 7 Bände von THETIS und 6 PELEUS-Bände erschienen.

Die Zypern-Reise im März 2000 war von Irini Charalambous wieder perfekt organisiert worden. Am 6. März 2000 traf ich mit Petros Kareklas, dem Staatssekretär des Verteidigungsministeriums zusammen. Ich kannte ihn schon als Chef der deutsch-zypriotischen Gesellschaft. Er informierte mich über Sicherheitsfragen, so z.B. über die Short Range Luftverteidigung. Gegen Mittag kam ich mit Vassiliou zusammen. Er schätzte, dass Zypern in drei bis fünf Jahren EU-Mitglied werde. Lunch hatte ich mit Nitsa Neofytou, die inzwischen Chefin der International Public Relations Sector des PIO geworden war. Nachmittags besuchten mich Prof. Evangelos Chrysos und Andreas Sofokleous im Hotel.

Am Dienstag dem 7. März traf ich zum ersten Mal Erzbischof Chrisostomos. Er war ein netter freundlicher alter Herr, der ein bißchen senil war, denn er erzählte mir dreimal dieselbe Geschichte. Interessant war das anschließende Gespräch mit Achilleas Dimitriadis, dem Sohn von Lellos. Er ist Anwalt wie sein Vater, und er gewann den Fall von Titina Loizidou vor dem Europäischen Menschenrechtsgerichtshof. Es folgten Treffen mit dem Chef der linksorientierten Bauern-Union und mit Giannis Kolokassidis von der AKEL, die mir beide Material über die Geschichte der AKEL übergaben. Gegen Mittag wurde ich Augenzeuge, wie der deutsche Künstler Wolfram Kurzenberger in der Altstadt von Nikosia eine metallene Friedenstaube aufhing. Er hatte zuvor diese Friedenstauben über den halben Globus verteilt, so auch am Cyber-Pass.

Den ganzen 8. März verbrachte ich im Norden. Da mich Turgut Vehbi, einer der PIO-Beamten am Checkpoint abholte, wurde ich höflichst behandelt. Damaliger Chef des PIO war Sabahettin Egeli, ein Grieche aus Saloniki, dem man dort den Pass entzogen hatte. Wir unterhielten uns auf Griechisch, dabei wurde deutlich, dass er mit Denktaschs Kurs nicht einverstanden war. Beim Gespräch mit Reşat wurde klar, dass die Denktasch-Clique die Teilung (taksim) aufrecht erhalten wollte. Alle andere Zeichen einer Annäherung dienten nur dazu, dieses Ziel zu vernebeln.

Die Treffen am 9. Mai waren hochinteressant. Als erstes suchte ich Giannakis Solomou, den neuen PIO-Direktor auf. Wir konnten vom ersten Augenblick mit einander. Ich informierte ihn über die Sache mit der Stiftungsprofessur. Danach traf ich James Holger, den Chef der UNFICYP. Die EU-Vertreterin Donato Chiarini kannte die Lage genau: "Denktasch und seine Clique befinden sich in einer Festung aus Ignoranz." Christina Dimitriadou, die Vorsitzende der Frauenvereinigung der AKEL (POGO), hatte in Prag studiert. Sie gab mir Material über ihre Organisation. Eine längere Unterhaltung mit meinem Freund Georgios Iakovou beendete den Tag.

Um 9 Uhr am 10. März hatte ich eine lange Unterredung mit Ouranios Ioannidis, dem Erziehungsminister. Irini erzählte ihm, dass Reinhard Stupperich und ich mit dem Goldkreuz des Phönix-Ordens ausgezeichnet worden waren. Ich berichtete ihm über unsere Arbeit in Mannheim. Er war sichtlich beeindruckt. Dann kam ich auf die Stiftungsprofessur zu sprechen. Die Türkei habe entsprechende Institute in Bonn, Hannover und Essen, die sehr aktiv seien. Ein analoges griechisches Institut gebe es nicht. Wir beabsichtigten, ein interdisziplinäres Institut für griechische und zypriotische Themen aufzubauen. Die Regierung von Baden-Württemberg sei informiert und warte. Es solle ein Vertrag mit BW abgeschlossen werden, wonach die Finanzierung der Professur für 10 Jahre von Zypern und Griechenland getragen und dann von BW übernommen werde.

Ioannidis wollte wissen, was in Münster laufe. Ich antwortete sehr zurückhaltend. Er ging ans Telefon und rief seinen Vize herbei und befahl, eine Kabinettsvorlage nach dem von uns vorgeschlagenen Modell bis zum 22. März fertigzustellen. Aus Münster solle ein schriftlicher Bericht angefordert werden, was dort bislang publiziert worden sei. Ich gewann den Eindruck, dass dieses Mal das Projekt die Chance einer Realisierung hatte.

Anschließend hatte ich ein Gespräch mit Andreas Piristis, dem Staatssekretär im Außenministerium. Er ärgerte sich über einen deutschen Diplomaten, der Landsleute, die im Norden der Insel wohnten, zu seiner Geburtstagsparty in den Süden eingeladen und verlangte hatte, dass sie nach Süden durchgelassen würden, was nicht angehe. Er wollte sich mit Ioannidis treffen, um über unser Projekt zu reden. Er wollte auch Außenminister Kassoulidis informieren. Auch Lyssaridis versprach, das Projekt zu unterstützen.

Am Samstag, dem 11. März zeigte man mir Gegenden von Zypern, die ich noch nicht kannte. Am Sonntag, dem 12. März flog ich nach Frankfurt zurück.

Die Vorbereitungen für die Stiftungsprofessur schienen im Lauf des Frühjahres und Sommers 2000 immer konkreter zu werden. Die griechische Regierung zeigte sich aufgeschlossen und bereit mitzumachen. Die zypriotische Regierung war bereit, 75 Prozent der Kosten zu übernehmen. Athen sollte den Rest bereitstellen. Ich hatte vorgeschlagen, dass die Professur eine C 3-Stelle sein sollte, aber Athen war der Meinung, dass es ein Ordinariat, also eine C 4-Stelle sein müsse. Offensichtlich kamen da Prestigefragen ins Spiel. Da Reinhard Stupperich inzwischen aus haushaltstechnischen Gründen an die Universität Heidelberg versetzt worden war, schlugen wir vor, dass die Stiftungsprofessur dorthin gegeben werden sollte. Reinhard sprach mit dem Rektor und dem Dekan. Beide waren im Prinzip einverstanden. Auch das

Stuttgarter Wissenschaftsministerium gab grünes Licht für Verhandlungen. Damit konnten konkrete Verhandlungen zwischen den diplomatischen Vertretungen Zyperns und Griechenlands mit den zuständigen Stellen in Heidelberg beginnen.

Doch nun geschah ein schlimmer Fehler. Die diplomatischen Vertreter Zyperns überließen die Verhandlungen ihren griechischen Kollegen in der Annahme, dass diese erfahrener waren. Diese informierten Stupperich und mich. Wir baten sie dringend, bevor sie mit dem Rektor und dem Dekan in Heidelberg sprechen würden, mit uns zu reden, weil wir wüssten, was die kritischen Punkte waren. Am entscheidenden Tag warteten wir darauf, kontaktiert zu werden, und hielten uns dazu bereit. Doch der griechische Diplomat betrachtete offensichtlich ein Gespräch mit uns für unnötig und nahm direkt Kontakt mit dem Rektor auf. Er traf sich mit ihm und dem Dekan. Diese fragten ihn gleich zu Beginn, ob der damals akute griechisch-türkische Konflikt auch ein Forschungsgegenstand sein würde. Der Diplomat antwortete bejahend. Damit starb das Projekt, für das ich mich jahrelang eingesetzt hatte.

Es gibt bis heute kein akademisches Institut, das sich mit der modernen griechischen und zypriotischen Geschichte befasst. Jedes Jahr meldet die griechische Botschaft in ihrem Bericht nach Athen, dass es eine große Zahl von Instituten gibt, die sich mit griechischer Geschichte beschäftigen - allerdings mit der antiken. Griechenland ist daher das einzige EU-Land, mit dessen moderner Geschichte sich in Deutschland kein Institut speziell befasst. Unser Projekt einer Stiftungsprofessur in Heidelberg hätte diese Lücke geschlossen.

Die nächste PIO-Einladung nach Zypern kam im Februar 2001. Am 24. Februar, einem Samstag, flog ich mit der Lufthansa nach Larnaka. Zu meinem Schreck kam der Koffer nicht mit an. Ich beschwerte mich bei der örtlichen Lufthansa-Vertretung. Sie sagten mit, ich solle mir die notwendigen Kleidungsstücke auf ihre Kosten kaufen, was ich vom Hotel aus auch tat. Abends traf ich Joachim und seine Frau und wir gingen bei Steki Essen.

Am 25. Februar kam meine neue PIO-Betreuerin, Stamatia Dagakis. Sie war in Dortmund geboren und hatte Journalistik an der Universität Köln studiert. Sie holte mich zu einer Exkursion nach Machairas ab. Wir fuhren über das Dorf Gouri zum Museumsdorf Fikardo, wo wir in der dortigen Taverne lunchten. Nach meiner Rückkehr ins Hotel fand ich meinen Koffer vor.

Am 26. Februar traf ich den neuen deutschen Botschafter Dr. Peter Wittig. Er wirkte sehr aufgeschlossen. Ich informierte ihn über die Verhandlungen mit der Universität. Anschließend ließ er mich mit einem Wagen der Botschaft zum Checkpoint bringen, wo schon Turgut wartete. 10.30 Uhr kam ich mit Denktasch zusammen. Mein Eindruck, dass er ein bauernschlauer Provinzadvokat war, verstärkte sich. Wann immer er keine Antwort wusste, brachte er Argumente aus den 1960er Jahren ins Spiel. Er will die Anerkennung der TRNC. Ob die Bevölkerung leidet, kümmert ihn nicht. Er will seinen Fall gewinnen. Ich wurde ziemlich deutlich, er genauso. Turgut staunte über unseren Umgangston. Am Ende des Interviews sagte Denktasch: "I was in a fighting mood today." Dann wurde er wieder freundlich.

Gegen Mittag besuchte ich Talat im alten Office von Özgür. Plötzlich erschienen die Vertreter des türkisch-zypriotischen Fernsehens und Ali Talat ließ sich interviewen. Ich gab Kommentare dazu ab, zurückhaltend, aber deutlich. Letztlich war Talat sehr pessimistisch. Zwar würden die Einwanderer in den Städten in der zweiten Generation assimiliert, aber auf den Dörfern nicht. Dort blieben sie Anatolier. Özgür und Durduran äußerten sich ähnlich, beim anschließenden Treffen mit ihnen. Abends traf ich mich mit Georghallides zu einem ruhigen, sehr offenen Gespräch.

Am Morgen des 27. Februar 2001 kam ich mit Erziehungsminister Ouranios Ioannidis zusammen. Es war eine Art Mini-Ministeriumskonferenz. Ich erklärte ihm, dass das Projekt der Stiftungsprofessur gestorben war und erläuterte ihm die Gründe. Es war für ihn ein gründlicher Schock, und tiefe Ratlosigkeit erfüllte ihn. Offensichtlich hatte ihn die griechische Seite nicht informiert. Ich machte die - zugegebenermaßen - etwas zynische Bemerkung, dass wir die Arbeit machten, Münster aber das Geld bekomme.

Beim anschließenden Gespräch mit Vasos Lyssaridis zeigte es sich, dass unsere Ansichten ziemlich übereinstimmten. Vassiliou befürchtete, dass sobald Zypern EU-Mitglied sei, die türkischen Zyprioten alles tun würden, um als Zyprioten Euro-Pässe zu erhalten. Es werde zu einer Abstimmung mit den Füssen kommen. Bei der anschließenden Unterredung mit Andros Kyprianou, dem Sprecher der AKEL, berichtete ich über den Fehlschlag mit der Stiftungsprofessur. Am 28. Februar diskutierte ich mit dem Sprecher der UNFICYP die Frage, was geschähe, wenn Zypern EU-Mitglied werde. Er befürchtete einen Ansturm von türkischen Zyprioten nach Süden. Ähnlich äußerte sich der Chef der EU-Kommission Donato Chiarini.

Hoch interessant war der Meinungsaustausch mit Achilleas Dimitriadis. Um offene Rechnungen der Türkei beglichen zu bekommen, überlegte er sich, ob er durch Gerichtsbeschluss in Frankfurt ein türkisches Flugzeug an die Kette legen lasse. Beim Lunch mit der neuen Direktorin des PIO Androula Lanitis empfahl ich ihr, das zypriotische Pressebüro in Berlin zu verstärken. Berlin sei schließlich in der EU mindestens so wichtig wie London. Das Gespräch mit dem neuen Regierungssprecher Michalis Papapetrou am nächsten Tag war informativ. Ich informierte ihn über das Scheitern des Projektes mit der Stiftungsprofessur.

Am 2. März fand ein Treffen mit Kollegen der Universität von Zypern statt. Anwesend war Nikos Papamichail, der Rektor, George Georgiou vom Department of History, Joseph Joseph vom Department of Social and Political Science, Anastasia Nikolopoulou vom Department of English literature und Dimitrios Michailidis vom Archaelogical Research Unit. Das Thema der Besprechung war eine mögliche Kooperation. Es gab zwei Haupthindernisse: Jeder Kurs musste mit Stoffverteilungsplan ein Jahr zuvor eingereicht und genehmigt werden. Die Unterrichtssprache war bis zum Master nach wie vor Griechisch. Erst im postgraduate Teil war Englisch als Unterrichtsprache zulässig. Damit war eine sinnvolle Kooperation de facto ausgeschlossen. Anschließend traf ich Marios Garoyan, den Vertreter von DIKO.

Abends hielt ich im Intercollege einen Vortrag, der sehr gut besucht war. Der Historiker Kostas Kyrris, der Ex-UN-Diplomat Özdemir Özgür und Staatsekretär Kareklas sowie der EU-Vertreter waren anwesend. Beim anschließenden Abendessen unterhielt ich mich mit dem EU-Vertreter, einem Belgier, und war erstaunt, wie wenig Hintergrundswissen er über Zypern und die Türkei hatte. Am Nachmittag des 3. März flog ich nach Frankfurt zurück.

Die PIO-Einladung zum nächsten Briefing erfolgte im März 2002. Ich kam am 10. April in Nikosia an. Am nächsten Morgen traf ich zunächst EU-Botschafter Donato Chiarini und dann Regierungssprecher Michalis Papapetrou. Am 12. April führte ich Gespräche mit Andros Kyprianou von der AKEK, Vasos Lyssaridis von den Sozialisten und Michalis Attalidis, der inzwischen Zypern beim Europarat vertrat. Am Wochenende fanden wieder Ausflüge statt, und am Montag sah ich Generalstaatsanwalt Alekos Markidis. Das Gespräch mit dem ehemaligen Polizeichef Andreas Potamaris war für meine geplante Geschichte Zyperns sehr wertvoll, denn er diente 1974 in der sog. Präsidentengarde. Ähnlich informativ war die Unterredung mit Andreas Neofytou, dem Neffen von Makarios, der 1974 in dessen Büro gearbeitet hatte. Gegen 18 Uhr kam George Iakovou zu mir ins Hotel, und wir diskutierten die aktuelle Lage.

Insgesamt konnte ich bei dieser Reise feststellen, dass ich von allen Gesprächspartnern als Experte in der Zypernfrage akzeptiert wurde. Viele der Unterredungen fanden auf Griechisch statt, was dazu führte, dass meine Gegenüber vergaßen, mich als Ausländer zu betrachten. Man redete offen und manches Mal off the record. Es war bekannt, dass ich schweigen konnte.

In den acht Jahren als Professor in Mannheim hatte ich mehrere Studenten, die ihr Studium mit der Promotion abschlossen. Der erste war Hubert Faustmann. Ich lernte ihn im Vorbereitungsseminar für die Zypernexkursion 1993 kennen. Er war Student von Prof. Hermann Weber von der Politikwissenschaft. Auf der Exkursion sprach er mich an und fragte mich, ob ich bereit wäre, seine Zulassungsarbeit zu betreuen, die er anschließend zu einer Dissertation ausbauen wollte. 1994 war er damit fertig. Sie trug folgenden Titel: "Die Rolle Großbritanniens im Zypernkonflikt 1878-1960". Anschließend wechselte er zur Gesichte über und wurde mein Doktorand. Während er an seiner Dissertation arbeitete, war er verschiedentlich in Zypern, wo ich ihn dann regelmäßig bei meinen Besuchen traf. 1999 legte er seine Dissertation vor, die den Titel *"Divide and Quit? A History of British Colonial Rule in Cyprus 1878-1960. With a Special Survey of the Transitional Period in Cyprus 1959-1960"* trug und im September bestand er das Rigorosum. Hubert Faustmann hatte inzwischen einen Lehrauftrag am Intercollege erhalten, das später zur Universität von Nikosia umbenannt wurde. Er blieb in Zypern und heiratete Anastasia Adamidou. Später wurde er Professor an der Universität von Nikosia.

2002 promovierte ich den Seniorstudenten Wolfgang Breyer, der Ende 70 war mit dem Thema *Dr. Max Merten - ein Militärbeamter der deutschen Wehrmacht im Spannungsfeld zwischen Legende und Wahrheit*. Wolfgang Breyer hatte als junger Mann als Fallschirmjäger noch die Seelower Höhen verteidigt. Nach dem Krieg wollte er eigentlich Geschichte studieren, aber sein Vater, der ein gut gehendes Textilgeschäft hatte, zwang ihn, sich in diese Branche einzuarbeiten. Wolfgang Breyer vergrößerte erfolgreich die Firma seines Vaters, so dass sie überregional bekannt wurde. Doch mit 65 verkaufte er seine Firma und wurde Seniorstudent in Mannheim. Er besuchte diverse Seminare von mir und fiel mir durch kluge Beiträge auf.

Irgendwann forderte ich ihn auf, ein Referat zu schreiben. Er hatte zwar Hemmungen, so etwas zu tun, aber als ich ihn ermunterte und ihn unterstützte, verfasste er ein bemerkenswert gutes Referat. Als wir dies zwei oder drei Mal wiederholt hatten, schlug ich ihm vor, doch eine Dissertation zu schreiben. Er war überglücklich über diesen Vorschlag und stürzte sich in die Arbeit. Seine Arbeit war vorzüglich und wurde als gut befunden. Dann bereitete er sich Ende 2001 auf das Rigorosum vor. Wir hatten die üblichen Prüfungsthemen festgelegt und er hatte sich sehr gut eingearbeitet. Wir legten das Rigorosum auf Januar 2002 fest. Über Weihnachten 2001 besuchte er seine Tochter, die in Südostasien lebte. Als er zurückkam, hatte er alles Gelernte vergessen. Wir verschoben den Termin des Rigorosum, bis er wieder alles im Kopf hatte.

Er arbeitete sich durch seine Unterlagen durch und als er etwa die Hälfte wieder parat hatte, geschah ein Wunder: Der Rest des Vergessenen war wieder da. Er bestand das Rigorosum. Der einzige Unterschied zu den jungen Kandidaten war, dass ich ihn nicht zwischen den Themen hin und her jagte. Insgesamt war seine Leistung ausgezeichnet und beachtlich, schließlich war er Seniorstudent. Er war sehr zurecht stolz auf seinen Titel. Nur wenige Menschen schaffen so etwas in diesem Alter.

Wie ich schon erwähnte, begann Andreas Stergiou im Oktober 1996 sein Magister-Studium in Mannheim. Seine Magisterarbeit befasste sich mit der Spaltung der griechischen Linken und dem Einfluss von außen auf diese. 1998 bestand er das Examen mit Auszeichnung. Dann kniete er sich in seine Dissertation. 2001 legte er seine Dissertation vor und bestand im Juli das Rigorosum. Seine Dissertation war so gut, dass ich ihm vorschlug, sie zu überarbeiten und druckreif zu machen. Sie erschien im Herbst 2001 als PELEUS-Band 13.[1] Danach kehrte Andreas nach Griechenland zurück und machte akademische Karriere. Er ist heute Professor an der Universität von Thessalien. Wir stehen nach wie vor in engem Kontakt.

Alexander Jossifidis wurde in Thessaloniki geboren. 1991 begann er sein Studium in Mannheim. Als in den 1990er Jahren der Namensstreit um Makedonien begann, entwickelte er ein persönliches Interesse daran. Ich schlug ihm vor, doch darüber seine Magisterarbeit zu schreiben. Alexander Jossifidis reiste in den makedonischen Raum und interviewte Protagonisten in Bulgarien und der ehemaligen jugoslawischen Teilrepublik Makedonien. Er besorgte sich Material aus den Bibliotheken in Griechenland, Bulgarien und Makedonien (FYROM). Im November 1998 legte er sein Magisterexamen ab. Danach vertiefte er das Thema in seiner Dissertation, die den interessanten Titel "Die slawophonen Griechen Makedoniens" trägt. Im April 2004 legte er sie vor und im Juli bestand er das Rigorosum. Seine Dissertation wurde als PELEUS-Band 33 veröffentlicht.[2]

Meine erste und letzte Studentin, die ich in Mannheim promovierte, war Peggy Doukellis. Ich lernte sie im Februar 2003 kennen. Im Juni akzeptierte die Philosophische Fakultät sie als meine Doktorandin. Sie nahm an der Zypernexkursion im Februar 2004 teil. Als wir das Theater von Kourion besichtigten, bat ich sie doch die tolle Akustik unter Beweis zu stellen, indem sie von der Bühne aus etwas sang. Ich wusste, dass sie eine sehr schöne Stimme hatte. Sie tat das auf hervorragende Weise, indem sie ein Lied von Sotiria Mpelou vortrug. 2005 begleitete sie mich zum Kongress in Kavala und 2006 nach Drama, wo sie jeweils auch ein Referat hielt. Wir unternahmen Ausflüge an die Metaxas-Linie und auf die Rhodopi-Berge. 2006 nahm ich sie zu der Konferenz in Athen mit. Bei dieser Gelegenheit besuchten wir ihre Eltern und Hagen Fleischer, der in der Nähe ihres Elternhauses wohnte. 2007 legte sie ihre Dissertation vor, die folgenden Titel trug: "Geschichte Makedoniens und Thrakiens von den Balkankriegen bis zum Ende des Ersten Weltkriegs. Außenpolitische Ereignisse und innenpolitische Rückwirkungen." 2008 wurde ihr nach einer erfolgreich bestandenen Disputation der Dr. phil. verliehen. Auch danach hielten wir Kontakt.

Der letzte meiner Mannheimer Promovenden, Gerhard Weber, war ein absoluter Sonderfall. Rein vom Alter her war er ein Seniorstudent, tatsächlich war er Studiendirektor am Carl-Benz-Gymnasium in Ladenburg, wo ich ihn auch kennen lernte. Gerhard Weber war ein ausgezeichneter Geschichtslehrer mit über den Lehrberuf hinausgehenden historischen Interessen. Ich schlug ihm vor, doch noch zu promovieren und besorgte die Zustimmung der Fakultät. Mir war klar, dass die Promotion neben dem Beruf her strapaziös sein würde und sagte ihm das auch. Zugleich schlug ich ihm ein Thema vor, das er realisieren konnte, denn die meisten Quellen lagerten im Max Planck Institut für Völkerrecht in Heidelberg. Als Thema schlug ich einen Vergleich der Südostgeneralsprozesse in Nürnberg gegen die Generäle Hellmuth Felmy, Hubert Lanz und Wilhelm Speidel vor. In den Sommerferien 2001 begann G. Weber im MPI zu arbeiten, wobei er von Jochen Schwietzke großzügig unterstützt wurde. Später nahm er Kontakt zu Hubertus Felmy, dem Sohn des Generals, auf, der ihm Zugang zum Archiv seines Vaters gewährte. G. Weber entwickelte ein zunehmendes Interesse an der Person von H. Felmy.

---

1 Andreas Stergiou, *Im Spagat zwischen Solidarität und Realpolitik. Die Beziehungen zwischen DDR und Griechenland und das Verhältnis der SED zur KKE.* (Mannheim–Mφhnesee: Bibliopolis, 2001) = PELEUS Bd. 13.

2 Alexander Jossifidis, *Die slawophonen Griechen Makedoniens* (Mainz: Rutzen, 2006) = PELEUS 33.

Im Sommer 2002 übernahm G. Weber die Schulleitung des Moll-Gamnasium in Mannheim, wodurch er die Arbeit an der Dissertation vorläufig auf Eis legen musste. In den Pfingstferien 2003 recherchierte er im Bundesarchiv-Militärarchiv in Freiburg über den Sonderverband F und über die Fliegertruppe in der Weimarer Republik. Mit meiner Zustimmung reduzierte er sein Thema auf die Biographie von H. Felmy. Zwischen 2003 und 2006 wertete G. Weber die bislang zusammengetragenen Akten aus und unternahm weitere Besuche im Bundesarchiv in Freiburg. Um ihn zum Durchhalten zu motivieren, führte ich immer wieder Gespräche mit ihm, die erfolgreich waren, denn von Sommer 2006 an begann G. Weber mit der Niederschrift seiner Arbeit. Natürlich hatte seine Arbeit als Schulleiter Priorität, aber er hielt durch und lieferte Anfang April 2009 mir eine Rohfassung seiner Arbeit an.

Ich ging sie durch und konnte ihm zu seiner großen Erleichterung sagen, dass die Arbeit brauchbar war, wenn auch noch Korrekturen und Ergänzungen notwendig waren. In ständigem Kontakt mit mir nahm er diese Ergänzungen vor und lieferte Anfang Oktober die fertige Dissertation bei mir und dem Zweitgutachter Prof. Michael Erbe ab. Im Januar 2010 fand die Promotion in der Form einer Disputation statt. Im September 2010 erschien die Dissertation als PELEUS-Band 52 unter dem Titel *Hellmuth Felmy. Stationen einer militärischen Karriere.*[1] Gerhard Webers Leistung neben dem Schuldienst und der Leitung eines Gymnasiums her zu promovieren, verdient allen Respekt.

In dieser ganzen Zeit war ich publizistisch sehr aktiv. Bis 2003 publizierten Reinhard und ich 10 THETIS-Bände. Im selben Zeitraum erschienen 24 PELEUS-Bände, die alle über meinen Schreibtisch und durch meinen Computer gingen. Ich selbst war auch produktiv: Für den Sammelband *Griechenland: Politik und Perspektiven* verfasste ich zwei Beiträge. Im ersten verglich ich die politischen Kulturen Griechenlands und der Türkei mit der Zyperns.[2] Der zweite Beitrag beschäftigte sich mit den bilateralen Beziehungen zwischen Griechenland und der Türkei.[3] Ihm folgte eine Studie über die griechischen KPs in der Zeit nach der Wende.[4] Für eine Studie über die Beziehungen zwischen der EU und dem Mittelmeerraum verfasste ich einen Beitrag über den Zypernkonflikt.[5] In THETIS 7 veröffentlichte ich zwei Aufsätze über die sozialdemokratische Widerstandsgruppe um Georg Eckert in Saloniki und seinen griechischen Kontaktmann, den Widerstandskämpfer Georgios Dimitratos.[6] Ich hatte letzteren kennengelernt und er hatte mir wertvolle Hinweise gegeben.

Im Oktober 2000 fand in der evangelischen Akademie in Bad Boll eine Tagung über Griechenland im Zweiten Weltkrieg statt. Die Bundesvorsitzende des Verbandes der deutsch-griechischen Gesellschaften, Dr. Sigrid Skarpelis-Sperk, sprach in ihrem Beitrag von den 300.000 Hungertoten in Attika im Winter 1941/42. Ich wies sie darauf hin, dass diese Zahl aus der

---

1 Gerhard Weber, *Hellmuth Felmy. Stationen einer militärischen Karriere. Suez Front - Reichswehr - Luftflotte II - Sonderverband F - LXVIII. Armeekorps in Griechenland - Nürnberger Prozess* (Mainz: Rutzen, 2010), 338 Seiten.

2 "Gedanken zur politischen Kultur in Griechenland und der Türkei unter Berücksichtigung Zyperns" in: Bernd Rill (ed.), *Griechenland: Politik und Perspektiven* (München: Hans Seidel Stiftung, 1999), pp. 81-90.

3 "Griechenland und sein türkischer Nachbar - Geschichte und Politik" in: Bernd Rill (ed.), *Griechenland: Politik und Perspektiven* (München: Hans Seidel Stiftung, 1999), pp. 61-80.

4 "L'isolement des Communistes grecs" in: Patrick Moreau (ed.), *Les partis communistes et postcommunistes en Europe occidentale* (Paris, 1999), pp. 56-64.

5 "Cyprus - the Perennial Conflict", in: Hans Günter Brach et. al. (eds.), *Euro-Mediterranen Partnership for the 21st Century* (London: Macmillan, 2000), pp. 225-241.

6 "Sozialdemokratischer Widerstand im besetzten Griechenland: Georg Eckert und seine Gruppe" *THETIS* 7 (2000), pp. 237-252. "Georgios Dimitrakos: Widerstandskämpfer Humanist, Europäer" *THETIS* 7 (2000), pp. 253-284.

Propaganda der Kriegszeit stammte. Aus den Akten des Internationalen Komitees vom Roten Kreuz gehe die richtige Zahl (35.000) hervor. Sie wischte dies beiseite und blieb bei ihrer Zahl. In meinem Beitrag nannte ich die korrekten Zahlen, was sie so verärgerte, dass sie mich seither boykottiert.[1]Auf dieser Konferenz tauchte auch Manolis Glezos auf. Als er mich sah, freute er sich und wir schlugen dann die Einrichtung einer deutsch-griechischen Historikergruppe vor, die gemeinsam die Vergangenheit aufarbeiten sollte. Leider wurde daraus nichts.

Für die Zeitschrift *Cyprus Review* analysierte ich die türkische Politik gegenüber der EU und Zypern. Einen ähnliche Aufsatz schrieb ich für THETIS 8.[2] In THETIS 9 veröffentlichte ich einen Artikel über die sog. Dekemvriana, die ich als erste gewaltsame Intervention gegen Ende des Zweiten Weltkriegs beschrieb, um ein der Besatzungsmacht genehmes Regime zu oktroyieren.[3] Inzwischen arbeitete ich verstärkt über die zypriotische Zeitgeschichte. In THETIS 9 veröffentlichte ich einen Beitrag über die Geschichte der AKEL.[4] Ihm folgte ein Aufsatz über die KKK und die Komintern.[5] Meine letzte Analyse in diesem Zeitraum war eine über den griechischen Kitsch.[6] Sie war recht amüsant.

1999 wechselten wir den Verleger und veröffentlichen sowohl THETIS als auch die ersten 36 PELEUS-Bände bis 2006 im Verlag Bibliopolis. Dann mussten wir entdecken, dass es bei der Abrechnung Inkorrektheiten gab, die wir vor Gericht klären lassen mussten. Wir suchten einen neuen Verleger und fanden ihn in Franz Rutzen, der früher den Verlag Philip von Zabern besessen, aber dann aus Altersgründen verkauft hatte. Aber genauso wie ich konnte und wollte er nicht ganz aufgeben und gründete den Franz-Rutzen-Verlag. Wir fragten ihn, ob er bereit wäre, uns und unser Programm zu verlegen. Er war dazu bereit und von nun an machte das Herstellen von Büchern richtig Spass. Er beriet mich in typografischen Fragen und seither sehen unsere Bücher professionell aus. Die Zusammenarbeit mit ihm war ein Vergnügen und inzwischen entwickelte sich daraus eine echte tiefe Freundschaft. Ich bin richtig froh, dass wir uns gefunden haben.

Erfreulich war auch die Zusammenarbeit mit dem Druckhaus Beltz, das früher in Hemsbach produzierte - 10 Minuten Autofahrt für mich - nun aber in Langensalza sitzt, was manches Mal Probleme bereitet. Aber wir haben es geschafft, bislang 74 Bände von PELEUS dort zu produzieren.

In diese Zeit fielen auch Studienabschlüsse meiner Töchter. Eleni hatte an der technischen Universität Karlsruhe sich eines der schwierigsten Fächer zum Studium ausgesucht, nämlich Wirtschaftsingenieurwissenschaften. Der Numerus Clausus lag damals bei 1,3 und von den 600 zugelassenen Studenten schafften das Vordiplom nur 200. Das Diplom erreichten nur 160

1 "Griechenland im Zweiten Weltkrieg: Eroberung - Okkupation - Kollaboration - Widerstand - Exil - Befreiung und Bürgerkrieg", in: Karl Giebeler, Heinz A. Richter, Reinhard Stupperich (eds.), *Versöhnung ohne Wahrheit? Deutsche Kriegsverbrechen in Griechenland im Zweiten Weltkrieg. Beiträge einer Tagung am 27.-28. Oktober 2000 in der Evangelischen Akademie Bad Boll* (Mannheim, Möhnesee: Bibliopolis, 2001) = *PELEUS* Band 8.

2 "Ankara's Policy towards Cyprus and the European Union" *The Cyprus Review* 13:2 (2001), pp. 29-45. "Ankara, Zypern und die EU" *THETIS* 8 (2001), pp. 285-294.

3 "Militärische Interventionen in Europa vor und während des Kalten Kriegs: Der Fall Griechenland" *THETIS* 9 (2002), pp. 179-186.

4 "AKEL - Kommunistische Partei Zyperns" *THETIS* 9 (2002), pp. 219-238.

5 "The Cypriot Communist Party and the Comintern" *The Cyprus Review* 15:1 (2003), pp. 99-119.

6 "Kitsch in Griechenland" in: Inken Jensen - Alfried Wieczorek (eds.), *Dino, Zeus und Asterix. Zeitzeuge Archäologie in Werbung, Kunst und Alltag heute. Beiträge zur Rezeption archäologischer Motive im zeitgenössischen Alltag* (Mannheim: Reiss-Engelhorn-Museen, 2003), pp. 323-328.

Kandidaten. Eleni schaffte es im September 1999. Danae hatte ursprünglich Archäologie, Geschichte und Latein auf Magister studiert. Ich drängte sie, Staatsexamen zu machen, um so einen sicheren Zugang zum Lehrberuf zu erreichen. Sie legte das Staatsexamen an der Universität Heidelberg 1999 in den Fächern Geschichte und Latein ab. Dann wechselte sie an die Universität Mannheim, um dort auch noch in Archäologie das Staatsexamen abzulegen, was nur dort möglich war. Im Jahr 2000 schaffte sie das Staatsexamen. 2002 folgte die Promotion in Archäologie. Ihre Dissertation über die römische Armee wurde als Buch veröffentlicht und hat inzwischen drei Auflagen erlebt.[1]

Im Frühjahr 2003 hatte ich zwei üble Bandscheibenvorfälle, die mich zwangen, schon mit 63 Jahren in Pension zu gehen. Bei der offiziellen feierlichen Verabschiedung aus dem Schuldienst äußerte sich der Direktor des CBG zum letzten Mal abfällig über meine wissenschaftliche Arbeit an der Universität Mannheim. Ich hatte in den letzten Jahren ein reduziertes Deputat als Studiendirektor und ein volles Deputat an der Universität. Doch als ich die gesundheitlichen Probleme überwunden hatte, ging die wissenschaftliche Arbeit erst richtig los, denn nun waren alle Hindernisse weg, die bisher die Arbeit verlangsamt hatten.

1 Danae Richter, *Das römische Heer auf der Trajanssäule*.(Mainz: Rutzen, 2004) 472 Seiten = Mentor 3.

REISEN NACH GRIECHENLAND UND ZYPERN

2003-2016

Dieses Kapitel meiner Erinnerungen ist für Nicht-Kenner von Griechenland und Zypern nicht ganz so spannend, da ich von meinen regelmäßigen Reisen und Begegnungen sowie Gesprächen mit ihnen Unbekannten berichte. Der Kenner dieser Materie dagegen versteht unschwer, dass ich mich durch diese Reisen und die Gespräche mit Kollegen und Politikern immer tiefer in die Probleme beider Länder einarbeitete. Am Ende dieses Kapitels zeige ich, welche Themen bei den Gesprächen immer wieder diskutiert wurden. Ohne diese Reisen und diese Gespräche hätte ich die wissenschaftlichen Arbeiten, die in jenen Jahren entstanden, und die ich im folgenden Kapitel beschreibe, nie verfassen können.

Die ganzen letzten Jahre kamen in schöner Reihenfolge immer wieder Einladungen des PIO, um mich jeweils eine Woche lang über die neuesten Entwicklungen zu informieren. Immer wieder wurde ich darauf angesprochen, wann Band 5 meiner Geschichte Zyperns erscheinen werde. Ich gab jedesmal dieselbe Antwort: Nach der Wiedervereinigung. Die Vorstellung, ich würde nur die regelmäßig gescheiterten Verhandlungen nachzeichnen, war für mich unerträglich. Nichtsdestotrotz verfolgte ich die Verhandlungen aufmerksam, um im Fall eines erfolgreichen Abschlusses bereit zu sein.

Im Mai 2003 fand die nächste Zypern-Reise statt. Dieses Mal nahmen meine Tochter Danae und ihr Freund Ralph teil. Wir flogen am 31. Mai nach Larnaka. Am 1. Juni, einem Sonntag, machten wir zusammen mit meinem Freund Özdemir Özgür einen Ausflug nach Limassol. Da Danae promovierte Archäologin ist, interessierte sie sich natürlich für Chirokitia, das Apollo-Heiligtum bei Kourion und Kourion selbst. Den Lunch nahmen wir am Fuß des Felsens von Kourion in einer Taverne ein, die dort bezaubernd schön unter Eukalyptus-Bäumen liegt. Auf dem Rückweg nach Nikosia besichtigten wir noch Kolossi und Amathous.

Am Montag, dem 2. Juni begann mein Besuchsprogramm. Stamatia Dagakis vom PIO hatte es wieder ausgezeichnet organisiert. Zuerst besuchten wir das Staatsarchiv, dann folgte ein Treffen mit Vasos Lyssaridis. Dabei lernte ich dessen Frau Barbara kennen. Anschließend kam ich mit dem PIO-Chef, Giannakis Solomou, zusammen. Am späteren Nachmittag traf ich Lellos Dimitriadis. Den Abend verbrachten wir bei Renate Chatzicharalambos mit Hubert Faustmann und seiner Frau Anastasia sowie Danae und Ralph. Am Dienstag, dem 3. Juni lernte ich den Vorsitzenden des Lions-Club von Zypern kennen. Beim Gespräch mit dem neuen EU-Botschafter Adriaan von der Meer gewann ich den Eindruck, dass er wenig von der Politik Ankaras in der Zypernfrage verstand. Beim anschließenden Treffen mit dem AKEL-Historiker, Giannakis Kolokassidis, versprach er mir, die unveröffentlichte Geschichte der AKEL zu besorgen. Nikolas Makris diskutierte mit mir ein Publikationsprojekt, das als PELEUS-Band erscheinen sollte.

Am nächsten Tag kam ich mit Petros Kareklas zusammen, der inzwischen Generaldirektor des Bildungsministerium war. Wir vereinbarten Kooperation. Anschließend suchte ich im Fotoarchiv des PIO Aufnahmen für mein neues Buch heraus. Am Tag darauf empfing mich Außenminister Iakovou. Unsere Lageannalysen stimmten weitgehend überein. Er sah in Ankara Fraktionskämpfe zwischen den Pro- und Anti-Europäern. Nachmittags traf ich den Journalisten Makarios Drousiotis und wir sprachen über ein Buchprojekt. Den 6. Juni verbrachte ich im Norden mit Gesprächen mit Alpay Durduran und Talat. Letzterer glaubte, mit Unterstützung von Erdoğan Denktasch bei den nächsten Wahlen ablösen zu können. Am Sonnabend machten wir mit Özdemir Özgür einen Ausflug nach Paphos. Am 8. Juni kehrten wir nach Frankfurt zurück.

Am 23. Februar 2004 flogen Reinhard Stupperich und ich mit einer Gruppe von Mannheimer Studenten nach Zypern. Wir waren die ersten Gäste im neu eröffneten Centrum Hotel in der Laïki Geitonia. Am nächsten Tag besuchten wir zunächst das Archäologische Museum, dann wurden wir nacheinander vom Ehrenvorsitzenden der EDEK Vasos Lyssaridis und vom ehemaligen Staatspräsidenten George Vassiliou empfangen. PIO-Direktor Giannakis Solomou lud die ganze Gruppe zum Lunch ein. Nachmittags trafen wir den Regierungssprecher Kypros Chrysostomidis.

Die nächsten beiden Tage fanden Exkursionen in die Regionen von Famagousta und Kyrenia statt. Am 27. Februar kamen wir im Goethe-Institut mit einem deutschen Diplomaten zusammen. Anschließend empfing uns Außenminister Iakovou. Gegen Mittag trafen wir Parlamentspräsident und AKEL-Chef Christofias. Anschließend empfing uns der Vorsitzende der Veteranenvereinigung. Am Samstag machten wir unter der Leitung von Renate Chatzicharalambos eine Exkursion in die Region von Larnaka und am Tag darauf ins Troodos-Gebirge und noch einen Tag später in die Limassol/Paphos-Region. Am Dienstagvormittag, dem 2. März trafen wir Mustafa Akinçi und Özker Özgür und Denktasch. Nachmittags besuchten wir den Westen von Nordzypern. Am 3. März war die Akamas-Region dran.

Am 4. März empfing uns der Oberbürgermeister von Nikosia Michalis Zambelas. Anschließend führte uns Titina Loizidou durch die Altstadt von Nikosia. Nachmittags besuchten wir die Universität. Am 5. März flogen wir nach Frankfurt zurück. Solche interdisziplinären Exkursionen bewährten sich bestens.

Im Oktober 2004 kam die nächste persönliche Einladung des PIO nach Zypern. Von da an bis heute stieg ich immer im Hotel Centrum ab, wo ich mit der Zeit zur Familie gehörte. Stamatia Dagakis hatte mein Programm wie jedes Mal perfekt organisiert. Dieser Besuch war von der Arbeit an Band 1 meiner Geschichte Zyperns in der Kolonialzeit geprägt. Am Montag, dem 25. Oktober hatte ich ein erstes Treffen mit dem Präsidenten der EOKA-Veteranen-Vereinigung, Thasos Sofokleous. Er versprach, mir das Buch von Grivas zukommen zu lassen. Das anschließende Gespräch mit Außenminister Iakovou war wie immer offen und produktiv. Nachmittags sprach ich mit dem Journalisten Makarios Drousiotis über die Möglichkeit, sein neues Buch in englischer Sprache als PELEUS-Band herauszubringen. Am folgenden Tag traf ich den ehemaligen Staatspräsidenten Glafkos Kliridis, der sich sofort an mich erinnerte. AKEL-Chef Dimitrios Christofias versprach, endlich die Geschichte der AKEL kopieren zu lassen. Das Treffen mit Staatspräsident Tasos Papadopoulos war sehr locker, aber wie ich später feststellte, mochte er mich von Anfang an nicht.

Beim Gespräch mit EU-Botschafter Adriaan van Meer wurde deutlich, dass die EU in der Zypernfrage nicht aktiv werden würde. Die EU hatte wichtigere Baustellen. Abends gab ich einem Journalisten vom *Fileleftheros* ein Interview. Am 28. Oktober lernte ich die Journalistin Sevgül Uludag kennen. Wir sprachen über die Möglichkeit, ihre Artikel, die sie in der Zeitung *Alitheia* veröffentlicht hatte, als PELEUS-Band herauszubringen, was in der Folge auch geschah. Am 29. Oktober erhielt ich Kopien der AKEL-Geschichte, die mir Christofias versprochen hatte. Als ich dem Government Spokesman Kypros Chrysostomidis die Idee mit der Veröffentlichung von Sevgüls Artikel vortrug, reagierte er ablehnend: Eine Veröffentlichung werde nur die griechischen Hardliner provozieren. Am 30. Oktober zeigte mir ein ehemaliger EOKA-Partisan das erste Hauptquartier von Grivas in den Bergen oberhalb von Kakopetria. Seine Lage und sein Aufbau zeigte, dass Grivas vom Partisanenkrieg keine Ahnung gehabt hatte.

Die Zypernreise im Oktober 2005 stand ganz unter dem Zeichen der Arbeit an Band 2 meiner Geschichte Zyperns zur Zeit des EOKA-Kampfes. Stamatia Dagakis vom PIO hatte auch diesen Besuch perfekt vorbereitet. Am 11. Oktober besuchte ich die Landkartenabteilung und erhielt eine sehr gute Karte vom Troodos-Massiv und bestellte einige sehr nützliche Karten im Maßstab von 1:100.000. Im PIO hatte man schon eine CD mit Fotos vom EOKA-Kampf besorgt. Zum Lunch kam ich mit dem ehemaligen PIO-Chef Christos Psilogenis zusammen. Abends besprach ich mit Makarios Drousiotis das Buchprojekt.

Am 12. Oktober besuchte ich den Commonwealth Militärfriedhof, wo auch einige deutsche Soldaten aus der Zeit des Zweiten Weltkrieges liegen. Anschließend wurde ich in Begleitung eines UNFICYP Sergeanten zum ehemaligen Flughafen von Nikosia gebracht, der seit 1974 gesperrt ist. Dort stehen immer noch zwei Flugzeuge, die damals zerstört wurden. Wegen seltsamer Vorschriften musste ich die Fotos vom mich herumführenden Sergeanten machen lassen. Anschließend besuchte ich in Begleitung von EOKA-Veteranen die Filakismena Mnimata (eingesperrten Gräber) im Zentralgefängnis und den Todestrakt und die Hinrichtungsstätte. Danach fuhren wir zum ehemaligen KZ Kokkinotrimithia, wo die EOKA-Kämpfer eingesperrt worden waren. Es bestand hauptsächlich aus Nissen-Hütten, Wellblechbaracken, die im Sommer unerträglich heiß und im Winter ziemlich kalt gewesen waren. Abends traf ich mich mit dem bekannten Autor Peter Loizos; wir sprachen über eine Neuauflage seines Buches *The Greek Gift* als PELEUS-Band.

Am 13. Oktober nahm ich an einer Gewerkschaftskonferenz der linken PEO teil. Am Nachmittag besuchte ich Akinçi. Am Morgen des 14. Oktober kam ich mit Außenminister Iakovou zusammen. Das Treffen war so herzlich wie immer. Anschließend suchte ich im PIO weitere Fotos aus. Nach einem Gespräch mit dem neuen deutschen Botschafter Dr. Kaiser suchte ich Parlamentspräsident Christofias auf, der mir versprach, Fotos zu besorgen. Er verabschiedete sich auf Deutsch mit: "Rotfront". Nachmittags war ich im Norden bei meinem zukünftigen Verleger, der meine geplante Kurzversion der zypriotischen Geschichte ins Türkische übersetzen lassen will. Den Abend verbrachte ich mit Prof. Victor Roudometov, dessen Vater ich aus Kavalla kenne.

Das Wochenende verbrachte ich mit Özdemir Özgür im Hotel Asia in Paphos. Er zeigte mir die Stelle am Strand von Ag. Nikolaos, wo Grivas an Land gegangen war. Am Sonntag besichtigten wir ein Kloster. Den Montag verbrachte ich im Norden. Bürgermeister Erk ließ mich am Checkpoint abholen. Nach einer Tour d'Horizon durch die Politik in Nordzypern ließ er mich ins nördliche PIO bringen, wo ich ebenfalls Fotos aussuchte, die sofort auf eine CD gebrannt wurden. Um 11 Uhr besuchte ich Denktasch. Er begann sofort wieder mit seinen üblichen Propagandathesen. Ich unterbrach ihn und sagte, dass ich diese nach so vielen Jahren inzwischen auswendig kenne und er möge bitte begreifen, dass er jetzt "on record of history" spreche. Es beeindruckte ihn nicht. Anschließend fuhr ich mit einem Taxi zur Zeitung *Yenidüzen*, um Sevgül Uludag zu treffen. Ein Kollege von ihr brachte mich anschließend zur *Galeri Kültür*, wo ich mit Remzi Halluma konkret über unser Buchprojekt sprach.

Am Dienstag, dem 18. Oktober, scannte ich Fotos im EOKA-Museum. Anschließend fand ein langes Gespräch mit Vasos Lyssaridis statt. Im PIO suchte ich erneut nach Fotos und Büchern und hatte anschließend mit Giannakis Solomou Lunch. Das Treffen mit Bügermeister Michalis Zambelas war äußerst freundschaftlich. Anschließend fuhr ich in Begleitung eines Anwalts, der in seiner Jugend bei der EOKA gewesen war und wegen des Besitzes einer Vervielfältigungsmaschine eine Haftstrafe von drei Jahren erhalten hatte und anfangs gefoltert worden war, nach Pyla und Liopetri. In Liopetri entdeckte ich, dass das "historische" Gebäude ein neuer Nachbau ist. Abends traf ich im Norden Talat. Er erklärte mir, dass er und seine Gruppe auf Vorschläge des Südens warten. Man sei bereit, sich zu bewegen.

Am 20. Oktober zeigte mir der EOKA-Veteran Aristos Kapsosideris nochmals das KZ Kokkinotrimithia und anschließend das ehemalige Hauptquartier von Grivas bei Kykko. Anschließend fuhren wir nach Limassol, wo wir den Hide-out von Grivas besichtigten. Ich kletterte durch den versteckten Eingang unter der Küchenspüle hinunter in das eigentliche Versteck im Keller. Am 21. Oktober flog ich nach Frankfurt zurück.

Im Oktober 2006 kam die nächste PIO-Einladung. Stamatia Dagakis hatte wieder ein hochinteressantes Programm zusammengestellt. Am Montag, dem 23. Oktober 2006 kam ich mit dem Vertreter der Armenier im Parlament zusammen. Anschließend führte ich ein längeres Gespräch mit Kaity Kliridis, der Tochter von Glafkos. Am nächsten Tag fand ein Treffen mit dem Vertreter der Maroniten im Parlament statt. Später lernte ich den neuen Regierungssprecher Christodoulos Pashardis kennen. Danach fuhren wir in das Industriegebiet von Dali, wo mich Nikos Koshis über die Lage der Industrie informierte. Am Vormittag des 25. Oktober traf ich Vasos Lyssaridis. Lunch hatte ich bei Lellos und Olga in ihrem Haus.

Der 26. Oktober war mein sog. freier Tag, den ich im Norden verbrachte. Ich besuchte wieder Denktasch, der dieses Mal recht freundlich war. Anschließend traf ich Alpay Durduran, der sich sehr kritisch über Denktaschs Politik ausließ. Abschließend besuchte ich meinen Verleger und Freund Remzi in der Buchhandlung *Galeri Kültür*. Am Vormittag darauf empfing mich Glafkos Kliridis. Wir sprachen über ein Publikationsvorhaben. Er wollte den - fünften Band seiner Memoiren als PELEUS-Band veröffentlichen, um uns zu unterstützen, was auch geschah. Anschließend suchte ich den neuen Außenminister, Georgios Lilikas, auf. Geradezu schon routinemäßig hatten PIO-Chef Giannakis Solomou und ich Lunch zusammen. Der ehemalige PIO-Chef Andreas Sofokleous besuchte mich im Hotel. Am nächsten Tag wurde mir vom ehemaligen Bürgermeister von Larnaka die Altstadt gezeigt.

Der 30. Oktober war spannend. Man zeigte mir den Militärposten oberhalb der türkisch besetzten Exklave an der Nordküste. In dem dort liegenden Dorf Kokkinia (Erenköy) leben kaum noch türkische Zyprioten, es ist ein Stützpunkt der türkischen Armee und muss über das Meer versorgt werden. Am 31. Oktober lernte ich den neuen Minister für Erziehung und Kultur kennen und anschließend wurde ich nach Paphos gefahren, wo ich die Bekanntschaft des Bürgermeister machte. Am 1. November flog ich zurück nach Deutschland. Im November 2006 hielt ich in der Universität Erlangen einen Vortrag über Griechenland im Zweiten Weltkrieg.

Im April 2007 folgte in Nürnberg einen Vortrag über Griechenland im Kalten Krieg. Ende Mai 2007 war ich ein paar Tage in Athen zur Präsentation des ersten Bandes der griechischen Übersetzung meiner Geschichte Zyperns. Auf Einladung des zypriotischen Botschafters in Athen fand diese Präsentation im *Spiti tis Kyprou* statt. Unter den Präsentatoren befanden sich auch Theodoros Pangalos und mein Ex-Doktorand Andreas Stergiou. Unter den Teilnehmern befand auch mein Freund Georgios Giannaris, Ingrid Wartha aus Xanthi mit ihrer Tochter, mein alter Freund Evangelos Karoglas, meine Anwältin Evgenia Soula und Kostas Sarropoulos. Im Anschluss an die Buchpräsentation hielt ich einen Vortrag über die strategische Bedeutung Zyperns. Pangalos war davon so angetan, dass er mir sagte, er werde sich darum bemühen, dass ich in die Akademie von Athen aufgenommen werde. Giannaris und ich genossen es, mal wieder für einige Stunden zusammen zu sein.

In Zusammenarbeit mit der zypriotischen Botschaft in Berlin und der Zeitschrift *Exantas* hielt ich im Rathaus in Charlottenburg am 27. Juni 2007 einen Vortrag über die historische Entwicklung der Zypernfrage. Anfang Oktober referierte ich in der Universität Göttingen über den Zypernkonflikt, den ich als Resultat der britischen Kolonialpolitik beschrieb.

Vom 8. bis zum 18. November 2007 war ich wieder auf Einladung des PIO in Zypern. Ich hatte mit Antonis Taliadoros zum ersten Mal einen männlichen Betreuer. Er hatte Hintergrundsgespräche mit dem Chefredakteur der Zeitung *Alitheia*, Alekos Konstantinidis, und einem Oberst der Nationalgarde und Andreas Panagiotou organisiert. Letzterer hatte als EOKA-Kämpfer jenen Polizisten erschossen, wofür Karaolis hingerichtet wurde. Später betätigte er sich am Kampf gegen die griechische Militärdiktatur.

Den Samstag verbrachte ich mit Özdemir Özgür. Am Sonntag fuhren wir nach Paphos, wo wir am Denkmal von Özdemirs Onkel, Ihsan Ali, Blumen niederlegten. Erstaunlicherweise lagen am Denkmal Kränze von verschiedenen Organisationen, darunter einer von den "Socialist Women". Das Grab auf dem ehemaligen türkisch-zypriotischen Friedhof war hingegen völlig verwahrlost.

Am Montag, dem 12. November 2007 traf ich Father Paraskevas Papamichail von der Außenstelle des Kykko-Klosters in Nikosia (Metochi Kykkou). Er brachte mich mit dem Chef der Forschungsabteilung (Theocharidis) zusammen. Zugleich wurde mir gesagt, dass der Abt mich gerne kennen lernen würde. Das anschließende Treffen mit Vasos Lyssaridis war so herzlich und freundschaftlich wie inzwischen immer. Gegen Mittag empfing mich Außenminister Giorgos Lilikas. Der Lunch wurde wieder im Haus von Lellos und Olga Dimitriadis eingenommen. Wir waren inzwischen herzliche Freunde geworden.

Nachmittags fuhren wir nach Limassol und besuchten Stella Souliotis, die unter Makarios Justizministerin gewesen war und später das Amt des Generalstaatsanwaltes bekleidete. Sie wusste, wer ich war, und freute sich, mich kennenzulernen. Am nächsten Morgen traf ich die neue Oberbürgermeisterin von Nikosia, Eleni Mavrou. Sie versprach THETIS mit einer Anzeige weiter zu unterstützen. Anschließend besuchte ich im PIO alle meine früheren Betreuerinnen. Traditionell nahm ich mit Giannakis Solomou an diesem Tag den Lunch ein. Er erzählte mir hochinteressante Dinge über Georkatzis. Abends traf sich eine kleine Gruppe Interessierter und diskutierte mit mir über Band 1 meiner *Istoria tis Kyprou.*

Am 14. November fuhr ich mit Özdemir nach Norden. Bei Remzi in der Galeri Kültür trafen wir Gürkan Karabardak, den Vater von Ibrahim, der im Süden lebte. Beim anschließenden Besuch bei Denktasch hatte dieser wegen des bevorstehenden Feiertags nur wenig Zeit, aber dennoch erfuhr ich etwas Hochinteressantes. Schon 1969 bestimmte der Nationale Sicherheitsrat, in dem die türkischen Offiziere das Sagen hatten, die Politik. Berberoglu sei sein Hauptgegner gewesen. Danach trafen wir die Apothekerin Fatma Sezer Azgin, die sich in den 1990er Jahren bi-kommunal betätigt hatte. Anschließend suchten wir den Maler Ismet Vehit Gürey auf, von dem der erste Entwurf der Flagge Zyperns stammte.

Am Donnerstag traf ich Botschafter Kaiser. Den Abend verbrachte ich bei Chris Kikas, dem Besitzer der Kunstgalerie Diachroniki Galeria. Es war der Beginn einer engen Freundschaft, die bis heute andauert. Am Freitag lernte ich Andreas Azinas kennen, der während des EOKA-Kampfes eine wichtige Rolle gespielt hatte. Später empfing mich die neue Außenministerin Erato Markoulli. Auch aus diesem Treffen ging eine jahrelange Freundschaft hervor. Am Nachmittag besuchte ich im Norden das Museum der Barbarei. Den Abschluss dieser Zypernreise bildete der Besuch der Dörfer Kofinou und Agios Theodoros, wo mich der pensionierte General Achillidis Konstantinos in die Lage einwies.

Vom 9. bis zum 10. Mai 2008 nahm ich an einer Konferenz in Athen über die britischen Basen in Zypern teil. Vor dem Beginn der Konferenz hatte ich mit meinem Verleger Kostas Govostis über einige Buchprojekte diskutiert. Ich hielt das Einleitungsreferat über die strategische Bedeutung Zyperns. Unter den Rednern waren auch meine beiden Ex-Doktoranden Andreas Stergiou und Hubert Faustmann. Ersterer war inzwischen Lehrbeauftragter an der Universität Kreta und letzterer dasselbe an der Universität von Nikosia. Was mir besonders Freude machte, war, dass mein Freund Georgios Giannaris unter den Zuhörern war. In den Pausen konnten wir uns unterhalten. Meine Doktorandin Peggy Doukellis begleitete mich und machte von uns beiden wunderschöne Fotoaufnahmen.

Nach dem Ende der Konferenz besuchte ich zusammen mit Peggy Hagen Fleischer in seinem Haus in der Nähe des Marathon-Staudamms. Es war ein schönes Haus, in einem großen Garten, in dem einige Hunde frei herumliefen. Wir verbrachten einen vergnüglichen Nachmittag dort. Anschließend stellte mich Peggy ihren Eltern vor, die nicht weit entfernt davon wohnten. Am Vormittag des folgenden Tages suchte ich den ehemaligen Korrespondenten der WELT, Evangelos Antonaros auf. Am Nachmittag besuchte ich Katerina Sarropoulou, die Tochter meines Freundes Kostas. Abends traf ich mich mit Vasilis Fouskas, um mit ihm über ein gemeinsames Buchprojekt zu reden.

Am 14. Mai kam ich mit meinen alten Freund Theodoros Kouloumbis zusammen. Später sprach ich mit der Juniorchefin von Estia, Eva Karaitidi, über Buchprojekte. Anschließend suchte ich Prof. Evangelos Chrysos in der Nähe des Parlamentes auf, von dessen Dachterrasse ich tolle Fotos vom Parlamentsgebäude und der Akropolis machen konnte. Das Gespräch mit Leonidas Kyrkos in seiner Wohnung in Exarchia war wunderbar. Es war dieses Gespräch, bei dem er mir sagte, dass ich das Programm der KKEesoterikou beeinflusst hätte. Peggy, die dabei war, machte eine große Zahl von Fotos von uns beiden. Abends fuhr ich nach Piräus und verbrachte den Abend mit Giorgios Giannaris. Es war ein wunderschöner Abend, an den ich mit mit Vergnügen zurückdenke. O Giorgios Giannaris itan aderfos mou.

2008 kam keine Einladung des PIO. Unter der Hand erfuhr ich, dass Präsident Papadopoulos eine Einladung verboten hatte. Offensichtlich war er mit dem, was ich über die EOKA-Zeit geschrieben hatte, nicht einverstanden.

Dafür kam eine Einladung aus St. Petersburg. Der zypriotische Generalkonsul, Antonios Sammoutis, hatte mit seinem deutschen und griechischen Kollegen eine Einladung für mich organisiert. Ich sollte an der Universität von St. Petersburg einen Vortrag über den Zypernkonflikt halten, was ich am 21. Mai 2008 auch tat. Zu jener Zeit war auch die bekannte zypriotische Schriftstellerin Niki Marangou dort, die ich von Nikosia her kannte. Wir machten einige touristische Unternehmungen zusammen und besuchten Museen. Zu zweit machen solche Unternehmungen doch erheblich mehr Spaß als allein.

Mein nächster Besuch in Zypern erfolgte im März 2009. Harald Gilbert und sein Sohn Ingvar hatten sich mir angeschlossen. Ich flog über Athen, wo ich im Buchladen von Eleftheroudakis im Flughafen meine "Istoria tis Kyprou" ausgestellt sah und der Verkäufer mir versicherte, dass das Buch gut laufe. Abends kamen wir alle im Centrum Hotel an und machten einen Abendspaziergang durch die Altstadt. Da der 2. März in Zypern ein Feiertag ist (Green Monday) nützten wir die Gelegenheit zu einer Exkursion. Um 9 Uhr trafen wir Gürkan Karabardag, der auch als Fremdenführer arbeitete. Er fuhr uns zuerst zur Burg Buffavento, wo ich auch noch nicht gewesen war. Die Aussicht von der Burg über die Mesaoria und das Meer war hinreißend schön. Anschließend besuchten wir Kantara, wo uns unserer Führer jeden Winkel zeigte.

Am 3. März begann mein Besuchsprogramm mit einem Treffen mit dem deutschen Botschafter Dr. Seitz. 10.30 Uhr kam ich mit dem ehemaligen Parlamentspräsidenten und jetzigen (fiktiven) Bürgermeister von Famagousta, Alexis Galanos, zusammen. Er wurde von den ehemaligen Einwohnern der Stadt gewählt. Abends traf ich Prof. Kyriakos Dimitriou, den Vizerektor und einen Journalisten zum Dinner. Die Unterredung war hochinteressant. Am nächsten

Tag besuchte ich die Makarios III.-Stiftung. Den Lunch nahm ich wieder bei Olga und Lellos Dimitriadis ein.

Am Morgen des 5. März besuchte ich Vasos Lyssaridis und hatte anschließend mit der neuen PIO-Chefin Eleonora Gavriilidis Lunch. Das Gespräch mit Giannakis Kolokassidis vom Politbüro der AKEL war informativ. Beim anschließenden Treffen mit dem ehemaligen Außenminister und jetzigen Chefunterhändler war ich entsetzt, wie frustriert Iakovou war. Er schätzte die Lage genauso pessimistisch ein, wie ich auch. Den Abend verbrachte ich mit Nikolaos Makris. Am 6. März traf ich den permanenten Staatssekretär im Außenministerium Nikolaos Emiliou.

Am Samstag zeigte ich Harald und Ingwar die Gegend von Tochni und Kofinou und am Sonntag das Grab von Makarios. Die gigantische Makarios-Statue, die früher am erzbischöflichen Palast gestanden hatte, befand sich nun am Parklatz oben auf dem Berg. Da die Straße gesperrt war, mussten wir die drei Kilometer bergauf zu Fuß hinter uns bringen. Den Rückweg nach Nikosia nahmen wir über den Troodos, wo Schnee lag und Leute Ski fuhren. Die Asbestmine bei Amiantos wurde renaturiert. Zum Schluss besichtigten wir die Kirche Ag. Nikolaos tis Stekis.

Am 10. März hatte ich eine Unterredung mit Erziehungsminister Andreas Dimitriou, der früher Professor in Saloniki gewesen war. Er war ebenfalls mit Chassiotis befreundet. Beim anschließenden Gespräch mit Father Paraskevas ließ mich dieser abermals wissen, dass der Abt von Kykko mich gerne kennen lernen würde. Nachmittags traf ich noch Kaity Kliridis. Am 11. März flogen wir nach Frankfurt zurück.

Vom 26. Bis zum 31. Oktober war ich in Athen. Am 27. Oktober unterzeichneten Kostas Govostis und ich den Vertrag über die griechische Ausgabe der Operation *Merkur*. Es sollte 2011 erscheinen. Eva Karaitidi sagte mir, dass Band 2 meiner Geschichte Zyperns im Januar 2011 erscheinen sollte. Anschließend gab ich dem Journalisten Pimplis von *Ta Nea* ein Interview. Später rief ich Giorgo Giannaris an. Er klang nicht gut, hatte für den nächsten Tag einen Arzttermin, aber danach wollten wir uns treffen. Am Morgen des 28. Oktober besuchte ich das neue Akropolis-Museum. Im Museum traf ich Harald, der ebenfalls vom Museum begeistert war. Gegen 11.30 Uhr trank ich mit Andreas Stergiou Kaffee in Monastiraki. Um 12 Uhr tauchte Giorgo auf und wir machten einen ausgedehnten Spaziergang zum Omonia-Platz. Während wir vor uns hinliefen, erzählte mir Giorgo, dass er schwere gesundheitliche Probleme habe.

Am 29. Oktober besuchte ich Marina Karaitidi in der Estia-Buchhandlung in der Solonos 60. Ihr ging es wieder gut und sie interessierte sich für deutsche Politik. Anschließend traf ich Andreas Stergiou und Areti Tounta, die inzwischen eine volle Professur erhalten hatte. Wir aßen zusammen. Inzwischen war meine Tochter Danae in Athen eingetroffen, denn sie wollte Giorgo Giannaris treffen. Morgens spielte ich für sie den Fremdenführer und zeigte ihr die klassischen Stätten. Nachmittags kamen wir mit Giorgo am Meer in Piräus zusammen. Ich machte von beiden eine große Zahl von Fotos. Zurück in Mannheim bastelte Danae daraus ein schönes Fotoalbum und schickte es ihm nach New York. Es war das letzte Mal, dass sie ihn sah.

Im April 2011 fand die nächste Zypernreise statt. Antonis Talidoros vom PIO hatte alles wieder perfekt organisiert und mich in "meinem" Hotel, im Hotel Centrum untergebracht. Dort gehöre ich quasi zur Familie. Der Chef des Hotel Giannakis Aristodimou betrachtet mich als Freund und ich bin stolz darauf. Den ersten Tag in Nikosia verbrachte ich im Norden. Zunächst besuchte ich meinen Verleger Remzi in der Galeri Kültür-Buchhandlung, der mir erzählte, dass er mein Buch nicht in die Türkei exportierten könne. Es sei dort verboten, weil es zu objektiv sei. Gegen 11 Uhr besuchte ich Talat. Er sagte, dass eine Lösung während seiner Amtszeit scheiterte, weil Christofias zu sehr an die Wahlen dachte. Denktasch habe sich hingegen getraut, sich gegen Ankara stellen. Den Abend verbrachte ich mit Ute Woermann, die das von Berlin geschlossene Goethe-Institut in Nikosia mit einem Verein auf privater Basis am Laufen hielt.

Am Mittwoch, dem 6. April, besuchte ich die Faneromeni Vivliothiki und lernte dort den Direktor kennen, Antonis Marathefthis, der früher bei der Maryland University lehrte. Das Treffen mit dem Parteivorstand der Grünen Zyperns war etwas frustrierend. Der Chef der Grünen war nicht da und sein Vertreter, ein Anwalt namens Giorgos Perdikis, hatte keine konkreten Vorstellungen, wie man das Zypern-Problem lösen könne. Ansonsten war er der Meinung, dass Deutschland die überfälligen Reparationen an Griechenland zahlen sollte. Die PIO-Chefin Gavriilidis und der Regierungssprecher Stefanos Stefanou versprachen, Gelder für die Übersetzung von Band 3 meiner Geschichte Zyperns zur Verfügung zu stellen.

Beim Treffen mit Georgios Iakovou erkannte ich erneut, dass er von den interkommunalen Verhandlungen zutiefst frustriert war: Die Verhandlungen würden total von Ankara aus gesteuert. Der türkische Außenminister habe gesagt, falls die EU die Türkei nicht als Mitglied akzeptiere, werde man mit Russland gehen. Präsident Eroglu wolle zwei Staaten und lehne alles ab, was Talat ausgehandelt habe. Beim Treffen mit Eroglu am nächsten Tag gewann ich den Eindruck, dass Eroglu “his master’s voice” war. Im Vergleich damit war Denktasch noch ein guter Zypriote gewesen.

Am 7. April kam ich mit dem stellvertretenden Vorsitzenden der Abteilung für Geschichte und Archäologie, Prof. Giorgos Kazamias, zusammen. Später tauchte Prof. Thanos Veremis auf und lud mich zu einer Konferenz der Papadopoulos-Foundation ein. Ich lehnte dankend ab. Am Mittag gab ich in der Galeri Kültür dem Fernsehsender AS ein 45minütiges Interview. Anschließend lud mich der Besitzer des Senders zum Lunch ein. Er, sowie die Moderatorin, waren in Opposition zum Regime im Norden.

Am 8. April besuchte ich den deutschen Botschafter Dr. Teepe. Den Lunch nahm ich im Haus von Olga und Lellos Dimitriadis ein. Lellos erzählte mir, dass er daran denke, Memoiren zu schreiben, die er als PELEUS-Band herausbringen möchte. Ich versicherte ihn meiner vollen Unterstützung. Am Nachmittag lernte ich den neuen Chef der DISY, Nikos Athanasiadis, kennen. Eigentlich sollte das Gespräch 45 Minuten dauern, aber wir redeten fast zwei Stunden. Athanasiadis ist hochintelligent und ein Pragmatiker. Er sah nur eine Möglichkeit für eine Lösung des Zypernproblems: Ein größeres Engagement der EU. Wir stellten beide fest, dass wir unheimlich gut mit einander konnten.

Am Samstag, dem 9. April traf ich durch Zufall Andreas Sofokleous in der Buchhandlung MAM. Anschließend begleitete ich Eleni und Stanley Kyriakidis zum Lunch bei Ag. Theodoros am Meer. Am 10. April flog ich nach Frankfurt zurück.

Im Oktober 2011 präsentierte ich den von Alfons Kitzinger erarbeiteten Bildband “Ohne Schwert und Kugeln: Bilder aus Griechenland 1942-1944”[1] bei der Eröffnung einer Ausstellung eben dieser Fotos in Nürnberg durch einen Vortrag.

Im Oktober 2011 wurde meine Frau Soula krank und dauerhaft pflegebedürftig. Bis zum Sommer 2012 schaffte ich die notwendige Betreuung ohne Probleme allein, aber dann bekam

1 Alfons Kitzinger, *Διχως σπαθια και βολια. Josef Schwind: Bilder aus Griechenland 1942 – 1944* (Mainz: Rutzen 2009) 140 Seiten. PELEUS 44.

ich so brutale Rückenprobleme, dass ich mich wochenlang kaum noch bewegen konnte. Ich musste in dieser Zeit einen Pflegedienst anheuern, der ins Haus kam.

In dieser Zeit meldete sich eine Kollegin von der Archäologie, Dr. Brigitte Schauenburg, bei mir und wollte wissen, ob ich bereit wäre, die Memoiren des ersten türkischen Archäologieprofessors Ekrem Akurgal als PELEUS-Band herauszubringen. Sie und die Würzburger klassische Archäologin Erika Simon hatten die deutsche Übersetzung veranlasst und suchten nun nach einem Verleger. Grundsätzlich war ich dazu bereit. Da ich aber in der Vergangenheit ein paar Mal Autoren erlebt hatte, mit denen sich eine Kooperation als schwierig erwiesen hatte, bat ich sie, mich bei passender Gelegenheit zu besuchen. Sie kam, als ich schon wieder einigermaßen auf dem Damm war. Beim Gespräch mit ihr erkannte ich, dass eine Zusammenarbeit mit ihr unproblematisch sein würde. Außerdem entdeckte ich, das auch sie mit Erika Simon, der emeritierten Archäologieprofessorin aus Würzburg, befreundet war. Ich selbst kannte Erika Simon von ihren Beiträgen für THETIS. Beim Gespräch wurde mir auch klar, dass ich bei der Aufbereitung des Textes Hilfestellung leisten musste, da keine der beiden Kolleginnen die Formatierung von Texten beherrschte. Da ich vermutete, dass die Zusammenarbeit erfreulich sein und Spaß machen würde, stimmte ich zu.

Wenig später verschlimmerte sich der Zustand meiner Frau, so dass sie eigentlich in eine Pflegeinstitution gehört hätte. Aber mit der Unterstützung durch den ambulanten Pflegedienst der evangelischen Kirche schaffte ich es, sie zu Hause über die Runden zu bringen. Doch dann verschlimmerte sich ihr Zustand so, dass sie in eine Heidelberger Klinik eingewiesen werden musste. Der Chefarzt erklärte mir bei einer gemeinsamen Fahrt im Aufzug, dass Soula nicht mehr lange zu leben hätte. Anschließend kam sie in eine Reha-Klinik nach Wiesloch, wo ich sie täglich besuchte, was angesichts des damals herrschenden Winterwetter oft riskant war.

Soula kam zwar nochmals nach Hause, war aber nun ein totaler Pflegefall der Stufe 3. Durch die tatkräftige Unterstützung des Pflegedienstes konnte ich ihr die Einweisung in eine Pflegeklinik ersparen. Im Februar 2013 bekam sie eine Infektion, an der sie am 17. Februar 2013 starb. Wir waren fast 50 Jahre verheiratet gewesen.

Als Frau Dr. Schauenburg davon erfuhr, rief sie mich an und bot mir ihre Hilfe an. Ihr Mann war zwei Jahre zuvor gestorben und sie konnte mir nun einschlägige Ratschläge geben, was zu tun war. Die Kooperation mit ihr an dem Akurgal-Buch erwies sich als das, was ich dringend brauchte, Ablenkung. Auf mitleidige Telefonate mit Verwandten und Freunden konnte ich verzichten. Gespräche mit einem neutralen Dritten waren gut und hilfreich. Wenige Wochen später kam Frau Schauenburg zur vorletzten Redaktionssitzung nach Schriesheim. Ich hatte ihr angeboten, wenn sie einen Tag zulegen würde, würde ich ihr etwas von der Kurpfalz zeigen. Sie stimmte zu und bei der Arbeit am Manuskript am ersten Tag und bei der Exkursion auf den Heiligenberg bei Heidelberg fanden wir uns gegenseitig immer sympathischer. Dies war der Beginn einer Partnerschaft, die bis heute andauert und mit der Zeit immer herzlicher wurde.

Im Mai 2013 kam die nächste PIO-Einladung nach Zypern. Der Morgen des 28. Mai war ausländischen Investitionen und den Gas- und Ölfunden in der östlichen Ägäis gewidmet. Nachmittags diskutierte ich soziale Probleme mit dem ständigen Staatssekretär im Arbeits- und Sozialministerium, Georgios Papageorgiou. Am Abend besuchte ich Remzi in der Galeri Kültür und erfuhr von ihm, dass die türkische Ausgabe meiner Kurzen Geschichte Zyperns ausgezeichnet laufe und schon 800 Exemplare verkauft seien. Auf dem Weg zum Hotel schaute ich in der Galerie von Chris Kikas rein. Er freute sich riesig, mich zu sehen.

Am 29. Mai ließ ich mich vom Chef des zypriotischen Unternehmerverbands über die Lage informieren. Anschließend unterhielt ich mich mit einem hochrangigen Vertreter der linken PEO-Gewerkschaft, der in Aachen studiert hatte. Den Lunch nahm ich wieder bei Olga und Lellos Dimitriadis ein. Ich sagte ihnen, dass ich im Februar 2014 vorhätte, Brigitte Schauenburg "meine" Insel zu zeigen. Spontan luden sie uns ein. Nachmittags fand ein Gespräch mit einem Vertreter der rechten SEK-Gewerkschaft statt.

Am Vormittag des 30. Mai besuchte ich die neue deutsche Botschafterin, Dr. Gabriela Guelil. Sie behauptete, alle meine Bücher über Zypern gelesen zu haben, (sogar eines, das ich erst in Planung hatte) und sie wusste alles besser als ich. Die Zyprioten waren nach ihrer Meinung keine Europäer, sondern Araber. Ihre Äußerungen hatten leicht rassistische Untertöne. Ihre Vorgänger waren meistens ältere Herrn gewesen, die über große Erfahrung verfügten und im Gegensatz zu ihr begriffen, wer die Zyprioten tatsächlich waren.

Im Gegensatz zu dieser unproduktiven Unterredung war mein Gespräch mit Ex-Außenministerin Erato Kozakou-Markoulli hochinteressant. Sie erklärte mir, warum auch Zypern in finanzielle Schwierigkeiten geraten war. Erstens hatte Zypern den Griechen zu viel Geld geliehen, zweitens hatte ein griechischer Gangster-Banker die Laiki-Bank ruiniert und drittens hatten zu hohe Sozialausgaben unter Präsident Christofias das Budget belastet, Aber wir waren uns einig, dass Zypern im Gegensatz zu Griechenland die Krise rasch überwinden würde.

Dieser Unterredung folgte ein Gespräch mit dem Vorsitzenden des Finanzauschusses des Parlaments. Beim Lunch mit dem Rektor der Universität von Zypern, Kostas Christofidis und dem Direktor der UB Filippos Tsimpoglou informierte ich die beiden, dass Reinhard Stupperich und ich beabsichtigten, unsere Bibliotheken ihrer Universität zu vermachen. Sie waren sehr angetan. Den auszuarbeitenden Vertrag sollte Lellos Dimitriadis prüfen.

Am 31. Mai traf ich meinen lieben Freund George Iakovou. Er war nun im Ruhestand und grenzenlos erleichtert, dass er die frustrierenden Verhandlungen mit dem Norden nicht länger führen musste. Später am Vormittag kam ich mit dem ständigen Staatssekretär im Außenministerium, Andreas Mavrogiannis zusammen. Es folgten zwei Gespräche mit Finanzfachleuten, nämlich mit einem Vertreter der Zentralbank von Zypern und mit dem Finanzminister Charis Georgiadis. Abends hielt ich in der Galerie von Chris Kikas einen Vortrag über die Politische Kultur Griechenlands und Zyperns. Anwesend waren ca. 30-40 Zuhörer, darunter sogar einige Deutsche. Die anschließende Diskussion war lebhaft und äußerst anregend. Anschließend gaben wir uns dem Genuss von zypriotische Wein hin.

Am Samstag kam Kyriakos Dimitriou zu mir ins Hotel Anschließend traf Andreas Sofokleous ein und brachte das neueste Heft von *Vivliofylia* mit. Den Lunch nahm ich mit Chryso Dimosthenous ein, der Chefin der International Relations Section des PIO. Am 3. Juni kehrte ich nach Frankfurt zurück.

Vom 28.-29. Juni 2013 nahm ich an einer Konferenz in Dresden über die Folgen der Diktaturen in Europa teil. Es ging dabei um die faschistischen und kommunistischen sowie die Militärdiktaturen. Ich trug den griechischen Fall vor und zeigte, dass Griechenland ein Sonderfall war.[1] Im September 2013 flog ich mit Harald Gilbert nach Samos, um die Insel zu erkunden und um Brigitte Schauenburg, die seit Jahrzehnten wissenschaftlich über die Archäologie von Samos arbeitet, bei der Arbeit zu besuchen.

Im Februar 2014 folgte eine private Zypernreise mit Brigitte Schauenburg, bei der ich ihr "meine" Insel zeigte. Da mein Ex-Doktorand Thorsten Kruse gerade zu einem Forschungs-

---

1 "Griechenland - ein Sonderfall", in: Günther Heydemann / Clemens Vollnhals (ed.) *Nach den Diktaturen. Der Umgang mit den Opfern in Europa* (Göttingen: Vandenhoeck & Ruprecht, 2015), pp. 107-124

aufenthalt auf der Insel war, fragte ich ihn, ob ich ihn als Chauffeur für ein paar Exkursionen anheuern dürfe. Ich war schon früher in Zypern Auto gefahren, aber man braucht doch einige Tage, bis man sich an den Linksverkehr gewöhnt hat. Er war einverstanden und so konnten wir gemeinsam große Teile der Insel erkunden. Der mit Olga und Lellos verabredete Lunch fand statt und ich freute mich riesig, dass das gegenseitige Verstehen auf Anhieb funktionierte. Einen Abend hielt ich bei Chris Kikas einen Vortrag in griechischer Sprache, den ich wenige Wochen später in Samos halten wollte. Ich wollte testen, ob ich so etwas konnte. Die Zuhörer waren sehr angetan.

Im April 2014 folgte eine Konferenz in Berlin über die Geschichte der europäischen Verfassungen. Ich sprach über die von Zypern. Die Verfassungen vieler anderer europäischer Staaten erlebten 1989 eine Zäsur. In Zypern fand diese durch die Invasion der Türkei schon 1974 statt. Seither ist Zypern ein geteiltes Land.

Im September 2014 begleitete ich Brigitte auf einer Studienreise nach Samos. Am 3. September hielt ich im Innenhof des Archivs, das ursprünglich ein Gefängnis gewesen war, meinen ersten Vortrag in griechischer Sprache. Ich spreche zwar Umgangsgriechisch ziemlich fließend, aber mein aktiver Wortschatz ist begrenzt. Ich kann zwar beide griechische Sprachen, Dimotiki und Katharevousa, fließend lesen, aber ich hatte zuvor nie versucht, einen Vortrag in einer akademischen Sprache zu halten. Entsprechend übte ich noch zu Hause, so dass ich dann den Vortrag korrekt vorlesen konnte. Der Titel des Vortrags war: *Anamniseis enos istorikou* (Erinnerungen eines Historikers). Im Oktober war ich zu einer Konferenz der University of Nicosia in Zypern. Ich sprach über die Friedenskonferenz 1919 in Paris und ihre Auswirkungen auf Zypern.

Im Februar 2015 kam die nächste PIO-Einladung nach Zypern. Der Hinflug fand am Samstag, dem 7. Februar statt. Am Sonntag machte ich einen ausgedehnten Spaziergang durch die Altstadt. Nachmittags suchte ich Chris Kikas in seiner Galerie auf und wir unterhielten uns über zwei Stunden. Abends traf ich mich mit Staatsanwalt George Apostolou und zwei anderen Kollegen, wovon einer in Heidelberg studiert hatte. Am nächsten Morgen kam ich mit dem neuen Regierungssprecher, Nikos Christodoulidis, zusammen. Ich stellte fest, dass in der Botschaft in Berlin so jemand wie Michalis Koumidis fehle. Zypern werde von der deutschen Presse kaum noch wahrgenommen. Ich riet ihm, das Zyperninstitut von Sabine Rogge am Leben zu halten und Thorsten Kruses Arbeit zu unterstützen. Nachdem man das Deutsch-Zyprische Forum aufgegeben habe, sei es wichtig, solche Restinitiativen am Leben zu halten. Man solle sich überlegen, ob man nicht zwei Stipendien für deutsche Studenten einrichte.

Beim anschließenden Gespräch mit Erato Kozakou-Markoullis erzählte ich ihr über die Vorgänge in Kreta. Sie meinte, dass in Zypern und in Griechenland dringend Reformen, Modernisierungen nötig seien. Der Chef der Finanzforschungsabteilung, George Kyriakou beklagte sich, dass die Troika Zypern und Griechenland gleichsetze. Es entspricht genau dem, was ich seit langem vertrat. Zypern und Griechenland sind zwei deutlich verschiedene Staaten mit einer total unterschiedlichen politischen Kultur. Nachmittags besuchte ich Remzi in der *Galeri Kültür* und abends hielt ich in der *Diachroniki Galeria* von Chris Kikas einen Vortrag über "Clientelistic Fascism".

Andreas Mavrogiannis, der der Vertreter des Südens bei den interkommunalen Verhandlungen ist, war absolut pessimistisch. Genau wie ich beurteilte er Eroglu als His Master's Voice. Die beiden folgenden Unterredungen betrafen die Gasvorkommen. Man informierte mich über diverse Pläne, darunter eine Pipeline durch das Mittelmeer bis Griechenland. Ich gab zu verstehen, dass ich davon wenig hielt. Nachmittags gab ich dem *Fileleftheros* ein Interview. Später traf ich Kaity Kliridis. Abends diskutierte ich mit Michalis Koumidis die Presselage in

Berlin. Er würde liebend gern wieder nach Berlin gehen, aber in Nikosia habe man andere Ideen.

Die beiden Gespräche über Finanzfragen am nächsten Tag waren wenig ergiebig, da etwas vage. Beim Gespräch mit Attalidis erzählte mir dieser, dass auch er in der Vergangenheit schon Ähnliches erlebt habe wie ich in Kreta. Am späteren Nachmittag kam Victor Roudometov ins Hotel. Abends nahm ich an einer Plauderei im zweiten Rundfunkprogramm teil. Der Moderator stellte die Fragen sehr gut, so dass ich die erwarteten Antworten liefern konnte.

Der Donnerstag, der 12. Februar war dem Vertrag über meine und Stupperichs Bibliothek gewidmet. Ich erläuterte den drei Damen, was die UB erhalten würde, und sie waren sehr angetan. Sie wollten mir in einigen Tagen den Vertrag zusenden. Der Lunch fand wieder im Hause von Olga und Lellos Dimitriadis statt. Den Abend verbrachte ich bei Chris mit einigen Freunden. Am Freitagvormittag traf ich drei alte Freunde: Erstens George Iakovou, der mir erzählte, dass er Memoiren schreibe, zweitens Christos Psilogennis, der sich überlegt, auf seine alten Tag doch noch zu promovieren, und drittens Dimitrios Christofias, um den es einsam geworden war. Abends traf ich mich mit Sozos Christodoulou, dessen Vater und Mutter, den Botschaftern der Schweiz und Frankreichs bei einem Festakt außerhalb Nikosias. Am Samstag ging ich mit Ute Woermann Essen. Am Sonntag flog ich nach Frankfurt zurück.

Am 27. März 2015 nahm ich an einer Konferenz in Nicosia über den Kampf der EOKA teil. Ich hielt das Einleitungsreferat, in dem ich den EOKA-Kampf mit dem der ELAS und mit dem Partisanenkrieg von Mao Tse Tung verglich. Ich kam zur Schlussfolgerung, dass der EOKA-Kampf allenfalls als Townguerilla bezeichnet werden kann.

Den April 2015 verbrachten Brigitte und ich in der Toskana bei einer alten Freundin von ihr, die dort eine spezielle Windhundrasse züchtet. Wir nützten die Gelegenheit, die Toskana zu erkunden. Im Oktober 2015 flogen wir in die Türkei, nach Izmir, wo wir bei der Witwe von Akurgal, Merhal, wohnten. Brigitte und sie kannten sich seit Studentenzeiten. Sie hatte einen Vortrag für mich organisiert, der folgendes Thema hatte: *The failed forcing of the Dardanelles on 18 March 1915 and its consequences*. Ich sprach im Auditorium Maximum und es war rappelvoll. Die anschließenden Fragen zeigten, dass die Studenten den Inhalt begriffen hatten, auch die leicht ironische Kritik an der offiziösen türkischen Version, wonach Atatürk der Sieger von Gallipoli gewesen sei und Feldmarschall Liman von Sanders sein Adjutant.

Nach Ausflügen zu archäologischen Stätten fuhren wir nach Canakale, wo ich denselben Vortrag hielt. Als ich die Uni betrat, war ich verblüfft, denn neben dem Plakat mit meinem Foto, das zu meinem Vortrag einlud, hing ein anderes Plakat mit einem Foto meines alten Freundes Mustafa Akinçi, der inzwischen Staatspräsident im Norden Zyperns geworden war. Ich bat die Organisatoren, doch ein kurzes Treffen zu ermöglichen. Es klappte nicht, aber auch er hatte meine Anwesenheit registriert, wie er mir bei unserem Treffen 2016 bestätigte.

In Canakale führte mich der Kollege Lokman Bey über die Halbinsel. Er zeigte mir Dinge, die ich allein nie gefunden hätte, so z.B. die Haubitzen-Stellungen von Wehrle auf dem asiatischenTeil oder die Gerippe von hölzernen Landungsbooten am ANZAK-Strand. Ich bin Lokman Bey immer noch sehr dankbar für diese phantastische Führung. Während ich mich auf den Schlachtfeldern des Ersten Weltkriegs umtat, besuchte Brigitte die archäologischen Museen. So hatten wir beide großen Nutzen von dieser Exkursion. Die Canakale Universität machte mich zu einem externen Berater der von ihr herausgegebenen historischen Zeitschrift und veröffentlichte zwei Artikel.[1]

1 "The Impact of the Confiscation of the Turkish Dreadnoughts and of the Transfer of *Goeben* and *Breslau* to Constantinople upon the Turkish Entry into WWI" *The Turkish Yearbook of Çanakkale Studies* 11:15 (2013),

Im Dezember 2015 lud mich das Bundesfinanzministerium zu einer Klausurtagung nach Berlin ein. Drei Stunden lang erklärte ich den Ministerialen, wie der griechische Klientelismus funktioniert. Ich informierte sie darüber, dass Deutschland Reparationen an Griechenland gezahlt hatte und dass die sog. Zwangsanleihe der Besatzungszeit keine Anleihe gewesen war. Als THETIS erschienen war, übersandte ich ihnen meinen diesbezüglichen Artikel.[1] Kurz zuvor hatte ich über das Internet meinen Freund aus der zweiten Schulzeit, Guntram Weber, wieder gefunden. Er lebte in Berlin. Wir vereinbarten ein Treffen am Abend vor der Klausurtagung. Dieses fand statt in einem italienischen Lokal. Es machte Spass, über alte Zeiten zu reden und eine Freundschaft zu erneuern.

Am 28. Juni 2016 rief mich Maria, die Schwester von Giorgo Giannaris, aus New York an und sagte mir, dass ihr Bruder gestorben sei. Ich wusste, dass Giorgo ziemlich krank war, das hatte er mir selbst erzählt und bei unseren häufigen Telefonaten darüber gesprochen. Ich war also vorgewarnt, aber als nun die Nachricht kam, war ich tief getroffen. Giorgo war für mich der wichtigste Mensch auf diesem Globus. Er würde mir entsetzlich fehlen. Wir pflegten mindestens einmal im Monat länger miteinander zu telefonieren. Zwischen uns gab es keine Geheimnisse. Er war und ist für mich ein Bruder und enger Freund. Er fehlt mir unendlich.

Ende März fuhren Brigitte und ich nach Berlin. Es war eine Familienreise. Am 31. März besuchte uns Guntram Weber. Die folgenden Tage waren mit Unternehmungen mit Brigittes Enkeln und dem Treffen mit Kollegen ausgefüllt.

Im April 2016 flogen wir nach Athen. Nachdem ich den Prozess in Kreta gewonnen hatte, konnte ich wieder ungefährdet nach Griechenland reisen. Auf der Fahrt mit der Metro zum Syntagma wurde Brigitte die Geldbörse aus ihrer Handtasche gestohlen. Im Hotel ließen wir die entsprechenden Kreditkarten sperren. Am Morgen des 23. April besuchte ich einige Buchhandlungen auf der Suche nach Karten für mein Buch über den kleinasiatischen Feldzug. Als ich schon aufgeben wollte, versprach mir der Besitzer eines Antiquariates in Monastiraki, später in seinen Lagerständen zu suchen. Den Abend verbrachten wir mit Evgenia Soula und ihrem Mann im Restaurant *Athinaikon* in der Mitropoleos. Am Sonntag, dem 24. April besuchten wir das archäologische Museum und am Abend nahmen wir den *Elektrikos* bis Amarousi und von dort ein Taxi nach Ano Pefki. Wir besuchten meinen alten Freund Kostas Theofilidis. Beim Gespräch kamen wir auf Görlitz zu sprechen und er gab mir ein Familienalbum, mit Fotos, die sein Vater als Offizier in Görlitz gemacht hatte. Er war einverstanden, dass ich das Album mit nach Deutschland nahm und die Fotos scannte. Sie sollten in THETIS veröffentlicht werden.

Am 25. April suchte ich morgens Govostis auf. Er wollte das Buch mit den russischen Akten machen. Nachmittags besuchte ich meine Anwältin Evgenia Soula. Abends trafen wir uns mit meinen beiden Anwälten, Athanasios Anagnostopoulos und Konstantinos Kalliris, die mich mit ihrem anwaltlichen Können in Kreta herausgehauen hatten. Mit dabei waren Nikos Dimou und seine Frau, der Kollege Nikos Alivizatos und ein Journalist von *Kathimerini*, die sich alle für mich eingesetzt hatten. Das Essen im Lokal *Athinaikon* war vorzüglich, der Wein

pp. 1-16; "The Grand Game and Britain's Acquisition of Cyprus" *The Turkish Yearbook of Çanakkale Studies* Vol. XII, (2014), pp. 85-96 .

1 "Die Besatzungsanleihe - To Katochiko Daneio" *THETIS* 22 (2015), pp. 233-240

gut und die Unterhaltung ein Vergnügen. Ich bedankte mich in aller Form bei ihnen für die effiziente Hilfe, die sie mir bezüglich Kreta gewährt hatten.

Am Morgen des 26. April konnte ich bei dem Antiquar in Monastiraki, der fündig geworden wae, einige Originalkarten des GES aus jener Zeit erwerben. Nachmittags trafen wir im neuen Akropolis-Museum eine Kollegin von Brigitte mit ihrem Mann. Er war ein überzeugter Venizelist, der alles rechtfertigte, was dieser getan hatte. Bezüglich des U-Boot-Skandals in den 1990er Jahren erzählte er, dass in der Athener Presse gestanden hätte, dass die von Griechenland bei der Kieler Howald-Werft bestellten U-Boote die ersten gewesen seien, die die Werft je gebaut hatte. Als ich ihm sagte, dass die Werft schon die U-Boote der kaiserlichen Marine gebaut hatte, war er irritiert. Abends trafen wir David Hillström mit seiner Frau im selben Lokal. Er war historisch sehr bewandert.

Am 27. April gab ich der *Kathimerini* Journalistin Kakaouni ein Interview. Dies löste aggressive und diffamierende Reaktionen aus, die soweit gingen, dass die *Griechenland Zeitung* mich aus ihrer Mitarbeiterliste strich. Gegen 16 Uhr suchte uns Thalia Karoglas auf, deren Mann einige Zeit zuvor gestorben war. Wir freuten uns beide sehr, einander wieder einmal zu sehen. Abends aßen wir mit Andreas Dimitropoulos. Er war Anwalt und inzwischen Professor an der juristischen Fakultät. Er hatte dem Freundeskreis um Giorgo Giannaris angehört. Er hatte im Sommer des letzten Jahres Giorgo in New York besucht. Für den 28. April war ein Treffen mit Eva Karaitidi vorgesehen, das sie aber nicht wahrnahm. Nachmittags zeigte ich Brigitte das Kloster Kaisariani und die frühchristliche Basilika oberhalb. Der Blick über Athen und den saronischen Golf war wieder wunderbar. Wir genossen beide die Atmosphäre des Ortes. Am Spätnachmittag trafen wir noch den Kollegen John Sakkas. Am 29. April flogen wir nach Frankfurt zurück.

Im Mai 2016 kam die nächste PIO-Einladung; das Programm war wieder von Melina Dimitriou zusammengestellt worden. Am Sonntag dem 15. Mai flog ich nach Larnaka. Am Montag traf ich den Chef der Public Relations Abteilung der Außenministeriums, Michalis Zacharioglou. Ich sprach ihn auf die Finanzierung einer Übersetzung meiner "Concise History of Modern Cyprus an." Er versprach, er werde sich dafür einsetzen. Beim anschließenden Treffen mit seinem Kollegen, der für Fragen im Zusammenhang mit den Gasfunden zuständig war, wurde deutlich, dass die Hoffnungen größer gewesen waren als die Tatsachen. Die ursprünglich geplante Pipeline war nicht finanzierbar.

Zwischendurch war ich im PIO und konnte Stamatia, Anastasia und die Chefin der Abteilung, Chryso Dimostenous, begrüßen. Beim Gespräch mit dem Chefunterhändler Andreas Mavrogianis wurde mir wieder klar, dass es rasch eine Lösung geben würde, wenn man die Zyprioten allein machen ließe. Den Abend verbrachte ich in der Galerie von Chris Kikas, mit dem mich seit langem eine herzliche Freundschaft verbindet. Am Vormittag des 17. Mai besuchte ich die neue Buchhandlung von Remzi in einem Vorort von Nordnikosia. Alles sah richtig professionell aus. Den Abend verbrachte ich mit Anstastasia und Renate in einem netten italienischen Lokal. Wir schwelgten in Erinnerungen. Es war ein Abend, an den man gerne zurückdenkt.

Am Mittwoch besuchte ich Präsident Mustafa Akinçi in seinem Amtssitz. Er begrüßte mich wie einen alten Freund. Ich gewann den Eindruck, dass auch er nach einer Lösung strebt, aber letztlich hängt alles von Erdoğan ab. Gegenüber vom Präsidentenpalais war das Büro der Vereinigung der Missing Persons. Neugierig ging ich hinein und traf Turgut Vehbi, der früher im nördlichen PIO gewesen war. Die Freude über das Wiedersehen war gegenseitig. Abends nahm ich wieder an einer Plauderrunde der CBBC Zweites Programm teil. Am 19. Mai traf ich den Rektor der European University, Kostas Gouliamos. Anschließend besuchte ich meinen alten Freund Michalis Attalidis in seinem Haus. Es steht mitten in einem wunderschönen Garten.

Im Oktober 2016 machten Brigitte und ich einen Arbeitsurlaub in Samos. Wir wohnten, wie immer, im Hotel Kriton. Die Frau des Besitzers, eine Dänin mit dem Vornamen Ulla, freute sich über unser Kommen. Da zur selben Zeit auch die Kollegen von der Archäologie, Ulrich und Helga Gehrig und Prof. Hans-Ruprecht Goette, in Samos waren, gab es mehrere recht interessante Begegnungen. Vormittags arbeiteten wir und nachmittags spielten wir die Touristen.

Am 2. November 2016 flog ich von Frankfurt über München mit der Lufthansa nach Larnaka. Am 3. November hielt ich den Eröffnungsvortrag einer Konferenz des PRIO-Instituts und der Friedrich-Ebert-Stiftung. Das Thema waren die Beziehungen zwischen Griechenland und Zypern im 20. Jahrhundert. Am folgenden Tag unterzeichnete ich den Vertrag mit der Universität von Zypern, mit dem ich ihr meine Bibliothek vermache. Zugleich überreichte ich dem Rektor Prof. Konstantinos Christofidis das von Reinhard Stupperich unterzeichnete analoge Dokument. Den Freitagabend verbrachte ich mit Anastasia Adamidou und Renate Chatzicharalambos im selben italienischen Lokal, wie das letzte Mal. Der Abend war wieder äußerst vergnüglich.

Am Abend des 5. November sprach ich in der Diachroniki Galeria von Chris Kikas über den Versuch der Alliierten, am 18. März 1915 die Meerenge bei Gallipoli mit der Marine zu durchbrechen. Das dort anwesende Publikum war wie stets hoch interessiert und hatte, wie die anschließend gestellten Fragen bewiesen, durchaus Vorkenntnisse. Am Sonntag kehrte ich nach Frankfurt zurück.

Ich habe im Laufe dieses Kapitels immer wieder erwähnt, dass ich bei meinen Besuchen in Zypern die Abende mit dieser oder jener Persönlichkeit verbrachte. Natürlich kam es dabei auch zu Small talk, aber zumeist wurde ganz ernsthaft über mögliche Lösungen des Zypernproblems diskutiert. Wie die aktuellen Verhandlungen zeigen, gab es und gibt es zwei Knackpunkte, nämlich den territorialen Ausgleich und die Sicherheitsfrage. Ich erinnere mich, speziell das erste Problem mit meinen Gesprächspartnern immer wieder ausführlich diskutiert zu haben. Dabei ging es und geht es um die Frage, wie findet man einen Kompromiss, der für beide Seiten akzeptabel ist.

Bis 1974 hatten die griechischen Zyprioten einen 80 prozentigen und die türkischen Zyprioten einen 18 prozentigen Anteil an der Bevölkerung. Die restlichen zwei Prozent teilten sich Armenier und Maroniten. Im Gefolge des Putsches der griechischen Militärjunta gegen Makarios 1974 besetzte die türkische Armee fast 40 Prozent der Insel. Die einzige Ausnahme war die südliche Vorstadt von Famagousta, Varoscha, die seither eine unbewohnte Geisterstadt ist. In den vergangenen 40 Jahren gab es immer wieder Verhandlungen über einen territorialen Ausgleich, die jedoch nirgendwo hinführten.

Das Hauptproblem ist inzwischen, dass die ursprünglichen Parameter von 1974 nicht mehr stimmen. In den Jahren nach der Invasion bemühte sich die Türkei, die 38 Prozent territorialer Besetzung durch eine systematische Einwanderungspolitik auch bevölkerungsmäßig auf den selben Stand zu bringen, so dass man bei Verhandlungen Forderungen der griechisch-zypriotischen Seite nach Rückgabe von Territorium zurückweisen könnte. Diese Siedlungspolitik führte dazu, dass viele türkischen Zyprioten die Insel verließen und sich primär in London niederließen. Heute sind die türkischen Zyprioten eine Minderheit in ihrem eigenen Land.

Bei den jüngsten Verhandlungen stehen sich mit Mustafa Akinçi und Nikos Anastasiadis zwei Politiker gegenüber, die beide eine Lösung wollen. Sie sind die letzten Zyprioten, die noch ein friedliches Zusammenleben erlebt haben und zu einem Neustart bereit sind. Anastasiadis war bei den Verhandlungen bereit, Zugeständnisse zu machen und sich über die ursprünglichen prozentuale Verteilung hinwegzusetzen. Bei den Verhandlungen näherte man sich bis auf etwa ein Prozent Differenz bei den territorialen Forderungen an. Das entscheidende Hinderniss war die Forderung der griechische zypriotischen Seite nach Rückgabe von Morphou. Doch selbst, wenn diese Frage bei der nächsten Verhandlungsrunde ausgeräumt werden sollte, wird es in der Frage der Kompensationen für territorialen Verluste beider Seiten nochmals extrem schwierig werden. Aber mit etwas guten Willen könnten diese Schwierigkeiten überwunden werden, aber letztlich fällen nicht die beiden zypriotischen Führer die Entscheidung, sondern der türkische Staatschef Erdoğan.

Entscheidender als die territorialen Differenzen, die mit etwas gutem Willen beigelegt werden könnten, ist die Frage der türkischen militärischen Präsenz in Zyperns. Bekanntlich ist die Türkei, genau wie Griechenland und Großbritannien Garantiemacht des Inselstaates. Als solche darf die Türkei genau wie Griechenland ein gewisses militärisches Kontingent auf Zypern stationieren; in runden Zahlen sind dies 900 griechische und 600 türkische Soldaten. Doch im Gefolge der Invasion von 1974 verlegte Ankara größere Truppenmengen auf die Insel. Gegenwärtig sollen ca. 45 Tausend Mann dort stationiert sein, wofür es keine Rechtsgrundlage gibt. Nordzypern ist genau, wie es früher die DDR über die BRD war, de jure indirektes EU-Mitglied. Die Türkei hält also seit 40 Jahren einen Teil der EU besetzt.

Bei meinen Gesprächen in der Vergangenheit wurden im Zusammenhang mit diesem Problem alle möglichen Ideen entwickelt. So sollte z.B. die Insel insgesamt entmilitarisiert werden, die zypriotische Nationalgarde aufgelöst, die türkischen Besatzungstruppen abgezogen und durch ein Sicherheitskontingent aus EU-Truppen ersetzt werden. All diese Überlegungen waren interessante Diskussionsobjekte, aber weit von der Realität entfernt. Die Entscheidung liegt einzig und allein in Ankara und Präsident Erdoğan redet davon, dass er Nordzypern annektieren wolle. Aber nur wenn er dem oben genannten Konzept zustimmt, wird es eine Lösung geben.

Bis vor einiger Zeit hatte die EU das Druckmittel, die Verhandlungen mit der Türkei über einen EU-Beitritt abzubrechen, aber dieses existiert nicht mehr, da Erdoğan inzwischen der Auffassung ist, dass die Türkei sich nicht länger um einen EU-Beitritt bemühen soll. Wird im Falle einer Annexion Nordzyperns die EU hilflos und tatenlos zuschauen? Man kann nur hoffen, dass Erdoğan nicht auf die Idee kommt, ganz Zypern zu besetzen und zu annektieren. Die EU-Mitgliedschaft Zyperns ist also inzwischen eine Art Lebensversicherung der Insel geworden. Es ist also genau das eingetreten, was ich schon in den 1990er Jahren sagte, als ich in diesem Sinne argumentierte. Doch ob diese Rückversicherung Zypern wirklich absichern wird, ist angesichts Erdoğans Verhalten in jüngster Zeit fraglich.

Ich hatte bei den Diskussionen in vergangenen Jahren immer eine optimistische Position eingenommen, doch die jüngsten Entwicklungen lassen mich pessimistisch werden. Ich weiss, dass Anastasiadis und Akinçi eine Lösung wollen, aber wird Erdoğan dies zulassen?

ERHÖHTE PRODUKTIVITÄT

2003-2017

Die bisher vierzehn Jahre im Ruhestand waren wissenschaftlich die produktivsten meines Lebens. Alle Hemmnisse, die früher die Arbeit verlangsamt hatten, waren weggefallen. Ich arbeitete nun nach dem Lustprinzip und war immer wieder erstaunt, wieviel Freude ich am Schreiben hatte. Ich saß praktisch jeden Morgen um 8 Uhr am Schreibtisch und begann zu arbeiten.

2003 veröffentlichte ich zusammen mit Vassilis Fouskas einen Sammelband über die Beziehungen zwischen Zypern und Europa.[1] Mein erstes großes Projekt war eine Geschichte des modernen Zyperns. 2004 erschien der erste Band über die Kolonialzeit von 1878-1949.[2] Zwei Jahre später folgte der Band über den Befreiungskampf der EOKA von 1949 bis 1959.[3] Die Geschichte des Bürgerkrieges 1959-1965 nach der Unabhängigkeit hatte ich schon nach einem Jahr 2007 fertig.[4] Im selben Jahr erschien die griechische Ausgabe von Band 1.[5] Band 4, der die Geschichte Zyperns zwischen 1965 und 1977, bis zum Tod von Makarios beschreibt, folgte 2009.[6] Ich hatte mich also fünf Jahre meines Lebens hauptsächlich mit der Geschichte Zyperns befasst und fast 2.700 Seiten darüber geschrieben. 2010 veröffentlichte ich eine kurze Version in deutscher und englischer Sprache, deren chronologische Darstellung bis ins Jahr 2007 reicht.[7] 2011 erschien eine türkische Übersetzung in Nordzypern.[8] Im selben Jahr veröffentlichte *Estia* in Athen den Band 2 der vierbändigen Ausgabe.[9]

Neben diesen Monografien über die Geschichte des modernen Zyperns verfasste ich auch eine Anzahl Aufsätze zu einzelnen Aspekten. 2006 erschien in einem Sammelband ein Artikel über die sog. Palmerokratia, der die diktatorische Periode zwischen 1931 und 1945 zum Thema hatte[10] und eine Beschreibung der politischen Manöver zur Zeit des Berliner Kongresses 1878, die zur Übernahme Zyperns durch die Briten geführt hatte.[11] Im selben Jahr veröffentlichte ich zusammen mit Andreas Stergiou einen Sammelband mit Aufsätzen internationaler Autoren über Zypern, der auch mehrere meiner Aufsätze in Übersetzung enthielt.[12] In THETIS erschien ein Artikel über das Attentat auf Makarios.[13] Den vorläufigen Abschluss meiner Veröffentlichungen über Zypern bildete der Beitrag in der Beilage (APUZ) zu der Wochenzeitung DAS PARLAMENT.[14]

---

1 Vassilis K. Fouskas & Heinz A. Richter (eds.), *Cyprus and Europe: The Long Way Back* (Möhnesee: Bibliopolis, 2003) = PELEUS-Band 22.

2 *Geschichte der Insel Zypern 1878-1949* Band 1 (Möhnesee: Bibliopolis, 2004) 560 Seiten = PELEUS-Band 29.

3 *Geschichte der Insel Zypern 1950-1959* Band 2 (Möhnesee: Bibliopolis, 2006) 665 Seiten = PELEUS-Band 35.

4 *Geschichte der Insel Zypern 1959-1965* Band 3 (Mainz, Ruhpolding: Rutzen, 2007) 665 Seiten = PELEUS-Band 37.

5 *Ιστορία της Κύπρου* Τόμος Α': *(1878-1949)* (Athen: Estia, 2007) 806 Seiten.

6 *Geschichte der Insel Zypern 1965-1977* Band 4 (Mainz, Ruhpolding: Rutzen, 2009) 800 = PELEUS-Band 41.

7 *A Concise History of Modern Cyprus* (Mainz, Ruhpolding: Rutzen, 2010) 286 Seiten; *Kurze Geschichte des modernen Zypern* (Mainz Ruhpolding; Rutzen, 2010) 330 Seiten.

8 *Çağdaş Kıbrıs'ın Kısa Tarihi 1878-2009* (Lefkosa: Galeri Kültür, 2011).

9 *Ιστορία της Κύπρου* Τόμος Β' *(1950-1959)* (Athen: Estia, 2011) 1.024 Seiten.

10 "Benevolent Autocracy 1931 - 1945", in: Hubert Faustmann & Nicos Peristianis (eds), *Britain in Cyprus. Colonialism and Post-Colonialism 1878-2006* (Möhnesee: Bibliopolis, 2006), pp. 11-18.

11 "The Grand Game, the Balkans, the Congress of Berlin and Cyprus" in: *Ibidem*, pp. 133-150.

12 Ανδρέας Στεργίου και Heinz Richter, (eds.), *Το Κυπριακό με το βλέμμα* των ξένων (Athen: Roes, 2006).

13 "Der Anschlag auf Makarios 1970 und die Ermordung von Polykarpos Georkatzis" *Thetis* 15 (2008), pp. 217-233.

14 "Historische Hintergründe des Zypernkonflikts" *Aus Politik und Zeitgeschichte* 12 (16. März 2009), pp. 3-8; im Internet: http://friedensbildung.de/beispiele/zypern/geschichte/

Danach wandte ich mich wieder der griechischen Zeitgeschichte zu. 2010 veröffentlichte der Athener Verlag *Mesogeios* ein Buch über den nationalen Widerstand und seine Folgen mit Aufsätzen von mir, die ich früher in deutscher Sprache veröffentlicht hatte.[1] Die nächste Veröffentlichung war die seit langem geplante Darstellung der Operation Merkur, die Eroberung der Insel Kreta durch deutsche Fallschirmjäger im Mai 1941. 2010 unternahm ich dazu eine Forschungsreise nach Kreta und 2011erschien diese Studie in deutscher und griechischer Sprache.[2] Über die genaueren Begleitumstände werde ich später berichten. Kurz darauf wurde meine Geschichte Griechenlands im Zweiten Weltkrieg erneut aufgelegt.[3]

2010 erschien eine Studie über die Kommunistische Partei Zyperns (KKK) und die Komintern.[4] Für THETIS 17 schrieb ich zwei Aufsätze, einen über Churchill und die Schlacht um Kreta und den anderen über die Eroberung des Isthmus von Korinth durch die Fallschirmjäger 1941.[5] 2011 veröffentlichten Reinhard Stupperich und ich eine Neuauflage der Memoiren von Roland Hampe über seine Rolle beim friedlichen Abzug der Wehrmacht aus Athen im Oktober 1944. Ich schrieb dazu eine längere Darstellung des zeitgeschichtlichen Hintergrunds.[6]

Nun folgten in rascher Reihenfolge (2012-2013) eine Abhandlung über die griechischen Bürgerkriege und die Junta-Diktatur. Es gab in der Tat drei Bürgerkriege in Griechenland zwischen 1943 und 1949. Die "erste Runde" fand während der Zeit der Besatzung statt. Ihr bekanntester Teil ist der bewaffnete Zusammenstoß zwischen der ELAS und der EDES. Aber zu ihr gehören auch die Kämpfe zwischen der ELAS und den kollaborierenden Sicherheitsbataillonen (tagmata asfalias). Die "zweite Runde" waren die Dezemberereignisse im Jahr 1944, die auch ein Bürgerkrieg zwischen der griechischen Rechten und der linken Athener Résistance war. Der große Bürgerkrieg von 1946 bis 1949 schließlich war die "dritte Runde".[7]

Der anschließende Band beschreibt die Vorgeschichte der Junta-Diktatur, die keinesfalls so demokratisch war, wie bis heute immer wieder zu lesen ist. Griechenland wurde damals von der griechischen Rechten beherrscht, die ihren Herrschaftsanspruch auch mit illegalen Mitteln durchzusetzen verstand, wie der Mord an Lambrakis durch das Parakratos zeigte. Der Putsch der Obristen am 21. April 1967 war ein rein griechischer Coup, von dem die Amerikaner nichts wussten. [8]

Als 2012 die finanzielle Krise ausbrach, wurde ich von vielen Seiten gebeten, etwas darüber zu schreiben. Das Resultat waren zahlreiche Aufsätze über die politische Kultur Griechenlands in deutschen, französischen und sogar griechischen Zeitschriften.[9] Bei dieser Gelegen

1 *Η Εθνική Αντίσταση και οι συνέπειες της* (Athen: Mesogeios, 2009) 519 Seiten.

2 *Operation Merkur: Die Eroberung der Insel Kreta im Mai 1941* (Ruhpolding: Rutzen 2011) 400 Seiten = PELEUS-Band 54; *Η μάχη της Κρήτης* (Athen: Govostis, 2011) 543 Seiten.

3 *Griechenland im Zweiten Weltkrieg August 1939 - Juni 1941* [2](Ruhpolding: Rutzen, 2011), 530 Seiten = PELEUS-Band 2.

4 "The Cypriot Communist Party and the Comintern", in: Emilios Solomou & Hubert Faustmann (eds.), *Colonial Cyprus 1878-1960* (Nicosia: University of Nicosia, 2010), pp. 91-110.

5 "Churchill und die Schlacht um Kreta" *Thetis* 17 (2011), pp. 229-245; "Die Eroberung des Isthmus von Korinth am 26. April 1941" *Ibidem*, pp. 226-228.

6 "Zu den Verhandlungen im Zusammenhang mit dem deutschen Abzug aus Athen 1944" in: Reinhard Stupperich & Heinz Richter (eds.), Roland Hampe, *Die Rettung Athens im Oktober 1944* (Ruhpolding: Rutzen, 2011), pp. 15-31.

7 *Griechenland 1940-1950. Die Zeit der Bürgerkriege* (Ruhpolding: Rutzen, 2012) 548 Seiten = PELEUS-Band 59.

8 *Griechenland 1950-1974: Zwischen Demokratie und Diktatur* (Ruhpolding: Rutzen, 2013) 501 Seiten = PELEUS-Band 60.

9 "Zur politischen Kultur Griechenlands" *Die Politische Meinung* 57:508 (März 2012), pp. 51-58; "Athener Klientelismus. Die politische Kultur Griechenlands und die Wurzel der Schuldenkrise" *Lettre International* 96

heit bereicherte ich die griechische Sprache um ein neues Wort. Bis zu diesem Zeitpunkt sprach man in Griechenland, wenn man von Klientelismus redete, von *pelatiakes s'cheseis*, klientelistischen Beziehungen. Für das alles umfassende klientelistische System Griechenlands hatte man kein Wort. Ich erfand es: *Pelatiasmos*. Es war verblüffend, wie schnell die Griechen das Wort übernahmen. Heute ist es Teil des aktiven griechischen Wortschatzes.

In THETIS 19 analysierte ich den Mordfall an dem amerikanischen Journalisten George Polk im Jahr 1948 und kam zu der Schlußfolgerung, dass er von derselben parakratischen Bande ermordet wurde wie Grigoris Lambrakis 1963.[1] In THETIS 20 nahm ich zu den griechischen Reparationsforderungen Stellung und stellte fest, dass nur zwei Staaten im Nachkriegseuropa Reparationen erhalten hatten: Jugoslawien und Griechenland. Letzteres in drei Raten: 1950: Demontagegüter im Wert von 120 Millionen DM, die nie in Griechenland ankamen. 1958: 200 Millionen DM als Investitionskredit getarnt, mit denen Griechenland elektrifiziert wurde, und 115 Millionen DM in Cash für die Entschädigung von Opfern typischer Nazigräuel, wovon etwa zwei Drittel dieser Summe nie die Nachkommen der Opfer erreichten. Gleichzeitig untersuchte ich die Rolle, die der angebliche Kriegsverbrecher Max Merten tatsächlich gespielt hatte.[2]

Mich wieder dem Ersten Weltkrieg zuwendend, verfasste zwei Bände über den Krieg im Südosten. Der erste Band befasste sich mit den Kämpfen um Gallipoli, der zweite mit den Kämpfen in Makedonien. Letzterer war eine Geschichte Griechenlands im Ersten Weltkrieg.[3] Für das Jahrbuch der türkischen Zeitschrift *Çanakkale Studies* verfasste ich eine Detailstudie über die Beschlagnahme der beiden von der türkischen Regierung gekauften und bezahlten Dreadnoughts durch die Briten und ihre Folgen.[4]

Ein türkischer Verlag schloss einen Vertrag mit mir, in dem er versprach, er werde eine türkische Übersetzung meines Gallipoli-Buches herausbringen. Anfangs gab es ermutigende Kontakte, die auf eine gute Zusammenarbeit hoffen ließen, aber dann brach der E-Mail-Verkehr ab und ich hörte nichts mehr von dem Verlag. Über die Gründe kann ich nur spekulieren: Vermutlich passte den Herausgebern meine Feststellung nicht, dass Feldmarschall Liman von Sanders und nicht Mustafa Kemal die Schlacht um Gallipoli geleitet hatte. In den Darstellungen des türkischen Generalstabes war Mustafa Kemal der Sieger von Gallipoli und Liman von Sanders sein Adjutant gewesen.

Es folgten dann zwei Bände der Geschichte Griechenlands im 20. Jahrhundert. Der erste Band war eine völlige Überarbeitung meines 1990 bei Romiosini veröffentlichten Buches. Band 2 fasste die Bücher über den Zweiten Weltkrieg, den Bürgerkrieg und die Zeit der Militärdiktatur zusammen und verfolgte die weitere Entwicklung Griechenlands bis ins Jahr 2004.[5]

(Frühjahr 2012), pp. 25-27; "Une autre catégorie de démocratie europénne: La culture politique grecque" *Outre Terre. Revue européenne de géopolitique* 31 (2012), pp. 219-226; "Η πολιτκή κουλτούρα της Ελλάδας" *The Books' Journal* 20 (June 2012), pp. 54-59; "Politische Kultur in Griechenland" *APUZ* 35-37 (2012), pp. 30-36"Die Politische Kultur Griechenlands" in: www.politismos.eu http://www.griechische-kultur.eu/84-startseite/592-die-politische-kultur-griechenlands.html.

1 "Der Mord an Gorge Polk im Mai 1948 in Thessaloniki" *Thetis* 19 (2012), pp. 189-194.

2 "Sühnung von Kriegsverbrechen, Reparationsforderungen und der Fall Merten" *Thetis* 20 (2013), pp. 440-464.

3 *Der Krieg im Südosten: Band 1: Gallipoli 1915* (Ruhpolding: Rutzen, 2014) = PELEUS-Band 65,1; *Der Krieg im Südosten* Band 2 *Makedonien 1915-118* (Ruhpolding: Rutzen, 2014) 250 Seiten = PELEUS-Band 65,2.

4 "The Impact of the Confiscation of the Turkish Dreadnoughts and of the Transfer of *Goeben* and *Breslau* to Constantinople upon the Turkish Entry into WWI" *The Turkish Yearbook of Çanakkale Studies* 11:15 (2013), pp. 1-16.

5 *Geschichte Griechenlands im 20. Jahrhundert* Band 1 *1900-1939* (Ruhpolding: Rutzen, 2015) = PELEUS-Band 67,1; *Geschichte Griechenlands im 20. Jahrhundert* Band 2 *1939-2004* (Ruhpolding: Rutzen, 2015) = PELEUS-Band 67,2.

2016 veröffentlichte ich meine Habilschrift, die bis dahin nur in englischer und griechischer Sprache vorlag, auf Deutsch. Da ich den Text nur handschriftlich vorliegen hatte, musste ich ihn in den Computer diktieren, was nach einigen Anfangsschwierigkeiten auch gut gelang.[1]

Kurz vor Weihnachten 2015 hatte ich im Internet ein antiquarisches Buch mit dem Titel *Griechenland und die Großen Mächte im Weltkrieg* aus dem Jahr 1932 entdeckt. Ich erwartete eine Darstellung und war verblüfft, als sich das Buch als die deutsche Übersetzung russischer diplomatischer Akten entpuppte, die die sowjetische Regierung 1919 in russischer Sprache veröffentlicht hatte. Dieses Buch war nach Hitlers Machtergreifung im Januar 1933 in den Giftschränken der deutschen Bibliotheken verschwunden, in denen es auch während des Kalten Kriegs verblieb. Zu meinem großen Erstaunen hatte die UB Heidelberg dieses Buch, aber es war nicht ins Schlagwortverzeichnis aufgenommen, weshalb weder ich noch sonst irgendwer dieses Buch in der Vergangenheit entdeckt hatte.

Zunächst überlegte ich, ob man das in diesem Buch enthaltene Material in einem Aufsatz veröffentlichen könnte, musste aber bald erkennen, dass dies angesichts der Masse des Materials unmöglich war. Genau genommen bildete der Inhalt die Ergänzung zu meinem 2014 veröffentlichten 2. Band über den Krieg im Südosten, über Makedonien. Die Dokumente schlossen Lücken, die ich, als ich Band 2 schrieb, hatte offen lassen müssen. Ich entschied mich daher, das Material in jene Kapitel einzuarbeiten, in denen sie die Lücken schlossen. Große Teile der Kapitel waren Kopien des Originaltextes, aber sie wurden nun ergänzt. Die russischen Akten erwiesen sich als höchst informativ. Ein Beispiel soll dies verdeutlichen:

Als König Konstantin 1917 Griechenland verlassen hatte, veröffentliche Venizelos ein Weißbuch, in dem die Korrespondenz zwischen Königin Sophie und ihrem Bruder, Kaiser Wilhelm II., abgedruckt war. Ich hatte schon in meinem Band 2 den Verdacht geäußert, dass diese Korrespondenz eine Fälschung sei, denn im Nationalarchiv in Athen liegt die Korrespondenz nur in französischer Sprache vor. Aus den russischen Akten war zu entnehmen, dass im königlichen Schloss in Athen nicht ein Blatt Papier gefunden wurde. Der Band mit den russischen Akten ist also ein Ergänzungsband zu Band 2.[2]

Die von der Regierung Tsipras lautstark erhobenen Forderungen nach Reparationen und Rückzahlung der sog. Besatzungsanleihe (*katochiko daneio*) veranlassten mich, diese beiden Themen nochmals aufzugreifen. Das Reparationsproblem hatte ich schon 2013 in dem erwähnten THETIS-Aufsatz abgehandelt. Die Besatzungsanleihe hatte ich hingegen bis dahin noch nie genauer untersucht und mich auf die Darstellung Hagen Fleischers verlassen, der von einer einseitigen deutschen Bringschuld bei Griechenland ausging. Diese Version hatte ich seit Jahren auch in der griechischen Presse und in sonstigen griechischen Veröffentlichungen gelesen. Vereinfacht formuliert wurde darin behauptet, dass sich Deutschland im Zweiten Weltkrieg von Griechenland Geld geliehen habe, um seinen Krieg zu führen, und diese Schuld sei noch offen und müsse mit Zinsen und Zinseszinsen zurückgezahlt werden.

Hagen Fleischer hatte mir vor einigen Jahren eine Kopie des Berichtes der Reichsbank vom April 1945 zukommen lassen. Nun nahm ich mir diesen vor und las ihn gründlich. Ich entdeckte, dass in der Tat auf Seite 114 die deutschen Schulden bei Griechenland in Höhe von 476 Millionen RM genannt wurden, einige Seiten später (156) jedoch fand ich eine Auflistung der griechischen Schulden bei Deutschland. Dort wurde festgestellt, dass man die präzise Summe nicht nennen könne, weil die Unterlagen noch nicht in Berlin eingetroffen seien, aber auch die ungenauen Angaben machten deutlich, dass auch Griechenland beträchtliche Schul-

1 *Griechenland 1945/46: Die britische Intervention* (Ruhpolding: Rutzen, 2016) = PELEUS-Band 69.
2 *Griechenland 1915-1917 im Spiegel russischer Akten* (Ruhpolding: Rutzen, 2016) = PELEUS-Band 68.

den hatte, nämlich bei Deutschland. Auf dieser Seite war erstens die Rede von jenen eine Million Goldmünzen (Goldpfund und Goldfrancs), die die Reichsbank dem Sonderbeauftragten für den Südosten, Neubacher, zur Stabilisierung der extrem inflationären Drachme zu Verfügung gestellt hatte. Zweitens wurden Waren- und Lebensmittellieferungen im Wert von jeweils 1,5 Mio. Goldpfund genannt. Diese Seite hatte Hagen Fleischer weggelassen.

Mir wurde nun erstens klar, dass der Bericht der Reichsbank den Charakter einer Bilanz der gegenseitigen Schulden hatte. Zweitens wurde deutlich, dass die Bilanz ziemlich ausgeglichen war. Ich begann, nach weiteren Belegen zu suchen und entdeckte, dass der zweite Ministerpräsident der Besatzungszeit, Konstantinos Logothetopoulos, in seinen Memoiren ebenfalls genaue Zahlen nannte und zwar jene, die der Staatsanwalt im Prozess gegen die Kollaborateure vorlegt hatte. Sie stimmten verblüffend gut mit jenen des Reichsbankberichtes überein. Ich begann mich zu wundern, warum diese Aussagen in Griechenland nicht zur Kenntnis genommen worden waren und entdeckte durch eine Internet-Recherche, dass Logothetopoulos' Buch aus fast allen griechischen Bibliotheken verschwunden war.

Um diese Quelle der Forschung wieder zur Verfügung zu stellen, beschloss ich, sie erneut zusammen mit Logothetopoulos' eigener Übersetzung ins Deutsche zu veröffentlichen, die ich 1968 von Frau Elisabeth Logothetopoulos zusammen mit dem Manuskript ihrer eigenen Erinnerungen erhalten hatte. Ich veröffentlichte alle drei Texte zusammen mit einer kurzen Einleitung über die Zwangsanleihe als PELEUS-Band 70.[1] Anschließend erarbeitete ich eine genauere Darstellung des Problems der Besatzungsanleihe für THETIS, in die ich auch die Memoiren von Neubacher einarbeitete.[2]

Die Verwendung von Erinnerungen ehemaliger Protagonisten der Zeit des Zweiten Weltkrieges hatte mir schon nach der Veröffentlichung meiner Dissertation den Vorwurf von Fleischer eingetragen, dass ich Quellen einseitig verwende. Mir war immer klar, dass ich bei der Verwendung von Memoiren-Literatur stets vorsichtig sein musste, da alle Verfasser pro-domo schrieben. Dabei war es völlig egal, welcher Nationalität oder welchem politischen Lager sie angehörten. Erinnerungen von Protagonisten enthalten Wahrheiten, Beschönigungen und Unwahrheiten. Die Pflicht des Historikers ist es, entsprechende Vorsicht walten zu lassen. Solche Sekundärquellen einfach links liegen zu lassen, ist unwissenschaftlich.

Die bislang letzte größere Monographie war eine Abhandlung des griechisch-türkischen Kriegs 1919-1922. Sie ist die erste wissenschaftliche Darstellung dieser Periode in deutscher Sprache überhaupt. Ich hatte auch schon früher über diese Periode geschrieben, aber dieses Mal bemühte ich mich, eine ausgewogenere differenziertere Darstellung als früher zustande zu bringen. Die neue Darstellung enthält die Beschreibungen der Entwicklungen auf der griechischen und der türkischen Seite und ordnet diese in ihren internationalen zeitgeschichtlichen Kontext ein. Den Vorgängen in Smyrna 1922 widmete ich ein eigenes Kapitel. Dabei entdeckte ich eine Quelle, die noch kein Historiker gefunden noch ausgewertet hatte: Die Memoiren von Claire Sheridan, einer Cousine von Winston Churchill, die nur in deutscher Sprache existieren. Offensichtlich waren deren offenherzige Erinnerungen zumindest teilweise mit dem damals immer noch viktorianisch geprägten England nicht kompatibel.

Die Chefin der historischen Abteilung des griechischen Generalstabs (GES) Dr. Efpraxia Pas'chalidou versorgte mich großzügig mit Fotos aus dem GES-Archiv, wofür ich ihr sehr

---

1 *Griechenland 1942-43. Erinnerungen von Elisabeth und Konstantinos Logothetopoulos* (Ruhpolding. Rutzen, 2015) 320 Seiten = PELEUS-Band 70.

2 "Die Besatzungsanleihe - To Katochiko Daneio" *THETIS* 22 (2015), pp. 233-240.

dankbar war. Sie recherchierte auch Personenfragen, und eine Zeitlang hatten wir einen regen Austausch von E-Mails. In einer ihrer letzten Mails bedauerte sie, dass ich das Buch nicht in englischer Sprache geschrieben hatte, so dass sie es auch lesen könnte. Damit setzte sie mir einen Floh ins Ohr. Ich verfasste das Buch nochmals in englischer Sprache. Ich bin ihr für diese Anregung sehr dankbar.[1]

Das nächste Projekt war ein Buch zur Überwindung bestimmter Mythen und Legenden der griechischen Zeitgeschichte. Der erste Mythos ist jener der Sechs-Wochen, wonach Hitler den Zweiten Weltkrieg verlor, weil sich die Griechen beim deutschen Angriff 1941 sechs Wochen lang tapfer gewehrt und diese sechs Wochen im Herbst vor Moskau gefehlt hätten. Dieser Mythos wurde im Herbst 1941 vom britischen Außenminister Anthony Eden in die Welt gesetzt und wird seither in Griechenland geglaubt. Die internationale Forschung hat ihn seit langem widerlegt. Aber wer in Griechenland diesen Mythos in Frage stellt, kann Ärger bekommen, wie ich selbst erlebt habe. Aber darauf komme ich später noch zu sprechen.

Eine weitere, noch immer unbeirrt kolportierte, doch längst widerlegte Legende ist die von den 300.000 Hungertoten im Winter 1941/42. Diese Zahl und eine noch höhere von 500.000 stammen aus einer BBC-Propaganda-Sendung aus dem Jahr 1942. Die tatsächliche immer noch entsetzlich hohe Zahl an Hungertoten lag nach verlässlichen Angaben des Internationalen Komitees vom Roten Kreuz bei 35.000. Die Zahl ist schlimm genug, aber Übertreibungen schaden der Wahrheitsfindung. Doch in diesem Fall ersetzt die Legende die historische Wahrheit nicht nur in Griechenland.

Ähnlich verhält es sich mit der Legende vom angeblichen Kriegsverbrecher Max Merten. Seit dem Prozess gegen ihn 1958 ist man in Griechenland überzeugt, dass er einer schlimmsten Kriegsverbrecher jener Zeit war. Tatsächlich kann man ihm nur vorwerfen, dass er die ersten antijüdischen Befehle der SS mit seinem Namen unterschrieb. Als er begriff, was diese Befehle beinhalteten, unterzeichnete er nur mit "im Auftrag". Merten war der unterste Wehrmachtsbeamte in Saloniki im Rang eines Hauptmanns. Er konnte also die Entscheidungen in keinem Falle selbst treffen; er war Befehlsempfänger. Man kann ihm allenfalls vorwerfen, dass er nicht die Zivilcourage hatte, seine Unterschrift zu verweigern.

Die nächsten beiden Beiträge befassen sich mit den Reparationen und der Besatzungsanleihe und zeigen, dass die in Griechenland vertretenen Auffassungen auf Legenden beruhen.

Die letzte Legende stammt nicht aus Griechenland, sondern aus Großbritannien. Nach ihr waren die Ereignisse im Dezember 1944 ein kommunistischer Aufstand; tatsächlich waren sie eine bewaffnete britische Intervention, um das Vorkriegsregime und die Monarchie zu restaurieren.[2]

Parallell zu meinen eigenen Publikationen war ich als Herausgeber primär mit der Monographienreihe PELEUS beschäftigt. Reinhard Stupperich und ich hatten Arbeitsteilung vereinbart. Er und seine studentischen Hilfskräfte bereiten THETIS zum Druck vor. Die Artikel archäologischen, antiken und mittelalterlichen Inhalts sowie der Antikenrezeption überprüft er. Ich bin für die neuere Geschichte und die Zeitgeschichte zuständig. Wir lehnen beide das Referee-System ab. Denn meine eigene Erfahrung hat mir gezeigt, dass ein solches leicht in Zensur abrutschen kann. Wir sind der Auffassung, dass ein sauber gearbeiteter wissenschaftlicher Artikel veröffentlicht werden soll, auch wenn er Thesen vertritt, die vom Mainstream

1 *Der griechisch-trürkische Krieg 1919-1922* (Ruhpolding: Rutzen, 2016) = PELEUS-Band 72; *The Greek-Turkish War 1919-1922* (Ruhpolding: Rutzen, 2016) = ÜELEUS-Band 73.

2 *Mythen und Legenden in der griechischen Zeitgeschichte* (Ruhpolding: Rutzen, 2016) = PELEUS-Band 74.

der Forschung abweichen. Wissenschaftliche Kontroversen bringen die Forschung voran. Bislang sind 23 Bände von THETIS erschienen.

Die PELEUS-Bände gingen alle über meinen Schreibtisch und durch meinen Computer. Die meisten Autoren schafften es, pdf-formatierte Texte abzuliefern, so dass ich nur noch das Layout überprüfen und die Titelei sowie den Außenumschlag erstellen musste. Bei einigem wenigen Bänden übernahm ich auch die Formatierung. Die PELEUS-Reihe zählt bislang 74 Bände, die demselben interdisziplinären Konzept wie THETIS folgen: Zeitschrift und Monographien befassen sich mit der griechischen Welt von der Antike bis zur Gegenwart. Nirgendwo in Europa gibt es eine vergleichbare Edition.

Zugleich betreute ich die Homepage des Rutzen-Verlags. Vor wenigen Monaten informierte mich Franz Rutzen, unser Verleger, dass er sich ganz aus dem Verlagsgeschäft zurückziehen wolle. Bislang war Harrassowitz unser Distributor gewesen. Nun wollte Franz Rutzen sein ganzes Programm an einen anderen Verlag übertragen, da Harrassowitz an einigen kunsthistorischen Reihen kein Interesse zeigte. Ich bat ihn, sich dies bezüglich unserer Veröffentlichungen nochmals zu überlegen. Würde das geschehen, verschwände auch die Rutzen-Homepage und auf ihr die Hinweise auf unsere Veröffentlichungen. Es würde dasselbe geschehen, wie beim Wechsel von Bibliopolis. Es würde Jahre dauern, bis unser Programm wieder wahrgenommen würde.

Außerdem genoss ich die Zusammenarbeit mit Franz Rutzen. Wir waren enge Freunde geworden. Ich sagte zu ihm, dass sein Namen und sein Verlag in der griechischen Welt ein Begriff seien. Ich würde es begrüßen, wenn wir eine Möglichkeit fänden, dieses Programm auch posthum weiterzuführen. Er stimmte zu und das Überleben unseres Programms ist dadurch gesichert, dass später der Verlag Harrassowitz mit Unterstützung der Franz- und Eva-Rutzen-Stiftung dises übernehmen wird. Seine Frau Eva ist eine charmante Person und eine der wenigen Menschen, die noch wunderschöne Briefe schreiben können. Für mich ist es eine Freude mit zwei so prächtigen Menschen befreundet zu sein.

In einiger Zeit wird Reinhard Stupperich in Pension gehen und dann wird sich die Frage stellen, wie man die studentischen Hilfskräfte finanzieren soll. Bei meinem letzten Zypernaufenthalt sprach ich mit Vertretern des PIO und des Außenministerium darüber. Man signalisierte mir, dass man bereit sei, die Kosten zu übernehmen. Damit ist das Überleben von THETIS für die nächsten Jahre gesichert. Ich werde am bisherigen Arbeitskonzept von PELEUS festhalten, so lange ich das kann.

Erstaunlich ist, dass es zwei Wissenschaftlerinnen gibt, die ein Buch über die griechische Zeitgeschichte veröffentlichten, und weder THETIS noch PELEUS zur Kenntnis nahmen.[1] Keine der beiden Herausgeberinnen ist Historikerin. Chryssoula Kambas lehrt Germanistik in Osnabrück und Marilisa Mitsou Neogräzistik in München. In der Einleitung ihres Bandes stellten sie fest, dass ich gerade mal 30 Seiten über Griechenland im Zweiten Weltkrieg geschrieben hätte. Offensichtlich ist ihnen meine über 600 Seiten umfassende Studie über Griechenland in diesem Zeitraum unbekannt, obwohl diese ins Griechische übersetzt wurde, 1975 erschien und 20 Jahre auf dem griechischen Buchmarkt war. Diese Behauptung ist noch befremdlicher, weil ich mit einer der beiden vor einigen Jahren länger in E-Mail-Kontakt war.

Die Kooperation mit Reinhard Stupperich dauert nun schon über 23 Jahre. Sie war immer fruchtbar und gut, wenn sie auch gelegentlich aus beruflichen Gründen unter Zeitdruck geriet.

---

1 Chryssoula Kambas & Marilisa Mitsou (eds.), *Die Okkupation Griechenlands im Zweiten Weltkrieg. Griechische und deutsche Erinnerungskultur* (Köln: Böhlau, 2016).

Im November 2005 fand im Zyperninstitut in Münster eine Tagung über "Die britische Herrschaft auf Zypern und ihre Auswirkungen auf das unabhängige Zypern" statt. Ich nahm daran teil und lernte einen Studenten namens Thorsten Kruse kennen. Wir kamen ins Gespräch und er zeigte sich hochinteressiert an meiner Geschichte Zyperns, die ich damals schrieb. Ich bot ihm an, dass er sie als erster lesen könne, wenn er sie zugleich Korrektur lesen würde. Er war einverstanden und von Band 2 an las er aller Bände. 2007 erwarb er den MA im Fach Politikwissenschaft. Danach übernahm ich ihn zusammen mit Prof. R. Meyers (Universität Münster) als Doktoranden. Von nun an betreute ich ihn regelmäßig per Telefon. Er informierte mich über seine Fortschritte und stellte Fragen. Ich beantwortete diese und gab ihm Ratschläge, in welcher Richtung er weiter forschen sollte. Ich glaube feststellen zu können, dass diese Art Betreuung intensiver war, als je zuvor.

2012 legte er seine Dissertation vor, die folgenden Titel trug: "Die Interessenpolitik Zyperns mit Ausrichtung auf die beiden deutschen Staaten (1960-1872)". Die Arbeit war ausgezeichnet und es war die erste überhaupt, die ich mit summa cum laude bewertete. Der Kollege Meyers war froh, dass ich die Betreuung in diesem Fall übernahm, da er von diesem Thema wenig Ahnung hatte. Im Mai 2013 veröffentlichte ich die Dissertation als PELEUS-Band 58 mit dem Titel: *Bonn - Nikosia - Ostberlin. Innerdeutsche Fehden auf fremdem Boden 1960-1972.*[1] Auch danach ging die Zusammenarbeit mit Thorsten Kruse weiter. Ich konnte ihm gelegentlich auch in Zypern helfen. Heute ist Thorsten Kruse an der Uni Münster im Mittelbau beschäftigt.

In den letzten Jahren entwickelte sich eine sehr gute wissenschaftlichen Zusammenarbeit mit Vaios Kalogrias. Sie begann, als er 2008 seine Dissertation als Peleus Band 39 veröffentlichte.[2] Seither sind wir in engem freundschaftlichen Kontakt und unterstützen uns gegenseitig wissenschaftlich.

Die ganze Zeit über war ich mit der ehemaligen Vorsitzenden der deutsch-griechischen Gesellschaft von Stuttgart, Rosemarie Beck, in Kontakt. Wir hatten uns vor über 20 Jahren angewöhnt, dass ich sie, wenn ich im Land war, jeden Sonntag um 8.30 Uhr anrief. Seit sie mit Anfang 80 lernte, mit dem Internet umzugehen, war sie bei allen meinen Veröffentlichungen die erste Leserin. Einerseits hatte sie aufgrund ihrer Tätigkeit als Vorsitzende bemerkenswerte Vorkenntnisse, andererseits war sie wissbegierig. Sie las meine Texte kritisch und ich konnte mich darauf verlassen, dass, wenn sie etwas nicht verstand, ich die entsprechende Passage schlecht formuliert hatte. Sie wurde mit der Zeit quasi zu meiner Lektorin. Zugleich freundeten wir uns immer mehr an, so dass ich sie zu meinem 65. und 70. Geburtstag einlud. Dieses Jahr revanchierte sie sich, indem sie mich zu ihrem 90. Geburtstag einlud. Unsere sonntäglichen Telefonate sind eine liebe Gewohnheit geworden, die wir beide genießen und die wir beide vermissen, wenn sie einmal ausfallen.

Daneben gab es noch zwei langjährige Freunde, die in meinem Leben eine wichtige Rolle spielten und dies immer noch tun. Da ist einmal mein Studienkollege Harald Gilbert. Er ist unheimlich belesen und verfügt über ein so breites historisches Wissen, dass es kaum ein Problem gibt, über das man mit ihm nicht diskutieren kann. Als seine Frau vor einigen Jahren

1 Thorsten Kruse, *Bonn - Nikosia - Ostberlin. Innerdeutsche Fehden auf fremdem Boden 1960-1972* (Mainz: Rutzen,2013), 368 Seiten = PELEUS 58.

2 Vaios Kalogrias, *Makedonien 1941-1944: Okkupation, Widerstand und Kollaboration* (Mainz: Rutzen, 2008)

starb, schlug ich ihm vor, doch sein Wissen in Buchform zu gießen, und zwar als Fortsetzung meines Buches über die Operation *Merkur*. Harald verfasste daraufhin eine Darstellung über die Besatzungszeit auf Kreta, die inzwischen den Charakter eines Standardwerkes angenommen hat.[1] Bei der Niederschrift wurde klar, dass es am Besten sein würde, sich in diesem Band auf Kreta zu konzentrieren und den Krieg in der Ägäis in einem zweiten Band zu beschreiben. Daran arbeitet er im Augenblick recht intensiv und erfolgreich. Die Zusammenarbeit mit ihm bereitet mir große Freude.

Dr. Karl Friedrich Mayer ist primär ein Wanderfreund. Ich lernte ihn als Kollegen im CBG kennen und schätzen. Er hat Theologie und Chemie studiert und im letzteren Fach promoviert. Er liebt die Natur genauso wie ich; er ist sogar staatlich lizenzierter Jäger. Wir unternahmen immer wieder lange Wanderungen, die durch Bewunderung für die Schönheiten der Natur und angeregte tiefschürfende Gespräche über, im wahrsten Sinne, Gott und die Welt geprägt waren und sind. Wir konnten auch über unsere persönlichen Probleme reden und uns gegenseitig helfen, mit manchen Problemen klar zu kommen. Wir unternehmen auch heute noch Wanderungen mit über 20 km im Odenwald oder Pfälzer Wald und hoffen, dass dies noch lange so bleibt.

Nicht vergessen werden soll an dieser Stelle der langjährige Vorsitzende der deutsch-griechischen Gesellschaft in Kiel, Dimitrios Mastoras, der schon vor weit über 20 Jahren meinen ersten Vortrag in der dortigen Hermann Ehlers-Akademie über das Zypernproblem organisierte. Diesem Vortrag folgten in der späteren Jahren weitere. Aus dieser beruflichen Beziehung entstand eine echte Freundschaft, die bis heute andauert.

Wenn ich in den vergangenen Jahren so produktiv sein konnte, so verdanke ich das auch meiner Masseurin Astrid Stöppler. Ihre sensiblen, aber kräftigen Hände lösten immer wieder die Verspannungen meines Rückens, die ich mir bei der stundenlangen Arbeit am Schreibtisch geholt hatte. Dafür bin ich ihr unendlich dankbar. Ohne sie hätte ich nie meine Produktivität erreicht.

---

1 Harald Gilbert, *Das besetzte Kreta 1941-1945* (Mainz: Rutzen, 2015) = Peleus 63.

Abb. 114 Die Schreihälse

Abb. 115 Die Schreihälse

Abb. 116 Bei derVerleihung des Dr.h.c.: Prof. Dimitris Mylonakis und die Dekanin Prof. Ivi Mavromoustakou

Abb. 117 Überreichung der Urkunde durch Dimitris Mylonakis

Abb. 118 Laudatio durch Hubert Faustmann

Abb. 119 In Gelassenheit

Abb. 120 Hetzplakat gegen die Universität
Der Faschismus gebiert das Dritte Reich an der Universität Kreta
In der linken Kralle hält der Adler mich

Abb. 121 Prozessbeginn: Warum habt ihr die getötet?

Κυριακή, 08 Φεβρουαρίου 2015 12:43

Ο Ρίχτερ και ο ... τοπικός του Γκάουλαϊτερ: Ταύτιση με τη Γκεμπελική Προπαγάνδα

(http://defenceline.gr/media/k2/items/cache/dd8717d03149543c5feef7a66595fa19_XL.jpg)

Η ιστορία όμως δεν αλλάζει! Όσο κι αν προσπαθούν κάποιοι να την παραχαράξουν, το ποινικό μητρώο των κατά συρροήν βιαστών της ελευθερίας και των λαών της Ευρώπης είναι τόσο λερωμένο που όσο μελάνι κι αν χύσουν η συλλογική ιστορική μνήμη δεν γίνεται να σβήσει...

Abb. 122 Richter und sein örtlicher Gauleiter: Propaganda wie die von Goebbels

Abb. 123 Antideutsche Hetze

Abb. 124 Hetze gegen Stavros Theodorakis den Vorsitzenden der Potami-Partei

δ 11 ΠΑΡΑΣΚΕΥΗ 4 ΔΕΚΕΜΒΡΙΟΥ 2015 ΠΟΛΙΤΙΚΗ

Το Ποτάμι με... κουκούλα!

Ο Θεοδωράκης, συνήγορος του Ρίχτερ στις προκλητικές δηλώσεις κατά των Κρητικών στη μάχη με τους ναζί

Κρητικός πατριώτης στο απόσπασμα των ναζί. Επάνω: Σταύρος Θεοδωράκης (αριστερά) και Χάινς Ρίχτερ

Ενώπιον της Δικαιοσύνης θα βρεθεί, τη Δευτέρα 7 Δεκεμβρίου, ο Γερμανός ιστορικός Χάινς Ρίχτερ με την κατηγορία της «άρνησης εγκλημάτων του ναζισμού σε βάρος του κρητικού λαού με υβριστικό περιεχόμενο», με αφορμή τις εμπρηστικές αναφορές του στην αντίσταση των Κρητών κατά τη ναζιστική εισβολή στο νησί, την άνοιξη του 1941.

Την ίδια στιγμή, ο κ. Ρίχτερ φαίνεται να έχει βρει στη χώρα μας σειρά υποστηρικτών, με πρώτους τους βουλευτές του Ποταμιού. Το κόμμα του Κρητικού (!!!) Σταύρου Θεοδωράκη, με ανακοίνωση που εξέδωσε, τάσσεται αναφανδόν στο πλευρό του Γερμανού καθηγητή, γεγονός που προκάλεσε αλγεινή εντύπωση πρωτίστως στους συμπατριώτες του στο «νησί των γενναίων».

Ειδικότερα, ο κ. Θεοδωράκης και το κόμμα του (που κατέρρευσε στις τελευταίες εκλογές) έσπευσαν να υπερασπιστούν τον Χάινς Ρίχτερ -ανακαλώντας μνήμες της σκληρής Κατοχής και των δοσιλόγων με τις... κουκούλες-, αναφέροντας ότι «σε μια δημοκρατική χώρα πρέπει να θεωρείται αυτονόητο ότι όσα γράφονται σε ένα ιστορικό βιβλίο αρμόδιοι να τα επιβεβαιώσουν ή να τα διαψεύσουν είναι οι ιστορικοί και η επιστημονική κοινότητα, και όχι οι δικαστές», ενώ χαρακτηρίζουν «ιεροεξεταστές» όσους διαφωνούν με τις ανιστόρητες, ρεφορμιστικές θεωρίες του κ. Ρίχτερ. Μάλιστα, το Ποτάμι δεν δίστασε να «αθωώσει» τον κ. Ρίχτερ για την εξής αναφορά του στο βιβλίο του με τίτλο «Η Μάχη της Κρήτης»: «Βάναυσες και βάρβαρες πρακτικές δεν χρησιμοποίησαν μόνο οι μονάδες εισβολής, αλλά και οι άτακτοι Κρήτες που έλαβαν τα όπλα εναντίον τους»

Η υπόθεση του 76χρονου καθηγητή Ιστορίας, ο οποίος είχε χαρακτηρίσει τη ναζιστική εισβολή «ιπποτική» και την παλλαϊκή αντίσταση «βρόμικη και κτηνώδη», απασχόλησε πρώτη φορά τα ελληνικά ΜΜΕ τον Νοέμβριο του 2014, όταν μια ομάδα ακαδημαϊκών του Πανεπιστημίου Κρήτης είχε αποπειραθεί να τον αναγορεύσει εν κρυπτώ σε επίτιμο διδάκτορα. Τότε, μαυροντυμένοι Κρητικοί, απόγονοι των μαρτύρων της ναζιστικής θηριωδίας, είχαν ματαιώσει την ανοικτή εκδήλωση που είχε προγραμματιστεί προς τιμήν του στο Ωδείο Ρεθύμνου. Νωρίτερα, ο επίτιμος αρχηγός ΓΕΕΘΑ, στρατηγός Μανούσος Παραγιουδάκης, είχε στείλει επιστολή προς τον πρύτανη του ιδρύματος Ευριπίδη Στεφάνου, ζητώντας τη ματαίωση των σχεδίων της ομάδας των ακαδημαϊκών και παραθέτοντας επιγραμματικά τα ακόλουθα αποσπάσματα, τα οποία κατέστησαν τον κ. Ρίχτερ «persona non grata» στο νησί: «Το επαναλαμβανόμενο επιχείρημα ότι οι επιχειρήσεις "Μαρίτα" και "Ερμής" καθυστέρησαν κατά έξι εβδομάδες τη γερμανική επίθεση εναντίον της Σοβιετικής Ενωσης ζει ως μύθος, τον οποίο τείνουν να πιστεύουν οι Ελληνες», «Οταν αναπτύχθηκε ο ανταρτοπόλεμος... ο αγώνας αυτός δεν ήταν πια καθαρός και έντιμος, αλλά βρόμικος και κτηνώδης».

Εφόσον ο Γερμανός ιστορικός κριθεί ένοχος, βάσει του αντιρατσιστικού νόμου του 2014, κινδυνεύει με φυλάκιση από τρεις μήνες έως τρία χρόνια και με χρηματικό πρόστιμο από 5.000 έως 20.000 ευρώ.

Abb. 125 Hetze gegen die Potami-Partei

Abb. 126 Der Nebenkläger: Ex-General Paragioudakis

Abb. 127 Meine vorzüglichen Anwälte: links A. Anagnostopoulos, rechts K. Kalliris

Abb. 128 Mein hochgeschätzter Freund Nikos Dimou
Der Autor von "Über das Unglück ein Grieche zu sein".

KRETISCHE PROBLEME

2010-2016

Wie ich schon feststellte, war mir schon 1997 klar, als ich mein Buch über den griechisch-italienischen Krieg im Winter 1940/41 und über die daran anschließende Operation *Marita*, die Besetzung Griechenlands durch die Wehrmacht, schrieb, dass die Operation *Merkur*, die Eroberung Kretas durch deutsche Luftlandeeinheiten eine eigene umfangreiche Studie benötigte. Doch wie ich schon ausführte, befasste ich mich fünf Jahre mit der Geschichte des modernen Zyperns und dann kamen editorische Arbeiten an der Zeitschrift THETIS und der Monographienreihe PELEUS hinzu.

Erst 2007 wandte ich mich wieder diesem Thema zu. Diese neue Hinwendung zum Zweiten Weltkrieg löste der ehemalige Redakteur der Tageszeitung *Die Rheinpfalz* Egon Scherer aus. Er und ich lernten uns näher kennen, als er einen Artikel über Georg Ludwig von Maurer aus Erpolzheim für THETIS 2 1994 schrieb. Maurer war mit König Otto als Berater nach Griechenland gegangen und war einer der Väter der ersten griechischen Verfassung gewesen.

Von da an hatten E. Scherer und ich ständigen Kontakt und freundeten uns immer mehr an. 2007 schlug er mir vor, zusammen mit ihm ein Buch über die Operation *Merkur* zu schreiben. Er erzählte mir, dass er schon in den 80er Jahren des letzten Jahrhunderts viel Material zu diesem Thema zusammengetragen und vorgehabt hatte, ein Buch darüber zu schreiben, doch private Probleme hätten ihn daran gehindert. Er legte sein umfangreiches Material auf die Seite und vergaß für einige Jahre das Vorhaben. Bei einem Besuch bei ihm zeigte er mir sein in der Tat umfangreiches Material, und ich versprach, unser gemeinsames Projekt in Angriff zu nehmen, sobald ich das Zypern-Projekt abgeschlossen hätte.

Auch ich hatte schon in den vergangenen Jahren Material zum Thema "Operation *Merkur*" gesammelt und intensivierte nun die Suche nach Quellen und Literatur in Deutschland, Großbritannien, Griechenland, Neuseeland und Australien. Dabei erwies sich das Internet als große Hilfe: Es war kein Problem, die Kataloge der Zentralbibliotheken in Canberra und Wellington nach einschlägigen Titeln zu durchforsten. Es war verblüffend, wie umfangreich und ausgezeichnet die neuseeländische Literatur zu diesem Thema ist. Es fanden sich sogar Bataillonsgeschichten, die bislang niemand auf der Nordhalbkugel zur Kenntnis genommen hatte. Besonders erfreulich war, dass viele dieser Publikationen aus dem Internet heruntergeladen werden konnten. Auch in Australien wurde ich fündig und entdeckte einige gute neuere Studien. Leider war nichts davon über das Internet zugänglich, sodass die Portokosten oft höher waren, als das Buch kostete.

Die englische Historiographie zu diesem Thema war umfangreich, aber wirklich hervorragend waren nur die Studien von Stewart und Beevor. Die meisten Titel waren antiquarisch über das Internet zu finden. Die deutsche Literatur trug mit wenigen Ausnahmen populärwissenschaftlichen Charakter oder war gar als Landserlatein zu bezeichnen. Die griechische historische Literatur wurde noch von keinem Historiker außerhalb Griechenlands zur Kenntnis genommen. Dies lag primär an der Sprachhürde, andererseits hatte es damit zu tun, dass die Geschichte des modernen Griechenlands in Europa kaum wahrgenommen wird und sich nur sehr wenige nicht-griechische Historiker damit beschäftigen.

Anfang 2010 konnte ich das Projekt in Angriff nehmen. Egon Scherer hatte mir inzwischen sein Material zur Verfügung gestellt. Eigentlich wollten wir ja das Buch gemeinsam schreiben, aber schon bald stellte es sich heraus, dass sich unsere Herangehensweisen an das Thema und die Darstellungsweisen doch stark unterschieden. Ich wollte eine wissenschaftliche Studie schreiben, Egon Scherer eher eine populärwissenschaftliche. Wir beschlossen, dass ich das Buch allein schreiben sollte, Egon Scherer mir aber mit Rat und Tat zur Seite stehen würde. So geschah es, Egon Scherer übergab mir, wie schon erwähnt, selbstlos sein gesammeltes Material und las in der Folgezeit alle Kapitel, die ich schrieb, kritisch durch und bewahrte mich vor einer Reihe von Ungenauigkeiten und sogar Fehlern.

In der Zwischenzeit raffte er sich auf und verfasste auch seine Darstellung, die 2016 erschien.[1] Ich war froh, dass ich mich für seine Hilfsbereitschaft revanchieren konnte, indem ich ihn nun meinerseits mit Rat und Tat sowie Material unterstützte.

Mein Ziel war es, die Operation *Merkur* selbst, ihre Vorgeschichte und die sie begleitenden diplomatischen und politischen Hintergrundsmanöver möglichst aus den Primär- und Sekundärquellen *aller* beteiligten Staaten zu erarbeiten und die dort veröffentlichten Forschungsergebnisse zusammenzufassen und wo nötig, mich kritisch damit auseinanderzusetzen. Mit anderen Worten: Die Studie sollte also einen wissenschaftlichen Charakter tragen. Die Beschreibung der Ereignisse sollte kritisch, aber verständlich und zugleich gut lesbar sein. Als eine wissenschaftliche Darstellung sollte sie nur auf mehrfach überprüften, am besten von beiden Seiten bestätigten Fakten beruhen und Legenden sollten als solche entlarvt werden. Obwohl Anschaulichkeit angestrebt wurde, verzichtete ich auf das Zitieren von sog. Landserlatein. Solche Geschichten besitzen zwar einen hohen Unterhaltungswert, haben aber mit der historischen Wahrheit zumeist herzlich wenig zu tun. Sie sind also als Quellen für eine wissenschaftliche Darstellung unbrauchbar. Außerdem verherrlichen die meisten den Krieg und fördern nationalistische Ressentiments. Auch ohne Legenden und solche militärischen Märchenerzählungen sind die Vorgänge bei der Operation interessant genug, um eine äußerst spannende, manchmal geradezu atemberaubende Geschichte zu erzählen.

Zugleich wollte ich die Ereignisse in Kreta in den ihnen gebührenden Zusammenhang im Zweiten Weltkrieg stellen. Ein Beispiel möge das verdeutlichen. Auf der Basis meiner Forschungen über die Operation *Marita* wusste ich, dass Churchill in Griechenland interveniert hatte, nicht um Griechenland wirklich zu helfen - dazu waren die eingesetzten Truppen (2 Infanterie-Divisionen und 1 Panzerbrigade) viel zu schwach -, sondern um die öffentliche Meinung in den USA zu beeinflussen, damit das *Lend-Lease*-Gesetz den Kongress ungehindert passierte. Die Intervention endete in einem Fiasko, das an das in Norwegen ein gutes Jahr zuvor erinnerte. Es erhob sich die Frage, warum Churchill in Kreta erneut ein solches Risiko einging. Die Antwort war recht einfach: Churchill wollte Hitler endlich einmal eine Niederlage beibringen. Die Regierungen Neuseelands und Australiens, deren Truppen die Hauptlast der Kämpfe in Kreta trugen, beobachteten aufgrund ihrer Erfahrungen mit Churchill im Ersten Weltkrieg (Gallipoli) seine Manöver misstrauisch, und als die Schlacht mit einem erneuten Fiasko endete, sparten sie nicht mit Kritik.

Auf der deutschen Seite gab es entsprechende Fragestellungen, die untersucht werden mussten. Welche Ziele verfolgte die deutsche Seite mit der Eroberung von Kreta? Gab es Kräfte, die Kreta als einen ersten Schritt betrachteten, um die Briten aus Nahost zu vertreiben? Oder war die Eroberung Kretas nur der Schlusspunkt der Operation *Marita* und würde *Barbarossa* Vorrang haben? Verzögerten die Operationen *Marita* und *Merkur* gar den Beginn des Unternehmens *Barbarossa*?

Ich wusste, dass die Briten durch *Ultra* die Details des deutschen Angriffsplanes kannten und sich entsprechend vorbereitet hatten. Eigentlich hätten sie siegen müssen. Es war also zu untersuchen, warum ihnen dies nicht gelang. Lag es eventuell an den unterschiedlichen Führungsstilen?

1 Egon Scherer, *Entscheidung bei Maleme Kreta 1941. Eine Insel wird aus der Luft erobert* (Reinbeck: Lau-Verlag, 2016).

Eine wichtige Rolle spielten die kretischen Irregulären beim Kampf um Kreta. Stimmt die in der Literatur immer wieder aufgestellte Behauptung, dass dieser Widerstand spontan, vom ersten Augenblick an geleistet wurde oder gab es Vorbereitungen? Warum wurden diese Irregulären nicht zu einer Miliz mit Kombattantenstatus ausgebaut, wie dies der griechische Generalstab anstrebte? Welche Rolle spielte der britische SOE-Geheimdienst? Kam es zu Völker- und Kriegsrechtsverletzungen? Welches militärische Gewicht hatten die regulären griechischen Einheiten, deren Leistungen in fast allen Darstellungen vernachlässigt wurden?

Ich kannte aus vorangegangenen Studien den organisierten griechischen Widerstand von EAM/ELAS oder EDES, deren Mitglieder ab einem bestimmten Zeitpunkt auch von der deutschen Seite als Kombattanten akzeptiert wurden. Wie aber war der kretische Widerstand in der Zeit des Angriffs zu beurteilen? Ethisch sympathisierte ich mit diesen Verteidigern der kretischen Freiheit, aber als Historiker musste ich auf der Basis des damals geltenden Völkerrechts urteilen. Ich hatte solche Fragen früher mit ehemaligen ELAS- und EDES-Kämpfern diskutiert und den Eindruck gewonnen, dass sie der Beurteilung auf der Basis des Völkerrechts zustimmten. Ich wusste damals nicht, dass vielen Kretern die Bestimmungen internationalen Völkerrechts unbekannt oder egal waren. Erst Jahre später erkannte ich, dass viele aufgrund ihrer Tradition völlig anders denken.

Ähnlich wie bei der Darstellung des griechisch-italienisch-deutschen Krieges 1940-41 hielt ich es für sinnvoll, mir vor Ort ein Bild von der Topographie der Orte zu machen, wo die Kämpfe stattgefunden hatten. Entsprechend beantragte ich beim griechischen Generalstab (GES) Unterstützung bei einer Recherchereise durch Kreta. Der GES stimmte zu und so reiste ich in Begleitung von Harald Gilbert, der ein Buch über die Besatzungszeit in Kreta vorbereitete, am 25. September 2010 nach Kreta.

Nachdem wir am Sonntag, dem 26. September den bestellten Mietwagen ausgehändigt bekommen hatten, fuhren wir zunächst zum Flugplatz von Irakleion, um die dortige Landungsstelle der Fallschirmjäger zu besichtigen. Die drei Hügel, auf denen sie sich verschanzten, waren klar zu erkennen. Aber die Stellung bei der Ölfabrik war mit Hotels überbaut. Ähnlich war es bei Perivolia; dort ging die Autobahn quer durch den Hügel, auf dem sich die Fallschirmjäger 1941 eingegraben hatten. Anschließend fuhren wir geruhsam nach Chania. Durch ein Gewirr von Einbahnstraßen erreichten wir das Hotel.

Am Montag, dem 27. September besuchten wir zunächst das Marinemuseum. Zu meinem Thema war wenig zu sehen, außer Kinderzeichnungen, die die Operation *Merkur* als Thema hatten. Ich machte Fotos. Um 11 Uhr stellte sich Hauptmann Kostas Katsaris bei uns ein. Unter seiner Führung besichtigten wir den gepflegten Friedhof der Common Wealth-Gefallenen. Dann fuhren wir auf die Höhe, von wo man einen guten Überblick über die Suda-Bucht hat. Vom Offiziersclub aus, in den wir mit seiner Hilfe hineinkonnten, sah man die US-Marine-Basis und ein französisches U-Boot. Anschließend zeigte uns Katsaris die Gräber von Eleftherios und Sofoklis Venizelos.

Das Mittagessen nahmen wir im Haus seiner Eltern ein. Seine Mutter Eleftheria hatte in München Germanistik studiert und hatte als Deutschlehrerin gewirkt. Sein Vater war Polizist gewesen und sagte, dass er nun "Bauer" sei. Er bearbeite 12 Stremata Land. Er hatte drei Hunde und zahlreiche Katzen. Anschließend fuhren wir zur Orthodoxen Akademie bei Maleme. Kostas zeigte uns das Denkmal der Kadetten, die bei Maleme gefallen waren. Der Blick auf Maleme war beeindruckend. Dann besorgte Kostas bei der örtlichen Kommandantur die Genehmigung, dass wir die Rollbahn von Maleme betreten durften. Sie war 40m breit und 400m lang.

Auf der umkämpften Höhe 107 befindet sich heute der deutsche Soldatenfriedhof. Wir gingen auf der Höhe bis zum südlichen Ende. Dort sahen wir einen Bunker, der von der Wehrmacht gebaut worden war. Danach besuchten wir das Camp der Loks (Spezialkräfte). Sie zeigten uns das Denkmal der 1974 in Zypern durch *friendly fire* ums Leben gekommenen Kameraden. Der Kommandeur, der uns führte, war sehr angetan, als ich ihm sagte, dass ich die Details der Vorgänge in Zypern kannte. Am späten Nachmittag fuhren wir an der Küste entlang zurück nach Chania.

Am 28. September machten wir uns auf den Weg nach Rethymnon. Am Ende der Suda-Bucht fuhren wir auf die Höhe, wo in der Antike eine riesige dorische Stadt gelegen hatte. Unten auf dem ersten Vorhügel sah man eine alte türkische Festung, die nach wie vor als übel beleumundetes Gefängnis dient. In Rethymnon führte uns Hauptmann Kostas in die örtliche Kaserne, wo uns der kommandierende General empfing. Wir trafen dort unseren zweiten Begleiter, Major Manolis Michalakis. Danach besichtigten wir das australische War Memorial und das Denkmal für die gefallenen kretischen Gendarmen.

Wir verließen Rethymnon und fuhren auf die Höhe zum Dorf Chromonastiri. In diesem Dorf gab es einige venezianische Sommerpaläste. Die meisten waren in nicht allzu gutem Zustand. Doch es gab eine Ausnahme: Ein Kriegsmuseum. Es befand sich in einem wunderschönen ehemaligen venezianischen Sommerpalast, der für sehr viel Geld restauriert und in ein Museum umgebaut worden war. Es war 1997 in den Besitz des Generalstabes (GES) übergegangen, als General Manousos Paragioudakis Chef war. Ich war erstaunt, dass der Generalstab über solche Mittel für deratige Zwecke verfügte, aber dann erinnerte ich mich, dass Paragioudakis zur Zeit jenes mißglückten U-Boot-Kaufs Mitte der 1990er Jahre Generalstabschef gewesen war.

Der Ex-General war selbst anwesend und führte uns stolz durch "sein" Museum. Ich schrieb damals in mein Tagebuch, dass das Museum sein Spielzeug war. Es gab einen Raum mit Waffen vom Befreiungskampf von 1821. Wir sahen seine ehemaligen Paradeuniformen, einige alte Waffen aus dem Zweiten Weltkrieg, einen Arbeitsraum mit mehreren Computern, aber keine Bibliothek mit Büchern außer den von der Historischen Abteilung des GES herausgegebenen. Für Wissenschaftler war dieses Museum also uninteressant. Nach der Besichtigung lud uns der General zum Essen in die örtliche Taverne ein, und ich erzählte ihm von meinem Kreta-Buch-Projekt. Er war begeistert. Ich machte einige Fotos und zum Abschied schenkte er mir eine Medaille, die er noch aus seiner Zeit als Generalstabschef hatte.

Danach fuhren wir nochmals nach Maleme und folgten ein Stück weit dem Tavornitis-Fluss zu den Dörfern Xanidochori und Vlacheritissa bis auf die Höhe von Spilea. Wir kehrten über die Autobahn zurück, die bei Maleme den Kamm von der Höhe 107 durchschnitt.

Am Mittwoch, dem 29. September besichtigten wir erneut das Tavronitis-Tal, dieses Mal allerdings nach Süden. Im Dorf Flora sahen wir ein deutsches Denkmal aus der Kriegszeit, das von einem ehemaligen Bundeswehr-Hauptmann gepflegt wurde. Danach besuchten wir das Dorf Kandanos, das 1941 als Rache für die Tötung von deutschen Soldaten zerstört worden war. Weiter im Süden kamen wir durch Palaiochora. Bei der Rückfahrt auf der Küstenstraße erkannte ich, welche Rolle der Platanias-Riegel spielte. Am 30. September versuchte ich das Schlachtfeld von Galatas zu erkunden. Der eigentliche Kampfort ist zugebaut; der See, in dem viele Fallschirmjäger ertranken, ist ein Tümpel geworden. Es gab inzwischen zwei Gefängnisse, das alte, welches 1941 eine Rolle spielte, und ein neues. Anschließend fuhren wir nach Omalos. Die Fahrt auf die Höhe war spannend und kurvenreich. Wir durchquerten den Omalos -Talkessel und beendeten unsere Tour am Eingang zur Samaria-Schlucht.

Auf dem halben Weg nach unten bog ich nach Theriso ab. Die Straße war eine echte Herausforderung, eine Haarnadelkurve nach der anderen und ständig ansteigend, auch in den Kurven. Theriso war Venizelos' Hauptquartier im kretischen Aufstand. Im Zentrum befand sich ein ausgezeichnetes Museum über den Nationalen Widerstand. Gegenüber war eine Taverne, die den schönen Namen *O Andartis* trug. Ich kam mit dem Wirt ins Gespräch. Er erzählte, dass sein Onkel 30 Jahre in Taschkent verbracht hatte. Als er begriff, dass ich verstand, was das bedeutete, schenkte er mir die Memoiren seines Onkels und ich kaufte einige Bücher. Anschließend fuhren wir durch die Schlucht von Theriso nach Chania zurück.

Am 1. Oktober unternahmen wir eine Fahrt entlang der Fluchtroute der Alliierten 1941. Sie verlief zunächst parallel zur Küstenstraße nur im Landesinneren. Die Straße nach Sfakia war mit EU-Geldern hervorragend ausgebaut und es war ein Vergnügen, sie zu fahren. Auf der Rückfahrt besuchten wir noch ein Privatmuseum mit den unglaublichsten Überresten des Zweiten Weltkriegs. Abends verabschiedeten wir uns von Kostas.

Kostas hatte mir nicht nur militärisch interessante Örtlichkeiten, sondern auch andere historische Stätten und landschaftliche Schönheiten gezeigt. Er war beauftragt worden, mich einzuweisen. Er wie auch sein Kollege erwiesen sich als Kenner der Geschichte ihrer Heimatinsel und führten mich zu Orten, die ich allein wohl kaum gefunden hätte.

Beide waren recht aufgeschlossen und für griechische Offiziere verblüffend liberal eingestellt. Bei einer Diskussion über die Entführung des Generals Kreipe sagte einer von ihnen, dass die Tötung von Kreipes Fahrer durch Partisanen der Paterakis-Gruppe ein Kriegsverbrechen gewesen sei, schließlich sei der Fahrer ein Kriegsgefangener gewesen. So etwas hätte ich noch wenige Jahre zuvor nie gehört.

2011 erschien das Buch über die Operation *Merkur* in deutscher und griechischer Sprache.[1] In Kreta rezensierte es Prof. Konstantinos Knithakis am 28. August 2011 in der Zeitung *Chaniotika Nea* als die bislang *"beste und wissenschaftlichste Darstellung der Schlacht um Kreta, die es Wert sei gelesen zu werden"*.[2] Mein Verleger, Kostas Govostis, hatte zwei Buchpräsentationen organisiert, eine in Irakleion und eine in Athen.

Am 7. Juli flog ich nach Irakleion. Als ich beim Zwischenstopp in Athen die Buchhandlung von Eleftheroudakis im Flughafen besuchte, stellte ich fest, dass mein Buch noch nicht da war. Als ich um 21 Uhr in Irakleion ankam, holte mich Stamatis Lymperopoulos ab. Ich konnte die Tage in Kreta bei ihm wohnen. Seine Frau Lore hatte gefüllte Tomaten und Paprika zubereitet, die ausgezeichnet schmeckten, und anschließend plauderten wir bis 1 Uhr nachts. Am nächsten Tag besichtigten wir zunächst das Museum mit seiner modernen Ausstellungstechnik. Zum Lunch fuhren wir zu einer Taverne auf einem Hügel außerhalb von Rethymon. Es war 36 Grad heiß, aber dort ging ein leichter Wind. Ich traf dort einen 92jährigen Kreter, der im schlesischen Lambsdorff in Kriegsgefangenschaft gewesen war. Er zeigte mir Postkarten von damals.

Um 20 Uhr fand die Präsentation meines Buches im Museum statt. Bevor die eigentliche Veranstaltung begann, gab es im Hof des Museums eine Art Miniempfang. Unter den Anwesenden befand sich auch Ex-General Paragioudakis. Er begrüßte mich aufs Freundschaftlichste und gratulierte mir und meinem Verleger Kostas Govostis zum Erscheinen des Buches. Er war extra zur Präsentation von Rethymnon herübergekommen. Stamatis Lymperopoulos stellte mich als Person und Wissenschaftler vor. Andreas Stergiou präsentierte das Buch inhaltlich auf professionelle Weise. Doch als er konstatierte, dass ich auch in diesem Buch nachgewiesen hätte, dass weder die Operation *Marita* noch *Merkur* den geringsten Einfluss auf den Beginn von *Barbarossa* gehabt hatte, explodierte Paragioudakis. Er erhob lautstark Protest

---

1 *Operation Merkur: Die Eroberung der Insel Kreta im Mai 1941* (Ruhpolding: Rutzen 2011) 400 Seiten; *Η μάχη της Κρήτης* (Athen: Govostis, 2011) 543 Seiten.

2 Chaniotika Nea (4. August 2011), p. 28

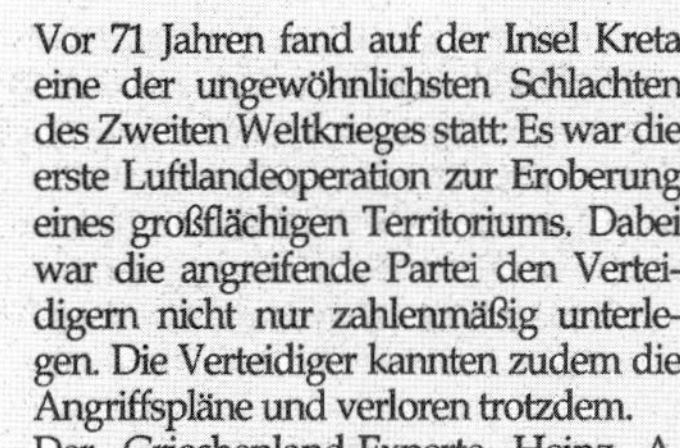

„Operation Merkur": Die Luftschlacht um Kreta

Ein wichtiges Kapitel deutscher, griechischer und angelsächsischer Geschichte

Vor 71 Jahren fand auf der Insel Kreta eine der ungewöhnlichsten Schlachten des Zweiten Weltkrieges statt: Es war die erste Luftlandeoperation zur Eroberung eines großflächigen Territoriums. Dabei war die angreifende Partei den Verteidigern nicht nur zahlenmäßig unterlegen. Die Verteidiger kannten zudem die Angriffspläne und verloren trotzdem.

Der Griechenland-Experte Heinz A. Richter hat nun ein spannendes Buch hierüber geschrieben. Er schildert fast schon minutiös die Eroberung der Insel Kreta durch die deutsche Wehrmacht und die militärische Unterstützung seitens ihres italienischen Verbündeten. Der Autor bedient bei seinen Ausführungen keine zweifelhafte Landserromantik. Hierfür sorgt schon alleine ein Perspektivenwechsel, der auch der britischen Kriegspartei und ihren Verbündeten breiten Raum zugesteht.

Zu den Verteidigern der Insel zählten einige wenige griechische Verbände sowie Einheiten des Commonwealth, aber auch kretische Partisanen, welche aufgrund ihrer schlechten Bewaffnung deutsche Soldaten zumeist aus dem Hinterhalt attackierten. Was als Reaktion wiederum so genannte Sühnemaßnahmen provozierte. Spätestens hier sieht Heinz A. Richter aus einem „sauberen" Feldzug einen „schmutzigen" Krieg werden. Wobei natürlich diskutiert werden kann, wo die Grenzen zu ziehen sind zwischen erlaubten und nicht erlaubten Formen, einem Menschen das Leben zu nehmen. Mit anderen Worten: Gibt es überhaupt „saubere" Feldzüge?

Abseits dieser eher philosophischen Frage schlüsselt das Buch den Sinn und Zweck der Eroberung Kretas auf. Heinz A. Richter erklärt die strategische Bedeutung der fünftgrößten Mittelmeerinsel und bettet gekonnt das dargestellte Kriegsgeschehen in eine Analyse der politischen Rahmenbedingungen ein. Auf diese Weise entsteht ein Gesamtüberblick, der „Operation Merkur" nicht nur für Militärhistoriker lesenswert macht. Das Buch ist vielmehr allen Interessierten am Verlauf des Zweiten Weltkrieges unbedingt zu empfehlen. Zumal es schonungslos wissenschaftlich bleibt und dabei seine Lesbarkeit zu keiner Zeit einbüßt. Und dies dank umfangreicher Hintergrundinformationen und ausgiebiger Quellenanalysen mit zahlreichen Zitaten, Fotos und Karten, die ein weiteres großes Plus des Buches darstellen.

Heute lohnen Besuche der Soldatenfriedhöfe und Gedenkorte Kretas, die an die Kämpfe vor siebzig Jahren, aber auch die Massaker im Rahmen der „Sühnemaßnahmen" erinnern. Das eigentliche Geschehen wiederum verblasst allmählich. Das Buch von Heinz A. Richter ist ein Beitrag, um dieses wichtige Kapitel deutscher, griechischer und angelsächsischer Geschichte wieder lebendig werden zu lassen. Mit Blick auf die Gräber ist es im gewissen Sinne auch eine Möglichkeit, der Toten zu gedenken.

Alexander Jossifidis

Heinz A. Richter: Operation Merkur. Die Eroberung der Insel Kreta im Mai 1941. Harrassowitz Verlag, Wiesbaden 2011, ISBN 978-3-447-06423-1, 49.- Euro

Das Buch liegt auch in griechischer Übersetzung von Elisa Panajotatou vor (Govostis Verlag, Athen 2011, ISBN 960-446-147-9; 32 Euro)

Griechenland-Zeitung 30. Mai 2012

und verließ die Veranstaltung. Später behauptete er, mit ihm hätten viele andere Zuhörer unter Protest die Buchpräsentation verlassen. Tatsache ist, dass nur er und sein Fahrer den Raum verließen.

Paragioudakis war ganz offensichtlich ein fanatischer Anhänger des Sechs-Wochen-Mythos. Dieser Mythos war ihm wohl auf der Offiziersschule eingebleut worden und er reagierte auf jeden Zweifel daran extrem aggressiv. Ich hatte so etwas noch nie erlebt und war über sein Benehmen erstaunt. Wenige Tage später erhielt ich einen Brief von ihm, dessen Ton persönlich beleidigend und der Inhalt von der historischen Wahrheit weit entfernt war. Er beschimpfte mich aufs Übelste und forderte die Rückgabe der Medaille. Ich fand den Ton dieses Briefes derart unangemessen, dass ich nicht reagierte. Danach hörte ich längere Zeit nichts mehr von ihm.

Als ich am nächsten Morgen ein Radio-Interview gab, meldete sich eine gewisse Sofia Paterakis telefonisch beim Sender. Sie hatte Jahre zuvor im Historischen Seminar der Universität Heidelberg gearbeitet und wir hatten uns damals oft unterhalten. Sie hatte meine Stimme erkannt. Anschließend flog ich nach Athen. Andreas war schon am Tag zuvor nach Athen zurückgekehrt und holte mich ab. Während meiner Tage in Athen sollte ich bei ihm wohnen. Er wohnte westlich des Larissis-Bahnhofs im 6. Stock eines Apartmenthauses. Von seinem Balkon aus hatte man einen sehr schönen Blick auf den Parthenon und den Lykavittos. Seine Freundin Garifalia war reizend. Nachmittags machten wir einen Spaziergang durch das nahegelegene archäologische Gelände und besuchten die Überreste von Platons Schule.

Am Morgen des 10. Juli fuhr ich zum Syntagma-Platz, der voll von Zelten war. Es war ein politisches Protestcamp. Ich unterhielt mich mit einigen "Campern". Danach ging ich zur Estia-Buchhandlung in der Solonos-Straße. Marina Karaitidi war da und charmant und interessiert an allem, wie immer. Ihre Tochter Eva meinte, dass Band 2 der Geschichte Zyperns im Oktober erscheinen werde. Als ich ihr vorschlug, doch auch Hampes Büchlein über die Rettung Athens im Oktober 1944 herauszubringen, lehnte sie das ab.

Am Abend des 10. Juli 2011 wurde mein Buch in der damals noch riesigen fünfstöckigen Buchhandlung von Eleftheroudakis in der Akademias-Straße präsentiert. Unter den Anwesenden waren meine Anwältin Evgenia Soula, Lee Sarafis, die Tochter von Ingrid Wartha, Harry und Anne Cliadakis, Prof. Ioanna Spiliopoulou-Donderer, Prof. John Sakkas und Prof. Hagen Fleischer. Letzterer gab sich sehr freundschaftlich und umarmte mich bei der Begrüßung.

Die Präsentation war nicht so gut wie die in Irakleion, dafür waren die anschließenden Fragen besser. Ich beantwortete die Fragen anfangs in griechischer Sprache, schaltete aber dann auf Englisch um, weil es mir zu schwierig wurde, präzise zu formulieren. Anschließend ging ich mit Govostis chinesisch essen. Am 11. Juli flog ich nach Deutschland zurück.

2014 informierte mich Andreas Stergiou, der inzwischen Professor an der Universität Kreta geworden war, dass die Fakultät für Politik- und Wirtschaftswissenschaften auf ihrer 60. Sitzung am 19. März 2014 einstimmig beschlossen habe, mir in Anerkennung meiner 40jährigen wissenschaftlichen Arbeit zur griechischen Zeitgeschichte einen Dr. h.c. zu verleihen. Der Feier, die im Herbst stattfinden sollte, würde ein wissenschaftliches Colloquium zu meinen Ehren vorausgehen. Beides sollte am 19. November 2014 stattfinden. Um mich vorzustellen, sollte ich einen Artikel für die Homepage der Fakultät verfassen, was ich auch tat unter folgendem Titel: "Another Type of European Democracy: The Political Culture of Greece". Dieser Artikel war bis zum Beginn des Prozesses gegen mich in Rethymnon auf der Homepage der Universität abrufbar. Danach wurde der Zugriff gesperrt. Da ich wusste, dass die Universität Kreta angesichts der Finanzkrise die Mittel für die Reise zur Verleihung des Ehrendoktors und die Hotelkosten kaum aufbringen konnte, signalisierte ich der Fakultät, dass ich die entstehenden Kosten für mich und meine Partnerin, Brigitte Schauenburg (ihres Zeichens klassische Archäologin), selbst tragen würde.

Die Ehrung wurde auf den 19. November 2014 festgelegt. Sie sollte im Plenarsaal der Universität auf dem Campus stattfinden, der oberhalb der Stadt auf einem Hügel liegt. Die entsprechenden Einladungen, ausgesprochen vom Rektor der Universität, Prof. Evripidis Stefanou, wurden gedruckt und versandt. Doch kurz vor dem Ereignis wurde der Campus von SYRIZA-Studenten besetzt. Daher wurde die Feier ins städtische Kulturzentrum, eine ehemalige Moschee, verlegt. Am Abend des 18. November besichtigten wir die Räumlichkeit und fanden sie sehr schön.

Als ich am nächsten Morgen auf dem Weg zum Frühstückraum des Hotels an der Rezeption vorbeikam, sagte der Rezeptionist zu mir: "Über Sie sind zwei Seiten in der Zeitung." In der Tat waren es zwei Seiten, auf der linken forderte General a. D. Paragioudakis die Universität auf, die Ehrung mit einem Dr. h.c. zu unterlassen. Auf der rechten Seite erhoben die Vorsitzenden von zwei Offiziersverbänden dieselbe Forderung. Es handelte sich ganz klar um eine konzertierte Aktion. Der General mischte sich also in die inneren akademischen Angelegenheiten der Universität ein. Nach dem Frühstück begaben wir uns zur Moschee.

Sie war wunderschön mit Blumen geschmückt. Auf der erhöhten Bühne stand ein Flügel, an dem eine Pianistin noch Fingerübungen machte. Das Ganze machte einen richtig feierlichen Eindruck und ich begann mich auf die Feier zu freuen. Langsam kam auch das Publikum, darunter ein alter Mann in kretischer Tracht. Ich unterhielt mich mit ihm auf Griechisch und er meinte zu Brigitte: "Kalo paidi einai" (Das ist ein guter Junge). Etwa fünf Minuten, bevor die Feier beginnen sollte, ging an der Stirnseite der Moschee die Tür auf und ca. 20 Männer in schwarzen Hemden kamen herein und stellten sich dort auf. Nach Meinung der anwesenden Griechen waren dies Anhänger der *Chrysi Avgi*, also Rechtsextremisten. Mein alter Kreter gesellte sich zu ihnen. Dann begannen sie, rechte Slogans zu brüllen. Der Rektor und die anderen Universitätskollegen waren entsetzt. Als sie nach 25 Minuten immer noch nicht aufhörten, sagte man mir, dass man die Veranstaltung abbrechen und verschieben müsse.

Wir wurden mit Polizeieskorte ins Hotel zurückgebracht. Außerhalb der Moschee sahen wir eine größere Zahl von Polizisten, die anscheinend die Schreihälse ungehindert hatten passieren lassen. Sie hätten sie problemlos aufhalten können. Nachmittags erfuhren wir, dass die SYRIZA-Studenten, als sie von der rechten Aktion erfuhren, sich sofort bereit erklärt hatten, am nächsten Morgen für die Abhaltung der Feier den Campus freizugeben. Abends lud uns die Fakultät zum Abendessen ein. Ich saß neben der Dekanin der Fakultät, Prof. Ivi-Angeliki Mavromoustakou, Brigitte links von mir neben der Archäologieprofessorin Pavlina Karanastasi. Wir führten beide hochinteressante Gespräche. Später erfuhr ich, dass die Dekanin, da das Gebäude, in dem sich die Unterlagen über meine Ernennung zum Ehrendoktor befanden, durch die Studenten besetzt war, durchs Fenster in ihr Büro gestiegen war, um die Unterlagen zu holen. Ich fand das eine höchst beachtenswerte und erwähnenswerte sportliche Leistung.

Am nächsten Morgen fuhren wir zum Campus. Am Tor erwartete mich eine Delegation von SYRIZA-Studenten, die sich bei mir entschuldigten, dass sie, ohne dies zu wollen, mich den Angriffen der örtlichen Rechten ausgesetzt hatten. Die Feier fand in einem nüchternen Hörsaal statt, den einige Studentinnen anerkennenswerterweise zuvor gesäubert hatten. Anwesend waren nur die für die Feier notwendigen Professoren und etwa 40 Studenten. Vor dem Beginn der Feier entschuldigten sich die SYRIZA-Studenten nochmals in aller Form. Die Verleihung des Titels ging ziemlich formlos über die Bühne. Anschließend hielt ich vor den Studenten einen Vortrag über den griechischen Klientelfaschismus, den ich für die Feier am Tag zuvor vorbereitet hatte.

Am nächsten Tag fuhren wir nach Anogia, das im Zweiten Weltkrieg im August 1944 auf Befehl General Müllers platt gemacht worden war. Ich wollte dort Fotos für Harald Gilberts Buch machen. Als ich das Denkmal photographierte, sprach mich eine Frau mit meinem Namen an. Sie hatte mich vom Fotos auf der ersten Seite der Lokalzeitung erkannt. Ich erzählte, weshalb ich Fotos machte und sie meinte, der Bürgermeister von Anogia würde mich gerne kennen lernen. Wir gingen zu ihm, und er erwies sich als äußerst hilfsbereit. Er gab mir einige Fotos von Anogia vor und nach der Zerstörung, die Harald später veröffentlichte.

Wo immer ich in diesen Tagen erschien, wurde ich erkannt und freundlichst begrüßt. Ich begann mich in Kreta wohl zu fühlen. Man konnte mit den Menschen diskutieren und sie waren bereit, meinen Argumenten zuzuhören. Ich gewann den Eindruck, dass die Kreter aufgeschlossen waren. Ich begegnete nicht einem Kreter, der etwas gegen mich gehabt hätte.

Doch einige Zeit zuvor war in Athen etwas geschehen, was auch für mich schwerwiegende Folgen haben sollte. Auf Druck der EU hatte das griechische Parlament im September 2014 ein Gesetz erlassen, das das Leugnen des Holocausts unter Strafe stellte. Wie in der EU sollten damit neonazistische Gruppen getroffen werden; in Griechenland also vor allem die *Chrysi Avgi* (Goldene Morgenröte) eine neonazistische Partei. Leugnern des Holocausts drohten drei Jahre Haft bzw. Geldstrafen zwischen 10 und 20 Tausend Euros.[1] Die Formulierung des Gesetzes war so ungeschickt, dass man es auch gegen andere missliebige Statements anwenden und Zensur ausüben konnte. So sahen es auch viele griechische Historiker und etwa 150 protestierten dagegen.[2] Die SYRIZA-Abgeordneten stimmten geschlossen gegen das Gesetz.

Aber nun begann eine Hetze gegen mich in den kretischen Medien, die bis zu den Wahlen im Januar 2015 andauerte und mit Fug und Recht als "Shitstorm" bezeichnet werden kann. Die Forderung lautete nun auf Aberkennung des Ehrendoktors. Diese Forderung wurde von praktisch allen Medienvertretern in Kreta erhoben. Der General erhielt die Gelegenheit, stundenlang im kretischen Rundfunk gegen mich zu hetzen. Der Nea Dimokratia-Abgeordnete von Irakleion, Eleftherios Avgenakis, nützte die Gelegenheit zur Profilierung und richtete im Athener Parlament eine Anfrage an den für die Universitäten zuständigen Minister und forderte, dass bestimmte Professoren der Abteilung für Politikwissenschaft und deren Dekan entlassen werden sollten. Außerdem sollte mir der Dr. h.c. aberkannt werden.

Obwohl ihnen keinerlei Mitspracherecht bezüglich inneruniversitärer Belange zusteht, fassten Gemeinderäte der Städte und selbst der kleinsten Dörfer Kretas Beschlüsse, in denen die Universität aufgefordert wurde, mir den Ehrendoktor abzuerkennen. Der General und der Bischof von Rethymnon traten vor dem Stadtrat der Stadt auf und erhoben dieselbe Forderung. In den Filialen der Universität in Irakleion und Chania wurden Unterschriftenlisten ausgelegt, in die sich die dortigen Universitätskollegen durch ihre Unterschrift dieser Forderung anschließen konnten. Das Ganze war eine gut durchorganisierte Kampagne und wie aus Kreta zu hören war, steckte der Ex-General dahinter.

Die Vorwürfe konzentrierten sich auf zwei Themen: den 6-Wochen-Mythos und den Widerstand der Kreter 1941. Letztere basierten auf aus dem Zusammenhang gerissenen Zitaten aus meinem Buch, die der General geliefert hatte. Kein einziger Medienvertreter versuchte, von mir ein Interview zu erhalten. Jeder schrieb, was ihm einfiel, übernahm die Erfindungen der anderen und ergänzte sie durch eigene Einfälle. Ich verfolgte die Schlammschlacht über

1 Efimeris tis Kyverniseos Band 1, Blatt 191 vom 10. September 2014, Gesetz Nr. 4286, Artikel 2.

2 "Ιστορικοί τάσσονται κατά του άρθρου 2 του αντιρατσιστικού νομοσχεδίου Υποστηρίζουν ότι πλήττει το δικαίωμα ελευθερίας του λόγου" *Το Βήμα* (02/09/2014).

das Internet und dabei verfestigte sich mein Eindruck, dass keiner das Buch gelesen hatte, aber natürlich genau wusste, was drin stand.

Dabei war mir Bernd Scharfenberger eine große Hilfe. Er und seine griechische Frau kannten mich seit vielen Jahren. Die Bekanntschaft hatte begonnen, als ich in Neustadt an der Weinstraße einen Vortrag über ein Thema der griechischen Zeitgeschichte hielt. Später zog er mit seiner Frau nach Kreta, wo sie als Ärztin arbeitete. Als er die Schlammschlacht in der kretischen Presse sah, meldete er sich und informierte mich ständig per E-Mail, wofür ich ihm äußerst dankbar war. In der deutschen Presse erschienen zwar einige Artikel, aber denen war wenig zu entnehmen. Wenn ich den Ereignissen in Kreta vor dem Prozess und während dessen folgen konnte, dann Dank dieser Mails. Inzwischen sind die beiden wieder in die Pfalz gezogen. Wir treffen uns gelegentlich und pflegen unsere Freundschaft.

Der 6-Wochen-Mythos wurde schon vor über 20 Jahren von dem angesehenen britischen Historiker Antony Beevor in seinem Buch über die Schlacht um Kreta und die Besatzungszeit widerlegt. Ich hatte in meinem Buch über die Geschichte Griechenlands in den Jahren 1939-1941 ausführlich die Genese dieses Mythos beschrieben und gezeigt, dass er im Oktober 1941 vom britischen Außenminister Anthony Eden in die Welt gesetzt wurde. Und dieser Mythos wurde selbst von Hitler im Bunker unter der Reichskanzlei wiederholt und fand seinen Weg in fast alle Memoiren deutscher Generäle. Der Mythos lieferte scheinbar eine plausible Erklärung für des Steckenbleiben des Russlandfeldzuges 1941 und man musste nicht zugeben, dass die Niederlage selbst verschuldet war. Da aber der Mythos in Griechenland zum nationalen Credo gehört, wird die historische Wahrheit nicht zur Kenntnis genommen, und jeder, der ihn nicht für wahr hält, wird als Feind betrachtet.

Der zweite Vorwurf betrifft den Widerstand der kretischen Zivilisten während der Invasion. In meinem *Merkur*-Buch machte ich klar, dass ich aus ethischer Sicht volles Verständnis für den Widerstand und den Freiheitswillen der Kreter habe; aber als Historiker war ich verpflichtet, von einer objektiven Basis aus zu urteilen, und das ist das Völkerrecht.

Ich erklärte in meinem Buch den Unterschied zwischen Kombattanten und Nichtkombattanten und zeigte, dass sich letztere gemäß dem Völkerrecht (Haager Landkriegsordnung) nicht an Kämpfen beteiligen dürfen und als Nichtkombattanten nicht durch das Völkerrecht geschützt sind, wenn sie es dennoch tun. Im 7. Nürnberger Nachfolgeprozess hat der Internationale Gerichtshof ausdrücklich bestätigt, dass - auch bei völkerrechtswidrigen Angriffen - der Verteidiger sich an das Völkerrecht halten muss.

Diese völkerrechtlichen Tatsachen werden in Kreta einfach nicht zur Kenntnis genommen. Wer den Widerstand der Nichtkombattanten gemäß dem Völkerrecht charakterisiert, gilt als Feind der Kreter. Verschärft wurde diese Haltung durch die Finanzkrise. Endlich hatte man jemanden, den man an Stelle von Merkel oder Schäuble fertigmachen konnte. Da in jener Zeit jeder Deutsche - abgesehen von den Touristen - als Nazi betrachtet wurde, musste ich auch einer sein. Solche Beschuldigungen wurden in den kretischen Medien in den folgenden Wochen ständig erhoben. Aber es gab nicht nur verbale Attacken. In den Medien erschienen Fotomontagen von mir zusammen mit Hitler, oder bei Morden in jener Zeit.

Dimos Chatzichristou von der Griechenlandzeitung schrieb dazu am 3. Dezember 2014 unter dem Titel *"Der Vormarsch der Pop-Historiker"*: *"Man könnte diese Reaktionen leicht als Exzesse vereinzelter Fanatiker herunterspielen. Die triste Wahrheit ist, dass sie die grundlegende Einstellung reflektieren, mit der die meisten Griechen mit ihrer Geschichte umgehen: Geschichte wäre demnach alles, was uns in den Kram passt und uns als Opfer erscheinen lässt, und den Rest der Welt als blutrünstige Barbaren oder undankbare Opportunisten. Pop-Geschichte und billiger Patriotismus haben Hochkonjunktur, besonders in den Medien und bei den Verlagen: In wirtschaftlich schweren Zeiten verkaufen sie sich nämlich sehr gut. In Sachen Geschichtsauffassung ist Griechenland immer noch mehr Balkan als Europa."* [1]

All dies hätte mich nicht besonders beunruhigt, aber dann erfuhr ich Anfang Dezember, dass der Staatsanwalt von Rethymnon gegen mich und Andreas Stergiou ermittelte und Anklage wegen Nazipropaganda erheben wollte. Die Grundlage der Anklage war das im September 2014 erlassene schon erwähnte Gesetz. Es trat also genau das ein, was die 150 Historikerkollegen befürchtet hatten. Die Historiographie wurde der Justiz unterworfen, die historische Aussagen zensieren wollte.

Angeblich handelte Staatsanwalt Paterakis auf eigene Initiative. Da sein Hauptzeuge der Ex-General war, liegt die Vermutung eines Zusammenspiels nahe. Wie dem auch sei, die Anklage gegen mich geschah unter völliger Missachtung des juristischen Grundsatzes *sine lege nulla poena.* Mein Buch war drei Jahre, bevor das Gesetz veröffentlicht wurde, erschienen und war, wie mein Verleger mitteilte, zum Zeitpunkt der Veröffentlichung des Gesetzes schon vergriffen. Wie ich erfuhr, soll der Staatsanwalt seine Anklage allein auf die Beiträge in den kretischen Medien gestützt haben. Meine wissenschaftlich fundierten Aussagen wurden nicht zur Kenntnis genommen. Der Staatsanwalt versuchte, historische Fakten durch juristische Spitzfindigkeiten umzuinterpretieren.

Im Januar 2015 erhielt ich vom Amtsgericht Mannheim die offizielle Vorladung zur Voruntersuchung der Ermittlungsrichterin Christina Pateraki vom 22. Dezember 2014. Darin wurde mir eine Frist gesetzt, innerhalb derer ich vor dem Gericht in Rethymnon erscheinen sollte, um eine Erklärung abzugeben (ich zitiere wörtlich): *"hinsichtlich den Auszugen seines Buches mit dem Titel "Luftlandeschlacht um Kreta" (deutscher Titel 'Operation Merkur - die Eroberung der Insel Kreta im Mai 1941'), die sich auf den Winderstand [sic]der Kretischen Bevölkerung beziehen und eine böswillige Verweigerung des Nazismus und den Kriegsverbrechen gegen das Kretische Volk enthalten sowohl beleidigende Charakterisierungen (Art. 2 Ges. 4285/14) vorlegen d.h. eine Straftat darstellen durch die Veröffentlichung in Printmedien, gemäss dem obengenannten Gesetz."* Sollte ich innerhalb dieser Frist nicht vor Gericht erscheinen oder keine schriftliche Erklärung abgeben, werde das Verfahren in meiner Abwesenheit fortgeführt.

Konkret bedeutete die Anklage folgendes: Schon der Art. 2 des alten griechischen Gesetzes 927/1979 wider die Holocaust-Leugnung (vgl. Art. 130 Abs. 3 StGB (3) bestrafte jeden mit einer Freiheitsstrafe bis zu fünf Jahren oder mit einer Geldstrafe, der eine unter der Herrschaft des Nationalsozialismus begangene Handlung der in § 6 Abs. 1 des Völkerstrafgesetzbuches bezeichneten Art in einer Weise öffentlich leugnet oder verharmlost oder in einer Versammlung billigt, die geeignet ist, den öffentlichen Frieden zu stören. Das neue Gesetz verschärfte dies noch. Ich wurde also, weil ich Kriegsverbrechen und NS-Verbrechen, die am kretischen Volk während der deutschen Besatzung 1941-1944 begangen wurden, angeblich leugne - und dies auch noch auf verunglimpfende Weise - von der Staatsanwaltschaft Rethymnon verfolgt. Die Straftat sei durch mein Buch "Operation *Merkur*" begangen worden.

Die Vorwürfe des Staatsanwaltes gegen mich waren grotesk. Hinzu kam, dass der Staatsanwalt mich auch belangen wollte, weil ich Kriegsverbrechen während der Besatzungszeit leugnen würde. Er übersah, dass mein Buch chronologisch mit dem Ende der Operation Merkur endet.

Ich verfasste eine Antwort an die Untersuchungsrichterin. Darin stellte ich kategorisch folgendes fest: *"Ich habe nie und nirgends weder durch mein wissenschaftliches Werk oder*

1 Griechenlandzeitung (3. Dezember 2014), p. 2.

durch meine Lehrtätigkeit oder durch öffentliches Auftreten die Existenz oder die Tragweite von Genoziden, Kriegsverbrechen, Verbrechen gegen die Menschheit, den Holocaust oder die Verbrechen des nationalsozialistischen Regimes verneint oder Verbrechen der Wehrmacht oder der SS verschwiegen, oder mich sonst irgendwie positiv über das Nazi-Regime geäußert." Ganz im Gegenteil, ich sorgte dafür, dass Kriegsverbrechen wie das von Kommeno und Kalavryta die ihnen gebührende Aufmerksamkeit erhielten, indem ich sie als THETIS-Aufsatz bzw. PELEUS-Band veröffentlichte.

Bezüglich meiner Einstellung zum Widerstand gegen die Nazis schrieb ich: *"Als Historiker bin ich der Wahrheit verpflichtet. Ich habe in mehreren Büchern geschrieben, dass ich ethisch und moralisch auf der Seite jener stehe, die Widerstand gegen die Nazis leisteten. Aber als Historiker muss ich nach objektiven Kriterien urteilen und das ist das damals und heute geltende Völkerrecht. In diesem Falle sind es die beiden Haager Abkommen über die Landkriegsführung. Darin wird sehr genau zwischen Kombattanten und Nichtkombattanten unterschieden.*

Im VII. Nürnberger Nachfolgeprozess hat das Internationale Tribunal im Falle Jugoslawiens entschieden, dass auch dann, wenn ein Land von Hitler unter krassem Verstoß gegen das Völkerrecht überfallen und angegriffen wurde, es bei seiner Verteidigung verpflichtet war, sich an das Völkerrecht zu halten. Diese völkerrechtliche Entscheidung ist geltendes Recht bis heute. In meiner Beurteilung des Widerstandes gegen die Nazi-Okkupatoren legte ich diese Kriterien zugrunde. Daraus die Schlussfolgerung zu ziehen, ich würde Nazi-Propaganda machen, ist unrichtig."

Dann kam ich auf die Freiheit der Wissenschaft und der Meinung zu sprechen: *"Jede historische Darstellung und Interpretation ist durch das Prinzip der Freiheit der Forschung und Meinung entsprechend der europäischen Menschenrechtskonvention geschützt. Sie kann eine wissenschaftliche Kontroverse auslösen und widerlegt werden, wie das im universitären Bereich üblich ist, sie ist aber nicht justiziabel. Das Prinzip der Freiheit von Meinung und Wissenschaft ist auch in der griechischen Verfassung verankert."* Ich sandte diese Stellungnahme an die Untersuchungsrichterin Pateraki, die nicht reagierte. Das Verfahren nahm seinen Lauf.

Aus den kretischen Medien wurde langsam deutlich, dass ich in großem Maße auch das Opfer mehrerer innerkretischer Konflikte war. Staatsanwalt Paterakis grollte der Universität, weil diese es aufgrund seiner schwachen früheren Leistungen abgelehnt hatte, ihn zu einem Aufbaustudium zuzulassen. Er wollte promovieren. Er sah nun die Gelegenheit, sich dafür an der Universität zu rächen. Innerhalb der Universität gab es rivalisierende Gruppen, die meinen Fall benützten, um der anderen Gruppe eins auszuwischen. Der Nea Dimokratia-Abgeordnete Avgenakis sah die Chance, die örtliche SYRIZA zu kompromittieren, indem er behauptete, diese hätte die Verleihung des Ehrendoktors beschlossen und vorangetrieben. Er hoffte, sich dadurch in den Vordergrund zu manövrieren, was ihm auch gelang. Er rückte in der ND-Hierarchie beträchtlich nach vorne.

Ein weiterer Anlass gegen mich vorzugehen, war die Finanzkrise. In Athen hatte man monatelang in den TV-Wänden der U-Bahn-Bahnhöfe anti-deutsche Hetzfilme gezeigt. Mein angebliches Leugnen von Kriegsverbrechen war nur ein Vorwand, um den Deutschen in meiner Person eins auszuwischen. Die deutschen Touristen ließ man in Frieden, da sie Geld ins Land brachten. Ich war prominent genug, um quasi der Stellvertreter und Prügelknabe bestimmter Berliner Politiker zu sein, wie die Bundeskanzlerin Merkel und Finanzminister Schäuble, die damals in Griechenland verhasst waren. Der Staatsanwalt verband nun beides und war entschlossen, ein Exempel zu statuieren. Es interessierte ihn nicht, was ich in über 40 Jahren wissenschaftlich für Griechenland geleistet hatte. Der Staatsanwalt handelte aus rein politischen Motiven und kümmerte sich nicht im Geringsten weder um die Europäische Deklaration der

Menschenrechte mit ihrer Freiheit der wissenschaftlichen Meinung, noch um die Verfassung Griechenlands, die das auch garantiert. Für den Staatsanwalt war jeder Deutsche ein Nazi, also auch ich. Dass Antony Beevor zu exakt denselben Ergebnissen gekommen war, wie ich, interessierte ihn nicht. Dem Staatsanwalt ging es offensichtlich nur darum, einen Deutschen und damit Deutschland zu demütigen.

Angesichts dieser Lage hielt ich es für geraten, die deutsche Botschaft einzuschalten. Ich nahm Kontakt zu der Rechtsschutzabteilung auf. Der Sachbearbeiter Philipp Reszat nahm die Sache ernst und rief mich am 22. Dezember an. Da ich wusste, dass die SYRIZA jenes Gesetz ablehnte, schlug ich vor, dass der Botschafter bei einem Vier-Augen-Gespräch mit dem Justizminister diesem gegenüber andeuten könnte, die Überarbeitung des Gesetzes, die sowieso beabsichtigt war, vorzuziehen. Womit das Verfahren gegen mich hinfällig geworden wäre. Reszat hielt dies für eine gute Idee, aber die Botschaft lehnte das als Einmischung in innergriechische Angelegenheiten ab und übermittelte mir eine Liste von Anwälten. Fast alle Anwälte waren aus Kreta und waren Frauen und keine von ihnen hatte als Fachgebiet das Strafrecht. Mir war klar, dass ich, nähme ich eine von ihnen als Anwältin, verurteilt würde. Sie würden sich gegen den Staatsanwalt Paterakis und die Richterin Pateraki kaum durchsetzen können.

Etwas später wurde Philipp Reszat nach Berlin versetzt. Sein Nachfolger rief mich irgendwann an und ließ mich wissen, dass sich die Botschaft aus meinem Fall total heraushalten werde. So war es auch. Bis zum Ende des Falles erhielt ich von der Botschaft keinerlei Unterstützung.

Daher wandte ich mich an den Schriftsteller und bekanntesten Intellektuellen Griechenlands Nikos Dimou, mit dem ich seit langem in regem E-Mail-Austausch stand, um Rat. Er empfahl mir den Professor für Verfassungsrecht an der Athener Universität, Stavros Tsakyrakis, der ihn selbst schon in ähnlichen gelagerten Fällen wie meinem erfolgreich verteidigt habe. Da Tsakyrakis aber nur vor dem höchsten griechischen Gericht, dem Areopag, plädieren durfte, empfahl er mir zwei seiner jüngeren Kollegen, die Athener Anwälte Anastasios Anagnostopoulos und Konstantinos Kalliris. Die beiden erwiesen sich als brillante Strafverteidiger.

Inzwischen meldete sich der Rektor der Universität Kreta bei mir und ließ mich wissen, dass er es begrüßen würde, wenn ich den Ehrendoktor zurückgäbe. Ich lehnte das ab, da eine Rückgabe vom Staatsanwalt als ein Eingeständnis gewertet werden könnte, dass ich ein Nazi sei. Bezüglich einer Entziehung durch die Universität Kreta wies ich ihn darauf hin, dass es in der deutschen Geschichte nur einen bekannten Fall gibt, in dem jemandem ein Ehrendoktor entzogen wurde, nämlich der von Thomas Mann durch die Nazis. Ich gab damit zu verstehen, dass sich die Universität bei einem Entzug in ganz Europa blamieren würde. Daraufhin verschob man die universitätsinterne Entscheidung auf einen später liegenden Zeitpunkt.

Als eine der ersten Maßnahmen lancierte Anwalt Anagnostopoulos eine Petition im Internet, in der die Aufhebung des Gesetzes gefordert wurde. Als diese Petition von gut 150 Menschen unterzeichnet worden war, funktionierte der Zähler aus unerfindlichen Gründen leider nicht mehr.

Die ganze Zeit über ging die Hetze gegen mich weiter. In den Printmedien erschienen verleumderische Artikel; im kretischen Rundfunk und im Fernsehen bemühte man sich, die Zeitungen zu übertreffen. Die Beschimpfungen im Internet, besonders jene auf Facebook, übertrafen alles. Ein Beispiel möge das verdeutlichen. Im Internet gibt es eine Homepage, die den schönen Namen "An die Wand" trägt. Ihr Autor stellte fest, dass ich in den letzten 40 Jahren 31 Bücher und über 200 Artikel über die griechische Geschichte geschrieben hätte, die so voller Lügen seien, dass es notwendig sei, mich endlich zum Schweigen zu bringen. Dies und die

Vorgänge bei der Verleihung des Dr. h.c. ließen in mir den Entschluss reifen, auf keinen Fall zum Prozess nach Kreta zu reisen, sondern mich durch meine Anwälte vertreten zu lassen. Dieser Entschluss wurde Anfang September noch verstärkt, als ich in der kretischen Presse ein Fotos des grimmigen "Empfangskomitees" sah, das am Flugplatz in Irakleion auf mich wartete. Die Mitglieder des Komitees hatten nicht mitgekriegt, dass wegen der anstehenden Parlamentswahlen der Prozess auf Dezember verschoben worden war.

Mir wurde langsam klar, dass ein kostspieliger Prozess vor der Tür stand. Ich glaubte aber, dass ich dagegen abgesichert war, denn ich hatte seit Jahrzehnten bei der HUK-Coburg nicht nur eine allgemeine Rechtschutzversicherung, sondern auch eine Berufsrechtsschutzversicherung. Ich übersandte der Versicherung die Unterlagen und beantragte Rechtschutz. Dieser wurde mit Argumenten abgelehnt, die so ähnlich klangen wie die des Staatsanwalts in seiner Anklageschrift. Als ich wissen wollte, was die Berufshaftpflicht eines Professors einschließe, blieb man mir die Antwort schuldig. Tatsache war, das mich die HUK-Coburg im Regen stehen ließ.

Im Gegensatz dazu erwies sich die GEW, bei der ich genauso lange Mitglied bin wie bei der HUK, als kulant. Statutengemäß konnte sie mir eigentlich nur die Kosten in der Höhe erstatten, wie sie in Deutschland anfallen würden. Ich erklärte den Sachbearbeitern, dass ich nur dann eine Chance hätte, den Prozess zu gewinnen, wenn ich einen Athener Rechtsanwalt nähme. Für den würden neben dem Anwaltshonorar natürlich auch Reise- und Hotelkosten anfallen. Die Rechtsschutzstelle der GEW führte einen Sonderbeschluss herbei, so dass der Zuschuss letztlich erheblich höher war. Dennoch waren die Kosten, die ich zu tragen hatte, erheblich.

Nebenkläger waren Georgios Paterakis, der Ex-General Paragioutakis, der ND-Abgeordnete Avgenakis, einige Nachkommen von Opfern der Besatzungszeit und die Gemeinde Agiou Vasileiou Rethimnon. Die Nebenkläger wurden durch den Anwalt Nikos Kotzambasakis vertreten. Es wurde mir zwar nie klar, warum Nebenkläger in diesem Fall zugelassen wurden, aber die Teilnahme von Nebenklägern führte zu einer Verlängerung des Prozesses. Die Anklage holte als historischen Sachverständigen z. B. den Prof. Margaritis von der Universität Saloniki. Er ist überzeugter Kommunist und glaubt an den 6-Wochen-Mythos und sagte vor Gericht aus, dass auch das Massaker von Katyn von den Deutschen verübt wurde. Als der Richter ihn fragte, wofür sich Gorbatschow dann bei den Polen entschuldigt habe, blieb er die Antwort schuldig.

Den ganzen Prozess über war der Ex-General anwesend, der es sichtlich genoss, im Zentrum der Aufmerksamkeit zu stehen. Er erweckte den Eindruck, dass er stolz darauf war, dass auch er einen Sieg über einen angeblichen Nazi errang.

Der Prozess begann am 25. November. Staatsanwalt war nun Joakim Kasiotakis und der Richter Alexandros Karpopoulos, beides Griechen vom Festland. Ich verfolgte bruchstückhaft die Verhandlungen über das Internet und war erstaunt, welche zentrale Rolle der Abgeordnete Avgenakis und der Ex-General spielten. Auf der zweiten und dritten Sitzung des Gerichts am 27. November bzw. am 7. Dezember 2015 trat Paragioudakis auf und machte seine Aussage, indem er ausgesuchte, aus dem Zusammenhang gerissene Zitate aus meinem Buch vorlegte.

Am 8. Dezember, dem vierten Verhandlungstag, wurde bekannt, dass sich der Verband der griechischen Archäologen, die griechische Gesellschaft für Politikwissenschaft, die Abteilung für Geschichte und Archäologie der Universität Kreta (Rethymnon), die Politologen der Panteios Hochschule, die Gesellschaft für Menschenrechte, die ökologischen Grünen und die Potami-Partei sowie Prof. Antonis Liakos hinter mich gestellt hatten. Später folgte die Akademie von Athen, die sich mit einer öffentlichen Erklärung auf meine Seite stellte. Die Zeitungen *Kathimerini* und *To Vima* waren von Anfang an auf meiner Seite. Auch der weltweite Verband der Neogräzisten stellte sich hinter mich.

Die Wissenschaftler der Panteios-Universität schrieben, dass es zutiefst beunruhigend sei, dass im Jahr 2015 Historiker aufgrund wissenschaftlicher Veröffentlichungen strafrechtlich verfolgt würden. *"Die missbräuchliche Berufung auf das Anti-Rassismus-Gesetz, mit dem Ziel, die akademische Freiheit zu beschränken, bedroht nicht nur die Freiheit der Forschung, sondern läuft der Bekämpfung des Rassismus selbst zuwider."* Im Votum der Archäologen und Historiker der Universität Kreta hieß es: *"Die Antwort auf wissenschaftliche Ansichten, die man nicht teilt, kann nicht über strafrechtliche Verfolgung geschehen, sondern nur über die nüchterne Darlegung von Gegenargumenten."*[1]

Da ich selbst an den Verhandlungen nicht teilnahm und mich nur bruchstückhaft aus den im Internet veröffentlichten Medienberichten informieren konnte, möchte ich eine Darstellung des Prozesses erst gar nicht versuchen, sondern den Lesern, die des Griechischen mächtig sind, den Blog meines Anwaltes empfehlen, der den Prozess Sitzung um Sitzung detailliert beschreibt.[2] Auf der Sitzung am 15. Januar 2015 legten meine Anwälte folgendes Statement von Antony Beevor dem Gericht vor, das dieser am 10. Januar 2015 verfasst hatte: *"The trial of Professor Heinz Richter, currently taking place in Rethymnon is a very alarming development. Professor Richter's work on the Battle of Crete should be assessed as a work of scholarship. For example, he is entirely correct to reject the myth that the Battle of Crete delayed Operation Barbarossa, a point which I argued in my book in 1991 and is agreed by every serious historian on the subject.*

The criminal prosecution of a professional historian for views honestly expressed as part of his research strikes at the very heart of academic freedom and at the very essence of freedom of speech. This is not the act of a true democracy. I am fundamentally opposed to any attempt, such as the Russian legislation to prosecute anyone who criticises the actions of the Red Army in the Second World War, especially the mass rapes, for which I am specifically under attack even though I was quoting from original Soviet documents. I am appalled that in Greece, of all democracies, such a dictatorial step could even be contemplated, and I trust that the Court in its wisdom will reject the charges against Professor Richter." [3]

Der Wiener Emeritus für byzantinische Geschichte, Prof. Johannes Koder äußerte sich ähnlich deutlich: *"Grotesk ist der vom Gericht in Kreta erhobene Vorwurf, Richter verherrliche den Nationalsozialismus und verschweige oder verharmlose deutsche Kriegsverbrechen. Das Gegenteil ist der Fall: Sein erstes Buch war die erste wissenschaftliche Darstellung überhaupt der Geschichte Griechenlands von 1936 bis 1946. In ihm setzte er sich äußerst kritisch mit der Besatzungspolitik der Achsenmächte auseinander und stellte als erster den damals in Griechenland noch negativ betrachteten Widerstand als nationalen Widerstand dar. Stets war und ist bis heute Richters persönliche politische Haltung durch eine konsequente Positionierung gegen jede Art von Faschismus, Nationalsozialismus und Diktatur gekennzeichnet."*

Auf der drittletzten Sitzung des Gerichts schloss der Richter alle Nebenkläger vom Verfahren aus. Auf der Sitzung des Gerichts am 28. Januar 2015 beantragte der Staatsanwalt, mich freizusprechen. Am 10. Februar 2016 wurde das Urteil gefällt: Freispruch. Die Griechische

1 *Griechenlandzeitung* (9. Dezember 2015), p. 4

2 Http://anamorfosis.net/blog/?p=11698 (Fall Richter: Tage 1-2, Http://anamorfosis.net/blog/?p=11708 (Tage 3-4), Http://anamorfosis.net/blog/?p=11725 (Tage 5-6), Http://anamorfosis.net/blog/?p=11768, Http://anamorfosis.net/blog/?p=11768 (Tage 7-8), Http://anamorfosis.net/blog/?p=11785 (Tage 9-10).

3 Ο διεθνούς φήμης ιστορικός Αντονυ Μπήβορ για την δίκη Ρίχτερ Flashnews.gr

Gesellschaft für Menschenrechte gab eine Presseerklärung heraus, die den Titel "Es gibt noch Richter in Rethymnon" trug. Ich selbst war grenzenlos erleichtert, denn nun konnte ich wieder nach Griechenland reisen, ohne Gefahr zu laufen, verhaftet zu werden.

Die Begründung für den Freispruch folgte letztlich der Argumentation, wie ich sie in meinem Schreiben an die Untersuchungsrichterin formuliert hatte. Meine beiden Anwälte hatten hervorragende Arbeit geleistet und ich war ihnen unendlich dankbar. Entscheidend waren die anfänglichen Ratschläge meines Freundes Nikos Dimou. Um meiner Dankbarkeit ihm gegenüber auszudrücken, widmete ich ihm mein neues Buch, das folgenden Titel trägt: "Mythen und Legenden in der griechischen Zeitgeschichte."[1] Welche Reaktionen der Zweifel an Mythen hervorruft, hat auch er ein Schriftstellerleben lang erlebt. Der ganze Zirkus in Kreta entstand, weil ich einen Mythos verletzt hatte, an den Ex-General Paragioudakis felsenfest glaubt. Welche Rollen Mythen auch noch im heutigen Griechenland spielen, formulierte Jean Cocteau 1955: *"Die Sage hüllt Griechenland in makellosen Purpur. Die Genealogie der Mythologie ist weniger verdächtig, als die der Historiker. Weil die Geschichte schließlich ihre Gestalt verliert, während der Mythos sich immer weiter gestaltet. Weil die Geschichte Wahrheit ist, die falsch wird, während der Mythos etwas Falsches ist, das Gestalt annimmt."*[2]

Man hätte nun annehmen können, dass damit die Sache zu einem Ende gekommen wäre, aber dem war nicht so. Der Ex-General bohrte weiter und strebte nun danach, dass die Universität mir "wenigstens" den Dr. h.c. aberkennen sollte. Anfangs stieß dies auf Ablehnung in der Fakultät. Einige Kollegen versicherten mir, dass sie niemals dafür stimmen würden, mir den Ehrendoktor abzuerkennen. Aber nun nahm der politische Druck so massiv zu, dass sie vor der Alternative standen: Aberkennen oder entlassen zu werden. Der Chefin der politologischen Abteilung Prof. Ivi Mavromoustakou wurde zu verstehen gegeben, dass, falls sie nicht aberkenne, sie nie erwarten könne, die volle Professur zu erhalten, die ihr binnen kurzem verliehen werden sollte. Ich kann verstehen, dass man einem solchen Druck nachgibt und nehme es den betreffenden Kollegen auch nicht übel.

Unter diesen Bedingungen war das Resultat voraussehbar. Die Fakultät beschloss, den h.c. mir wieder abzuerkennen. Dies wurde in den kretischen Medien bekannt gemacht. Damit war die kretische Öffentlichkeit und vor allem der Ex-General zufrieden. Sie hatten gesiegt und den deutschen Nazi gedemütigt. Was die Öffentlichkeit nicht weiss, ist, dass dieser Beschluss durch den Senat der Universität bestätigt werden muss und danach muss evtl. der Symvoulio Epikratias auch noch zustimmen. Ich erfuhr von der Aberkennung des Ehrentitels über das Internet aus den kretischen Medien. Die Universität Kreta nahm mit mir keinen Kontakt auf. Anscheinend will man es bei der Entscheidung der Fakultät belassen.

Ich erwartete, dass nun Ruhe einkehren würde, aber dem war leider nicht so, denn nun begann eine erneute Hetze gegen mich, diesmal in Deutschland. Der Anlass der erneuten Hetze waren Artikel, die seit Februar 2016 in DIE WELT, SPIEGEL und FOCUS Artikel über die griechischen Entschädigungsforderungen an Deutschland erschienen waren. Diese Artikel beriefen sich auf meine Veröffentlichungen über die Reparationen und die Besatzungsanleihe in THETIS bzw. PELEUS-Band 70 (Logothetopoulos). Solange meine neuen Erkenntnisse nur den Fachkollegen und keiner breiten Öffentlichkeit zur Kenntnis gebracht wurden, gab es keine Gegenreaktionen. Außerdem hatte bis dahin Hagen Fleischer die Darstellung und Interpretation dieser beiden Themen jahrelang dominiert.

---

1 *Mythen und Legenden in der griechischen Zeitgeschichte* (Mainz, Ruhpolding: Rutzen 2016).

2 Jean Cocteau, "Vorwort" zu *Griechenland* (Wien, München, Basel: Kurt Desch, 1955), p. 8.

Ich hatte mich mit der Frage der Reparationen erst in meinem Buch über die Geschichte Griechenlands zwischen 1950 und 1974 genauer befasst,[1] das 2013 erschien. Meine Interpretation der Reparationsfrage unterschied sich nicht wesentlich von der Hagen Fleischers, sieht man von meiner Darstellung des damit verknüpften Falls *Merten* einmal ab. Von der Zwangsanleihe hatte ich jedoch keine Ahnung und verließ mich auf Hagen Fleischers Darstellung und übernahm seine Argumentation bei Diskussionen. Erst als ich mich 2015 mit der Herausgabe der Memoiren von Elisabeth und Konstantions Logothetopoulos[2] beschäftigte, war ich gezwungen, mich auch mit der Frage der Besatzungsanleihe zu befassen. Ich nahm mir den Abschlussbericht der Reichsbank vom April 1945 vor, den mir Hagen Fleischer freundlicherweise in Kopie zur Verfügung gestellt hatte. Ich ackerte mich durch den Text und stellte zu meiner Verblüffung fest, dass Hagen Fleischer zwar jene Seite, auf der die deutschen Schulden bei Griechenland vermerkt sind, zitierte, nicht aber jene, wo die griechischen Schulden bei Deutschland genannt werden. Zieht man diese Seite und einige andere Hinweise im Bericht in die Interpretation mit ein, wird ganz klar, dass es sich bei dem Bericht um eine Bilanz handelt und keinesfalls um die Auflistung einer Anleihe.

Ich wollte Hagen Fleischer nicht bloßstellen und sprach in meiner Einleitung zu den Memoiren von Logothetopoulos davon, dass in der Literatur diese Seite weggelassen worden sei. In meinem THETIS-Artikel ging ich in die Details und zeigte, dass die Besatzungsanleihe keine gewesen war und dass der Reichsbankbericht eine Bilanz der Besatzungskosten darstellte.[3] Auch in diesem Aufsatz beschrieb ich Hagen Fleischers Manipulation noch sehr zurückhaltend. THETIS erschien relativ spät im Frühjahr 2016, aber irgendwie hatte er es angeblich geschafft, an den Manuskripttext heranzukommen. Wahrscheinlicher ist, dass er meinen Einleitungsartikel zum Logothetopoulos-Buch verwandte.

Anfang April 2016 erschien nun in der Ex-DDR *Zeitschrift für Geschichtswissenschaft* ein Artikel, der von Hagen Fleischer, Karl-Heinz Roth und Christian Schmick-Gustavus unterzeichnet war. In ihm wurde wieder einmal behauptet, dass Deutschland keine Reparationen gezahlt, es eine Zwangsanleihe gegeben habe, der bilaterale Handelsverkehr immer zu Ungunsten Griechenlands ausgefallen sei und das Gold, das zur Stabilisierung der Drachme eingesetzt wurde, Raub- und Opfergold gewesen sei. Letzteres wurde natürlich nicht belegt, sondern einfach behauptet. Das wäre alles kein Grund zur Aufregung gewesen; es wäre eine wissenschaftliche Kontroverse gewesen, über die man diskutieren konnte. Doch anstatt mich mit seriösen Quellen zu widerlegen, wurde man persönlich.

Im zweiten Teil des Aufsatzes holten die Autoren aus und griffen mich persönlich an. Auf der Basis von Fleischers Dissertation von1986 wiederholte man die alten Beschuldigungen: *"Unter Zeithistorikern ist bekannt, dass Richter seit seiner im Jahre 1973 veröffentlichten Dissertation kollegiale Hinweise auf seine schmale, ungenau referierte und selektive genutzte Quellenbasis in den Wind schlägt und weiterhin allzu oberflächlich arbeitet. Seit Jahrzehnten unwidersprochen geblieben sind Feststellungen über seine 'kaum zu überbietende Quellenverachtung', 'groben Verfälschungen', 'Manipulationen', die bereits seine Dissertation zu einer 'Quelle historiographischer Kontamination' machen."* Abschließend wird behauptet, dass ich "Revisionismus durch die Hintertür" betreibe. Der Artikel endet mit der haltlosen Behauptung, ich würde Argumente von Nazi-Kollaborateuren und Mittätern für meine Behauptungen ausschlachten.

1 *Griechenland 1950-1974: Zwischen Demokratie und Diktatur* (Ruhpolding: Rutzen, 2013).

2 *Griechenland 1942-1943: Die Memoiren von Elisabeth und Konstantinos Logothetopoulos* (Ruhpolding: Rutzen, 2015) = Peleus 70.

3 "Die Besatzungsanleihe - To Katochiko Daneio" *THETIS* 22 (2015), pp. 233-240.

Nun kann ich mich an keinen "kollegialen Hinweis" aus dieser Ecke und in diesem Sinne erinnern, auch aus keiner anderen. Ich bin Karl-Heinz Roth nie begegnet und Christian Schminck-Gustavus nur einmal auf einer Konferenz in Münster. Hagen Fleischer hat sich nur in seiner bei Fritz Lang veröffentlichten Dissertation in diesem Sinne geäußert, nirgendwo anders. Das obige Zitat lehnt sich stark daran an.

Es ist offensichtlich, dass keiner der Autoren z.B. die Memoiren von Logothetopoulos kennt, deren Originaltitel tatsächlich *Idou i alitheia* lautet. Logothetopoulos zitiert in seinem Buch Aussagen des Staatsanwaltes über die Finanzen, die dieser beim Kollaborationsprozess machte. Diese sind doch wohl unverdächtig? In der Tat sind die Memoiren aus fast allen griechischen Bibliotheken verschwunden. Das, was Hagen Fleischer mir vorwirft, hat er selbst getan, indem die zweite Seite des Reichsbankberichts, wo es um die Schulden Griechenlands bei Deutschland geht, unterschlug.

Nur Hagen Fleischer ist studierter Historiker. Karl Heinz Roth hat Medizin studiert. Er gehörte der Bewegung des 2. Juni an und war in diesem Zusammenhang in einen Mordprozess verwickelt. Später war er westdeutscher Mitarbeiter des Ministeriums für Staatssicherheit der DDR, wie aus den Rosenholz-Dateien hervorgeht. Inzwischen schreibt er pamphletartige Bücher, in denen er fordert, dass Deutschland seine Reparationsschulden bezahlen soll.[1] Schminck-Gustavus ist Rechtshistoriker an der Universität Bremen. Er hat einige Bücher über die Besatzungszeit in Griechenland geschrieben, die den Charakter unkritischer Geschichtserzählungen haben, aber mit seriöser wissenschaftlicher Historiographie nichts zu tun haben. Wie die Fachzeitschrift "Zeitschrift für Geschichtswissenschaft" es ermöglichte, eine solche wüste Polemik zu veröffentlichen, ist mir ein Rätsel. Das Mindeste wäre es gewesen, mir das Recht zu einer Antwort einzuräumen.

Hagen Fleischer andererseits hat ganz offensichtlich seine, auf welchen Komplexen auch immer beruhende Abneigung und Hass gegen mich nie begraben können.

Bedauerlich ist ferner, dass die Berliner Zeitschrift *EXANTAS* den Artikel nachdruckte, obwohl ich zu ihren Autoren gehörte und man dort weiss, dass ich wissenschaftlich sorgfältig arbeite. Ähnlich verhielt sich die Griechenlandzeitung. Ich hatte einige Jahre zuvor dort eine lange Artikelserie über den griechischen Klientelismus veröffentlicht,[2] doch nun wurde ein Artikel vom Kollegen Giannis Zelepos abgedruckt, in dem dieser behauptete, es gebe keinen Klientelismus in Griechenland. Dabei hat er selbst sich ausführlich zu diesem Thema geäußert und die Existenz des Klientelismus beklagt.[3]

Die ganze Affäre ist der Versuch, die günstige Gelegenheit der Querelen in Kreta zu benützen, um mir eins auszuwischen bzw. mich zu disqualifizieren. Es gibt in Deutschland Kreise, so z.B. die Partei DIE LINKE, deren "Experten" zwar keine Ahnung von den tatsächlichen Vorgängen in Griechenland während der Besatzungszeit und in der Nachkriegszeit haben, aber der felsenfesten Überzeugung sind, dass Deutschland keine Reparationen gezahlt hat und endlich seine Kriegsschulden gegenüber Griechenland begleichen müsse. Jeder, der anderer

---

1 Karl Heinz Roth, *Griechenland am Abgrund. Die deutsche Reparationsschuld. Eine Flugschrift* (Hamburg: VSA, 2015).

2 "Die politische Kultur Griechenlands" (Teil 1) "Über den Klientelismus im 19. und 20. Jahrhundert" *Griechenlandzeitung* (6. Juni 2012), p. 4; "Die politische Kultur Griechenlands" (Teil 2) "Politische Zuhälterei: Der Staat wird zum Ausbeutungsobjekt" *Griechenlandzeitung* (13. Juni 2012), p. 4; "Die politische Kultur Griechenlands" (Teil 3) "Reichlich Fördergelder und günstige Kredite" *Griechenlandzeitung* (20. Juni 2012), p. 11: "Die politische Kultur Griechenlands" (Teil 4) "Die gegenwärtige Krise und mögliche Auswege" *Griechenlandzeitung* (27. Juni 2012), p. 6.

3 Ioannis Zelepos, "Im Südosten nichts Neues? Ein historischer Blick auf die griechische Finanzkrise" *Südosteuropa* 60:3 (2012), p. 361.

Meinung ist und diese beweisen kann, wird als Feind gesehen und attackiert. Wenn man, wie in meinem Fall, gegen meine Argumentation keine Gegenbeweise vorlegen kann, schlägt man unter die Gürtellinie und wird persönlich. Mit einer wissenschaftlichen Auseinandersetzung hat dies leider nichts zu tun.

Die dabei vorgebrachten Argumente sind inhaltlich genau das, was man mir vorwirft: Sie sind apodiktische durch nichts belegte Behauptungen, so z.B. wenn vorgebracht wird, Neubachers Goldaktion sei auf der Basis des den Juden geraubten Goldes erfolgt. Die ganze Argumentation dient nur dazu, mich persönlich zu disqualifizieren. Dies hat mit einem wissenschaftlichen Diskurs nichts zu tun. Das ist persönliche Herabsetzung und Verleumdung und dient offensichtlich nur dazu, zumindest im Falle von Hagen Fleischer, jahrzehntealten Frust abzubauen. Im Fall von Karl Heinz Roth ist es wohl ideologische Verblendung. Wie sich der Jurist Schminck-Gustavus den Schmähungen anschließen konnte, ist mir ein Rätsel. Ich habe den Eindruck, dass hier mit wenig sauberen Methoden versucht wird, mich als Wissenschaftler zu disqualifizieren, ein Verhalten, das wenig seriös ist.

EIN FAZIT DER LETZTEN FAST 80 JAHRE

2017

Ich erinnere mich an eine Unterhaltung, die ich vor vielen Jahren mit meinem Bruder Emil führte. Ich sagte ihm damals, dass mir die Bewahrung meines Selbstrespektes im Leben das Wichtigste sei. Dafür sei ich bereit, zu kämpfen und auch Opfer zu bringen. Er seufzte tief und sagte, dass er mich um diese Haltung beneide. Er habe den Kampf darum vor Jahren aufgegeben. Ich antwortete, dass ich mich jeden Morgen rasieren und mir dabei in die Augen schauen müsse, wenn ich das nicht mehr ohne negative Gefühle könne, wäre das der schlimmste Tag meines Lebens. Ich hätte mich ein Leben lang um einen aufrechten Gang bemüht. Im Griechischen gibt es ein Wort, das das Phänomen des Selbstrespekts beschreibt, nämlich *filotimo*. Für mich war und ist dieses Wort das Schönste der griechischen Sprache.

Der intakte Selbstrespekt ermöglicht es mir, auch anderen auf Augenhöhe zu begegnen. Wie aus dem vorangegangenen Text hervorgeht, war ich nie bereit, mich einem angeblich Stärkeren zu unterwerfen, solange ich überzeugt war, dass ich im Recht war. Der Wille, meinen Selbstrespekt zu bewahren, verhinderte jegliche Unterwerfung unter einen fremden Willen. Solche Versuche wies ich immer zurück und zeigte mich immer kämpferisch bei der Verteidigung meines Selbstrespektes.

Da ich es hasse, wenn meine Gefühle beleidigt werden, habe ich mich auch ein Leben lang darum bemüht, die Gefühle anderer nicht bewusst zu verletzen. Dies bedeutete aber nicht, dass ich nicht bereit war, zurückzuschlagen, wenn ich beleidigt wurde. Meine Reaktionen waren klar und deutlich und geschahen nicht mit der Absicht, den anderen zu verletzen, sondern mit der Absicht, meine Position glasklar zu machen und unqualifizierte Angriffe eindeutig zurückzuweisen. Wurde ich einmal grundlos und gehässig unter die Gürtellinie geschlagen, was auch vorkam, versuchte ich immer, um meine Selbstachtung zu wahren, dagegen zu halten. Die Wahrung meines Selbstrespekts machte gelegentlich auch deutliche Worte nötig, aber ich vermied es immer, selbst unqualifiziert zu polemisieren.

Dies galt vor allem im Bereich der Wissenschaft. Unterschiedliche wissenschaftliche Positionen sind normal und sollten zu ernsthaften wissenschaftlichen Diskussionen und Auseinandersetzungen, aber nicht zur Polemik führen. Solche Diskussionen fördern die Wahrheitsfindung und bringen die Wissenschaft voran. Polemik vertieft und verfestigt nur die Kontroverse und das Missverstehen und vergiftet das Klima zwischen den Kontrahenten.

Bei meiner wissenschaftlichen Arbeit war mir die Wahrheit das oberste Prinzip. Ich war mir bald im Klaren, dass dies gelegentlich zu Stirnrunzeln oder gar massiver Kritik Andersdenkender führen konnte und gelegentlich musste, aber ich hielt und halte die Wahrheit ein Leben lang für ein solch hohes Gut, dass ich auch in schwierigen Situationen nicht bereit bin, von ihr abzuweichen. Dies hat mir gelegentlich Feindschaft eingetragen, aber auch große Anerkennung. Nicht zuletzt deshalb wurden die meisten meiner Bücher, die ins Griechische übersetzt wurden, Bestseller. Meine griechische Lesergemeinde weiss, dass ich mich um die Wahrheitsfindung bemühe.

Ich denke, dass ich erfolgreich darin war, den Deutschen und anderen Westeuropäern die andersartige politische Kultur Griechenlands zu erklären und zu zeigen, dass die griechischen Zyprioten sich grundsätzlich von ihrem Mutterland unterscheiden, was auch für die türkischen Zyprioten gilt. Mein erstes Buch über die Besatzungszeit durchbrach ein Tabu und ermöglichte es der jüngeren Generation, sich mit dieser Periode der griechischen Geschichte auseinanderzusetzen. Ich hoffe, dass mein Buch über den Bürgerkrieg dieselbe Türöffnerfunktion haben wird, wenn es endlich in griechischer Sprache erscheinen wird.

Auf der anderen Seite hat mir Griechenland unendlich viel gegeben. Ich denke dabei insbesondere an meinen lieben Freund und Bruder Giorgos Giannaris. Er lehrte mich, aufzumachen, Gefühle zu zeigen und darüber zu reden. Er machte aus einem verschlossenen Deutschen einen lebensfrohen Menschen, der die Freundschaft genießen konnte und kann.

In diesem Sinne werde ich auch in den mir noch verbleibenden Jahren weiterleben und, solange ich kann, weiter aufklärerisch tätig sein. Ich denke, dass ich auf das, was ich in den vergangenen Jahrzehnten für die Verständigung zwischen Griechenland, Zypern und Deutschland geleistet habe, stolz sein darf.

BIBLIOGRAPHIE

Bücher:

1. *Griechenland zwischen Revolution und Konterrevolution 1936 - 1946* (Frankfurt: Europäische Verlagsanstalt, 1973), 623 Seiten; griechische Ausgabe Nr. 25.
2. *Griechenlands Kommunisten und die Europäische Gemeinschaft* (Köln: Bundesinstitut für ostwissenschaftliche und internationale Studien, Nr. 17 (1980), 54 Seiten.
3. *Griechenland und Zypern seit 1920. Bibliographie zur Zeitgeschichte.* (Heidelberg: Nea Hellas, 1984), 437 Seiten.
4. Der griechisch-türkische Konflikt und die Haltung der Sowjetunion (Köln: Bundesinstitut für ostwissenschaftliche und internationale Studien, Nr. 8 1987), 69 Seiten.
5. *Frieden in der Ägäis? Zypern - Ägäis - Minderheiten* (Köln: Romiosini, 1989), 168 Seiten.
6. *Griechenland im 20. Jahrhundert Band 1: Megali Idea - Republik - Diktatur* (Köln: Romiosini, 1990), 260 Seiten.
7. *Griechenland im Zweiten Weltkrieg August 1939 - Juni 1941* (Bodenheim: Syndikat, 1997), 515 Seiten = PELEUS Band 2
8. *Geschichte der Insel Zypern 1878-1949* Band 1 (Möhnesee: Bibliopolis, 2004) 560 Seiten = PELEUS Band 29
9. *Geschichte der Insel Zypern 1950-1959* Band 2 (Möhnesee: Bibliopolis, 2006) 665 Seiten = PELEUS Band 32
10. *Geschichte der Insel Zypern 1959-1965* Band 3 (Mainz, Ruhpolding: Rutzen, 2007) 665 Seiten = PELEUS Band 37
11. *Geschichte der Insel Zypern 1965-1977* Band 4 (Mainz, Ruhpolding: Rutzen, 2009) 800 Seiten = PELEUS Band 41
12. *Kurze Geschichte des modernen Zypern* (Mainz Ruhpolding; Rutzen, 2010) 330 Seiten = PELEUS Band 49
13. *Griechenland im Zweiten Weltkrieg August 1939 - Juni 1941* [2](Ruhpolding: Rutzen, 2010), 515 Seiten = PELEUS Band 2
14. *Operation Merkur: Die Eroberung der Insel Kreta im Mai 1941* (Ruhpolding: Rutzen 2011) 400 Seiten = PELEUS Band 54; zweite Auflage 2016
15. *Griechenland 1940-1950. Die Zeit der Bürgerkriege* (Ruhpolding: Rutzen, 2012) 548 Seiten = PELEUS Band 59
16. *Griechenland 1950-1974: Zwischen Demokratie und Diktatur* (Ruhpolding: Rutzen, 2013) 501 Seiten = PELEUS Band 60
17. *Der Krieg im Südosten: Band 1: Gallipoli 1915* (Ruhpolding: Rutzen, 2014) 292 Seiten = PELEUS Band 65,1
18. *Der Krieg im Südosten*: Band 2: *Makedonien 1915-1918* (Ruhpolding: Rutzen, 2014) 206 Seiten = PELEUS Band 65,2
19. *Geschichte Griechenlands im 20. Jahrhundert* Band 1 *1900-1939* (Ruhpolding: Rutzen, 2015) = PELEUS Band 67,1
20. *Geschichte Griechenlands im 20. Jahrhundert* Band 2 *1939 - 2004* (Ruhpolding: Rutzen, 2015) = PELEUS Band 67,2
21. *Griechenland 1945/46: Die britische Intervention* (Ruhpolding: Rutzen, 2016) = PELEUS Band 69
22. *Griechenland 1915-1917 im Spiegel russischer Akten* (Ruhpolding: Rutzen, 2016) = PELEUS Band 68

23. Der griechisch-türkische Krieg 1919-1922 (Ruhpolding: Rutzen, 2016) 222 Seiten PELEUS Band 72
24. *Mythen und Legenden in der griechischen Zeitgeschichte* (Ruhpolding: Rutzen, 2016) PELEUS Band 74

Übersetzte Bücher

25. *Δύο επαναστάσεις και αντεπαναστάσεις στην Ελλάδα 1936 - 1946* (Athen: Exantas, 1977), 2 Bde
26. *British Intervention in Greece: From Varkiza to Civil War, February 1945 - August 1946* (London: The Merlin Press, 1986), 573 Seiten
27. *Η επέμβαση των Άγγλων στην Ελλάδα. Από τη Βάρκιζα στον Εμφύλιο Πόλεμο* (Athen: Estia, 1997, [2]2003), 669 Seiten
28. *Η ιταλο-γερμανική επιθεσή ενάντιον της Έλλάδος* [1,2,3](Athen: Govostis, 1998-99), 687 Seiten
29. *Ιστορία της Κύπρου* Τόμος Α': 1878-1949 (Athen: Estia, 2007) 806 Seiten
30. *Η Εθνική Αντίσταση και οι συνέπειες της* (Athen: Mesogeios, 2009) 519 Seiten
31. *A Concise History of Modern Cyprus* (Mainz, Ruhpolding: Rutzen, 2010) 286 Seiten = PELEUS 50
32. *Çağdaş Kıbrıs'ın Kısa Tarîhî 1878-2009* (Lefkosa: Galeri Kültür, 2011) 450 Seiten
33. *Η μάχη της Κρήτης* (Athen: Govostis, 2011) 543 Seiten
34. *Ιστορία της Κύπρου* Τόμος Β' (1950-1959) (Athen: Estia, 2011) 1.024 Seiten
35. E-Book-Ausgabe von 17: *Η Εθνική Αντίσταση και οι συνέπεις της* http://www.ucy.ac.cy/goto/pek/el-GR/ethniki_anastasi.aspx
36. *Η μάχη της Κρήτης* [2](Athen: Govostis, 2016) 543 Seiten
37. The Greek-Turkish War 1919-1922 211 Seiten PELEUS Band 73

Herausgeberschaft:

38. Mitherausgeber von *THETIS - Mannheimer Beiträge zur klassischen Archäologie und Geschichte Griechenlands und Zyperns*, 1, 1994 ff.
39. Mitherausgeber von *PELEUS - Studien zur Archäologie und Geschichte Griechenlands und Zyperns* 1, 1996 ff.
40. Evangelos Chrysos, Dimitrios Letsios, Heinz Richter et al. (eds.), *Griechenland und das Meer. Beiträge eines Symposions in Frankfurt im Dezember 1996* (Mannheim, 1999).
41. Karl Giebeler, Heinz A. Richter, Reinhard Stupperich (eds.), *Versöhnung ohne Wahrheit? Deutsche Kriegsverbrechen in Griechenland im Zweiten Weltkrieg. Beiträge einer Tagung am 27.-28. Oktober 2000 in der Evangelischen Akademie Bad Boll* (Mannheim, Möhnesee: Bibliopolis, 2001) = PELEUS Band 8.
42. John Charalambous, Alicia Chrysostomou, Denis Judd, Heinz A. Richter, Reinhard Stupperich (eds.), 40 *Years on from Independence. Proceedings of a Conference in the University of North London on 16-17 November 2000* (Mannheim & Möhnesee: Bibliopolis, 2002) = PELEUS Band 14.
43. Vassilis K. Fouskas & Heinz A. Richter (eds.), *Cyprus and Europe: The Long Way Back* (Möhnesee: Bibliopolis, 2003) = PELEUS Band 22.
44. Ανδρέας Στεργίου και Heinz Richter (eds.), *Το Κυπριακό στο βλέμμα* των ξένων (Athen: Roes, 2006)
45. Reinhard Stupperich & Heinz Richter (eds.), Roland Hampe, *Die Rettung Athens im Oktober 1944* (Ruhpolding: Rutzen, 2011)

46. Harry Cliadakis, *Fascism in Greece. The Metaxas Dictatorship* (Ruhpolding: Rutzen, 2015) = PELEUS Band 64
47. Heinz A. Richter (ed.), *Von Mainz nach Kreta im Winter 1942-43. Das Reisetagebuch des "Künstlersoldaten" Rudo Schwarz.* (Ruhpolding: Rutzen, 2015) = PELEUS Band 66
48. Heinz A. Richter (ed.), *Griechenland 1942-1943: Die Memoiren von Elisabeth und Konstantinos Logothetopoulos* (Ruhpolding: Rutzen, 2015) = PELEUS Band 70

Aufsätze:

49. "Μία προσπάθεια επιστημονικής εώρησης της Ε νικής μας Αντίστασης" [Ein wissenschaftlicher Versuch der Deutung unseres Nationalen Widerstandes], in: *ANTI*, Nr. 18 - 22 (Athen, Mai-Juni 1975), pp. 17-23, 39-43, 26-28, 43-46, 21-24.
50. "The German Federal Archives/Military Archives and the History of Greece 1941-1944", in: *Modern Greek Society: A Newsletter*, Nr. 4 (New Hampton, N.Y., Mai 1975), pp. 45-50.
51. "Προβλήματα της σύγχρονης ιστορίας" [Probleme der Zeitgeschichte], in: *ANTI*, Nr. 40-41 (März 1976), pp. 31-35, 40-43.
52. "Ο ρόλος του Γ. Παπανδρέου κατά την απελευ έρωση" [Die Rolle von G. Papandreou während der Befreiung], in: *ANTI*, Nr. 58-62 (November-Dezember 1976), pp. 20-25, 24-28, 28-35, 34-37.
53. "Τα πρακτικά της Μεγάλης Σύσκεψης Α ήνα 26 -27 Δεκέμβρη 1944" [Die Protokolle der großen Konferenz in Athen am 26. und 27. Dezember 1944], *ANTI*, Nr. 61-62 (Dezember 1976-Januar 1977), pp. 18-21, 21-33.
54. "Η Μεγάλη Βρετανία και η πτώση της πρώτης ελληνικής Δημοκρατίας" [Großbritannien und der Sturz der ersten griechischen Republik], in: *ANTI*, Nr. 134-141 (September-Dezember 1979), pp. 25-29, 22-25, 38-41, 34-37, 42-45, 36-39, 33-36.
55. "Griechenlands Kommunisten", in: Heinz Timmermann, (ed.), *Die Kommunistischen Parteien Südeuropas. Länderstudien und Queranalysen* (Baden Baden: Nomos, 1979) pp. 257-300.
56. Rezension von John S. Koliopoulos, *Greece and the British Connection* in: *European Studies Review* 10:2 (1979), pp. 273-276
57. "The Battle of Athens and the Rôle of the British", in: Marion Sarafis, (ed.), *Greece: From Resistance to Civil War* (Nottingham: Spokesman, 1980), pp. 78-90.
58. "I partiti comunisti della Grecia", in: Heinz Timmermann, (ed.), *I partiti comunisti dell'Europa mediterranea* (Bologna: Il Mulino, 1981), pp. 189-211 = überarb. Übers. v. Nr. 11.
59. "Griechenlands Kommunisten und die Europäische Gemeinschaft", in: Heinz Timmermann, (ed.), *Die Kommunisten Südeuropas und die Europäische Gemeinschaft* (Bonn: Europa Union Verlag, 1981), pp. 105-146.
60. "The Varkiza Agreement and the Origins of the Greek Civil War", in: John O. Iatrides, (ed.), *Greece in the 1940s. A Nation in Crisis* (Hanover, N.H.: University Press of New England, 1981), pp. 167-180.
61. "Η Μάχη της Α ήνας (Δεκέμβρης 1944) και ο ρόλος των Άγγλων" [The Battle of Athens and the Rôle of the British], in: Marion Sarafis, (ed.), *Από την Αντίσταση στον Εμφύλιο Πόλεμο* [Greece: From Resistance to Civil War] (Athen: Nea Synora, 1982), pp. 130-152 = griechische Übersetzung von Nr. 41.
62. Review Article on John Loulis, The Greek Communist Party 1940-1944 (London, Canberra: Croom Helm, 1982), in: *The South Slav Journal* 5:4 (1983), pp. 67-72.

63. "Zwischen Tradition und Moderne: Die politische Kultur Griechenlands", in: Peter Reichel, (ed.), *Politische Kultur in Westeuropa, Bürger und Staaten in der Europäischen Gemeinschaft* (Bonn: Bundeszentrale für politische Bildung, 1984), pp. 145-166.
64. "Μερικές σκέψεις για τα απομνημονεύματα του Κρις Γουντχάους" [Einige Überlegungen zu den Memoiren von Chris Woodhouse] *Η Αριστερά Σήμερα*, 9 (November 1984), pp. 56-60.
65. "Η συμφωνία της Βάρκιζας και τα αίτια του Εμφύλιου Πολέμου" [The Varkiza Agreement and the Origins of the Greek Civil War], in: John O. Iatrides, ed., *Η Ελλάδα στη δεκαετία 1940-1950. Ένα έθνος σε κρίση* [Greece in the 1940s. A Nation in Crisis] (Athen: Themelio, 1984), pp. 255-306 = griechische Ausgabe von 16.
66. "Die PASOK unter Andreas Papandreou. Teil 1: Struktur, Programm, Einflußzonen", in: *AKTUELLE ANALYSEN* (Köln: Bundesinstitut für ostwissenschaftliche und internationale Studien, 1985), 8 Seiten.
67. "Die PASOK unter Andreas Papandreou. Teil 2: Die internationalen Konzeptionen und die Außenpolitik", in: *AKTUELLE ANALYSEN* (Köln: Bundesinstitut, 1985), 8 Seiten.
68. "Όψεις της σύγχρονης Ελλάδας στα μέσα μαζικής ενημέρωσης της ομοσπονδιακής Γερμανίας" [Griechenland in den Massenmedien der BRD], in: *ANTI*, Nr. 279 (18. Januar 1985), pp. 22-24.
69. "Greece, Nato and the US: A Background Analysis", in: *The South Slav Journal* 7:3/4 (Winter 1984), pp. 30-50.
70. "Griechenland: Kommunistische Partei Griechenlands" und "Griechenland: Panhellenische Sozialistische Bewegung", in: *Lexikon des Sozialismus* (Köln: Bund Verlag, 1986), pp. 361-2, 592-4.
71. "The Second Plenum of the Central Committee of KKE and the Decision for Civil War: A Reappraisal", in: Lars Baerentzen, et al., eds., *Studies in the History of the Greek Civil War 1945-1949* (Kopenhagen: Museum Tusculanum Press, 1987), pp. 179-187.
72. Review article on "Konstantinos A. Vakalopoulos, Ο Βόρειος Ελληνισμός κατά την πρώιμη φάση του Μακεδονικού Αγώνα (1878-1894) Απομνημονεύματα Αναστασίου Πιχέονα" [Das nördliche Griechentum während der ersten Phase des Kampfes um Makedonien] (Thessaloniki: Institute for Balkan Studies, 1983), in: *The South Slav Journal* 10:2 (Summer 1987), pp. 79-81.
73. "Der Zypernkonflikt", in: *Nikosia in Köln. Zyprische Kulturtage 20.6. bis 29.6. 1987* (Köln: Kulturamt, 1987), pp. 6-8
74. Review article on Nigel Clive, A Greek Experience 1943-1948 (Salisbury: Michael Russell, 1985), in: *The South Slav Journal* (1988), 7 Seiten.
75. "Aspekte der griechischen Zeitgeschichte" in: *Aus Politik und Zeitgeschichte*, 14/15 (1. April 1988), pp. 25-35.
76. "Zwischen Tradition und Moderne-Die politische Kultur Griechenlands", in: Armin Kerker, *Griechenland - Entfernungen in die Wirklichkeit. Ein Lesebuch* (Hamburg: Argument, 1988), pp. 100-125.
77. "Die griechische kommunistische Partei (KKE) 1944-1947: Von der Massenpartei zur Kaderpartei", in: Dietrich Staritz und Hermann Weber,(eds.), *Einheitsfront Einheitspartei. Kommunisten und Sozialdemokraten in Ost- und Westeuropa 1944-1948* (Köln: Verlag Wissenschaft und Politik, 1989), pp.453-468.
78. "General Lanz, Napoleon Zervas und die britischen Verbindungsoffiziere" *Militärgeschichtliche Mitteilungen* 1 (1989), pp. 1-28.

79. "Lanz, Zervas and the British Liaison Officers" *The South Slav Journal* 12:1-2 (1989), pp. 38-65.
80. "The Greek-Turkish Conflict", Marion Sarafis, Martin Eve, (eds.), *Background to Contemporary Greece* (London: Merlin Press, 1990), pp. 317-359.
81. Review article on Ronald Meinardus, *Die Türkei Politik Griechenlands. Der Zypern-, Ägäis- und Minderheitenkonflikt aus der Sicht Athens* (1967-1985) (Frankfurt, Bern, New York: Peter Lang, 1985) in: *The South Slav Journal* 12:3-4 (1990), pp. 109-111.
82. Review article on Pavlos Tzermias, Geschichte der Republik Zypern. Mit Berücksichtigung der historischen Entwicklung der Insel während der Jahrtausende (Tübingen: Francke Verlag, 1991), in: *Deutsche Literaturzeitung* 113:9/10 (September/Oktober 1992), pp. 637-641.
83. "Η Δεύτερη Ολομέλεια της ΚΕ του ΚΚΕ και η απόφαση για Εμφύλιο: μια επανεκτίμηση" in: Lars Baerentzen (ed.), *Μελέτες για τον εμφύλιο Πόλεμο* (Athen: Olkos, 1992), pp. 185-193.
84. "Eine neue Runde im Poker um Zypern: Varoşa versus Nicosia Airport" *THETIS* 1 (1994), pp. 108-18
85. Review article: "Neuerscheinungen" *THETIS* 1 (1994), pp. 143ff.
86. Einführung zu: "Dokumentation Griechenland: Bürgerkrieg 1946 -1949" *THETIS* 1 (1994), pp. 119ff.
87. Einführung zu: "Dokumentation Zypern: Opposition in der "TRNC"" *THETIS* 1 (1994), pp. 136ff.
88. "Vermittelt Kartenverlag historisches Zerrbild?" *Athener Zeitung* (1. Nov. 1994), p. 8.
89. "Die Auswirkungen der Operationen 'Marita' und 'Merkur' auf den Beginn des Unternehmens 'Barbarossa'. *THETIS* 2 (1995), pp. 203-216.
90. "Vertrauensbildende Maßnahmen ohne Vertrauen. Die Entwicklung auf Zypern 1993-/4" *THETIS* 2 (1995), pp. 245-262.
91. Einführung zu: "Dokumentation Zypern: Das Krisenjahr 1964" *THETIS* 2 (1995), pp.281-5.
92. Review article: "Neuerscheinungen" *THETIS* 2 (1995), pp. 322-336.
93. "The Political Culture of Cyprus", in: John Charalambous, (ed.), *Cyprus and the European Union - a Challenge* (London: University of North London Press, 1996), pp. 102-111.
94. "The Offensive against Konitsa" in: Dimos Konitsas, Pnefmatiko Kentro (ed.) *Η επαρχία Κόνιτσας στο χώρο και το χρόνο* (Konitsa, 1996), pp. 381-87.
95. "Was ist ein Europäer? Griechenland - Anmerkungen zur politischen Kultur" *POLIS* 4 (Juli/August 1996), pp. 18-20.
96. "Gehört Zypern überhaupt zu Europa? Anmerkungen zur politischen Kultur Zyperns" *POLIS* 5 (September 1996), pp. 8-10.
97. "Die Royal Air Force und die Dekemvriana" *THETIS* 3 (1996), pp. 231-242.
98. "Die Kommunistische Partei Zyperns 1926-1944" *THETIS* 3 (1996), pp. 207-216.
99. Review article: "Neuerscheinungen" *THETIS* 3 (1996), pp. 355, 357f, 364-6, 370-4, 375f.
100. "Ein verdrängter Konflikt im östlichen Mittelmeer" *Frankfurter Allgemeine Zeitung* (11. Januar 1997).
101. "Außenpolitische Probleme Griechenlands" in: Pantaleon Giakoumis (ed.), *Griechenland außen-, sicherheits- und europapolitische Aspekte* (Aachen: Mainz, 1997), pp. 19- 46.
102. Rundfunk-Essay: "Problempartner Griechenland". *Saarländischer Rundfunk*, Dezember 1996.

103. "Die Außenpolitik Griechenlands" *Athener Zeitung*, 6:171 (23. Mai 1997).
104. "Die Legende von den fehlenden sechs Wochen" *Rheinpfalz* (14. Juli 1997).
105. "Erinnerungen an einen Befreiungskrieg" *Athener Zeitung*, 6:192 (24. Okt. 1997), p. 3.
106. "Historische Hintergründe des Zypernkonfliktes" *THETIS* 4 (1997), pp. 309-318.
107. "Die Entwicklung der griechischen Linken 1918-1996", in: Patrick Moreau, et al. (eds.), *Der Kommunismus in Westeuropa* (Landsberg: Olzog Verlag, 1998), pp. 131-166.
108. "Problempartner Griechenland" *Fylladio 1997* (1998), p. 10-11.
109. "Das Zypernproblem: Lösungselemente" *Fylladio 1998* (1999), pp. 11-13.
110. "Ägäis - Meer des Friedens?" in: Evangelos Chrysos et al. (eds.), *Griechenland und das Meer. Beiträge eines Symposions in Frankfurt im Dezember 1996* (Mannheim, 1999), pp. 201-14.
111. "The Impact of Operations *Marita* and *Merkur* on *Barbarossa*. The six missing weeks in front of Moscow. Myth or historical truth?" *in:* Institute for Balkan Studies (ed.), *Macedonia and Thrace, 1941-1944. Occupation - Resistance - Liberation* (Thessaloniki: IMXA, 1998), pp. 15-32.
112. "Ursachen und Perspektiven des Zypernkonflikts vor dem Hintergrund regionaler Interessengegensätze sowie möglicher Beiträge der EU zur Überwindung des Zypernproblems," in: Wulfdiether Zippel (ed.), *Die Mittelmeerpolitik der EU* (Baden-Baden: Nomos, 1999), pp. 133-56.
113. "200 Jahre deutsch-griechische Beziehungen", Beilage z. *Athener Zeitung* (Okt. 1999), p. 14.
114. "Το άλτερ εγω της γιορτής" *Istorika* 2 (27. Oktober 1999), pp. 46-48.
115. "Gedanken zur politischen Kultur in Griechenland und der Türkei unter Berücksichtigung Zyperns" in: Bernd Rill (ed.), *Griechenland: Politik und Perspektiven* (München: Hans Seidel Stiftung, 1999), pp. 81-90.
116. "Griechenland und sein türkischer Nachbar - Geschichte und Politik" in: Bernd Rill (ed.), *Griechenland: Politik und Perspektiven* (München: Hans Seidel Stiftung, 1999), pp. 61-80.
117. "L'isolement des Communistes grecs" in: Patrick Moreau (ed.), *Les partis communistes et postcommunistes en Europe occidentale* (Paris, 1999), pp. 56-64.
118. "Cyprus - the Perennial Conflict", in: Hans Günter Brach et. al. (eds.), *Euro-Mediterranen Partnership for the 21st Century* (London: Macmillan, 2000), pp. 225-241.
119. "Η επιθανάτια αγωνία μίας Δημοκρατίας" [Deutschland 1928-1933: Die Agonie einer Republik] *Istorika* 49 (21. September 2000), pp. 30-37.
120. "Sozialdemokratischer Widerstand im besetzten Griechenland: Georg Eckert und seine Gruppe" *THETIS* 7 (2000), pp. 237-252.
121. "Georgios Dimitrakos: Widerstandskämpfer Humanist, Europäer" *THETIS* 7 (2000), pp. 253-284.
122. "In Memoriam Marion Sarafis" *THETIS* 7 (2000), pp. 311-318.
123. "Zypern: Konflikt ohne Lösung?" *Philia. Eine Zeitschrift für Europa* 1 (2000), pp. 17-30.
124. Vorwort zu Joachim G. Joachim, *Ioannis Metaxas. The Formative Years 1871-1922* Mannheim, Möhnesee: Bibliopolis, 2000) = PELEUS 5.
125. "Griechenland im Zweiten Weltkrieg: Eroberung - Okkupation - Kollaboration - Widerstand - Exil - Befreiung und Bürgerkrieg", in: Karl Giebeler, Heinz A. Richter, Reinhard Stupperich (eds.), *Versöhnung ohne Wahrheit? Deutsche Kriegsverbrechen in Griechenland im Zweiten Weltkrieg. Beiträge einer Tagung am 27.-28. Oktober*

2000 in der Evangelischen Akademie Bad Boll (Mannheim, Möhnesee: Bibliopolis, 2001) = PELEUS Band 8.

126. Vorwort zu Andreas Stergiou, *Im Spagat zwischen Solidarität und Realpolitik. Die Beziehungen zwischen der DDR und Griechenland und das Verhältnis der SED zur KKE* (Mannheim, Möhnesee: Bibliopolis, 2001) = PELEUS Band 13.
127. Vorwort zu Claude Nicolet, *American Policy towards Cyprus 1954-74. Trying to remove the Greek-Turkish Bone of Contention* (Mannheim, Möhnesee: Bibliopolis, 2001) = PELEUS Band 9.
128. Vorwort zu Özdemir A. Özgür, *Cyprus in my Life: Testimony of a Turkish-Cypriot Diplomat* (Mannheim, Möhnesee: Bibliopolis, 2001) = PELEUS Band 7.
129. "Deutsch-griechische Beziehungen - Eintrübungen" *Börsenblatt des Deutschen Buchhandel*", 168:79 (2. Oktober 2001), pp. 51-2.
130. "Ankara's Policy towards Cyprus and the European Union" *The Cyprus Review* 13:2 (2001), pp. 29-45.
131. "Ρούπελ: Μύθος και πραγματικότητα"*Επτά Ημέρες"* (7. April 2002), pp. 16-19.
132. "Ankara's Foreign Policy Towards Cyprus", in: John Charalambous, Alicia Chrysostomou, Denis Judd, Heinz A. Richter, Reinhard Stupperich (eds.), 40 *Years on from Independence. Proceedings of a Conference in the University of North London on 16-17 November 2000* (Mannheim & Möhnesee: Bibliopolis, 2002) = PELEUS Band 14, pp. 26-34.
133. Vorwort zu Hermann Frank Meyer, *Von Wien nach Kalavryta. Die blutige Spur der 117. Jäger-Division durch Serbien und Griechenland* (Mannheim & Möhnesee: Bibliopolis, 2002) = PELEUS Band 12, pp. 11-12.
134. "Ankara, Zypern und die EU" *THETIS* 8 (2001), pp. 285-294.
135. "Das Unternehmen Merkur" *Polemikos Typos* 11 (Mai 2002), p. 2.
136. "Neue Perspektiven für Zypern?" *Neafon* 2 (2002).
137. "The Greek Communist Party and the Communist International" *Jahrbuch für Historische Kommunismusforschung 2002*, (Berlin: Aufbau-Verlag, 2002), pp. 111-140.
138. "Zypern vor den Toren der EU" *Orfeas* 3:10 (Okt.-Dez. 2002), pp. 28-31.
139. "Militärische Interventionen in Europa vor und während des Kalten Kriegs: Der Fall Griechenland" *THETIS* 9 (2002), pp. 179-186.
140. "AKEL - Kommunistische Partei Zyperns" *THETIS* 9 (2002), pp. 219-238.
141. "Introduction: Cyprus and Europe ", in: Vassilis K. Fouskas & Heinz A. Richter (eds.), *Cyprus and Europe: The Long Way Back* (Möhnesee: Bibliopolis, 2003) = PELEUS Band 22, pp. 7-10.
142. "The Policy of Ankara towards Cyprus and the EU" in: Vassilis K. Fouskas & Heinz A. Richter (eds.), *Cyprus and Europe: The Long Way Back* (Möhnesee: Bibliopolis, 2003) = PELEUS Band 22, pp. 159-172.
143. "The Cypriot Communist Party and the Comintern" *The Cyprus Review* 15:1 (2003), pp. 99-119.
144. "Kitsch in Griechenland" in: Inken Jensen - Alfried Wieczorek (eds.), *Dino, Zeus und Asterix. Zeitzeuge Archäologie in Werbung, Kunst und Alltag heute. Beiträge zur Rezeption archäologischer Motive im zeitgenössischen Alltag* (Mannheim: Reiss-Engelhorn-Museen, 2003), pp. 323-328.
145. Foreword zu Peter Loizos, *The Greek Gift. Politics in a Cypriot Village* (Möhnesee: Bibliopolis, 2004) = PELEUS Band 26
146. "Η Απίδραση της Επιχείρησης Marita και Merkur στην έναρξη της Επιχείρησης Barbarossa" *Ναυτική επιθεώρηση* (Jan.-Feb. 2004), pp. 109-120

147. "Winston Churchill auf der Suche nach einem Hafen. Zypern: Das britische Abtretungsangebot von 1912-13" *Athener Zeitung* 558 (15. April 2005), p. 11.
148. "Chance auf Abtretung leichtfertig verspielt"*Athener Zeitung* 564 (3. Juni 2005), p. 6
149. "Die griechisch-türkischen Beziehungen: Konflikt ohne Ende?", in: Evangelos Konstantinou (ed.), *Ägäis und Europa* (Frankfurt: Peter Lang, 2005), pp. 423-450
150. "Der Zypernkonflikt: Türkisch-griechische Erbfeindschaft oder Ergebnis britischer Divide-and-Rule-Kolonialpolitik" *Fylladio 2004-2005* (2006), p. 5-13
151. "Benevolent Autocracy 1931 - 1945", in: Hubert Faustmann & Nicos Peristianis (eds), *Britain in Cyprus. Colonialism and Post-Colonialism 1878-2006* (Möhnesee: Bibliopolis, 2006), pp. 11-18 = PELEUS Band 19
152. "The Grand Game, the Balkans, the Congress of Berlin and Cyprus" in: Hubert Faustmann & Nicos Peristianis (eds), *Britain in Cyprus. Colonialism and Post-Colonialism 1878-2006* (Möhnesee: Bibliopolis, 2006), pp. 133-150 = PELEUS Band 19
153. "Foreword" in: Makarios Drousiotis, *Cyprus 1974: Greek Coup and Turkish Invasion* (Möhnesee: Bibliopolis, 2006), p. 2 = PELEUS Band 32
154. "Το ιστορικό υπόβαθρο του κυπριακού προβλήματος" in: Ανδρέας Στεργίου και Heinz Richter, (eds.), *Το Κυπριακό με το βλέμμα* των ξένων (Athen: Roes, 2006), pp. 35-63
155. "Η διαπράγματευση για τα Βαρώσια και το αεροδρόμιο" in: Ανδρέας Στεργίου και Heinz Richter, (eds.), *Το Κυπριακό με το βλέμμα* των ξένων (Athen: Roes, 2006), pp. 121-158
156. "Μέτρα οικοδόμησης εμπιστοσύνης χωρίς εμπιστοσύνη" in: Ανδρέας Στεργίου και Heinz Richter, (eds.), *Το Κυπριακό με το βλέμμα* των ξένων (Athen: Roes, 2006), pp. 121-158
157. "Η Κύπρος κατά τα κρίσιμα έτη 1963/1964" in: Ανδρέας Στεργίου και Heinz Richter, (eds.), *Το Κυπριακό με το βλέμμα* των ξένων (Athen: Roes, 2006), pp. 350-364
158. "Macedonia and Thrace in WWI and WWII: Parallels and Differences", in: Istoriko & Logotechniko Archeio Kavallas (ed.), *I Kavalla kai ta Valkania, I Kavalla kai to Aigaio. Praktika B' Diethnous Synedriou Valkanikon Istorikon Spoudon 15-18 Septemvriou 2005* (Kavalla, 2007), pp. 43-62
159. "Μακεδονία και Θράκη κατά τον Α΄ και Β΄ Παγκόσμιο Πόλεμο Παραλληλισμοί και διαφορές", in: Istoriko & Logotechniko Archeio Kavallas (ed.), *I Kavalla kai ta Valkania, I Kavalla kai to Aigaio. Praktika B' Diethnous Synedriou Valkanikon Istorikon Spoudon 15-18 Septemvriou 2005* (Kavalla, 2007), pp. 17-40
160. "Der Mythos von den kriegsentscheidenden 6 Wochen" *Exantas* 5 (Mai 2007), pp. 22-35
161. "Ο Μεταξάς, ο Μουσολίνι και ο Πόλεμος" *Το Βήμα Νέες Εποχές* (28 Oktober 2007)
162. "Die Juli-Ereignisse von 1965" *THETIS* 13/14 (2007), pp. 18-33
163. "Der Putsch vom 21. April 1967" *THETIS* 15 (2008), pp. 196-209
164. "Die Krise in Griechenland 1965-1967" *THETIS* 15 (2008), pp. 210-216
165. "Der Anschlag auf Makarios 1970 und die Ermordung von Polykarpos Georkatzis" *THETIS* 15 (2008), pp. 217-233
166. "Historische Hintergründe des Zypernkonflikts" *Aus Politik und Zeitgeschichte* 12 (16. März 2009), pp. 3-8,; im Internet: http://friedensbildung.de/beispiele/zypern/geschichte/
167. "Der zeithistorische Hintergrund für die Fotos: Griechenland im Zweiten Weltkrieg", in: Alphons Kitzinger (ed.), *Δίχως σπαθιά και βόλια. Ohne Schwert und Kugeln. Bilder aus Griechenland von Josef Schwind 1942 - 1944* (Ruhpolding: Rutzen, 2009), pp. 17-34 = PELEUS 44

168. "Εισαγωγή" in: *Η εθνική αντιστασή και οι συνέπειες της*, pp. 7-17
169. "Η Ελλάδα στον Β Παγκόσμιο Πόλεμο", *Ibidem*, pp. 19-54
170. "Ρούπελ Μύθος και πραγματικότητα", *Ibidem*, pp. 55-66
171. "Οι συζνέπειες των επιχειρήσεων Marita κει Merkur (Ερμής) στην έναρξη της επιχείρησης Barbarossa", *Ibidem*, pp. 67-112
172. "Ο Λαντς, Ζέρβας και οι σύνδεσμοι των Βρετανών", *Ibidem*, pp. 113-178
173. Γεώργιος Δημιτράκος. Αντιστασιακός, Ανθρωπιστής, Ευρωπαίος", *Ibidem*, pp. 179-282
174. "Η σοσιαλδημοκρατική αντίσταση στην κατεχόμενη Ελλάδα. Ο Γκέοργκ Έκερτ και η ομάδα του" *Ibidem*, pp. 283-334
175. "Η ΡΑΦ και τα Δεκεμβριανά" *Ibidem*, pp. 335-368
176. "Το Κομμουνιστικό Κόμμα Ελλάδας ΚΚΕ 1944-1947. Από μαζικό κόμμα σε κόμμα στελεχών" *Ibidem*, pp. 369-390
177. "Στρατιωτικές επεμβάσεις στην Ευρώπη. Πριν από, κατά τη διάρκεια του, και μετά τον Ψυχρό Πόλεμο", *Ibidem*, pp. 391-420
178. "Το Κομμουνιστικό Κόμμα Ελλάδας και η Κομμουνστική Διεθνής", *Ibidem*, pp. 421-472
179. "Η Επίθεση στην Κόνιτσα", Ibidem, pp. 473-486
180. "Εις μνήμην της Μάριον Σαράφη", Ibidem, pp. 487-508
181. "Βιβλιογραφία", *Ibidem*, pp. 509-518
182. "Die etwas andere Demokratie" *Focus* 27:10 (2010), p. 115
183. "Die Verfassung Zyperns: eine kritische Analyse" *Fylladio* (2008-2009), pp. 51-58
184. "Henry Kissinger und Zypern" *THETIS* 16/17 (2010), pp. 157-186
185. "Zu den Verhandlungen im Zusammenhang nit dem deutschen Abzug aus Athen 1944" *THETIS* 16/17 (2010), pp. 211-221
186. "Zu den Verhandlungen im Zusammenhang nit dem deutschen Abzug aus Athen 1944" in: Reinhard Stupperich & Heinz Richter (eds.), Roland Hampe, *Die Rettung Athens im Oktober 1944* (Ruhpolding: Rutzen, 2011), pp. 15-31
187. "Gegenseitige Erkenntnisse über die Feindlage vor der Operation Merkur" *Der Deutsche Fallschirmjäger* 1 (2011), pp. 20-23
188. "Makarios, Kliridis, Denktaş und das High Level Agreement von 1977" *Philia* 1-2 (2010), pp. 33-44
189. "Operation Merkur: Erfolg trotz widrigster Umstände" *Der Deutsche Fallschirmjäger* 2 (2011), p. 27f
190. "Die Luftlandeoperation bei Korinth am 26. April 1941" 2 *Der Deutsche Fallschirmjäger 2* (2011), pp. 29-31
191. "Operation Merkur. Die Eroberung der Insel Kreta im Mai 1941" *Militärgeschichte. Zeitschrift für historische Bildung* 2 (2011), pp. 16-21
192. "Η μάχη της Κρήτης. Μύθοι και πραγματικότητες" *Ιστορία εικονογραφημένη* 515 (Mai 2011), pp. 24-36
193. "The Cypriot Communist Party and the Comintern", in: Emilios Solomou & Hubert Faustmann (eds.), *Colonial Cyprus 1878-1960* (Nicosia: University of Nicosia, 2010), pp. 91-110
194. "Churchill und die Schlacht um Kreta" *THETIS* 17 (2011), pp. 229-245
195. "Die Eroberung des Isthmus von Korinth am 26. April 1941" *THETIS* 17 (2011), pp. 226-228
196. "Zur politischen Kultur Griechenlands" *Die Politische Meinung* 57;508 (März 2012), pp. 51-58

197. "Athener Klientelismus. Die politische Kultur Griechenlands und die Wurzel der Schuldenkrise" *Lettre International* 96 (Frühjahr 2012), pp. 25-27
198. "Der griechische Bürgerkrieg 1943-1949" *Choregia* 10 (2012), pp. 3-29
199. "Une autre catégorie de démocratie europénne: La culture politique grecque" *Outre Terre. Revue européenne de géopolitique* 31 (2012), pp. 219-226
200. *Some Remarks on the political cultures of Greece, Cyprus and Turkey* Vortrag im Goethe-Institut in Nikosia am 3. Mai 2012 - im Internet publiziert
201. "Η πολιτική κουλτούρα της Ελλάδας" *The Books' Journal* 20 (June 2012), pp. 54-59
202. "Die politische Kultur Griechenlands" (Teil 1) "Über den Klientelismus im 19. und 20. Jahrhundert" *Griechenlandzeitung* (6. Juni 2012), p. 4
203. "Die politische Kultur Griechenlands" (Teil 2) "Politische Zuhälterei: Der Staat wird zum Ausbeutungsobjekt" *Griechenlandzeitung* (13. Juni 2012), p. 4
204. "Die politische Kultur Griechenlands" (Teil 3) "Reichlich Fördergelder und günstige Kredite" *Griechenlandzeitung* (20. Juni 2012), p.11
205. "Die politische Kultur Griechenlands" (Teil 4) "Die gegenwärtige Krise und mögliche Auswege" *Griechenlandzeitung* (27. Juni 2012), p. 6
206. "Der Athener Klientelismus. Die politische Kultur Griechenlands und die Wurzeln der Schuldenkrise" *Exantas* 16 (Juni 2012), pp. 6-14
207. "Politische Kultur in Griechenland" *APUZ* 35-37 (2012), pp. 30-36
208. "Die Politische Kultur Griechenlands" in: www.politismos.eu http://www.griechische-kultur.eu/84-startseite/592-die-politische-kultur-griechenlands.html
209. "Griechenland ist so an die Wand gefahren, dass jeder sieht: Wir müssen einen neuen Staat bauen" Interview *Rhein Neckar Zeitung* (27. Juli 2012): 2012-07-RichterInt.pdf http://www.rnz.de//HP_Interview/00_20120727084914_102398764_Griechenland_ist_so_an_die_Wand_gefahren_dass_.php
210. "Die Troika versteht Zypern nicht" *Handelszeitung* 1232 (15. August 2012) http://www.handelszeitung.ch/invest/die-troika-versteht-zypern-nicht
211. "Griechenland neu gedacht" *Intercultura* 4 (Herbst 2012), pp. 16-21
212. "Verletzungen des Friedensvertrags von Varkiza auf der Peloponnes im Sommer 1945" *THETIS* 19 (2012), pp. 180-188
213. "Der Mord an Gorge Polk im Mai 1948 in Thessaloniki" *THETIS* 19 (2012), pp. 189-194
214. "Ο Τσόρτσιλ ήθελε την Ελλάδα πελάτισσά του" *Exantas* 17 (Dezember 2012), p. 6f. reprint von Interview in *Kathimerini* (16. September 2012), p. 8
215. "Η πολιτική κουλτούρα της Ελλάδας" *Exantas* 17 (Dezember 2012), pp. 10-15 reprint von *The Books' Journal* 20 (June 2012), pp. 54-59
216. "Anmerkungen zur politischen Kultur Griechenlands und Zyperns. Essay" *Leviathan* 40:4 (2012), pp. 609-620
217. "Die weiße Kolonie" *Frankfurter Allgemeine Zeitung* 294 (17. Dezember 2012), p. 7
218. "Η δολοφονία του Τζωρτζ Πολκ" *The Books' Journal* 28 (Februar 2013), pp. 57-61
219. "Zur politischen Kultur Griechenlands und Zyperns. Der Klientelismus" *Choregia* (2013), pp. 41-26
220. "Sühnung von Kriegsverbrechen, Reparationsforderungen und der Fall Merten" *THETIS* 20 (2013), pp. 440-464
221. "Die politische Kultur Griechenlands" *THETIS* 20 (2013), pp. 527-532
222. "Die Geheimnisse eines Totalabsturzes" *Griechenlandzeitung* 409 (4. Dezember 2013), p. 11
223. "Operation Mercury, the Invasion of Crete" *The Journal of New Zealand Studies* 16 (2014), pp. 150-158

224. "Another Type of European Democracy: The Political Culture of Greece" in: http://www.soc.uoc.gr/political/wp-content/uploads/2012/01/2014-Political-Culture-of-Greece.pdf Universität Kreta - inzwischen gesperrt
225. "Gastkommentar: Die Wurzel der Krise" *Handelsblatt* 34 (18. Februar 2014), p. 15
226. "Die Schlacht um Heilbronn im April 19145" *Heilbronner Stimme* (7. April 2014)
227. "The Impact of the Confiscation of the Turkish Dreadnoughts and of the Transfer of *Goeben* and *Breslau* to Constantinople upon the Turkish Entry into WWI" *The Turkish Yearbook of Çanakkale Studies* 11:15 (2013), pp. 1-16
228. "Die Schlacht um die Dardanellen 1915" *Hellenika* 9 (2014), pp. 74-82
229. Review Article: Andreas Constantinos,"The Cyprus Crisis: Examining the Role of the British and Ameican Governments during 1974", in: *The Cyprus Review* 26:2 (Fall 2014), pp. 175-177
230. Rezension von: Craig Stockings/Eleanor Hancock: *Swastika over the Acropolis. Re-interpreting the Nazi Invasion of Greece in World War II*, (Leiden/Boston: Brill 2013, in: sehepunkte 15 (2015), Nr. 3 [15.03.2015], URL: http://www.sehepunkte.de/2015/03/25900.html
231. "The Grand Game and Britain's Acquisition of Cyprus" *The Turkish Yearbook of Çanakkale Studies* Vol. XII, (2014), pp. 85-96
232. "Writing on Cyprus" *Cyprus Bibliofilia* Vol. 33 (2015), pp. 50-53
233. "Griechenland: Der Krieg nach dem Krieg" *Damals* 4 (2015), pp. 42-46
234. "Clientelistic Fascism", in: Harry Cliadakis, *Fascism in Greece. The Metaxas Dictatorship* (Ruhpolding: Rutzen, 2015) , pp. 133-138
235. Der griechische Bürgerkrieg in: Ernst Piper (ed.), *Niederlage und Neubeginn* (Köln: Lingen, 2015) pp. 204-213
236. "Die Konfiszierung der türkischen Dreadnoughts und die Operationen der deutschen Mittelmeerdivision (Goeben & Breslau)" THETIS 21 (2014) pp. 161-176
237. "Clare Sheridans Bericht über die Vertreibung der Griechen aus Smyrna 1922. Ein vergessener Augenzeugenbericht" THETIS 21 (2014), pp. 246-257
238. "Another Type of European Democracy: The Political Culture of Greece" Part 1 http://www.theglobalist.com/another-type-of-european-democracy-the-emergence--of-modern-greece/
239. "British Greece: The Political Culture of a Protectorate. How British and American influence from 1862-1974 shaped modern Greek" Part 2 politics .http://www.theglobalist.com/british-greece-the-political-culture-of-a-protector
240. Missed Opportunites: The Political Culture of Greece Since 1974 Part 3 http://www.-theglobalist.com/missed-opportunities-the-political-culture-of-greece-since-1974/
241. ZDF, "Griechenland leidet am Klientelismus" *heute.de* (21. 6. 2015) http://www.heute.de/interview-mit-heinz-richter-zur-griechenland-krise-eu-geld-fuer-hemmungslosen-konsum-ausgegeben-38939238.html
242. Greece: Turkey as an Example? Comparing the political cultures of Turkey and Greece. http://www.theglobalist.com/greece-turkey-as-an-example/
243. "Gut genährt dank Rousfetia" *Frankfurter Allgemeine Zeitung* 153 (6. Juli 2015), p. 6 http://www.faz.net/aktuell/politik/die-gegenwart/schuldenkrise-in-griechenland-chronik-des-desasters-13686169.html
244. Rezension von: Eirini Karamouzi: Greece, the EEC and the Cold War 1974-1979 http://www.sehepunkte.de/2015/07/26797.html
245. SERIE: SO TICKT GRIECHENLAND: Warum die Griechen sich nicht regieren lassen wollen (15. 7. 2015); 3-mal pleite, 3-mal gerettet (16. 7. 2015); Wie Griechenland sein Beamtentum aufpumpte (18. 7. 2015) *BILD-PLUS*

246. "Nur strikte Finanzkontrolle kann Griechenland helfen" *Vorwärts-Online* (17. August 2015) http://www.vorwaerts.de/artikel/nur-strikte-finanzkontrolle-griechenland-helfen
247. "Turbo-Klientelismus. Zu den Ursachen der Krise in Griechenland seit 1974" *Die Politische Meinung* 533:60 (Juli/August 2015), pp. 84-88
248. "Griechenland - ein Sonderfall", in: Günther Heydemann/Clemens Vollnhals (eds.) *Nach den Diktaturen. Der Umgang mit den Opfern in Europa* (Göttingen: Vandenhoeck & Ruprecht, 2015), pp. 107-124
249. "Turbo-Klientelismus. Zu den Ursachen der Krise in Griechenland seit 1974" *Exantas* 23 (Dezember 2015), pp. 12-15
250. "Clientelstic Fascism", in: Harry Cliadakis, *Fascism in Greece. The Metaxas Dictatorship* (Ruhpolding: Rutzen, 2015), pp. 135-140 = PELEUS Band 64
251. "Vorwort und begleitender Kommentar", in: Heinz A. Richter (ed.), *Griechenland 1942-1943: Die Memoiren von Elisabeth und Konstantinos Logothetopoulos* (Ruhpolding: Rutzen, 2015) , pp. 7-25 = PELEUS Band 70
252. "Die Besatzungsanleihe - To Katochiko Daneio" *THETIS* 22 (2015), pp. 233-240
253. Rezension von Chryssoula Kambas & Marilisa Mitsou (ed.), *Die Okkupation Griechenlands im Zweiten Weltkrieg. Griechische und deutsche Erinnerungskultur* (Köln: Böhlau, 2016) in: THETIS 22 (2015), p. 281f.
254. "Εισαγωγικό σημείωμα" in: *Η μάχη της Κρήτης* [2](Athen: Govostis, 2016), pp. 6-8
255. "Die Konfiszierung der türkischen Dreadnought und deren Folgen" *Hamburger Rundbrief. Zeitschrift für Schiffsliebhaber und Sammler von Miniatur-Modellen*. Nr. 263, 45:2 (2016), pp. 77-89
256. Rezension von Mark Mazower, *Griechenland unter Hitler. Das Leben während der deutschen Besatzung 1941-1944* (Frankfurt: S. Fischer, 2015) in http://www.sehepunkte.de/2016/10/29134.html und *Sehepunkte* und *THETIS*
257. Rezension von Katerina Kralova, *Das Vermächtnis der Besatzung. Deutsch-griechische Beziehungen seit 1940* (Köln: Böhlau,2016) in Sehepunkte http://www.sehepunkte.de/2016/10/29134.html und *Jahrbücher der Geschichte Osteuropas*

Interviews:

258. *ZDF-Interview*
http://www.youtube.com/watch?v=4K8rkOTSqtw
259. *Wallstreet Journal*
http://www.wallstreetjournal.de/article/SB10000872396390444620104578010710363848152.html
260. *Quantara* 30. August 2008
http://de.qantara.de/inhalt/interview-mit-heinz-a-richter-hoffnungsschimmer-fur-zypern
261. *Kathimerini* 16. September 2012
"Ο Τσόρτσιλ ήθελε την Ελλάδα πελάτισσά του" Kathimerini (16. September 2012), p. 8 http://news.kathimerini.gr/4dcgi/_w_articles_civ_1_16/09/2012_495495;
262. *Wordpress*
http://damiza.wordpress.com/2012/09/17/%CE%BF-%CF%84%CF%83%CF%8C%CF%81%CF%84%CF%83%CE%B9%CE%BB-%CE%AE%CE%B8%CE%B5%CE%BB%CE%B5-%CF%84%CE%B7%CE%BD-%CE%B5%CE%BB%CE%BB%CE%AC%CE%B4%CE%B1-%CF%80%CE%B5%CE%BB%CE%AC%CF%84%CE%B9%CF%83%CF%83%CE%AC/
263. *Deutsche Welle*
http://www.dw.de/neuanfang-in-zypern-nach-der-wahl/a-16596153

264. *Deutschland Radio*
http://www.dradio.de/aodflash/player.php?station=3&broadcast=348714&playtime=1366696192&fileid=8f74157a&/
265. *Radio Nantes*
http://www.euradionantes.eu/blog/2013/05/01/12-05_le-dossier-d-actualit
266. *Kreta Radio*
http://radio-kreta.de/"griechenland-ist-zu-orientalisch-um-ein-europaisches-land-zu-sein-und-zu-westlich-um-zum-orient-zu-gehören
267. *WDR Stichtag* (25. März 2014)
http://www1.wdr.de/mediathek/video/suche/audiowdrstichtagausrufungderrepublikgriechenland100-audioplayer.html
268. *Deutschlandradio Kultur*
http://www.deutschlandradiokultur.de/zypern-experte-zwangsabgabe-ist-der-falsche-weg.1008.de.html?dram:article_id=244430
269. *Kathimerini* (1. Juni 2014)
Αν ο ΣΥΖΡΙΖΑ κερδίσει στις εθνικές εκλογές
270. "Ο Α' Παγκόσμιος Πόλεμος και η Κύπρος" *Politis tis Kyriakis* (21. September 2014), p. 21
271. "Man muss auch die Gegenseite hören" *Griechenlandzeitung* (28. November 2014), p. 10
272. SWR 2 „Geld, Markt, Meinung: Vor der Wahl in Griechenland (17. Januar 2015), 12.-15 Uhr
http://www.swr.de/swr2/programm/sendungen/geld-markt-meinung/griechenland--vor-der-wahl/-/id=658972/sdpgid=1031426/did=14894588/nid=658972/zolt3h/index.html
273. Interview CyBC (11. Februar 2015) 20.30Uhr
274. DLF Information und Musik: Aktuelles aus Kultur und Zeitgeschehen: "Vetternwirtschaft statt Gemeinwohl. Zur politischen Kultur Griechenlands" ein Interview mit dem Historiker Heinz A. Richter (22. Februar 2915)
275. Dr. Heinz Richther: Είναι λάθος να πιστεύουν ότι οι Κύπριοι είναι όπως τους Ελλαδίτες - See more at:
http://www.philenews.com/el-gr/koinonia-anthropoi/443/244407/dr-heinz-richther--einai-lathos-na-pisteyoun-oti-oi-kyprioi-einai-opos-tous-elladites#sthash.TWrKhx-Ux.dpuf
276. *Die Zeit Online:* "Wir brauchen eine strikte Kontrolle aller Gelder"
http://www.zeit.de/wirtschaft/2015-03/griechenland-syriza-tsipras-klientelismus
277. *MDR* "Die Zahlen, die genannt werden, sind illusionär" 11. 3. 2015, 17.43 Uhr http://-www.mdr.de/mdr-info/audio1113412.html
278. *Saarländischer Rundfunk* 12. 3. 2015 Thema: Reparationen
279. *Wirtschaftswoche* (12. März 2015) "Reparation: Welche Ansprüche hat Griechenland nach der Nazi-Besetzung?"
http://www.wiwo.de/politik/europa/reparation-welche-anspruech-hat-griechenland-nach-der-nazi-besetzung/11495698.html
280. *DLF Facebook* (13. 3. 2015)
http://www.deutschlandfunk.de/griechenland-reiche-sind-seit-1830-steuerfrei.694.de.html?dram%3Aarticle_id=312332;
griechisch: http://www.neakriti.gr/?page=newsdetail&DocID=1217610
281. *WDR* 16. 3. 2015 http://www1.wdr.de/themen/politik/faktencheck432.html

282. DLF (8. 5. 2015) 18.40 Uhr "Lange Schatten der Vergangenheit: Der Reparationsstreit mit Griechenland"
http://www.deutschlandradio.de/text-und-audio-suche.287.de.html?search[submit]=1&search[word]=griechenland
283. *Sputnik* 16:26 (21.05.2015) Reparationsforderungen Realitätsfremd - http://de.sputnik-news.com/wirtschaft/20150521/302433743.html
284. "Λύση εντός ημερών αν οι ηγέτες αφεθούν μόνοι" *Kathimerini* (5. 6. 2015)
285. *Deutsches Anleger Fernsehen* - DAF: (29. 6. 2015) "Zurück auf Anfang: "Athen will Monopoly spielen"
http://www.daf.fm/video/zurueck-auf-anfang-athen-will-monopoly-spielen-50180075.html
286. "Im Moment ist Griechenland ein gescheiterter Staat" Südwest Presse (4. 7. 2015)
http://www.swp.de/griechenland./Im-Moment-ist-Griechenland-ein-gescheiterter-Staat;art4306,3315925
sowie in: *Schwäbische Post* (4. 7. 2015) http://www.schwaebische-post.de/10430268/
287. Mitteldeutscher Runfunk (8. Juli 2015)
http://www.mdr.de/mdr-figaro/journal/audio1213606.html
288. "Den Staat zu bestehlen, hat in Griechenland Tradition" *Hessisch-Niedersächsische Allgemeine* (29. 7. 2015):
http://www.hna.de/politik/historiker-heinz-richter-hna-interview-den-staat-bestehlen-griechenland-tradition-5300281.html
289. "Ευρωπη και Ελλαδα. Ο ρολος τις πολιτικης κουλτουρας" *Φωνη του Αγροτου* (12. September 2016)
290. "Der Kapitalfehler war, die Griechen in den Euro zu lassen" *Wirtschaftswoche* (12. Oktober 2016) *http://www.wiwo.de/politik/europa/historiker-heinz-a-richter-der-kapitalfehler-war-die-griechen-in-den-euro-zu-lassen/14676612.html*

In Druck
291. "Die Verfassung Zyperns" in: Handbuch der europäischen Verfassungsgeschichte
292. "Cyprus and the Peace Negotiations in Paris" University of Nicosia
293. "50 Years of Scholarly Work on Greece " University of Crete
294. Mao Tse Tung - ELAS - EOKA University of Nicosia
295. "Militärdiktatur in Griechenland" *Festschrift Reinhard Stupperich*
296. "The failed forcing of the Dardanelles on 18 March 1915" *The Turkish Yearbook of Çanakkale Studies*
297. Review article von Katerina Kralova, *Das Vermächtnis der Besatzung. Deutsch-griechische Beziehungen seit 1940* (Köln: Böhlau, 2016) in THETIS 23
298. "Das 4. Griechische Armee-Korps in Görlitz" THETIS 23
299. Die kretischen Geier Beitrag für DDF

In Arbeit:
300. Geschichte der griechischen Linken PELEUS 77
301. Geschichte der KKK/AKEL

NAMENSINDEX

A

B

C

D

L

M

N

R

S